キリスト教福祉実践の史的展開

杉山博昭 著

大学教育出版

目次

＊

キリスト教福祉実践の史的展開

序

キリスト教福祉史研究の動向と本書の課題

一、キリスト教福祉の枠組み

「キリスト教社会福祉」と一般に呼んでいるが、そうしたものが存在するのか、存在するとして、何なのかは必ずしも明らかではない。今日においても「キリスト教社会福祉」を標榜したり、「キリスト教主義」をうたったりする団体や施設は数多いが、何が「キリスト教社会福祉」なのかについての共通理解や定義があるとはいえない。

日本基督教社会福祉学会（現・日本キリスト教社会福祉学会）では、一九九六年に「現代のキリスト教社会福祉―意義・現状・課題―」と題して、「キリスト教社会福祉施設」の調査を行い、九七年に結果を公表した。全国を対象とした、おそらく初めての本格的調査である。この調査で、調査対象としているのは『キリスト教年鑑』『日本キリスト教社会事業同盟名簿』『キリスト教児童福祉施設連盟名簿』『キリスト教老人福祉研究会参加者名簿』それとカトリック中央協議会の『教会所在地』に掲載されている施設である。ということは、それら名簿にあるのが「キリスト教社会福祉」の施設ということになる。そうすると、常習的な体罰が表面化した児童養護施設K園のごときも、そうした名簿に載っているという理由で、「キリスト教社会福祉」ということになり、「キリスト教社会福祉とは利用者の人権を無視した管理や体罰も含みこむ」とする定義づけもできることになるが、それでいいわけではないだろう。

調査が不備だということではない。筆者が調査を担当しても、おそらく同じようにしたに違いない。言いたいのは、「キリスト教社会福祉」というものが、現実にはその程度の曖昧な定義づけで存在していることである。曖昧であるがゆえに、さまざまな疑問が次々にわいていくことになる。曖昧さを解く試みは繰り返されてはきているけれども、氷解されるどころか、近年の福祉多元化や規制緩和のなかで、これまで当然の前提とされてきたこと、たとえば「福祉は愛を基調とする」ということも、場合によっては「福祉は金儲けを基調とし、愛のごとき主観的感情は排除すべき」と変わりかねないように崩れてきて、整理はますます困難になっている。

しかし、近代以降の社会福祉の歴史をたどるとき、明確なキリスト教信仰に根ざして社会福祉実践を試みた人々が存在することは明らかである。これを単に近代日本において公的な救貧制度が未発達ななかでの、民間の自主的取り組みとしてみるだけでは、実践が生じた客観的背景を説明することにはなっても、実践への主体的なエネルギーを解明することはできない。したがって、キリスト教信仰を前提としてなされた社会福祉実践を限定して分析することには、社会福祉の特質を読み解くうえで大きな意味がある。そこで、本書ではそうした実践や思想について「キリスト教福祉」とする枠組みとして取り上げている。

その際、「社会福祉」でなく「福祉」とした。これは、池田敬正や池本美和子が「福祉学」とか「福祉史」という呼び方をしている（池田・池本『日本福祉史講義』）のに同調したわけではない。「社会福祉」とは、やはり今日では福祉六法や社会福祉法を中心とした、法制度を軸とした活動であって、それに対し、キリスト教信仰に根ざす実践は、聖書においてイエスの示した生き方の継承としての側面が強いのであり、法制度を連想させる「社会福祉」よりも、思想などを含めて「福祉」と表記するほうが適切であろうと考えたことによる。

したがって、本書では、明確なキリスト教信仰によって動機づけられた福祉実践を「キリスト教福祉」ととらえ、そのうち社会福祉の歴史のなかで、「慈善」とか「社会事業」と呼ばれていた時期について「キリスト教社会事業」と呼んで、議論をすすめていくことにする。そうすると今度は「福祉」と「社会事業」、あるいは「慈善」と「社会事業」との関係を議論すべきであるのだが、当時「基督教社会事業」と一般に呼ばれており、その呼称に従うのが望ましいと考えた。本書で研究の対象としているのは主に「キリスト教社会事業」であるので、以下「キリスト教社会事業」と称していく。

二、戦前におけるキリスト教社会事業史研究の萌芽

キリスト教社会事業史の研究は、戦前においては生江孝之の『日本基督教社会事業史』によって、本格的にはじまる。同書は『社会事業綱要』と並ぶ生江の主著といってよく、生江自身のキリスト教信仰と、当時としては最先端である社会事業論を前提として、キリシタンによる慈善事業を前史として含めつつ、キリスト教社会事業の歩みを明らかにしようとする試みであった。内容としては主に社会事業の各分野に整理した人物を軸に、著述されている。「社会事業史」といいながら、生江の同時代の人物も多く含まれていて、歴史的な評価を試みるというより、紹介の域を出ない面もあり、実証的ともいいがたいが、キリスト教社会事業を歴史として構築する最初の本格的な試みである。今日まで類書が出ておらず、キリスト教社会事業史を学ぶうえでの基本文献の地位を失っていない。

続いて竹中勝男が『福音の社会的行者』によって組合教会系の社会事業家の紹介を行っているが、これはもともと、歴史研究というより、はじめから人物紹介を主眼としている。

竹中はさらに『日本基督教社会事業史（思想篇）』を出す。同書は内容的には社会事業史ではなく社会思想史であり、当初の予定では「社会事業篇」が続くはずであったが、「思想篇」の発行は戦時下でもあり、「社会事業篇」は未刊のまま終わってしまった。

ほかにも、戦前より社会事業史執筆の試みが山口正『社会事業史』などいくつかみられるが、近代キリスト教社会事業は歴史になりきっておらず、歴史研究の対象として位置づけが十分に行われたとはいえない。それでも、海老沢有道によ

るキリシタン研究のなかでのキリシタン慈善の研究のように、個々には注目できる研究も現れていた。

結局、戦前は生江の『日本基督教社会事業史』を到達点としたまま、戦時下の苦難の時期をむかえてしまったのである。

□三、戦後～一九七〇年代　人物史研究の時代

戦後の社会福祉研究のなかで、社会事業史研究を担ったのはもっぱら吉田久一である。通史的研究を主とするその研究により、キリスト教社会事業の社会福祉史全体での位置が明らかにされた。

吉田のほかでは、『日本社会福祉思想史の研究』（本としての出版は一九八五年であるが、初出は一九七〇年代以前）をはじめとした、守屋茂による思想史研究や岡山県を対象とした地域福祉史研究のなかで、石井十次らが登場してくる。しかし、全体としていえば、社会福祉研究のなかでの歴史研究自体が活発だったとはいえず、キリスト教社会事業史研究もすすむ状況ではなかった。

わずかに盛んだったのは顕彰的な視点での人物史であった。『社会事業に生きた女性たち』『人物でつづる近代社会事業の歩み』それに山野光雄による『社会保障の先駆者たち』『福祉社会の開拓者たち』、分野ごとでは森幹郎による救癩史『足跡は消えても』、保育での『保育に生きた人々』、地域社会福祉史では兵庫県の『福祉の灯』等、社会事業の人物論集が盛んに登場する。

これら人物論集は、キリスト教社会事業家に限定して取り上げているわけではないが、登場する人物の相当数、ときに過半数がキリスト者であった。たとえば、『社会事業に生きた女性たち』の正編（同書には続編と続々編もある）は、二十二人のうち約三分の二がキリスト者である。

またキリスト教史の一環としてキリスト者を取り上げる人物論集も、たびたび出されている。日本基督教団出版局の発

行による『キリストの証人たち』や、高見澤潤子による著作などであるが、そこに取り上げられている人物のかなりの部分は、社会事業家であった。『キリストの証人たち』には賀川豊彦、石井十次、留岡幸助、久布白落実、北原怜子が、高見澤の『二十人の婦人たち』には矢島楫子、林歌子、野口幽香、城ノブ、山室機恵子、小橋カツエ、久布白落実、徳永恕、賀川はるが取り上げられている。聖公会では『あかしびとたち』という聖公会関係者の人物論集をまとめているが、社会福祉や医療の関係者が多くいる。

こうした一連の人物論集は、個々には鋭い人物評や隠れた人物の発掘もみられるけれども、全体の傾向としては、顕彰の視点が明確で、人物の分析としてはあっさりしたものにすぎず、歴史的評価をくだして社会事業史に位置づけるには至っていないといわざるをえない。

短い論集でなく、特定個人についてのまとまった伝記類も現れている。特に賀川豊彦の伝記がいくつかまとめられている。だが、隅谷三喜男の『賀川豊彦』を別にすれば、賀川の周辺の人物（武藤富男ら）や賀川を顕彰する立場での執筆である。史実を明確にする姿勢が厳格とはいえず、賀川への評価も客観的とはいいがたい。膨大な取材の労苦は認められるとしても、完成度が高いとはいえなかった。

山室軍平伝もいくつかあるが、三吉明や高道基のもの以外は、長男の山室武甫や救世軍の秋元巳太郎によってまとめられていて、要は山室の周囲からの整理であって、生涯の概要はわかるけれども、社会事業史や宗教史のうえでの功罪を実証するものではなかった。

この時期の一見数多い人物研究は、二葉保育園関係者を描いた上笙一郎・山崎朋子『光ほのかなれども』のように綿密な取材と明確な問題関心のもとに書かれたケースもあったが、大半は主観的な顕彰ものでしかなかったのである。石井十次、留岡幸助、賀川豊彦といった人物の知名度を保持し、忘れられかけた社会事業家の掘り起こしの役割を果たし、現場で実践にかかわる者にとって実践への励ましとなったことも確かである。しかし、実証研究にはほど遠く、はじめから礼賛することを意図して書かれたもので、歴史研究として耐えられるものではなかった。ときに伝説のような話を蔓延させることにもなった。

人物史にとどまらずに施設史も視野に入れた動きとしてはわずかに、『月刊福祉』に一九七〇年代後半に連載された「福祉の遺産」と題する記事である。歴史をもつ施設を毎回一つ取り上げて紹介しており、取り上げられる施設にはキリスト教関係が多かった。

日本基督教社会福祉学会が設立され、キリスト教福祉を学問として体系化する努力がはじまる。社会福祉学研究自体の蓄積がまだ不十分な時代のなかで学会の功績は非常に大きいものの、歴史研究の点では留岡幸助についての論文などが学会誌に散見される程度で、盛り上げるには至らなかった。仏教社会福祉学会で幅広い歴史研究がみられたのと対照的である。学会のメンバーが、歴史や理論の研究者よりソーシャルワーク研究者が多かったことや、キリスト教福祉の具体的な指針を求めるあまり、その前提となる歴史研究にじっくり取り組む余裕に欠けていたことなどが理由であろうか。仏教社会福祉では今日まで仏教社会福祉の理論書や概説書がいくつか出ているのに対し、キリスト教では日本基督教社会福祉学会による『キリスト教社会福祉概説』（歴史を三吉明が担当している）と田代不二男『キリスト教と社会福祉』ぐらいで、質、量とも仏教に劣るのは、歴史研究の浅さと無関係ではあるまい。

このように、キリスト教社会事業の歴史的蓄積に比べ、全体として研究は乏しかったのであるが、注目すべき研究が皆無だったわけではない。柴田善守は大阪の社会事業を研究対象とするなかでキリスト教社会事業にも触れ、また『石井十次の生涯と思想』は人物研究の記念碑的著作であり、以後の石井研究を方向づけた。柴田は後の『社会福祉の史的発展』でも「民間社会福祉」として石井十次と留岡幸助、「セツルメント運動」として石井記念愛染園について詳しく触れている。小倉襄二は山室軍平を論じ、あるいは戦時下のキリスト教社会事業を批判的に分析するなど、礼賛型の研究の多い時期に、全く異なる鋭い視点で実践的課題を示した。

また三吉明は数少ないキリスト教社会事業史の研究者であり、山室軍平・本間俊平研究などに成果をあげ、研究の全体像は『キリスト者社会福祉事業家の足跡』にまとめられている。三吉の研究は、人物中心の大雑把なまとめ方になっている面は否定できないものの、史料収集の困難な時期にあっての先駆的な研究であった。
これら数は少ないものの、いくつかの労作は、以後の実証的研究の発展の礎となっていく。

□　四、一九八〇年代以降　本格的な実証研究へ

キリスト教社会事業史研究が本格化するのは一九八〇年代であろう。そこには社会福祉自体の発展が背景にあろうし、社会福祉学も学問としての形が整ってきた。社会福祉研究の傾向は、技術的あるいは政策追随的傾向を強め、社会福祉研究の活発化に比べると歴史研究は薄いままであった。一九八〇年代後半以降、資格化とのかかわりで社会福祉系の大学・短大・専門学校が激増するが、カリキュラムに歴史の授業は無いか、あったとしても非常勤講師で対応することが多く、歴史研究をメインとする人事が行われるのは稀である。

それでも従来の人物顕彰型の研究とは全く違った、新しい実証研究が重ねられ、水準としては飛躍的に上がったといってよい。池田敬正『日本社会福祉史』は歴史研究の水準向上を示す画期的著作であり、資本主義社会の展開や政策の動きを示すなかで、民間の社会事業の動きを論じ、そこでキリスト教社会事業に関する動向にも触れている。

また著作集、資料集、雑誌の復刻が続いて、研究環境が著しく改善されたことも見逃せない。キリスト教社会事業に直接関係するものとして、著作集では『留岡幸助著作集』『留岡幸助日記』、雑誌の復刻では『婦人新報』『ときのこゑ』『雲の柱』などがあるし、キリスト教社会事業のみではないが『廓清』、また婦人雑誌、キリスト教誌、教派の機関紙など各種の雑誌等が復刻され、容易に閲覧できるようになったことは研究の大きな前進につながった。復刻がさらにすすんでおり、一段と歴史の解明がすすむであろう。

社会事業、児童保護、養老事業など各領域で戦前の古典的文献が復刻され、そこには生江孝之『社会事業綱要』『児童と

社会』『日本基督教社会事業史』はじめ、キリスト者による著作も数多い。しかも、各巻に解説が付せられ、人物、思想、理論の歴史的位置づけが試みられている。

さらに賀川豊彦記念松沢資料館、山室軍平記念救世軍資料館が整備され、史料保存の体制もすすんだ。賀川資料館では米沢和一郎の働きが大きいし、機関誌『雲の柱』を発行して、研究発表の場を提供してきた。もっとも、松沢資料館は米沢によれば、外部からはうかがい知れないさまざまな課題をかかえているようで（「賀川豊彦資料案内　番外編」『賀川豊彦研究』第四四号）、公的機関とは違った困難がある。キリスト教以外の機関でも、高松宮記念ハンセン病資料館のように、埋もれ行く史料の発掘・保存の動きがみられたことで、キリスト教社会事業の史料への接近を容易にした。

人物研究では同志社大学人文科学研究所による成果が大きく、『留岡幸助著作集』を発行したうえ、『山室軍平の研究』『石井十次の研究』を結実させた。研究所の発行による『キリスト教社会問題研究』にはキリスト教社会事業の論文のほか、関連領域の論文も多く、キリスト教社会事業史を多様な立場から議論している。

同志社人文研関係者による個人研究でも、室田保夫『キリスト教社会福祉思想史研究』『留岡幸助研究』、村山幸輝『キリスト者と福祉の心』、田中和男『近代日本の福祉実践と国民統合―留岡幸助と石井十次の思想と行動―』など、質の高い成果が次々と公刊されている。

留岡研究では室田以外にも土井洋一、田澤薫をはじめ社会福祉学、教育学などさまざまな立場からの実証的な研究がすすめられ、ことに土井の『家庭学校の同行者たち』は家庭学校にかかわった人物を広く明らかにし、家庭学校を周辺も含めて全体像を示した。田澤の『留岡幸助と感化教育』は感化教育に視点をあてて、留岡の思想を分析した。

石井十次及び岡山孤児院については菊池義昭による研究が特筆される。菊地は岡山孤児院にについての史料を丹念に掘り起こし、豊富なデータをもとに岡山孤児院の実態、財政、石井の行動を読み解いていった。ほかに細井勇らの研究も注目できる。岡山孤児院の膨大な史料は整理すらついておらず、今後新たな研究が期待される。『石井十次資料館研究紀要』も発刊され、発表の場も整ってきた。

賀川研究では本所賀川記念館での賀川研究会が『賀川豊彦研究』を地道に発行してきたが、さらに矢島浩らを中心に賀川豊彦学会が設立され、顕彰をこえた賀川の多面的な姿が示された。

賀川の場合、『賀川豊彦全集』の再刊をきっかけとして、賀川が部落差別者ではなかったのかとの議論が再発し、「差別者」としての賀川への糾弾（その集大成が『資料集「賀川豊彦全集」と部落差別』）とそれへの批判（例として鳥飼慶陽『賀川豊彦と現代』）のなかで、研究が活発化するという皮肉な面もあった。安保則夫『ミナト神戸　コレラ・ペスト・スラム』での賀川批判のような地域の実証研究を根拠にした分析がみられてはいるが、全体としては賀川の差別表現を列挙して差別者として断罪するという単純な論調が目立っていた。過去の言動を現在の物差しを使って斬っているだけで、賀川批判としても、賀川の本質に迫ることはできず、有効性を欠いたものであった。しかし、次第にそうしたものは影をひそめ、落ち着いて事実を分析しての議論ができる環境になってきた。むしろこれから、賀川の思想に潜む問題点を具体的に洗い出していく作業が求められよう。

遠藤興一による一連の研究でも、キリスト教社会事業が取り上げられている。遠藤の緻密な研究の積み上げのなかで、岩下壮一、内村鑑三、救世軍、留岡幸助等が取り上げられている。

八〇年代以降の全体的な特徴は、研究の関心が七〇年代までの人物中心から、施設史へと広がったことである。その代表的著作は矢島浩『明治期キリスト教社会事業施設史研究』である。同書は明治期に創設されたキリスト教施設をカトリック・プロテスタント等にかかわりなく網羅的に取り上げ、創設の経緯とその後の展開を施設ごとに詳述した。同書の意義はキリスト教社会事業史研究が人物中心であったのに対し、施設史研究の可能性を明らかにしたことと、施設を網羅的に取り上げたことにより、忘れられていた施設を掘り起こしたことである。

以後、前述の菊池による岡山孤児院、宇都栄子による上毛孤児院、丹野喜久子による東京孤児院などの研究がみられる。障害児教育の立場からの、清水寛や津曲裕次らによる滝乃川学園の研究も注目されよう。

一方、研究者の急逝により、中断を余儀なくされた研究もあった。西村みはるは博愛社や婦人保護事業などの史料発掘を中心とした研究を重ねていたが、研究半ばで亡くなった。『社会福祉実践思想史研究』はその集大成である。井上和子も大阪での社会事業史の発掘に尽力するなかで、キリスト教関係者にも光を当てつつあったが、やはり若くして亡くなった。二人とも地道な研究を重ねていただけに、キリスト教福祉史研究にとっての損失は、はかりしれないものがある。

現場からのキリスト教福祉研究の場としてホーリスティック社会福祉研究所が設立され、その研究誌として『ホーリスティック社会福祉研究』が発刊されている。そこでは戦後の日本基督教社会事業同盟の働きについて、注目できる議論が掲載されている。施設史もみられるが、紹介の域を出ていない。

施設自身による年史編纂の試みは戦後を通してみられたが、記念誌的編纂から抜けきれない面があった。それでも近年の『仙台基督教育児院八十八年史』など水準の高いものも現れている。カトリック系でも『神山復生病院の一〇〇年』は質量とも豊富な内容である。施設の側からの研究として、今後の動向に期待される。

キリスト教社会事業史研究全体が遅れがちななかでも、ことにカトリック系の施設は、人物史、施設史ともすすんでいなかった。片岡弥吉『ある明治の福祉像ド・ロ神父の生涯』のように注目すべき研究もいくつかある。しかし、たとえば児童の分野ではカトリックも大きな役割を果たしているのに、児童福祉の先駆として紹介されるのは岡山孤児院、博愛社などプロテスタント系に偏りがちである。

これはプロテスタントでは創設者が信徒個人で社会的活動に熱心で対外的発言も多いのに対し、カトリックでは創設者は聖職者である場合が多く、対外的活動が少なく史料も残さないこと、社会福祉専門教育の場が歴史的にプロテスタント系大学に多いこと、さらにカトリックの組織が教会外の者にとってわかりにくいことなどからの、研究者の側の食わず嫌いも加わったためであろう。

田代不二男『キリスト教と社会福祉』で日本のカトリック社会事業史の概略に触れているが（「あとがき」によれば日本の歴史についての実際の執筆は田代菊雄）、田代菊雄『日本カトリック社会事業史研究』による本格的に研究がスタートし、個別研究も少しずつ出はじめた。カトリックとプロテスタントの社会福祉を総体としてとらえる視点も、教会一致の流れのなかでは必要になってくるであろう。すでに日本キリスト教社会福祉学会はプロテスタント・カトリック双方を会員にむかえて、カトリックの研究者の研究活動も目立ってきた。

□五、本書の課題

筆者はこれらの研究に深く学び、また恩恵を受けつつ研究をすすめているのであるが、これらの研究の進展にもかかわらず、なお課題の残されていることを指摘せざるをえない。

まず、第一に、それらの研究は人物や施設研究が主であり、教会との関係は、細井勇による救世軍の教派としての分析など一部を除いて、ほとんどみられない。社会事業家も教会の一員であり、教会の動向と分けて議論することはできない。また、教会が社会事業に冷淡だったという評価がしばしばなされる。戦時下から戦後にかけての日本基督教団と施設との良好ならざる関係などがそういうイメージを促進したものと思われる。ただ、プロテスタント系の場合、もともと信徒個人の社会実践としてはじまっている以上、教会との距離が一定生じるのはむしろ当然であろう。ことに組合教会の場合、信徒の独立性が高い以上なおさらである。それにもかかわらず、社会事業家が一信徒として教会に属し、またさまざまな影響を受けたことも確かである。キリスト教社会事業家の天皇制への態度などは教会の動向と無関係ではなく、個人への批判的分析は教会の動向をくぐらせなければ的確にくだせない。

第二に、顕彰・礼賛型の「研究」は消えたものの、なおキリスト教社会事業を善なるものとの前提のうえで、実践のエキスを取ってくる視点が濃厚であり、全体としてキリスト教社会事業の史的な役割を分析するに至っていない。ことにキリスト教社会事業の影の部分が何ら明らかになっていない。キリスト教社会事業の戦時下の動向、ハンセン病患者の強制隔離への加担など誤りは誤りとして示すべき事柄は多いはずである。これはキリスト教社会事業をいたずらに貶めることでは全くない。キリスト教社会事業の役割が大きいからこそ、その全体像を明らかにすべきであり、全体を示すには失敗の部分が当然に含まれてくる。キリスト教社会事業の実績を論証するうえでの欠かせない作業なのである。

第三に、研究者にはむしろキリスト者でない者が多いし、関心も宗教よりも社会福祉のほうにはるかに重心があって、信仰と実践との関連が明らかにされているとはいいがたい。筆者はキリスト教社会事業史研究を、キリスト者の占有物にすべきことを主張しているのではない。むしろ多様な観点からの参加が研究を豊かにすると考える。しかし、信仰と実践とのかかわりについての解明の意欲は、キリスト教の立場でないと関心として持ちにくい。実際、不十分であったといわざるをえない。そこが示されないと実践を支えた動機や思想は明確にはならない。

本書はこうした視点からの、筆者なりのキリスト教社会事業についての見解である。

第一章ではまず、教会とのかかわりで社会事業の展開をとらえることを試みた。前述のように教会と社会事業とが冷淡な関係にあったというのが一般的な理解であり、その冷淡な関係が戦後も継続したという。そういう面も否定はできないものの、教会と社会事業とが二人三脚で歩むという理想的な姿を描いたうえで、そうでないからマイナスの評価を与えるのは、歴史の評価のあり方としては適切ではないのではないかという問題意識から出発している。もっとも、筆者自身、日本社会福祉学会において、組合教会や聖公会と社会事業との関係を論じる発表をしておきながら、論文に完成させるに至っておらず、この問題を解く困難さは痛感している。その視点に立ちつつ、賀川豊彦と松島正儀に触れている。

第二章は救世軍を取り上げた。社会事業団体としての救世軍が、社会事業史上、重要な存在であることはいうまでもない。かつて山室軍平と救世軍を同一視するような乱暴な整理がみられたが、ここでは人物としての山室を重視するのではなく、救世軍の社会事業団体としての意義をまとめている。

第三章はキリスト教社会事業の限界として障害者への視座を取り上げた。キリスト教社会事業が、障害者が社会から排除されていた時代にあって、一歩踏み出した姿勢は評価すべきであるが、負の側面があったことから目をそらしてはならない。優生思想については、出生前診断や遺伝子診断への危機感のなかで歴史的な議論も活発化しているが、キリスト教社会事業の功罪が明確にされているとはいいがたい。そこで、あえてキリスト教と障害者との関係における否定的側面を取り上げた。

第四章はキリスト教社会事業のリーダー的存在である生江孝之を、社会事業観について批判的に分析した。生江の膨大な論稿は社会事業界の質を著しく向上させた。その功績はもっと評価されるべきではあるが、同時に社会事業界の悪しき体質を克服しきれなかった面もある。人間観の面で生江の負の部分を主に考察している。

第五章はハンセン病とキリスト教との関係である。キリスト者による救癩へのかかわりは、一九八〇年代以前は単純に礼賛されていた。しかし、一九九六年のらい予防法廃止前後より、ハンセン病患者への隔離政策への批判が強まった。キリスト者の活動は主観的善意はあるにしても、客観的には隔離政策への加担である側面は免れず、礼賛ではなく実証的検討が求められている。その際には、かつてみられた安易な賞賛を避けるとともに、逆に隔離に関与したことをもって悪と決め付けるのではなく、その行為の歴史的意味を公正に分析する必要がある。すでに荒井英子による『キリスト教とハンセン病』などの批判的研究があるが、社会福祉の立場から検討を加えた。

第六章は戦時下の問題である。一九三七年からの中国、その後の米英などへの戦争について、一部にアジアの解放につながったなどという弁護論があるものの、戦争目的も不明確なまま、軍部の意向に押されて見通しのないまま踏み切った戦争であることは明白であろう。そういう戦争に社会事業界は協力の道を選んでいく。そのため、戦時下の社会事業に触れることは当時の社会事業家の批判につながることから、直視しない傾向があった。しかし、歴史に向き合うことなしに、歴史から学ぶことはできない。告発や非難ではなく、事実としてどうであったのかを知ることからはじめるのが、第六章である。

第六章では研究対象に対する評価が、論稿によっていくらか違うようでもある。たとえば、岩橋武夫に対しては厳しく、松島正儀には甘いようであるが、これはえこひいきをしたり揺れたりしているわけではない。岩橋の場合、戦時下の言動が語られないばかりか、本文中でも指摘しているように、何ら問題がなかったかのように伝記で記されるということになると、事実を指摘しそこに批判すべき内容のあることを議論するところから出発せざるをえなくなる。松島は自ら戦時下のことを語っているので、なぜそうなったのかからスタートすることとなる。そういう出発点の違いである。

第三章以降では批判的観点が目立つが、これは非難してキリスト教社会事業の評価を下げることに目的があるわけではなく、全く逆である。キリスト教社会事業の歴史的役割を高く評価するがゆえにその高い役割のなかで陥ってしまった誤りについても指摘しなければ、キリスト教福祉を全体として位置づけ継承していくことにはならないと考えるからである。「賀川先生、賀川先生」というように、ひたすら礼賛する傾向が、これまでないわけではなかった。それでは何も生産されない。何をなし、何ができなかったかを実証的に示していき、継承すべき点と克服すべき点を明らかにすることが、歴史研究の使命であるとともに、キリスト教社会事業を正当に評価することでもあろう。

本書が、キリスト教福祉が歴史のなかで存在した意味について、どれだけ迫れたのか疑問であるが、キリスト教福祉の理念や価値を、歴史から構築していく姿勢だけは示していると考えている。

第一章　キリスト教社会事業の形成

一、日本基督教会と社会事業

□一、はじめに

わが国の社会事業の発展にキリスト教社会事業が大きく寄与した反面、教会は社会問題に無関心の態度を示し、社会事業にも不熱心だったことが指摘されている。だが、キリスト教社会事業とは単にキリスト者が創設した施設という程度のものではなく、信仰による社会への具体的実践の一つである。キリスト者とは教会に連なる一員ということであり、社会事業家も同様である。したがって、社会事業と教会との関係は、キリスト教社会事業史での重視なポイントでなければならない。

従来、教会と社会事業との関係があまり重視されなかったため、キリスト教社会事業史と呼ばれていても、人物史や施設史に偏って論じられてきた。だが、人物の場合、どんなにすぐれたキリスト者であっても、思想や行動にキリスト教以外の個人的な理念が入り込むことは避けられない。施設についても、職員がすべてキリスト者で、キリスト教の理念でばかり動いているわけではない。まして戦後は行政の監督や制度に縛られて、キリスト教の理念が直接的に現れる機会は非常に少ない。施設や人物からのみキリスト教社会事業史を描こうとしても、それは民間社会事業史からあるグループを抽出して論述しているにすぎず、キリスト教と社会事業との関係を解明し、今日のキリスト教福祉のあるべき姿へとつなげていくことには限界がある。

キリスト教にとっての基盤はまず教会である。無教会派といえども、キリスト者がばらばらに信仰的なつながりもなく存在すべきことを主張しているわけではなかろう。もしも、教会が社会事業に何ら関心を示さず、社会事業は個人的にしか創設されえなかったとするならば、キリスト教社会事業などというものは存在しなかったというほかない。同時に、社会事業に何の関心ももたない、つまり社会事業による援助を必要とする人々に目を向けない教会が、本当にキリスト教の教会といえるのか、そんな教会がキリスト教会でありうるのなら、キリスト教とは制度や利権によって成り立つ宗教にすぎないのではないかとの疑問が次々と生ずる。

プロテスタント最大教派であり、関連の社会福祉施設を多数持つ日本基督教団は、一九七〇年前後の万博問題、東京神学大問題等で揺れ動き、東京教区の教区総会開催をめぐって苦悩を続けた。だからこそ、教会としての実践のあり方を問う必要がある。社会性の弱かった福音派の教会も社会に目を向けつつある。これからのクリスチャンワーカーにとって、自らの依って立つ場としての教会と社会的実践とを結びつけてとらえることは緊急の課題となっているといえよう。

本稿では、近代日本の発展のなかで、教会は社会事業をどうとらえ、どうかかわろうとしていたのかを、プロテスタントの教派の一つである日本基督教会を取り上げ、検討していきたい。日本基督教会を取り上げるのは、この教会が社会事業をはじめ社会的関心が薄かったと評されていて、日本の教会の体質や特徴を特に表していること、教会数や信徒数で常に一、二を争う比較的大きい教会であったこと、長老系の教会として教会のまとまりが重視されていて全体を一括してみれることなどの理由による。

日本基督教会は、アメリカ長老教会やオランダ改革派教会などカルヴァン派の流れをひいた教会を基盤にし、前身の日本基督一致教会を経てつくられた。戦前のプロテスタントの代表的教派であり、その動向は常にプロテスタント全体に大きな影響を与えた。一九四一年に日本基督教団の創設に参加して消滅した。戦後、同名の教派が再建され、現在に至っている。ただし、戦後のそれは戦前の日本基督教会の伝統を直接ひいてはいるが、再建にあたり、日本基督教団への残留、日本基督改革派教会の結成等、他の道を選んだ教会が少なくなく、全く同じ組織が再建されたとはいいがたい。本稿でいう日本基督教会とはすべて、戦前のものを指している。

二、日本基督教会と社会事業

生江孝之は『日本基督教社会事業史』において日本基督教会について「多年斯る社会問題には教会の関与すべきものにあらずとして比較的之に無関心の態度をとつて来た傾きを有する」と評している(1)。生江が社会事業の指導者であり、この書物がキリスト教社会事業の意義を強調していることを考慮すると、生江の表現は一個人の意識にとどまらない重さがある。

確かに、救世軍と比べるのはあまりに酷としても、ほかのプロテスタントの主要教派である組合教会や聖公会と比べても、社会事業との関係は薄い面があるのは事実である。日本基督教会所属の著名な社会事業家といえば、原胤昭と賀川豊彦ぐらいであるし、その賀川は日本基督教会の牧師でありながら、日本基督教会内においては傍流に位置していたといわれている。組合教会関係の社会事業家が『福音の社会的行者』に多数掲載されているのに比べ、見劣りする(2)。

表　日本基督教会関係の社会事業

・東京保護会	・同　砂町託児所	・人事相談所
・慰廃園	・イエス団友愛救済所	・京都田中セツルメント
・母の会講演会	・城東聖戦社	・同　児童学習会
・基督教伝道義会医院	・同　長田出張所	・愛隣ホーム
・帝国海軍軍人ホーム	・共労組合	・段下セツルメント
・鉄道青年会	・労働セツルメント	・友の家託児所
・日本育児院	・新らしき村	・播磨農民福音学校農繁期託児所
・同友会	・東京親隣館	・聖労農場
・賛育会	・本所産業青年会職業紹介所	・消費組合浜松同胞社
・賛育会病院	・四貫島セツルメント	・浜松看護婦協同組合
・同　錦糸病院	・単純生活社	・結核療養所
・同　大井病院	・深川聖戦社	
・同　乳児院	・暁醒図書館	

出典：『昭和八年　日本基督教会年鑑』日本基督教会事務所
1933年、296頁～299頁より作成

日本基督教会関係とされる社会事業施設が表のように四十ばかり紹介されている。しかし、これには東京保護会、帝国海軍軍人ホーム、鉄道青年会、賛育会など、関係者に日本基督教会の会員がいるというだけで、日本基督教会系とはとうていいいがたい施設や図書館、「母の会講演会」といった厳密には社会事業でないものも含まれている。日本基督教会に深い関係のある社会事業といえるのはせいぜい十カ所くらいなのが実情である。それすらも、賀川豊彦らが個人的な努力でつくったものであり、日本基督教会として社会事業をつくりあげていたわけではない。聖公会関係の社会事業をまとめた『現代社会福祉の源流』をみたとき(3)、あるいは日本基督教会より微弱なメソジスト教会などが自ら社会事業に乗り出しているのに比べ、日本基督教会の弱さを感じないわけにはいかない。

他の教派は、社会事業を担当する部局として、社会局ないし社会事業局を一九二〇年頃から次々と設けて、社会事業の調査や研究を本格的にはじめた。日本基督教会は最も遅れており、それも後述のようにたいした働きはできなかった。

□三、日本基督教会の積極的側面

こうした事実をつなぎあわせる限りでは日本基督教会は社会事業に消極的だったという結論を出さざるをえないし、それについては批判的にとらえるしかない。だが、日本基督教会は本質的に社会事業を回避する体質をもっていたのだろうか。また、日本基督教会はキリスト教社会事業への貢献は乏しいと決めつけていいのだろうか。そういう見解に立つとすれば、わが国のキリスト教社会事業は主要教派の一つをほとんど欠いた、脆弱な存在として評価しなければならなくなるが、本当にそうなのか。

わが国にプロテスタント・キリスト教を伝え、教会の基礎をつくった宣教師たちは、医療事業などの社会事業的活動でも活躍し、近代日本の社会事業史の冒頭を飾っている。その主要人物の一人であるヘボンは日本基督教会につながる宣教師である。ほかにも、日本基督教会関係の宣教師がみられる。キリスト教禁教下での宣教の手段であったり、医療技術が求められたりと、動機はさまざまであるとしても、キリスト教と切り離せない活動であり、宣教師の役割からいっても、教会形成とある意味でつながっていた。

日本基督教会設立後、日本基督教会は社会事業の意義をたびたび認めている。一八九七年の第十一回大会の「安息日に関する決議」では「慈善ノ事ヲ行ヒテ神ノ光栄ヲ顕揚スル事」とある。ここでいう「慈善」とは、社会事業でいうところとは意味が違うけれども、愛他的なよき業を積極的に認めていることは明らかである(4)。

同大会の「キリスト者の社会的使命に関する決議」では「基督ノ教会ハ個人ノ霊性ヲ救フト同時ニ、今ノ社会的使命ヲ認識シ、時ヲ察シ、緩急ヲ計リ、基督主義ヲ社会及ビ邦国ニ実行セン事ヲ務メザルベカラス」としている。この決議はキリスト者が中心になって労働運動が勃興しつつある背景があると指摘されている。同時に、直接社会事業には触れていないけれども、すでにキリスト教社会事業の実践が増えつつあるなかでは、その流れを受け入れる内容をもっているといえる。直前の日清戦争ではキリスト教をあげて賛成したばかりなので、「基督主義」の実行といっても、抽象的な精神論にすぎないのではないかという疑問も生ずるが、資本主義の急速な発展のなかでの発言の積極面は認められる。

一九一三年の第二十七回大会の「社会問題の決議」では「機宜に応じ其力を計り青年及労働者間に於ける精神教育及貧病者救済等の社会事業にも心を用ゆべきこと」と、明確に社会事業への関与を支持している。この決議は、三教会同と明治天皇の死を背景にもっていると指摘されている(5)。三教会同とは、一九一二年に内務大臣原敬が神道、仏教、キリスト教の代表者を招いて会合の場をもったものである。代表者は翌日再び集い、天皇制国家への忠誠を誓いあう。これは国家神道が宗教の上に立つ非宗教的存在であることを前提とし、以後、キリスト教は国家に従属する姿勢を明確にする。社会事業との関係でいえば、国家が救済を宗教にさせようとする感化救済の路線と密接に関係している。したがって、決議についで必ずしも肯定的な評価はできない。けれども、社会事業を具体的に例示して教会としての立場を明確にしたのは、キリスト教社会事業史のうえでも貴重である。

日本基督教会の指導者であり、日本基督教会の路線を決定づけたのが、植村正久である。植村は、社会問題に対して深い関心を示し、社会事業についてもしばしば発言している。植村はキリスト者が信仰の基盤を欠いたまま社会問題への関与に熱中することは厳しく戒めている。しかし、社会事業そのものについては「キリスト教徒はその同胞兄弟たる人民の窮を認識す。その窮を見ては、窮に安んずる能わざるを知り、窮を救うの情、至切なり(6)」「慈善事業のゆるがせにすべからざること言うまでもなし(7)」と、積極的に肯定し、「貧民の病苦を救い、この困窮を賑わすにおいて、日本のキリスト教徒は、他の人民に比して劣れりと言うべからず(8)」「キリスト者は割合に多く社会事業に骨を折って居る。人員の比較からすれば日本のキリスト者ほど、社会の問題に関心し、努力して居るものは国民の中、他にあるまいと思われる(9)」と、キリスト者の社会事業への取り組みを誇りとしている。植村のいう社会事業とは狭義のものではなく、世界平和、軍備縮小、労働問題、ときには政治家になることをも含む広い概念である点には注意しておかねばならないが、それにしても「社会事業」の中核には要救護者への救済が位置している。

植村の社会事業ないし社会問題への関与についての議論では常に、社会問題への関与の意義を認めつつ、それがしばしば神から離れた人間的なものに陥ることを危惧している。それぞれの論稿により、前者が強調されていたり、後者が強調されていたりするが、いずれにせよ、植村の考えは、社会からの逃避ではなく、信仰による関与であり、キリスト教社会事業の理念に通じる考えである。

植村のような発想は、今日のようにキリスト教が弱小勢力ながらも社会に一定の地歩を築き、教会形成もなされているなかにあっては、事実上社会への関与を遠い彼方におしやる理屈になりかねない。現在、伝道を最優先する発想から、障害者問題や部落問題、さらには靖国問題のような信教の自由を守る闘いにさえ消極的な勢力があり、聖書に示された教会のあり方が歪められている。しかし、植村の時代にあってはキリスト教なり教会なりが確立されておらず、当時としては、信仰の確立を十分に強調しておく必要性は高かった。

植村の主張が社会事業からの逃避でないことは、植村自身も片山潜のキングスレー館に対して、一時期援助を与え、救世軍にも関心を示していることに表れている。

植村と救世軍の関係は深く、山室軍平は「救世軍の恩人の一人」とさえ述べている(10)。『植村正久と其の時代』では「救世軍」の項を設けて、救世軍の資料を多数掲載している(11)。植村には救世軍についての論稿も多い。『植村正久と其の時代』に紹介されているものだけで十七編あり、ほかに植村の古いノートには「救世軍の母　ブウス夫人」「救世軍と其の影響」という文があるといわれ、「植村正久が救世軍をわが国に紹介したのは可なり古い事で、其の後も救世軍の為には、可なり多く紹介の労を執つてゐるばかりでなく、時には、又なかなか峻烈な苦言も呈してゐる(12)」というくらいであり、非常に強い関心があったことがうかがわれる。

山室軍平の妻の山室機恵子は、もともと植村の教会に属していた。山室軍平によれば、濃尾大震災の際の孤児救済にあたっては、一番町教会での孤児救済の訴えを許し、山室の結婚やその後の生活にも配慮していたという(13)。助言などによっても救世軍の活動を支えた。植村と救世軍とは神学的立場も、教会形成や伝道の方法論も異なっていることを思うと、このつながりには注目してよい。

植村は労働者を教会から排除するような姿勢をとり、都市型の教会形成を目指していたといわれ、それが植村を評価するうえでの一つの材料になっているが、実際には労働者も教会につらなっていたといわれ、単純な決めつけはできない。

植村に続く高倉徳太郎は、その福音的立場や社会的キリスト教への厳しい批判のイメージが強いが、高倉も、教会の機能としてまず公同礼拝や公同祈祷をあげつつも、社会問題に対応する社会的使命のあることを認めている(14)。

日本基督教会の実質的な機関紙であった『福音新報』にも、社会事業関係の記事が散見される。「時事たより」と題する欄では政治情勢への痛烈な批判も含まれている。社会事業を含めた救世軍に関する情報も多数掲載されており、救世軍の施設の近況、山室ら幹部の動向があり、「救世軍の一人が一人を運動の反響」のような救世軍の日常活動を詳細に紹介した記事もみられる(15)。救世軍の出版広告もある。他教派の記事も載ってはおり、ことさら救世軍ばかり載せているわけではないが、救世軍の教派としての規模を考慮すると、目立っている。

一九二〇年代後半から一九三〇年頃には社会事業関係の記事が特に増えている。「少年保護事業につきて[16]」「関東学院セツルメント[17]」「基督教農村進出の新方面―農繁期託児所の紹介―[18]」等比較的長文の記事もあり、ほかに癩療養所や保育所の記事や書籍の紹介などがある。

一～二ページにわたるまとまった論説もみられ、「社会の浄化と基督者の責任」では「私共は所謂『社会事業即基督教』の信条を奉ずる者ではありません」という前提つきではあるが、「基督者の社会生活は、広く世に教会生活の範囲を拡張して盛に兄弟の愛を実行し、弱き者を憐み、貧しき者を顧みる為にもさまざまの施設をしなければなりません」「社会の様々の出来事に対し、目前の世相に対して、超然、冷然として少しも頓着しないといふ訳にゆきません。寧ろ注意深き目を以て世相の推移するところを凝視すべきであります」と、植村流の考え方が改めて表明されている[19]。「教会と社会問題」では信仰を強調する文脈のなかではあるが「種々の使命を帯びて、種々の方面に、立ちて人々出てせよかしである」と述べている[20]。

日本基督教連盟社会部と神之国運動中央社会部の共催による社会問題協議会の記事は、毎回二～三ページを使って、四回にわたって連載している[21]。「社会事業と基督教」と題する講演録も、内容的には狭義の社会事業にはあまり触れてはいないが、大きく掲載されている[22]。

こうした背景には、マルクス主義の台頭、社会的キリスト教やSCMの活動の活発化がある。日本基督教会は社会的キリスト教のようなものには否定的であった。しかし、社会的キリスト教などの主張が既成教会の弱点をついているのも確かであった。福音主義としての社会への対応を示す必要に迫られていたといえる。その内容には新味は少なく、批判に正面から答えているとはいえない。しかし、逆にいえばあわててつくった理論などではなく、これまでに蓄積されてきた考えであった。社会への科学的認識を欠き、現実に進行している問題への対処の方法を示していない観念論ではあるが、SCMが短期間で崩壊し、マルクス主義も弾圧のなかで力を発揮できなかったのと比べれば、実践性が欠如していたとはいえない。

日本基督教会としての社会事業への取り組みも一九二〇年代後半には明確化する。日本基督教会系の学校として明治学院があるが、明治学院では、田川大吉郎のもと、一九二五年には神学部に社会講座が開設された。一九二八年には社会科が設置され、わが国を代表する社会事業教育機関となった(23)。社会科は社会事業科と改称され、名実ともに社会事業教育の機関として、わが国の社会事業教育を支える。明治学院にとっても、神学部廃止後、学院の本領を発揮する学科であったという。明治学院からいかに多くの社会事業家が生まれたかを思うと、その功績はきわめて大きい。

教会の直接の動きとして、一九二七年の第四十一回日本基督教会大会に提出の議案のなかに「社会事業委員設置の件」が含まれていた(24)。このときには審議未了に終わってしまったが、翌年の第四十二回大会では可決され、日本基督教会関係の社会事業の調査、研究のため、外村義郎、小林誠、三好務、笹倉弥吉、原田友太が委員として任命されている(25)、社会事業委員は日本基督教会関係の社会事業の調査を行い、大会で報告している。

第四十三回大会では、社会局条例が大会常置委員会に付託され、第四十四回大会にて、社会局条例に関する調査委員報告ののち、一部の語句を修正したうえ、可決した(26)。日本基督教会の社会局は長い議論と準備のうえでつくられたのであり、単純に他教派の設立年と比べても意味は乏しい。

その条例は下記の通りである(27)。

第一条　本局を日本基督教会社会局と称す。

第二条　本局は日本基督教会関係の各種社会事業団体及び其関係者の連絡統一進歩発達を図ると共に一般社会事業の調査報告及び内外の必要なる資料の収集研究等を以て其目的とす。

第三条　本局に大会の選出せる理事五名を置き局務に当らしむ、理事の任期は一ヶ年とす但再選を妨げず。

第四条　本局の経費は大会より支給及び有志の寄附金を以て之に充当す。

第五条　本条例の改廃は大会出席議員三分の二以上の同意を要す。

社会局は他の部局に比べて予算配分が桁違いに低く、北伊豆の震災の救済にあたったり若干の調査をしたほか、社会事業家の会合を企画したりしたが、さほどみるべき成果はあがらなかった。これは怠慢だったわけではなく、他の部局が初期から設置されていて活動が成熟していたのに対し、新たにつくっていかねばならないハンディがあった。

こうした日本基督教会自体の取り組みとあわせて、超教派的な取り組みのなかでの社会事業との関係にも目を向ける必要がある。賀川豊彦の提唱で一九二九年から三二年にかけて行われた神の国運動は、大衆伝道の活動ではあったが、社会的性格を帯び、社会部が設けられた。社会部では、社会改良運動、社会奉仕事業、融和事業などを活動の内容に含んでいた。実効があったかどうかはともかく、伝道においても、社会事業が無視できなくなっていた。

事実上プロテスタントを代表する機関となっていた日本基督教連盟でも、社会部を設け、社会問題や社会事業の調査や援助を行った。特に社会信条の制定は、プロテスタント教会の社会への関わりを具体化したものであり、そこには「人の権利と機会の平等」「児童人格の尊重」等、社会事業につながる理念も含まれている。基督教連盟と日本基督教会との関係は必ずしも良好とは限らなかったが、日本基督教会は主要な加盟教会として、これらに関与し、功罪を強く問われる立場にある。社会信条の理念が十分に深められないまま、ファシズムへの動きに流されていくなど、成熟させることはできなかったが、これらの動きはその場しのぎでつくったようなものではなく、戦前の教会の一つの到達点であり、そこに至るまでにはそれなりの経緯があった。

四、日本基督教会をとりまく状況

以上に示したように、日本基督教会は社会事業から逃避していたのではなく、教会の成熟とともに前進させる意図はあった。だが、結果的にさほどの実績をあげられなかったのも事実である。この落差を理解するには、日本基督教会をとりまく歴史的、社会的状況を把握しなければならない(28)。

明治初期にあっては、キリスト教の禁教策がとられ、諸外国の抗議もあって撤回された後も、キリスト教は不安定な立場に立たされた。欧化主義の流行のようにキリスト教に有利な状況がつくられたかのような時期もあったが、所詮は政治的な思惑のもとでのあだ花であった。大日本帝国憲法で表向き信教の自由が明文化されたといえ、「安寧秩序ヲ妨ケス及臣民タルノ義務ニ背カサル限」という限定つきであるうえ、神社非宗教論に立脚した信教の自由なるものは、実質的には何の権利も保障されないものにすぎなかった。憲法制定後には教育勅語が出され、キリスト教への干渉はむしろひどくなる。キリスト教は無からではなく、マイナスからスタートしたのである。

日本基督教会設立後も、一時的に陽がさしてきたと思い込んだ時期はあっても、基本的には国家や世間からの風圧にさらされ続けた。それは常時何らかの形で継続され、国民の間で長年培われた、キリスト教を邪宗とみる常識はなお根強く、教会では血を飲んでいる等のデマも流布していた。キリスト教は外国の宗教と認識され、社会主義・共産主義と並んで、偏見の対象であった。

具体的な事件や政策として現れたものとして、内村鑑三の不敬事件とそれを論評した植村の「不敬罪とキリスト教」の発禁、井上哲次郎『教育ト宗教ノ衝突』にみられるキリスト教への攻撃、文部省訓令によるキリスト教系学校への干渉等がある。短期間で歴史を閉じるミッションスクールもあった。

教会は不当な風圧に対して、存亡をかけ、全力をあげてときには抵抗し、ときには弁解に努めざるをえなかった。本来、キリスト教のもつ神観や世界宗教としての立場は、国家神道のもとで富国強兵をすすめる天皇制国家のイデオロギーに矛盾する。真剣に抵抗しようとすれば、反国家的になるほかなく、国家の枠内での抵抗である限り、すでに妥協を前提としたものであり、力をもてるはずもない。キリスト教が日本の国家の秩序や道徳に反するとするキリスト教攻撃の主張は事実をいい当てている面も強く、弁解は詭弁であることを免れなかった。弁解をすること自体、すでに敗北を表明したに等しい。

日本基督教会は、「日本の花嫁事件」の当事者として、今日からみれば暴挙としかいいようのない愚劣な誤りを犯しているし、三教会同など国家に服従する道に明確に立っていく。真理から離れる姿は教会の役目を果たしていないことであるが、役目が果たせない状況だったのも確かである。

教会への圧迫は、教会が国家に忠実な態度を明確にしても、また大正デモクラシーをくぐっても本質的には変化はなかった。一九二七年の宗教法案、一九二九年の宗教団体法は国家が宗教の統制、干渉をもくろんだ法案であり、キリスト教ではおおむねこれに反対した。日本基督教会は特に熱心に反対し、キリスト教全体の動きをリードした。一九三九年に制定された宗教団体法が日本基督教団結成を促進し、戦時体制下での宗教統制に使われたことを思うと、日本基督教会が一連の法案に反対したのは当然である。このために他の問題への対応が多少不十分になったとしても、教会は信教の自由を守るために最善の努力をするべきであり、やむをえない面もある。

信徒も増加をみているとはいえ、停滞、あるいは減少した時期さえある。増えたといっても、遅々とした歩みにすぎない。教勢拡大は困難をきわめた。宣教団体へ依存する教会から、自立する教会へ脱皮するためには財政的基盤を確立することも不可欠であったが、それも一朝一夕にはできない課題であった。財政的な自立ができていないのに、社会事業にまで資金を回せるはずもなかった。

教会は好むと好まざるとにかかわらず、戦争、植民地政策、社会主義弾圧など現実の社会の動きに絶えず対応しなければならなかった。プロテスタントの合同問題は、現実味を帯びた時期と退潮した時期があるとはいえ、おおむね常にプロテスタント全体の課題であった。社会の動きに対しては、目を覆いたくなるほどの誤りに満ちているし、教会合同についても日本のキリスト教を無用な教派同士の争いから解放させ、より発展させようとする善意の動きではあったが、かえって各教会の自立を妨げ、発展の足かせになった。けれども、それぞれ揺るがせにできない重要な課題であったのは確かであり、そこに力が注がれたのも、その時点としては自然な動きである。筆者は、日本基督教会を擁護しているのでも、正当化しているのでもない。日本基督教会をはじめとするプロテスタント教会は、社会とのつながりにおいて無数に誤りを犯し続け、社会事業との関係においても同様に誤りが多かった。戦後十分な反省がされなかっただけに、今なお、単なる歴史的評価にとどまらず、信仰の課題として厳しく追求しなければならない面をもっていると考える。

しかし、教会は社会事業を第一目的としてつくられているのではないのだから、社会事業施設を創設したり、社会事業家を養成したりすることのみで評価するのは妥当ではない。仮に教会の力量を無視して、社会事業に力を入れたとするならば、それは麗しい隣人愛の実践として賞賛されても、長い歴史のなかでは一時のあだ花に終わり、教会の責務を果たすことにはならないであろう。社会事業の視点からの教会への否定的評価が、ないものねだりに基づくものであっては、評価の意味をなさない。

特にキリスト教社会事業との関連でとらえた場合、「キリスト教」の面での貢献も加味しなければならないであろう。つまり、キリスト教は明治初期に導入され、キリスト教徒とか教会とかは早くから存在していた。しかし、その時点ではキリスト教社会事業の母体としての力は全くなかった。その力がいつどのようにして培われたかを考えると、日本基督教会の貢献は大きかった。

キリスト教社会事業というからには、「キリスト教」が確固としたものとして実在しなければならないのは当然である。しかし、当初はキリスト教の何たるかが十分に理解されないまま、佐幕派の士族らが入信して、教会がつくられていった。基礎が全くできていないそうした教会が信仰のうえに立って社会事業という新たな価値を創造していくのは不可能といってよい。事実、新神学の流入のように新しい事態に直面するたびに大きく揺れていた。

この状況は植村・海老名論争が植村の勝利に終わることで、わが国に福音主義的立場が確立することにより、変えられていく。植村は海老名弾正にみられる自由主義的傾向を退け、福音信仰を明確に告白した。植村をはじめとする日本基督教会の努力によって、「キリスト教」が明確な形で日本に存在するようになったのである。ユニテリアンによる社会的実践の歴史的意義は認めなければならないとしても、福音主義の確立しないなかで新神学やユニテリアンが横行し続けていては、キリスト教自体が崩壊することにもなったであろう。海老名流の自由主義もキリスト教の定着に決して有効なものではなかった。それが防止され、曲がりなりにも安定した教会組織がつくられたため、キリスト教社会事業がキリスト教の真髄を損なうのでなく、発展させる方向で成長できた。

ただし、日本基督教会はわが国の「キリスト教」の位置を曖昧にさせるほうでも一役買っている。天皇制国家に従属し、戦争や植民地支配を支持する路線がとられたことにより、神のとらえ方が相対化されたり、偶像崇拝否定の教理が曖昧になったりするなどマイナス面もみられる。とりわけ、ファシズムが台頭してくる時期にこれに迎合し、朝鮮の教会への神社崇拝の強要、在日朝鮮基督教会の統合など朝鮮への傲慢な対応はとうてい許容できるものではない。もっとも、これは全キリスト教、あるいはすべての宗教に共通の問題であり、一人日本基督教会だけの責任ではない。むしろ日本基督教会は、神社問題について真剣に議論するなど、比較的（無数の誤りの存在からすると、きわめてむなしい比較ではあるが）真剣に取り組んでいた。

さらに、キリスト教社会事業の背後での教会の存在の不可欠さを思うと、「教会」をどうつくりあげたかも、評価の指標となろう。他の主要教派では組合教会が伸び悩むなかで日本基督教会はそれなりに信徒や教会を増やした。複数の神学校をかかえ、すぐれた牧師も多数生んでいる。有力な教会もつくっている。社会事業を生み出すためには、それ相応の教勢が必要であり、その点でも社会事業の基盤がつくられたといえよう。

□五、おわりに

日本基督教会は教会の基礎を固めたうえで社会事業にも尽力しようとしていたのであり、社会事業に不熱心と決めつけることはできない。社会事業との関連で日本基督教会を批判的にみるよりも、教会の失敗を含んだ歩みを冷静に見つめるほうが、今日のキリスト教福祉を教会との関係のなかで構築するうえで重要である。失敗を含んだ歩みとは、まず、一時は日本が短期間のうちにキリスト教国化するとさえいわれていたのに、教勢は思うように伸びず、天理教など新宗教にも水をあけられるほどであった。このため、教勢拡大が終始目的化して、キリスト教の基礎固めが永遠の彼方に遠のいた。あわせて社会事業も遠いものになって、それが伝統化した。

日本の文化的、宗教的土壌のなかではキリスト教は多数派にはなりえない。欧米の思想や学問がいくら流入し模倣されようと、根本的な精神風土は容易に変化するものではないし、まして国家からの枠があればなおさらである。教会はこの現実を早く知り、それを前提とした教会形成をし、社会への関与の道を探るべきであった。しかしそれは、キリスト教史が積み重ねられた現在でこそ簡単にみえてくる現実であって、宣教直後から半世紀をこえたにすぎない段階までは、日本の文化のもとでのキリスト教の教勢拡大の限界には気づけなかった。

また、信徒が、当初は農村や被差別部落などに広がったのが長続きせず、中産階級に集中してしまった。これが一方では、高学歴で交際範囲の広い社会事業家を生み、寄付金確保や行政との交渉で有利に働きはする。けれども、社会問題を自らの問題としてとらえる視点がもてなくなった。こうなると、教会としての課題は教勢の階層的な幅を広げるとともに、金持ちのサロンに堕しないようにすることのほうが重要である。それなくして教会が積極的に社会事業に乗り出しても、慈恵的なものになるのは避けられなかったのではないか。

個人の霊的な救いの強調は、社会とのつながりや社会的実践を消極的にするのではない。それは植村の社会への関心の強さやはり個人の救いを強調していた救世軍を考えれば明白である。新興の弱小勢力として、信徒を新たに獲得しなければならない立場からすれば、個人を説得する宗教的なテーマが欠かせなかったが、それはなにも社会からの遊離を奨励したわけではない。しかし、キリスト教に不利な社会状況の恒久化は、自ずと関心を個人の内面に向けていったのも否めない。指導者の意図と無関係に内面的な救いが大きな存在にふくれあがった。

天皇制国家に従属することにより、教会が体制宗教としての基盤が築けると考えたのも誤解であった。体制の側はキリスト教への疑惑の目を終始もち、民衆もまた同様であった。民衆教化、社会事業、戦争協力等の分野でキリスト教関係者やときには教会が「活躍」し、国からの表彰を受けたことも多い。個々には一定の意義があるし、キリスト者の良心による行動も少なくないけれども、全体としてみれば利用されるだけで、キリスト教に有利な状況がやってくることにはつながらなかった。

日本基督教会に代表されるわが国の教会は、こうした誤算のなかで歴史を積み重ねていった。キリスト教が国内では新興勢力であり、しかし世界的には歴史のある伝統宗教であるという矛盾した位置にあり、自己の歴史をもたない日本の教会関係者が展望を見出せずに右往左往したとしても、それを不信仰や権力追随と非難できない面がある。

教会と関係が薄いなかで発展したというキリスト教社会事業というのは、こうした条件にもかかわらず、教会の信徒によってつくられ、教会員の協力を得て、進展し、教会員を内部にもって歩んでいくのである。教会は全力で支えたのではないとしても、その存在が発展の背景として不可欠であり、逆に教会の弱点が社会事業にももちこまれることにもなっている。教会なくしてはありえなかったという点では、まぎれもなく教会形成のなかからつくられた社会事業であり、信仰の社会的実践として機能したのである。

注

(1) 生江孝之『日本基督教社会事業史』教文館、一九三一年、二九〇頁。
(2) 竹中勝男『福音の社会的行者』日本組合基督教会事務所、一九三七年。
(3) 日本聖公会社会事業連盟編『現代社会福祉の源流』聖公会出版、一九八八年。
(4) 日本キリスト教会歴史編纂委員会編『日本基督教会歴史資料集(九)』日本基督教会出版局、一九八八年。
(5) 五十嵐喜和「解説」、前掲書、七八頁〜七九頁。
(6)『植村正久著作集 一』新教出版社、一九六六年、三五四頁。
(7) 前掲書、三五九頁。
(8) 前掲書、三六三頁。

(9) 前掲書、三八八頁。
(10) 山室軍平編『日本救世軍四十年の一瞥』救世軍出版及供給部、一九三六年、一九頁。
(11)『植村正久と其の時代』第二巻、教文館、初版一九三八年、復刻一九六六年。
(12) 前掲書、六四二頁。
(13)『山室軍平選集Ⅸ』「山室軍平選集」刊行会、一九五六年、一三三頁～一三七頁。
(14) 佐藤敏夫『高倉徳太郎とその時代』新教出版社、一九八三年、一八七頁。
(15)『福音新報』第一六七五号、一九二七年九月二二日。
(16)『福音新報』第一六〇六号、一九二六年五月二十日。
(17)『福音新報』第一七一七号、一九二七年七月十九日。
(18)『福音新報』第一八二四号、一九三〇年八月二一日。
(19)『福音新報』第一七二六号、一九二八年九月二十日。
(20)『福音新報』第一八一二号、一九三〇年五月二九日。
(21)『福音新報』第一八一二号、第一八一四号、一九三〇年六月十二日。
(22)『福音新報』第一八八五号、一九三一年十月二九日。
(23) 菊池正治・阪野貢『日本近代社会事業教育史の研究』相川書房、一九八〇年、一二五頁～一二八頁。
(24)『福音新報』第一六七四号、一九二七年九月十五日。
(25)『福音新報』第一七三〇号、一九二八年十月十八日。
(26)『福音新報』第一八三五号、一九三〇年十一月六日。
(27)『日本基督教会年鑑』日本基督教会事務所、一九三三年、六八頁。
(28) 日本キリスト教史の主要文献として、隅谷三喜男『近代日本の形成とキリスト教』新教出版社、一九六一年、海老沢有道・大内三郎『日本キリスト教史』日本基督教団出版局、一九七〇年、土肥昭夫『日本プロテスタント・キリスト教史』新教出版社、一九八〇年、小野静雄『日本プロテスタント教会史』(上)(下)聖恵授産所出版部、一九八六年など。

二、賀川豊彦の社会事業実践

□ 一、賀川豊彦と社会事業

賀川豊彦（一八八八～一九六〇）は、キリスト者として労働運動、農民運動、社会主義運動、協同組合運動、文学など多岐にわたる分野で活動を続け、わが国の近代史に大きな足跡を残した。賀川に匹敵するほどの活動の幅広さと功績の大きさを残した人物を他に見出すことはできないほどである。それらの原点は神戸のスラムの実践にはじまる一連の社会事業にある。原点であるにとどまらず、賀川の社会事業実践は生涯を通じ、さまざまな形ですすめられ、キリスト教社会事業はもちろん、わが国の民間社会事業の根幹の一つとなる。

賀川の社会事業のなかでも、神戸のスラムであった新川地区に居住し、伝道などの宗教活動とともに繰り広げた貧民救済は、賀川の後の社会事業が、どちらかといえば指導者として取り組み、賀川自身も著名になっているなかでのものであるのに対し、無名の青年が文字通り体をはった命がけのものであったという点で、また賀川の多様な活動の源泉となった点で意義は大きい。当初は伝道を主体にしたささやかなものだったのが、簡易食堂、簡易宿泊、医療救済など、しばしば失敗を繰り返しながらも、常に新たな活動を模索し、創造性も豊富であった。賀川の生涯のなかでも、神学校卒業、結婚、アメリカ留学、労働運動への参加、『貧民心理の研究』『死線を越えて』の出版と、重要なできごとが集中的になされている。

それゆえ、スラムでの実践が社会事業の歩みのなかでどう位置づくのかを明確にすることが、賀川を考えるうえで不可欠であるし、それはまた、社会事業史のなかでも重要になると思われる。

ところが、社会事業史についての基本的な文献での賀川の実践への記述は不十分ないし曖昧なものである。吉田久一著『日本社会事業の歴史』では、セツルメントに触れている部分では賀川には言及せず、「貧民調査の動向」として『貧民心理の研究』を扱い、その説明のなかで研究の基礎にスラムでの体験があることを述べているにすぎない(1)。木村武夫著『日本近代社会事業史』では賀川について「個別的な慈善にとどまらず、賀川豊彦のように、労働問題に深い関心をよせる者もあらわれれば」と簡単に流し、スラムでの実践には直接触れていない(2)。

生江孝之による戦前の名著『日本基督教社会事業史』ではさすがに賀川を「隣保事業の恩人」として三ページ以上にわたって記述しているが、スラムの実践については「全てを捧げ尽した十年間の生活も、其の結果は裏切られ殆ど見るべき効果を挙げることはできなかつた」とむしろ否定的な評価がくだされている(3)。

吉田久一著『社会事業理論の歴史』が通史的著作としては賀川について最も頻繁に触れている文献であろう。本書では、賀川の著作や活動にたびたび言及し、賀川の社会事業界での役割の大きさを一応明らかにしている。しかし、『貧民心理の研究』を詳細に紹介しているほかは、断片的な記述である。『貧民心理の研究』について貧困調査の項で扱っているので、実践者の思想としての側面が弱くなっていて、賀川の実践を社会事業史に位置づけるまでには至っていない(4)。

これでは、賀川が社会事業の流れのなかで正しく評価されているとはいえない。社会事業を基盤としつつさまざまな社会活動に従事した賀川の実践は、他の社会事業家に比べてユニークであるばかりか、今日的課題を多く含んでいる。本稿では従来の賀川の社会事業への評価を踏まえつつ、賀川を社会事業の歩みのなかに位置づけていく。

社会事業は米騒動後の社会問題の激化を背景に成立するとされる歴史的存在である。賀川の実践のはじまった一九〇九年は社会事業の段階に入ったとされる一九二〇年前後より十年近く早いので、社会事業という語を用いるのは適切さを欠く。しかし、賀川の実践は内容的にも思想的にも慈善事業の範囲をこえているし、一九二〇年以降にそのまま継続されており、ここでは社会事業の語で統一して叙述する。

なお、被差別部落を含んだスラムでの実践を扱う本稿の課題の性格上、賀川と被差別部落との関係は避けて通れないが、いわゆる「賀川問題(5)」を扱おうとしているのでないことをつけ加えておく。むろん、実践の評価にあたっては、実践者の思想や動機は大切なポイントである。「賀川問題」で問われていることに必要に応じて論及していくのはいうまでもない。

二、賀川をめぐる従来の評価

賀川については多数の伝記や研究書が出され、その全体像を把握するのは困難ではない。賀川への関心は必ずしも衰退してはおらず、賀川豊彦学会なる賀川研究を主体にした学会が組織されているほどである。賀川豊彦記念松沢資料館では賀川に関する資料や文献を保存、展示して賀川の活動を後世に残す努力をしている。一九八八年は賀川の生誕百周年ということで、各地で記念の催しが開かれ、そこには多数の人々が集い、賀川についてさまざまな議論がなされた。けれども、社会事業史の観点から論及したものは多くはない。ただし、賀川の生涯や思想を論ずる場合には初期の活動を避けては通れないため、「賀川前史」のような形ではあっても、スラムにかかわっての叙述はかなりみられる。賀川と被差別部落との問題が重視されるなか、部落問題と関連する形で社会事業の評価がくだされることも増えてきた。

ここでは賀川についての伝記や研究のなかで、社会事業の評価にまで及んでいるものをいくつかの立場に区分して取り上げ、賀川社会事業研究の状況を明らかにするとともに、個々の立場の根拠と限界を考えたい。

(一) 賀川の実践への絶賛

古くは大阪毎日新聞記者村島帰之ら、最近でも武藤富男や黒田四郎ら、主に賀川に身近に接した人たちは、賀川のスラムでの実践を無批判に讃美してきた。「信仰の勇者の姿(6)」「貧しい人々の苦難をみずからの身に負いつつ社会改革の時代を待望[7]」などと、常に最大級の表現を用いて説明している。賀川はキリストの歩みそのままに隣人愛にすべてを捧げ、それが社会の進歩にも役立ったという。

「聖者賀川」というのが従来のキリスト教内部での一般的な見方であり、こうした立場はいわば通説であったといってもよい。日本ばかりでなく、海外にまでみられる見解であり、A・C・クヌーテンは「都市の癌だった密集地域の改善のためにした彼の社会的貢献は、如何にかたくななキリスト教反対者や、頑迷固陋の忠君哲学者でもこれを理解し、これを認めねばならぬ」と述べている[8]。

賀川の身近にいたといっても、スラムでの実践をともにしたわけではない。せいぜい賀川から直接聞いたか、ときおり訪問していたという程度で、あとは伝聞や推測から成り立っている。賀川をほめたたえようとする感情が優先しており、論証を欠いた空虚な評価というほかない。古くから賀川と苦楽をともにした武内勝のほうがむしろ冷静で客観的に賀川について回顧している[9]。「賀川先生のことは表も裏もよく知っている[10]」と豪語しているのに、「裏」のことはほとんど記していない。あるいは、「裏」というのは、あれこれのエピソードのつもりなのかもしれない。仮に賀川の人間的欠点を知っていながらあえて記述を避けているとすれば、誠実さを欠くといわれてもやむをえない。

この人たちが、このような一面的な評価をしているのは、賀川の偉大さに比べて一般の人々のなかで、あまりに早く賀川が忘れられていくのを憂い、すぐれた実践を何とか後世に残したいという願望があるためであろう。繰り返し賀川を讃美したことにより、賀川の実践がある程度キリスト者らの記憶に残ることになったのは確かである。しかし、過剰な評価は、第三者には当然に疑問を生み、(二)に述べるような否定的な立場を生じさせる原因にもなった。

たとえば武藤が、賀川の詩を引用して被差別部落出身の嬰児に笑顔を向けたことをもって「差別撤廃運動の原動力」などとあまりに手前勝手な解釈をしてみせたことにより[11]、賀川批判の著作で、逆にたびたび引用される結果になっている。賀川がすでに歴史上の人物になっている以上、讃美ばかりでは賀川を正しく継承することにもならず、もはや時代遅れの見解というほかない。

もとより筆者は素朴に賀川を敬愛し、スラムの実践も愛の行為ととらえて学ぼうとする善意の人々の考えを否定するわけではない。また、賀川の積極面から学ぶために賀川の現代的意義を強調することにもある程度は同意している。たとえば三宅正一は賀川の思想や行動の独自性を今日の諸問題と結びつけて紹介している(12)。賀川のスラムでの生活を中心にすえて、賀川の生涯を描いた映画「死線を越えて」の監督山田典吾は「自己に厳しく惜しみなく与え続ける豊彦の愛の深さ」を映画のテーマとして掲げている(13)。映画自体も、映像の限界でスラムの実像を的確に描写できているとはいいがたいし、結局賀川がスラムで何をしたのか予備知識のない者には不明確であるといった作品としての課題はあるにしても、賀川の生涯をわかりやすくまとめて、学ぶ点が多い(14)。これらは、賀川の欠点は承知のうえであえて功績を強調し、今日的意義を探っているのである。

しかし、賀川論として公にするからには、自己の敬愛の感情を史実と混同することは避けるべきである。賀川に接した者のなかでも、嶋田啓一郎のように尊敬の情を示しつつも限界も冷静に指摘して自己の実践的課題へとつなげる真剣な研究者もいるのである。

(二) 賀川の実践の否定

『貧民心理の研究』をはじめとする賀川の著作に、被差別部落への差別的記述や下層階級の人々への侮辱的な表現があることや、賀川が結局スラムを出ていった点などをとらえて賀川の実践は差別によるものにすぎなかったとする。賀川の部落差別が問題とされるようになって急速に広がって、キリスト教界では、こちらのほうが通説になった感さえある。日本基督教団にあって、部落解放同盟に近い立場で部落解放を目指している人たちに多くみられる見解である。

たとえば、東岡山治は「自らを高くして救ってやるという高慢な姿勢は、信仰者としてあるまじき態度であります。汚れたやつだから助けてやるという姿勢には、本当に痛みを共にするという愛が欠けている」と、賀川の実態は完全な偽善であったと痛烈に非難している(15)。

角樋平一は「非キリスト者は彼の信仰欲求の対象なのであり、とりわけ『スラム』や部落差別問題は対象化され、同時代者としての自己に対する問題提起が無にされている」という信仰上の体質があり、それに加えて『貧民窟』を何か利用したような感じがするのであり」、「融和主義以上に悪質」とされる。角樋においては「彼がどんな仕方にしろ部落差別問題に『とりくもう』としなかったら、起こらなかったかもしれない」と、植村正久ら当時の教会指導者に比べればましというきわめて消極的な評価がなされるにすぎない(16)。

こうした評価は、賀川の差別表現を紹介してほとんどそれのみを根拠として断定的な評価がくだされている。実践の中身に踏み込んだ歴史的な実証には乏しいといわざるをえない。賀川の被差別部落についての記述は誤りと偏見を前提として成り立っていて、当時の部落研究の水準を考慮しても許容できる内容ではない。賀川の差別観に対しては事実を明確にして厳しく批判しなければならないし、差別の事実は実践の評価にも当然反映させるべきではある。だが、著作の一部の差別表現をもって実践をマイナスにしかみないのは、いかに科学的な著作ではなく運動家の訴えとはいえ、乱暴にすぎる。

キリスト教史研究者にも同様の立場がみられるので、運動家の一方的な主張とばかりも決めつけられない。土肥昭夫は「彼は部落の子供をひきとって、必死になってその世話をした。彼らと文字通り寝食を共にし、その救貧策を講じようとした」と実践が大変な努力を伴うものであったことは認めている。しかし、「自分が彼らよりも高いところに立っているように思い、そのような立場から彼らを教化し、彼らを救おうと、つまり彼らを下にみていた」と評し、その意義を否定的にみている(17)。土肥の場合は、史料にも詳細にあたり、実証的に分析してはいる。しかし、実践の内側に入り込んだ分析にはなっておらず、賀川の思想的限界を指摘するのに成功しているとしても、実践の評価としては不十分といわざるをえない。

部落問題研究者にも部落解放同盟の立場に立った人たちを中心に「押しつけられた貧困と差別にあえぐ人々に対する賀川豊彦の位置があまりにも高いことに一種の嘔吐感がある(18)」といった厳しい批判が目立っている。

こういう立場が一定の説得力をもって勢力をもつのは、賀川への絶賛が過剰なため、それを打ち消す必要に迫られたこと、教会には確かに弱者を蔑視して権力の側を向く体質が改まらないなどの問題があるためといえる。論者らの意図も賀川憎しというのではなく、大衆に背を向けた教会の現状への批判であると思われる。キリスト者には、信教の自由のために闘ったり、社会福祉の充実のために奔走したりする良心的な活動に取り組む人も増えてはいるものの、ブルジョワ志向に染まり、イエスの指し示した方向とは無関係な流れが止まらない側面も強い。この現状の改革をめぐって、日本基督教団では収拾のつかない混乱さえ起こしてきた。

したがって、キリスト教の現状への認識と展望を示さないまま主張の欠点を指摘しても建設的な論議になることは期待しにくい。賀川を絶賛する人たちがまともな反論ができないのは、反論すればするほど信仰の欠点が暴露されることをある程度自覚しているからではないか。

(三) 実践そのものは肯定した批判

加藤鉄三郎は、賀川のスラムの人々への表現を引用して「もし彼がこの気持ちを持続させ、貧民窟で生涯を終えていたとしたら、ずいぶん違った評価となっていたであろう」と、賀川の実践そのものに否定的な評価はしていないし、実践のなかで賀川自身が変えられていったことも指摘している。しかし、賀川の贖罪愛信仰のために「社会における差別構造と自己の存在との関係には触れなかったことでよりその人々への対象化を強める」ことになり、スラムを出ていくことになったとし、結局のところその実践が積極的な意味をもてないまま終わってしまったという見解にたっている(19)。

賀川記念館に勤務した経験をもち、賀川を敬愛していたという加藤は、もともとは讃美する人と同じ立場にあったわけであり、その点では賀川の真の姿を見極めようとする葛藤のなかでこうした見解に達したと考えられ、賀川への一方的批判とは性質が違うといえよう。

加藤の場合、賀川がスラムから出たことを一つの問題としている。キリスト教社会事業家のなかには冨田象吉のように生涯をスラムで暮らした人もいる。冨田は劣悪な環境のなかで子どもを失いながらもここですごすことが神のみ心であると感じ、一時期を除いて大阪のスラムに居住し続けた。これも社会事業家の一つのすぐれた生き方として大きな感銘を受けるが、さりとて賀川がスラムから出たことをあたかも裏切りであるかのようなとらえ方は一方的といわざるをえない。

スラムの問題を解決する方法を見出せないまま、ただ出ていって中産階級の生活に甘んじたのなら裏切りということもいえる。しかし、賀川の場合はより根本的な問題解決の道を探るなかで結果的に活動の基盤が他の場所に移ったものである。しかも神戸での社会事業自体は継続されており、スラム住民を見捨てたわけではない。筆者も賀川の生涯全体をみるとき、天皇への傾斜など民衆から離れた傾向を見出す。それは批評の一つの指標にはなるにしても、スラムでの実践の意義が消えるものではない。

賀川の信仰との関連も、その信仰が特に賀川特有のものではなく、キリスト教の伝統的教理の範囲に入るものである限り、賀川の差別観などと結びつけるのは綿密な検証が必要になる。そうでなければ伝統的立場のキリスト者はすべて差別の道を歩むことになってしまう。

工藤英一は、部落問題と賀川との関係をたびたび論じている[20]。工藤の関心は賀川と部落とのつながりや水平社の結成と運動の展開のなかでの賀川の役割、ひいては現代の教会と部落問題の関係に向けられているので、実践自体の詳細な評価はあまりない。全体の論旨からみると、スラムでの実践の歴史的意義は一応肯定的に認めている。しかし、部落問題への歪んだ理解が、後に水平運動から離れていくことになり、結果としてみると実践が賀川を差別される側に立つことに必ずしもつながらなかった点でマイナスの評価が付せられる。

(四) 積極的評価

嶋田啓一郎は生前の賀川とも交流があり、キリスト者として、社会福祉や協同組合の研究・実践者として賀川ときわめて近い位置にありながら「不当に理想化され偶像化さた神話的表現は、そらぞらしい虚無に通ずる」と、過剰な讃美をきっぱりと否定する。必ずしもスラムでの実践に限定した評価ではないが、「パーソナリティ側面への対応においては、説教者としての持ち前の手法が視野の全面をおおい、並びなき伝道者としての彼にはパストラル・カウンセリングを受容する余裕はあっても、パーソナリティの変容のための心理的処置を深める要素は稀薄たらざるを得なかった」と社会事業家賀川の限界を指摘する。社会福祉を真剣に探求してきた嶋田のこの指摘はきわめて的確に賀川の欠点を明らかにしており、他の賀川研究にみられぬ視点である。ほかにも、嶋田は賀川の限界を思想や神学など多様な側面から述べている(21)。

嶋田の賀川批判は「キリスト者として、貧民窟伝道者として、彼なりにこの投げだされた存在としてのプロレタリア階級の問題を受けて立とうとした。一面には社会進展の長期の見通しを求めて、社会主義に望みを抱き、他面には眼前の危急に心熱して、社会事業活動に日も夜も足らぬ工夫を重ねた」という高い評価を前提としたものである。

嶋田は賀川への大いなる尊敬と愛情を明確にしたうえでそこにとどまらず社会福祉の進歩を目指して、限界をあえて厳しくついている。賀川を実践的課題としてとらえる社会福祉研究者としての責任と良心を感じざるをえない。嶋田は「賀川問題」においても、逃避や安易な同調を避け、自己の問題として真剣に取り組もうとしている(22)。

隅谷三喜男は、賀川の著作を詳細に検討しながら「貧民窟のただなかで社会悪と戦う賀川のなかにこそ、かれの思想と人格を見いだすべきであろう」「『人格と人格との接触』のなかに貧民窟生活の意義を見いだした賀川は、貧民窟の人々のなかに『尊敬すべきもの』を見いだすとともに、慈善と同情とを排撃した」と、実践のなかで貧民の人格と社会悪とに目覚めて、より高い実践へと高められていったとする(23)。

隅谷は全体の論調としては非常に高い評価を与えている。しかし、武藤らのような根拠のない讃美とは違って、多数の著書に目配りして実証的に論じている。賀川批判にも十分に耳を傾けたうえで論理が組み立てられているので説得力も豊かである。ただし、実践を分析して思想と重ねあわせる作業を完成させるには至っていないので、賀川の内面での実践の意味はよくわかるのに対し、その歴史的意義まではつかみにくい。

鳥飼慶陽は『賀川豊彦と現代』により、スラムでの実践を原点としつつ労働運動に加わり、初期の水平社運動にも関与する姿を詳細に描いた(24)。同書は従来の賀川伝のような讃美調を排し、史料に従って功罪を明らかにしようとしている。

個々の活動への評価はあまり記述されていないが、賀川批判への反論が一つの基調となっていて、どちらかといえば評価する面が強く出ており、賀川の実践が同労者を得ながら着実に広がり、賀川自身も成長していく様子が鮮やかに描かれている。鳥飼は日本基督教団の牧師でもあり、教団内の論議が賀川批判に流れがちなのに一石を投じようとしている。

これらの評価は史料に忠実に賀川をあとづけようとする姿勢がみられ、学問的には最も良心的な立場といえよう。ただし、社会事業を主要な柱にした研究ではなく、隅谷の場合は労働運動、鳥飼の場合は部落問題という本人の研究分野に関する点が強調されており、社会事業実践の追求は残された課題にとどまっている。嶋田の場合今日的な実践的意味は大いに明確にされているとはいえ、歴史的位置づけまではなされていない。

社会福祉研究の立場からの賀川研究が乏しいなかにあって、山田明は賀川の社会事業論の分析を行っている。山田によれば社会事業家ではなく伝道者として出発した賀川の主眼は魂の救済にあり、ここから貧民への心理に関心が向かい、貧民への特異視があって、共感的理解が立ち切られていく閉塞性をふくんでいた。賀川の社会事業の問題把握は研究主義的で、実践的緊張感に乏しく、社会運動に問題意識を収斂させて救済活動については自己課題として理論化を行わなかったという(25)。

山田は『死線を越えて』の記述からスラムの障害者の状況をつかもうとするなど、賀川の実践の成果を積極的に活かそうとしている。賀川が貧民障害率に着目していることに注目し、「賀川が先駆的に実践したような救済保護が必要だった」と、貧民と障害との関連から賀川の実践の意義を説いている(26)。またスラムに移住するまでの賀川の貧困認識の形成過程を明らかにするなど、賀川社会事業の実証的研究を精力的にすすめている(27)。山田にみられる社会福祉研究の立場から賀川の個々の問題を掘り下げることが望まれているといえよう。

三、賀川の実践の歴史的意義

(一) 実践の評価

以上にみたように、賀川の実践には多様な評価が存在している。それぞれの評価には、賀川の生涯や社会状況を踏まえた説得力あるものもあり、個々に背景をもっていて、否定できない面がある。しかし、いずれもが、社会事業史の流れのなかで位置づけようとしているのではないので、社会事業としてどうであったのかについては不十分さをもっている。

民間による社会事業の実践を社会事業史のなかで評価するには、その実践が生存権を守ることを意図していたかどうかが前提となる。もとより権利の思想が成熟していないなかでは慈恵色が濃いのは避けがたい。要は生存の危機にさらされた人がいる事実を前にしたときの良心的意図から出発したのかどうかである。続いて当時の社会事業の水準に比べてどうであったのかという点が問題となる。ただし社会事業の組織化がすすんで情報が広くいきわたるようになる以前の実践については、地域的事情も考慮しないと地方の実践が不当に低く評価されることになりかねない。そして社会事業を発展させるものであったのかそうでなかったのかという点が問われてくる。発展といっても、社会事業は直線的に単純に発展するものでもないし、社会事業でも中央集権化がすすんだなかでは「中央」の意向に沿ったものが歴史を前進させているように見えやすい。今日とのつながりをも含めて歴史全体から探る必要がある。

その実践が対象とされた人たちにとってどのような効果があったのかは、社会事業の目的が最低限の生活すら維持できない人の救済にあるからには、目的が達せられたかどうかは無視できぬ指標ではある。それについては賀川を絶賛する人でさえ、あまり効果がなかったことを認めている。個別的には多少の成功例もあったにしても、スラム住民の救済や生活の改善という点では具体的な成果をあげるに至らなかったのは確かであろう。

その理由を黒田四郎はスラム居住者の肉体的、精神的欠陥、子に強制的に盗みをさせるような道徳的堕落、女性が売られていく性的環境に求めている(28)。黒田の見解では、いわば住民が悪いからうまくいかなかったということになる。だが、社会事業家はそうした人間理解はしないし、まして自己の失敗のいいわけには用いない。賀川も同様であろう。賀川は住民の道徳的な問題を感じていたからこそ共に暮らして伝道する必要性を知り、スラムに入ったのだろうし、住民を愛そうと努めたのである。効果があがらなかった原因は、スラムをとりまく社会的な構造に求めるべきであり、それゆえ賀川も労働運動などに目を向けていくことにもなる。

スラムでの実践がひとりよがりの勝手な取り組みでしかなかったのなら、否定的な評価をするほかない。しかし、外からの救済ではなく、内側に入って共に生活するあり方は明らかに積極性をもっているし、資本主義の発展のなかでますます顕在化していくスラムに目を向けたのも正解といえる。すなわちひとりよがりなどということはなく、闘いきれなかったのである。対象の巨大さを見ずして、勝ちえなかったことだけを指摘するのは正当ではない。

社会福祉実践とは、きわめて社会的な実践であるのに、一人ひとりと共に歩むささやかな作業にすぎず、しばしばむなしさだけを残すものである。そこから実践に埋没してしまうか、問題の本質を見抜いて社会進歩につなげていけるのかどうかを問題とするのでなければ、あらゆる実践は否定的にみるしかなくなる。

(二) 社会事業の状況

賀川がスラムに飛びこんだ一九一〇年前後の社会事業の状況はどうであったか。わが国の慈善事業は国家が救済に対してほとんど無策といっていいなか、苦難を乗り越えながら実績を積み重ねていた。それは特にキリスト者によって担われた。思想的にも内容的にもあまりに不十分なものではあったが、海外の知識も導入しながら自由な立場で新しい世界を創造していく側面ももっていた。具体的には岡山孤児院であり、家庭学校であり、救世軍の諸活動であった。各地での無名の実践も散見される。

ところが、日露戦争後、社会問題の激化と社会主義の広がりに対応する必要を悟った国家は、社会問題の緩和を慈善事業に期待して、救済に介入しはじめた。国家は救済の必要性を理解しはじめたものの、それを自ら責任をもって担うことをせず、逆にそれまでかろうじてなされていた、恤救規則による救済を大幅に切り捨てる暴挙に出た。貧民救療のための済生会を設立したとはいえ、資金は民間からの寄付に頼り、天皇の慈恵を強調するだけのものでしかなかった。かわりに救済の担い手を民間慈善事業、とりわけ特に宗教関係者による救済を求めた。慈善事業に最も熱心な宗教がキリスト教である以上、キリスト教に役割が期待されたといっていいであろう。

賀川がスラムに入る前年には内務省主催による感化救済事業講習会が開催され、キリスト教関係者をはじめとした宗教関係者が多数参加し、内容も宗教者向けの講習が多数含まれていた。以後、毎年開かれる講習には宗教関係の講義が含まれ、内務官僚の一人は「宗教家といふ様な精神上既に修養をつんでほとんど慈善博愛といふ事を自分の心とするといふ様な人ではなくて出来難いといふ事か、慈善救済感化等の事業に多々ある事と思ふ。（中略）貧民部落の者に対して其の安心を得させるといふ様な事は、これは宗教家に非されは実は出来難い事であります」と宗教家の自負心をくすぐって救済に従事させようとした(29)。

スラムに入った同年には内務省は民間社会事業への補助をはじめている。井上友一による『救済制度要義』が出版され、官僚の立場からの救済論がうちだされたのも、同年である。

それは一見すると援助や公認のようであり、キリスト教社会事業は介入を受け入れた。もとより国家のもくろみを知るだけの基盤はなかったのであろうし、感じたとしても抵抗の余地はほとんどなかった。生江孝之、留岡幸助らは内務省嘱託として活動するほどであった。それまでは独自性や創造性をもっていたキリスト教社会事業は短期間のうちに国家の意図のもとにとりこまれていった。

（三）賀川の実践

こうしたなか、国家の意図と離れた立場でキリスト教社会事業を追求したのが賀川であった。もっとも、賀川が目指したのは社会事業というより、キリスト者として隣人愛を実行しようとしたものであり、しかも伝道をも目的としていた。その点でいえば、もともと近代的なセツルメントを目指していたのではなかった。しかし賀川はスラムのなかで社会の矛盾に目覚め、その実践も進歩的な社会事業としての性格を強く帯びてくる。

宗教による貧民救済という点では前述の官僚の期待に沿った実践のようにもみえる。しかし、国家とは無関係の立場であった。賀川も救貧の限界を感じて防貧を考えるようになるが、それは、官僚らの防貧とは性質が違う。社会の矛盾をごまかすのではなく、逆に矛盾の存在を明らかにしていく点で、官僚の望んだものとは全く反対であった。

賀川の実践の影響を受けた一人は野坂参三である。新川の賀川を訪れた野坂は「こんな環境のなかにはいれば、こんな病気になるのも必定だと知りながら、勇敢に飛びこんでいったヒューマニスト賀川の真剣さに、わたしは頭が下がる思いがした」と、強く感銘した。そして、「わたしは、賀川の誠実で真摯な人柄にうたれた。このような人柄は、同じクリスチャンである鈴木文治には、とうてい見ることができないものだった。わたしと賀川との考え方にはそうとうの距離があることがわかったが、しかし、彼の目的へのひたむきな態度は、わたしを感動させ、その後のわたしの人生行路にも、ある影響をあたえたことはいなめないようだ」と述懐する(30)。

最晩年に除名されたとはいえ共産党員として一生を社会主義運動に捧げた野坂と、反共的立場に立った賀川とは、労働者階級に誠実であろうとして努力を続けた共通点はあるにしても、ほとんど別の道を歩んだといっていい。その野坂が、「賀川の行為と勇気は評価するが、単なる人道主義やキリスト教では、真の解決にはなりえないという感じを、当時、わたしはもった」という限定つきではあるけれども、「影響をあたえた」とまでいいきっている。資本主義社会の矛盾への憤りに燃える若き日の野坂の目からみても賀川の行っていることは、労働者の側に立って、展望を開こうとする必死の営みであった。野坂の言葉は、「二人の個人的な友情はその後も長くつづいた」とはいいながらも、賀川をめぐる証言がいわば賀川のとりまきともいえる人によってなされているのが大半ななかでは貴重であり、また真実をいいあてているといえよう。

政治的な立場を異にした人物では、荒畑寒村が『どうした』などと腫物だらけの子供の頭を撫でる賀川君にも、『有難く思え、お前なんかの頭を撫でて下さるのは先生だけだぞ』という母親にも、真にたがいの心に通う愛情や感謝の念は感ぜられなかった」と、批判的な印象を記していることも、たびたび紹介されている(31)。だが、荒畑は労働運動の方針をめぐって厳しく対立し、賀川批判の文章も何度か書いている。賀川と荒畑とがこの実践をめぐって理解しあおうと努めたとは思えず、公平な感想とはいいがたい。

賀川がスラムをどうすればいいかと尋ねたのに対し、「私は言下に焼却する外はないと答えた」という荒畑の態度は、スラムの問題を解決するための具体策を真剣に模索している賀川や野坂に比べて随分無責任な態度でもある。

賀川の行為は自身の後の諸活動に比べるときわめて小さい。同労者を得て組織化されるまではささやかな個人的な活動にすぎなかった。政策側からみるととるに足らないものであるかもしれない。しかし、政策側が着実に民間の社会事業を手のうちにしているなかでは、手のとどかない存在であった。逆にいえばキリスト教社会事業の伝統を、伝統を継いだ施設や事業家よりも、むしろ賀川が改めて継承したともいえる。個人的であるがため、日々の実践は人格的交わりを中心にした個別的な実践であったことも想像できる。そこには社会福祉の理念に通じる展開があったのではないか。

賀川の場合、その神学についてさまざまな批判が投げかけられている。少なからぬ誤解も受けている。賀川自身の表現の方法にも問題が多い。しかし、基本的にはプロテスタントの一般的な神学の域を出るものではないし、なにより、多くのキリスト教指導者が陥ったキリスト教を天皇制に合致させる試みや日本的な土着への道をすすんだりはしていない。すなわち、キリスト教社会事業というときの「キリスト教」の部分では純粋さを保っている。留岡幸助は報徳思想への傾斜を深め、それにつれて体制的側面を強めた。山室軍平は潔癖なまでの福音信仰に立ちながら、国家との関係では妥協的であり、一九三〇年代後半になって、戦争に迎合する態度が明確になってしまう。

賀川は、資本家の悪も次第に見抜いていく。『死線を越えて』では資本家を糾弾する表現や場面がたびたび出てくる。キリスト教社会事業の多くは、財源確保のためには避けられなかったとはいえ、資本家に資金を求めた。資本主義の矛盾を追求する視点をもちえず、キリスト教社会事業の根幹となる隣人愛に自ら枠をはめることになった。賀川はこれとは逆であって、実践のなかで資本主義の誤りに気づいて告発していく。それはすなわち、隣人愛を確固としたものに成長させるものでもあった。

賀川はスラム在住中に神学校を卒業し、日本基督教会の牧師になる。日本基督教会は戦前のわが国のプロテスタント教会を代表する教派である。だが、賀川は神の国運動の指導者としてキリスト教会の先頭に立つまでは、日本基督教会のなかでも、キリスト教全体のなかでも傍流の位置にあったといわれている。

このことは、実は賀川が社会事業家にふさわしい資格があったことでもある。日本のキリスト教会は社会問題の存在の認識とキリスト教による解決の必要性をある程度知りつつも、天皇制国家に屈服して教会形成に励むことを優先させた。キリスト教が少数派にすぎない状態のもとでは、この選択を一概に否定することもできない。しかしこの姿勢において社会事業に真剣に取り組み、労働者階級の一員として社会を切り開いていくことが結果的にできなかったのは事実であり、日本基督教会にその傾向が強い。日本基督教会の指導者である植村正久は社会事業に一定の関心と理解をもっていた。しかし彼の「主流」の神学は、キリスト教と社会との関係のあり方を倫理的なものに歪曲し、キリスト教を労働者の立場からはほど遠いところに位置させてしまった。

それに加え、特にこの時期には、キリスト教は日露戦争に賛成したのに続き、三教会同にみられるように国家に従順な態度を深めていた。

主流に位置しなかったというのは、彼の実践がキリスト教社会事業の中心的存在ではなかったことを少しも意味しない。傍流であればあるほど、社会事業家としては欠かせぬ存在であるともいえる。キリスト教社会事業家は女性の活躍が目立つことにも表れているように、そもそも傍流の人たちによってつくられている。というより、虐げられた者の立場に立つのがキリスト教の目指すべき道であって、それを後回しにする選択をした大多数の教会指導者こそ本来の流れからはずれているにすぎないのである。

賀川は社会事業家としても傍流ということがいえるかもしれない。膨大な著作を残しているのに『社会事業』など体制的な社会事業雑誌への登場は少ない。東京市の社会局嘱託についたほかは、官製の社会事業団体の幹部になることも少なかった。

すなわち、賀川によって、キリスト教社会事業が隣人愛の実践という純粋な形で存続することができたのであり、当時の社会事業の流れのなかでは、賀川の意識とは別に国家の意図に対する抵抗の意味さえ付与できる。三宅正一が「彼の生きかたそのものが強烈な社会告発であり、国家に対する告発になっていた(32)」と述べているのは、社会事業史を念頭においたものでは全くないものの、ややおおげさながら的を得た指摘となっている。

したがって、国家によって、民衆の立場に立った真の発展の芽をつまれた形になった多くの民間社会事業と異なり、この小さな実践を基盤にして新たな展開をみせる可能性があったし、事実、賀川の個人的な実践から組織的な実践へと移り、賀川自身は労働運動、農民運動へとすすみ、社会事業自体も、四貫島セルツメントや雲柱社等へ拡大していく。

賀川の周囲のみでなく、キリスト教社会事業も、社会事業の成立のなかで、セルツメントを多く手がけたりするなど、感化救済のなかでいったん国家にとりこまれたのにもかかわらず、なお新たな事業を開拓していくことになる。社会事業の成立・展開のなかで、独自性をすでに失いつつあったキリスト教社会事業が一応は大きな役割を果たしたのは、以前の活躍の惰性ではなく、新しく生じたものがあったというほかない。石井十次らはすでに世を去るなどキリスト教社会事業においても世代が交代しているなか、つづいてキリスト教社会事業を支えたのは、キリスト教社会事業の新たな実践の存在である。

むろん、単純に社会事業成立のなかでのキリスト教社会事業の功績を賀川に求めるのは適切でない。しかし、キリスト教社会事業が戦時体制がすすむにつれて挫折していくまでは、それなりに独自性を維持しえたのは、キリスト教社会事業を再構築した賀川によるところが大きい。

賀川が牧師であるのも、社会問題を避けようとする教会と社会事業の橋渡しともいうべき役割をもち、キリスト教が社会から遊離するのを抑制することになった。特に賀川の属する日本基督教会は社会問題への無関心の度合いが大きく、賀川によってかろうじて労働者とつながりを残したといっても過言ではなかろう。

四、おわりに

以上のように賀川は当時にあっては、政策の意図に対抗し、労働者の立場に立った実践を構築した意味をもち、社会事業の流れを守って、社会事業が形成されるもとで、キリスト教社会事業のすぐれた実践が寄与する道を開いた。戦前のキリスト教社会事業の指導的立場からすれば、これは民間社会事業全体をおしあげたともいえる。

もとより賀川のその後の活動を追うと、幅が広がっていく反面、限界もまた大きくなる。戦時下、戦後とすすむにつれ、かつて示した命がけの先進性は希薄になっていく。賀川は太平洋戦争に賛成していたのではないかとの疑問も提示されている[33]。戦後になって天皇への傾斜はかえってつよまった。社会党の結成懇談会にて天皇陛下万歳の音頭をとり、憤慨した荒畑寒村らが退場したエピソードもよく知られている[34]。賀川の態度が、キリスト教会や社会党の天皇制に対する態度が曖昧になるもとにもなっているといっても、当時の賀川の影響力からいって過言ではなかろう。

賀川の生涯全体にみられる限界や欠点は明確にすべきではあるが、それはスラムでの実践の限界とイコールではないし、ましてや実践から後の問題につながったのでもない。実践とつなげて生涯の限界を論じるなら、スラムで示した先進性がなぜ後の社会的な活動で希薄になったのか、矛盾として把握していくべきであろう。

注

(1) 吉田久一『新版日本社会事業の歴史』勁草書房、一九八一年、一三二頁。

(2) 木村武夫『日本近代社会事業史』ミネルヴァ書房、一九六四年、六六頁。

(3) 生江孝之『日本基督教社会事業史』教文館、一九三一年、二七〇頁〜二七三頁。

(4) 吉田久一『社会事業理論の歴史』一粒社、一九七四年。
(5)『賀川豊彦全集』がキリスト新聞社より出版されることになり、『貧民心理の研究』が収録された。同書は被差別部落についての誤った記述があり、差別的な表現も随所にみられることから、賀川の差別観への批判や、同書は賀川自身も誤りを認めて絶版の約束をしているにもかかわらずキリスト新聞社が全集収録を強行したことへの批判が出された。全集が版を重ねるごとに批判は強まり、第三版においては特に問題とされている部分が削除された。こうした過程のなかで、「聖者」とされていた賀川への再評価の動きが強まるとともに、教会と部落差別の問題がクローズアップされることになった。
(6) 武藤富男『評伝賀川豊彦』キリスト新聞社、一九八一年、三五頁。
(7) 前掲書、四二頁。
(8) A・C・クヌーテン『解放の預言者』警醒社書店、一九四九年、五三頁。
(9) 武内勝「新川時代の賀川先生」田中芳三編『神はわが牧者』イエスの友大阪支部では事実を簡潔に記しているだけであるし、武内勝口述『賀川豊彦とそのボランティア』武内口述刊行委員会、一九七三年でも過剰な評価などせずに、賀川の人間性について述べている。
(10) 黒田四郎『私の賀川豊彦研究』キリスト新聞社、一九八三年、四一二頁。
(11)『評伝賀川豊彦』、四六頁。
(12) 三宅正一『激動期の日本社会運動史』現代評論社、一九七三年。
(13) 山田典吾「賀川豊彦、愛の生涯を描いていく」『死線を越えて』(映画のパンフレット)。
(14) 現代ぷろだくしょん、一九八八年制作。
(15) 東岡山治「『全体会議』基調報告」『教会に部落解放運動を』日本キリスト教団部落解放センター、一九八七年、四頁。
(16) 角樋平一「現代キリスト教界における『賀川問題』」『部落解放』第二〇五号、一九八三年十二月、五三頁~五四頁。
(17) 土肥昭夫「賀川豊彦の部落差別とキリスト教伝道」神戸学生青年センター編集『賀川豊彦の全体像』、一九八八年、一六〇頁~一六一頁。
(18) 八木晃介「日本の宗教と部落差別」『日本の宗教と部落差別』新教出版社、一九八七年、一一頁。
(19) 加藤鉄三郎「賀川豊彦全集　第八巻『貧民心理の研究』をめぐって」『神学と人文』第二三集、一九八三年、「賀川豊彦全集第八巻『貧民心理の研究をめぐって(Ⅱ)』『神学と人文』第二四集、一九八四年。
(20) 工藤英一『キリスト教と部落問題』新教出版社、一九八三年など。

(21)嶋田啓一郎『福音と社会』日本基督教団出版局、一九七一年。
(22)嶋田啓一郎「賀川豊彦は私達にとって何を意味するか」『賀川豊彦学会論叢』創刊号、一九八五年十一月など。
(23)隅谷三喜男『賀川豊彦』日本基督教団出版局、一九六六年。
(24)鳥飼慶陽『賀川豊彦と現代』兵庫部落問題研究所、一九八八年。
(25)山田明「賀川豊彦における社会事業論の展開」『雲の柱』第七号、一九八八年六月。
(26)山田明「一九一〇年代貧民街における障害者の受障と落層」『賀川豊彦学会論叢』第二号、一九八七年二月。
(27)山田明「初期賀川の貧困貧民認識の形成過程」『賀川豊彦学会論叢』第四号、一九八九年三月など。
(28)黒田四郎『人間賀川豊彦』キリスト新聞社、一九七〇年、五四頁。
(29)斯波淳六郎「宗教と感化事業との関係」『感化救済事業講演集　下巻』内務省地方局、一九〇九年、一〇四九頁。
(30)野坂参三『風雪のあゆみ（二）』新日本出版社、一九七一年、二四〇頁〜二四七頁。
(31)荒畑寒村『寒村自伝　上巻』岩波書店、一九七五年、四一九頁。
(32)『激動期の日本社会運動史』五六頁。
(33)河島幸夫は、賀川が太平洋戦争の進展とともに非戦論を貫くことができずにナショナリズムへと展開したことを論じている。賀川の変化の理由として、賀川にも日本人共通の皇国思想が流れていたことと、賀川は太平洋戦争での日本は米英との関係では「弱者の立場」にあると認識し、常に弱者の側に立とうとした賀川の姿勢の表れとして日本の側に立ったと指摘している。（河島幸夫『賀川豊彦の生涯と思想』中川書店、一九八八年）いずれにせよ、戦時下の特殊な状況のもとゆえ賀川を一方的に非難できないし、賀川がそれなりに平和を志向して特高にねらわれていた点もみなければならないとしても、あたかも一貫して平和主義者でのみあったとする見解は正当ではなかろう。
(34)荒畑寒村『寒村自伝　下巻』岩波書店、一九七五年、三四七頁。

三、賀川豊彦の廃娼思想

□一、賀川と廃娼運動との関係

一九四六年に占領軍の指令により公娼制度が廃止されるまで、あるいは一九五六年に売春防止法が制定されるまで、わが国では売春が公認され、そのもとで女性は人権を踏みにじられて男の欲望を満たす道具として使われてきた。公娼制度に対し、救世軍や日本基督教婦人矯風会をはじめとするキリスト者は強く反対し、廃娼のためにときには文字通り血を流してでも運動し続けた。それはキリスト教道徳の押しつけなどでは全くなく、女性をはじめ虐げられている者の権利を擁護する闘いであった。

賀川豊彦も公娼制度に強い憤りを感じ、行動したキリスト者の一人であった。他のキリスト者が、どちらかといえば自分は売春とは無縁の環境のなかで外から運動しているという印象があるのに対し、賀川の場合、自己の出生が正規の夫婦関係によるのではなく、それゆえ差別を受け苦しんだ体験がある。賀川は、「かく言ふ私は身売りした芸妓の子であります。そうした女に接する度に、之は私の母であると思ふのである。亀戸を堂々と歩き、さうした若き女性の貞操を奪ふ者は私の母を侮辱する者である。私の母の貞操を蹂躙する者である!かうした若き女性を救済することは私の母への供養である!」と自らの立場を明示している(一)。

そこに、スラムでの実践のなかで自分の目の前で売春がなされ、自分が愛し育てたといっていい周囲の子どもたちが売られていくという、苦渋に満ちた体験が加わった。賀川は「統計上からの娼妓の生活を報告する人は沢山にあります。しかしその報告は皆他人についてであります」と述べたうえ、自分の弟子ともいうべき少女が売られ、自分の力ではどうにもならない苦しみを告白している(2)。特にアメリカ留学から帰ったときに日曜学校に来ていた子どもだけで三十人ほど売られ、なかには朝鮮まで売られていたことに、かなりの衝撃を受けたようである(3)。

それゆえ賀川にとって廃娼は、思想や信仰のレベルを超越した、自己の生涯の意義全体を問われる重みをもち、それを終始自覚していたと思われる。賀川が廃娼運動の組織である廓清会の評議員となって会の機関誌『廓清』にたびたび寄稿し、各地の廃娼大会などで講演を重ねて廃娼の実現に努め、廃娼のための努力を惜しまなかったのも当然の行為であった。多様な社会運動に携わった賀川は、廃娼ひとすじというタイプの活動家ではなかったかもしれない。しかし、質的にいえば、実践の原点でもあり、帰結でもあった。賀川は、感情に走るのではなく、売春を純潔の問題や性欲の問題など人間全体のなかでとらえ、社会的視点も加味して根本的な解決を探ろうとした。それゆえ、廃娼運動のなかでの存在の特異さはきわだっているといえよう。

以下、その賀川が売春をどうとらえ、廃娼についてどう論じたかを賀川の各種の著作を通して考察し、賀川の思想の一つの側面を提示するとともに、廃娼運動への貢献について検討していく。

二、基本的な立場

神戸新川のスラムに入った賀川は、スラムで繰り広げられる性的な問題を直視せざるをえなかった。スラムでは性的な堕落は著しく、売春も公然となされていた。けれども賀川は「貧民窟の凡ての乞食、凡ての淫売婦を尊敬した」という立場に立って、売春の問題を貧民研究の主要な柱とした(4)。『貧民心理の研究』においては「淫売婦の研究」と題する節が設けられ、「淫売婦」となった原因を追究したうえで、スラムの実情に触れている(5)。ここでは主に密売淫が取り上げられているが、密売淫はスラムに特有の悪癖ではなく、国家が公娼という形で売春を公認していることの延長としての側面をもっている。スラムの「淫売婦」しか知らないと断ったうえで、スラムでの実情を詳細に報告している。そのため、「淫売婦」の原因論では遺伝や精神障害が強調され、若干差別的ともとれる記述になっている。しかしすでに、経済的改良が必要であることや公娼が私娼の防止にならないことを論じている。

当然、賀川の関心はスラム内部にとどまらず、日本全体を覆う公娼制度の廃止に向けられた。賀川は、公娼制度が奴隷制度にほかならないことを暴き、契約が一方的に不利であること、性病の防止や性犯罪の予防には全くつながらないこと、青年を堕落させていること、正常な男女関係を崩していることを説いている。そして、国家が娼妓から多額の徴税を行っていること、売春を営業して女性の生血を吸っているとでもいうべき貸座敷業者から議員が出ていること、日本がこの問題についての国際的な情勢を無視していることを厳しく批判している(6)。

これらの論点は山室軍平ら他の廃娼論者と大きな違いはない。人権意識と信仰とによって問題をつきつめていった際に同様の結論に達するのはむしろ当然であるかもしれない。しかし、賀川の場合、それらを論じるのに海外の事例や歴史的事実、各種の統計を豊富に用いていることに特徴がある。娼妓が金の奴隷と肉の奴隷になっており、それを経済、性欲、衛生の観点から論じているように、緻密な論理が組み立てられている。

賀川はそこにとどまらず、人間そのものの奥底までをも分析するという人間との関係、資本主義社会にまで問題を広げていくという社会性とにより、一段と深くつきつめて、解決を探ろうとした。

□ 三、人間をめぐって

廃娼は一方的に道徳を説くだけで前進するものではなかった。存娼論者は売春の不当性をある程度は認めつつも、男性の性欲処理の困難さや禁欲できない人間の弱さを根拠に必要性を強調した。存娼論が貸座敷業者やその手先ばかりでなく、学者や思想家にも一定の勢力があるなかでは、廃娼論にも人間理解が不可欠であった。そしてそれは強い道徳意義を基盤にし、自分たちも実行している救世軍や矯風会には困難な課題であった。

人間の問題では、まず性欲について考えている。賀川は性欲について原始時代にさかのぼり、あるいは聖書の記述に学び、また日本全国を見渡して、特質を論じた(7)。性欲は「放漫に放つて置けば際涯なく大きくなつて行くけれども、抑厭する時はかならずしも困難でない」ことを明らかにし、堕落が堕落を生んでいくことを説いている。性欲を医学よりも歴史、宗教、社会によって解明しようとしている点にユニークさがある。同時にそこに不自然さもあって論旨は決して明快ではない。しかし、買う側の問題を冷静に分析するなかから、解決法を見出そうとしている。

性欲に着目した賀川は、純潔をきわめて重視した。「廃娼運動は純潔運動の一部」とさえ述べ、「政治運動と社会教育運動をやらねばならぬ。純潔運動はさうした大運動の一部である」と位置づけている(8)。人間がいかに容易に堕落するかを熟知していた賀川は、純潔の基盤がなければどんなきれいごとも実現できないことがわかっていたのである。

さらに、賀川には確固とした女性観があり、女性自身以上に女性のあるべき姿を考えていた。賀川の廃娼論は賀川のユニークな女性観を抜きにしては読みとれない。賀川は「女人崇拝論」と題した講演のなかで、最も虐げられた女性に接した体験を基盤にして、女性の価値を説いている(9)。『人間苦と人間建築』においては、女性の母性としての面をやや強調しすぎている感もあるが、女性が資本家によっていかに抑圧されているか、それが女性をいかに転落させているかを、女工の賃金や労働条件など具体的な根拠を示したうえで暴露し、解放への道すじを提起している(10)。単なるフェミニストという程度の論議ではなく、人間と社会との関係を幅広くとらえた卓見である。

廃娼問題を児童問題としてもとらえて、児童虐待防止の観点から論じている(11)。婦女売買と児童保護との関連についても言及している(12)。賀川は日曜学校や保育で活躍するが、賀川が児童への関心を向けるときには、最も人権を無視された子どもたちを見ていることを忘れてはならない。手塩にかけて愛した子どもたちが売られていく体験があってのものといえよう。

□ 四、資本主義社会への視点

賀川が売春をめぐっての人間のあり方を論じてきたのは、公娼制度という政策的な問題を性欲のような個人的な問題にしてしまっているのではない。まして、賀川が男女の純潔を主張するのは、封建的な女性従属の発想とは全く無縁であった。娼妓を生みだしていたのは主として農村であった。賀川が農民問題に関心を寄せ、農民運動に尽力し、立体農業を提唱し、『農村社会事業』により社会的救済の方策をも示して、農村の問題を多角的に解決しようとしたことは繰り返すまでもなかろう。

しかも、「所謂道徳問題では済まぬのであります。所謂宗教問題だけでは済まない。所謂教会主義や、お寺主義では済まない、其根本には所謂今日の最も悪むべき所の資本主義があるのであります。金で以て凡ての女を奪ふ極く貧乏な階級の女を金で以て人の貞操を弄び得ると云ふ資本主義があるのであります。我我は此資本主義から改造しなければ、幾ら婦人矯風会の様なものが百万集つてもそれは駄目だと思ひます。此資本主義社会を徹底的に破壊しなければならぬのであります」と訴えている(13)。

賀川は社会主義者として、スローガンとするために根本原因を資本主義に求めているのではない。確かに資本主義と公娼制度との関連を科学的に十分に解明しきったとまではいえない。しかし、統計をはじめとした豊富な資料が主張の背後にある。安藤政吉との共著の形で出版された『日本道徳統計要覧』では第三章にて「遊蕩機関」と題して、遊廓を取り上げている。業者の数や娼妓の人数など基本的な数字を示しているのはもちろんだが、「楼主と娼妓の分配率」の頃により、娼妓がいかに不当な搾取を受けているかを示している。さらに、「売娼婦になる経路と境遇」の節では、娼妓の教育水準や出生地など多角的に検討したのち、原因のほとんどすべてが貧困などの経済的原因であることを明らかにし、当局の誠意により政治的解決が可能であることを説いている(14)。

では、具体的にはどのように解決するのかについて、「産業的の共同運動をしなければ、日本の娼妓と云ふもの、供給地の根絶は出来ないと云ふやうな感じを私は持つて居るのであります。詰り農民組合と言つたものと完全に連絡を取らなければならないのではないか。其地方に産業組合を発達せしめ、互助組合を発達せしめ、信用組合、生産組合と云ふやうなものを造つて、出来るだけ多くの収入が這入つて来る途を講じて上げんければ、貧故に身売する人が絶へないぢやないかと云ふことを考へて居るのであります」と組合中心の立場を披露している(15)。

他の廃娼論者は、売春の悪は説いても、売られる女性が後を絶たない根本原因までは十分に解明できなかった。せいぜい、警察と業者の癒着、貸座敷業者から議員が選出されている不正義、議会の怠慢を指摘するのが精一杯の社会性であった。廃娼運動は運動を展開するにあたり、体制側の人物にも味方を求めた。これは、廃娼でのみ一致した運動のやむをえない面であったし、議会対策などでは効果があった。しかし、女性が「供給」されるメカニズムをも明確にするのでなければ、公娼がなくなれば私娼もなくなるという図式だけではすまなかったであろう。戦時体制のなかで運動がついに崩壊するのも、避けがたいことであった。

五、『柘榴の半片』と『偶像の支配するところ』

小説家としても活躍した賀川は、小説によって公娼制度の悪を暴き、廃娼を訴えた。小説は不特定多数の国民が読むという点で、講演会やパンフレット、『廓清』『婦人新報』等の団体の機関誌よりも、効果は絶大であったと考えられる。廃娼運動家の久布白落実は「先生が出される小説類は、よく夫婦男女の純潔を取上げられたのは無形の援兵を得る心地であった」と、影響の大きさを評価している(16)。小説を通して廃娼を訴えたのは賀川が自己の才能を活かしたものであるし、効果の大きさからいえば、代表的運動家に匹敵する活動をしたのと同じである。

賀川の小説にはさまざまな形で売春の問題が出てくる。ユニークさと先見性を高く評価されている『空中征服』には、松島遊廓にとらえられた豊臣秀吉が自由廃業を唱える場面がある。政治小説の『傾ける大地』では遊廓が利権の一つとして用いられている。『一粒の麦』では遊廓の存在が人間の運命を冷酷に変えていく。芸者や女給がたびたび登場するのが賀川の小説の特徴であることは武藤富男が指摘している。

廃娼問題を直接的に扱っているのが『柘榴の半片[17]』と『偶像の支配するところ[18]』である。『柘榴の半片』は自由廃業に成功した姉妹の物語と、廃娼論に傾いていく貸座敷業者の物語とが一つの作品のなかで並立しており、主題が分裂した完成度の低い小説といわざるをえない。描写も単調で、娼婦が廃業後たちまちバスの車掌として成功するなど、深刻な内容に比べ簡単に話がすすんでいく感があり、不満の残る内容である。

この作品では、自由廃業の実情が示されている。自由廃業が自由意志でいつでもできるという建前とは異なり、命がけの決行と多数の人々の協力が不可欠であり、特に警察が妨害者として大きく立ちはだかっていることが描かれている。客観的な描写が綴られているだけなのだが、かえって賀川の憤りと憂いがあらわれている。

続いて、貸座敷業者の問題がクローズアップされる。既得権にすがりつく醜い側面と、罪に苦しむ側面とがそれぞれを代表する人物によって語られている。廃娼しか日本のすすむ道のないことが、業者の口から語られることにより、廃娼論が説得力をもって読む者に迫ってくるし、既得利益にしがみつくことしか考えない醜い人間の姿を通して売春の非人間性が表れている。もっとも、売春が正業とされていた時代にあっては、業者にも良心的な人はいるという形で読者に誤解される危険をもちあわせている。

ハッピーエンドで終わるこの作品は文学的には成功しなかったものの、公娼問題とは何かが一読してわかる縮図をつくることには一応成功している。

『偶像の支配するところ』は、小説としては、人間の内面がよく表現されているし、場面設定も的確で、かなりの長編でありながら飽きさせることがなく、読みごたえのある作品になっている。なぜか『賀川豊彦全集』には収録されていないが、代表作にあげてよいのではないか。

この作品は、弁護士正木と資産家の娘久代を中心に、人間の弱さや醜さ、社会の道徳的堕落、農村問題、日本の過酷な植民地支配、政治権力や警察権力の腐敗などを幅広く扱っている。しかし、中心は遊廓をめぐって生じてくる問題である。公娼制度という名の奴隷制度のもとで女性が苦しめられているうえ、抑圧されているのは娼妓のみではなく、女性全体が差別・抑圧の対象として人格を無視されていることを鋭く描き出している。

神戸の新川に住むお愛という可憐な少女が大阪飛田の遊廓に売られるところから物語ははじまっていく。女性がなぜ娼妓になるのか、その典型がここで提示され、その後も貸座敷業者の悪質な手口、金にものをいわせて政治権力をにぎっている実態、自由廃業を妨害する警察の悪質なやり方が生々しく描かれる。一方で、正木弁護士をはじめ、廃娼の闘いをすすめる人々も登場するのだが、その正木は、正義感にあふれた有能な青年ではあるが、二人の女性の間をゆれ動いたり、性的な欲望にかられたり、姦淫の罪におののいたりする、性の点では平凡な男である。

賀川自身のモデルである新見栄一は名前はしばしば出てくるが本人は登場しない。むしろ賀川自身を表しているのは正木であろう。特に、台湾にてともに自由廃業運動をすすめておいてのちに正木を陥れる正体不明の「社会主義者」島津との議論のなかに、賀川の考えが端的に表れている。

島津が社会主義社会になって経済問題が解決すれば売春はなくなると単純に主張するのに対し、正木は性欲の問題は立体的に理解すべきであり、売春をなくすためには宗教的生活を徹底して道徳的理想を高くしなければならないとする。

正木の主張は、事実上売春問題の解決はありえないといっているのと同じようにも聞こえるし、資本主義社会に根本原因を求めた主張とも矛盾するようでもある。そうではなく、資本主義の構造的欠陥とそのもとでの人間の道徳的堕落をともに把握し、真の解決を目指しているのであり、経済問題によってすべてが解決するかのような主張と対比させることにより、売春の一面的理解が真の解決につながらないことをも示している。

この作品ではお愛が鍵となる位置をもっている。お愛は小説全体の流れとは別の場所にいるようでいて、結末近くになって重要な役割をもつことが明らかになる。お愛のあまりにも不幸でみじめな生涯に読者は義憤を感じずにはいられない。しかもお愛は当時の娼妓のなかで決して極端なケースではなかった。あまりに悲劇的で希望のない結末だけに、お愛が公娼制度のすべてを、久代が日本女性の現状を語り尽くしている。それがそのまま賀川の主張でもある。

□　六、おわりに

戦前日本の廃娼運動は先駆的な人権擁護の闘いであった。しかし、宗教者を中心にした運動はともすれば、社会性と大衆性が欠けがちであり、宗教者のもつ道徳意識は転落していく女性の心理や買う男性の心理への無理解をもたらした。賀川は廃娼運動の欠陥部分を補う役割を果たした。賀川にそれが可能だったのは、賀川にとっての廃娼は、外からの救済ではなく、自らの悲痛な体験がもたらす必然的な思想であり、実践であるからであった。

賀川は感情に走らずに冷静に科学的に問題の本質を解き明かし、それでいて人道問題としての側面を浮き上がらせることに成功した。賀川は自由廃業をはじめとした廃娼運動を積極的に肯定しつつも、廃娼運動そのものに取り組む以上に、労働運動や農民運動によっての社会の変革や、神の国運動のような精神運動による人間、道徳、宗教の面の改革に力を注いで、根本的なところでの廃娼を実現しようとしていたように思われる。大局的にみると賀川の立場は遠回りのようでいて、きわめて正当である。

今日、セックス産業が盛んとなって、性道徳の低下は著しい。売春婦めあてに海外に出かける日本男性は後を絶たない。女性を性欲の対象としかとらえない見方も根強い。戦後の売春問題の推移は、戦前に賀川が論じたことを立証するかのようであり、賀川の廃娼思想を今一度振り返る必要がある。

注

(1) 賀川豊彦「性生活の粛正」『廓清』第二七巻第二号、一九三七年二月、八頁。
(2)『現代知性全集(三九) 賀川豊彦集』日本書房、一九六〇年、一五八頁～一五九頁。
(3) 賀川豊彦『太陽を射る者』『死線を越えて』キリスト新聞社、一九七五年、三九六頁。
(4) 賀川豊彦『死線を越えて』一六二頁。
(5)『貧民心理の研究』『賀川豊彦全集』第八巻、二一八頁～二二三頁。
(6) 賀川豊彦「公娼制度の破壊」『全集』第十巻、賀川「娼婦公認制度を破壊せよ」『廓清』第十九巻第三号、一九二九年三月など。
(7) 賀川豊彦「性欲問題より観たる公娼」『廓清』第十六巻第三号、一九二六年三月、賀川「性欲の秘密と公娼私娼問題」『性』第六巻第四号、一九二六年四月など。
(8) 賀川豊彦「廃娼運動の根本精神」『廓清』第二六巻第一号、一九三六年一月、七頁～八頁。
(9)『全集』第十巻、一五四頁～一六五頁。
(10)『全集』第九巻、八十頁～八九頁。
(11) 前掲書、一〇八頁。
(12) 賀川豊彦「二重の檻を毀て」『廓清』第十五巻第十一号、一九二五年十一月、二十頁。
(13)『全集』第十巻、六三頁。
(14) 賀川豊彦・安藤政吉『日本道徳統計要覧』改造社、一九三四年。
(15) 賀川豊彦「廃娼運動者諸君に訴ふ」『廓清』第十八巻第七号、一九二八年七月、九頁。
(16) 田中芳三編『神はわが牧者』イエスの友大阪支部、一九六〇年、五七頁。
(17) 教文館出版部、一九三一年。
(18)『現代長編小説全集』第二一巻、新潮社、一九二九年。

四、松島正義の社会事業論の形成と変質

一、はじめに

筆者は先に松島正義を取り上げて、松島が戦時下において厚生事業論を支持する立場に立ちつつ、戦局の悪化とともに厳しい施設運営を強いられるなかで、戦後は戦争への否定的立場へ転じていく過程を論じた(1)。そこでは、なぜ松島が「社会事業の軍事化」「社会事業を戦争の奴隷たらしめる(2)」とまで酷評される厚生事業論に与するようになったのか、戦時下で状況が変化していくなかでのその場の心情については言及したものの、厚生事業論以前の理論からの変遷については提示しきれていない。松島に限らず、厚生事業論者たちは、上からの圧迫でやむなく厚生事業論を説くようになったのではない。厚生事業論に到達する背景として、社会事業をとりまく抑圧的な環境があったにせよ、最終的には自らの確信として厚生事業論の立場に立っていた。松島もまた、一時的とはいえ厚生事業論を支持したからには、一九三〇年代において、思想や理論を展開させるなかでたどりついたといえる。松島と厚生事業論とのつながりを理解するためには、厚生事業論に立つ以前における松島の議論の展開を、確認しておく必要がある。

一九二八年に東京育成園の主事に就任した松島は、一九三〇年代には社会事業の若手の論客として、東京府社会事業協会発行の『社会福利』を中心にして、社会事業の幅広い議論を展開していく。その内容は大きく分けると、救護法をめぐる議論、私設社会事業論、育児施設論、その他の諸問題ということになるが、異なるテーマを論じたというより、すべて絡み合って松島の主張を形成している。ここでは松島が社会事業の論客として登場する一九三〇年から日中戦争開始前の

一九三七年前半までの松島の発言を概観し、厚生事業論に至るまでの軌跡を確認していく。

□ 二、一九三〇年代の行動

松島は将来は学者となることを希望していたものの、東京育成園の創始者、北川波津の懇願により、東京育成園の後継者となることを決意し、一九二八年に主事に就任する。北川の死により園長に就任するのは一九三八年であるから、本稿が対象とするのは主事ないし園長代理の時期ということになる。園では唯一の男性職員であり、子どもたちから「お兄さん」「正儀兄さん」と呼ばれて親しまれていたという(3)。松島の人柄の温かさや豊かさを語る人は今日でも数多いが(4)、「東京育成園の松島君はおとなしいクリスチヤンで、私設社会事業家として申し分なき人格者である。殊に我邦に於ける育児事業の諸欠点をば、彼は身を以て革新に努力してゐる第一人者として、そのあらゆる所に心を配つた快適な施設を一度視た者には永久に忘れ難き感銘を与へずにはおかない」といった紹介からも(5)、戦前からその人柄は一貫していたようである。松島が出席した当時の会議や座談会の記録をみると、発言の回数はそう多くはないが、要所要所で的確な発言をして会議をリードしており、控えめながら誠実に物事に取り組む様子がうかがえる。

松島は実践者であると同時に、若手の論客として論稿を次々と発表していく。松島の思考を支えるべく影響を与えた存在として、仕事の傍ら通った社会政策学院での学習があり、そこでは社会事業を矢吹慶輝から学んでいる。しかし、より影響の大きいのは生江孝之であり、「生江（孝之）先生の影響がやはり私にかなり強くありました。生江先生は、社会事業は一生かけてなすべき仕事だという強い思想的な方向づけをされましたね(6)」「私は理論と実践とのかかわりを大切にしてきたが、現場の中でこの和を拡げることは重要で恩師生江孝之先生より強く指導された(7)」と回顧している。生江とのつながりの深さは、生江の主要論文を収録して一九三八年に発刊された『生江孝之君古希記念』の編者の一人に松島がなっていることからもわかる。

当時の生江は、高齢ながら社会事業の指導者としての最盛期でもあり、特に社会事業論の面では『社会事業綱要』を二度にわたって改定し、『日本基督教社会事業史』を出版するなど意欲的に発言していた。キリスト教信仰を背後にもちつつ、社会貧の概念で貧困を分析し、資本主義社会との関係で社会事業を論じつつ、実践的視点をも明確にする生江の視点は、同じくキリスト者である松島には共通する基盤となったであろう。

もう一つの影響を与えた存在は、三火会である。一九二八年よりはじまった三火会は新進気鋭の社会事業家のサロンとして、唯物論に立つ論者と観念論に立つ論者が広く集まり、社会事業論を闘わせていた。寡黙な松島は議論の中心ではなかったかもしれないが、誠実な性格は参加者の信望を集め、会の柱の一人となっていた。重田信一は「松島正儀は自分が施設経営者である立場から、飛躍した論旨にはついていけず、修正意見を出すことが多かった」と述べ、牧賢一、磯村英一らを理論派、松島、福山政一らを現実派と位置づけている(8)。三火会では牧、磯村ら唯物論に立つ者と松島ら観念論に立つ者がいたとされるが、キリスト者である松島はマルクス主義に依拠した社会事業論にただちに賛成することはできず、私設社会事業を基盤にして精神性を重視する自らの立場を自覚させる反面、社会事業の改革すべきさまざまな問題点への意識を深める契機ともなったであろう。

理論的に学びを深めていく一方、東京育成園をとりまく厳しい現実の打開も松島に課せられていた。創設者の北川が園長として健在であったとはいえ、すでに七十歳をこえていて、対外的な活動などは松島が担っていた。園長を予定された松島は施設運営を長期的視点も含めて現実にすすめていかなければならない立場であり、緊張の続く日々のなか、理念だけを悠長に語っているゆとりはなかった。著名施設である東京育成園は、有力者の後援も少なくなく、比較的寄付金などを集めやすい面があったとしても、経営は予断を許さない厳しさがあった。内側からの困難に加え、東京では公立の社会事業も増えていくなか、私設社会事業の存在自体への疑問が生まれ、私設社会事業を改めて意義づけなければならなかった。

こうしたなかで、松島はキリスト教主義への明確な自覚を深めつつも、情緒的な観念に逃げるのではなく、社会の動きを踏まえた先駆的でかつ現実的な理論を模索するとともに、理論と実践との結びつきを深めようとしていく。

三、救護法への期待と批判

東京育成園に就職した松島が、施設運営の点からまず直面したのは、救護法の問題である。周知のように救護法は一九二九年に成立したものの、成立後に田中義一政友会内閣から浜口雄幸民政党内閣に代わり、浜口内閣が井上蔵相のもとで金解禁政策をすすめて緊縮財政をとったことから、実施が先延ばしされ、救護法実施促進運動もあってようやく一九三二年一月から実施される。救護法はその内容として、養老院や孤児院を救護施設として認可し、被救護者を委託収容することが含まれていた。救貧法制として恤救規則の前近代的性格から大きく脱皮しているだけでなく、行政と社会事業施設との関係も、大きく変える可能性をもっていて、戦後の措置制度の先駆としての性格もある。救護施設として孤児院、つまり育児事業が想定されているため、救護法をどう理解し、対応するかが問われた。

松島は「救護法に対し或論者は欺瞞とペテンの結晶と云ふ然れ共吾人は刻下の実状よりして先づ之を妥当とし第一段階とし寧ろ之が実施に向つて的確を期する方策が最善先決の問題と思ふ。殊には昨今の逼迫実状に鑑み一途救護法の実施に向つて全国的に統一ある決定的運動を起し依つて以て国民生活の不安緩和に社会事業家全員の緊急総動員を行はねばならぬ」として、救護法の早急な実施を説いており(9)、若干の欠陥があっても法実施を急ぐことを求めた。救護法について、社会事業を発展させる契機として支持・推進したのである。その手段としての運動の必要性の強調は、方面委員ら関係者全体の空気だったとはいえ、松島にとって戦後のソーシャルアクションへの萌芽ともとれる。

しかし、松島は単純に救護法を歓迎したわけではない。「救護法が兎も角も我が国に於ける貧民法制としての体様を整へ、其の銀翼を国際的に輝かし得る段取を見るに至りしは、先づ之を喜びて可なるものがある。然しながら我が国現時の社会的諸事情に照し、且つ亦欧米列国の社会立法に対比して、誠に不徹底不完備たるは、否むことの能きない事実と言ふべきである」というように、救護法の先進性とともに限界も理解していた(10)。

方面委員も務める松島は、むろん救護法の本来の目的である貧困者の救護にも関心はあったであろうが、施設運営者としてより関心をもったのは救護法のもとでの施設運営の課題である。救護法実施前にすでに「社会一般の諸事情が時勢の変革と共に著しき発展をなせしにも拘らず、育児事業が一つには法制の不備、二つには調査研究の不足、三つには財力の欠乏等の関係より次第に其の社会的要求より離れ去らんとせし過去の傾向は今日救護法の実施と共に根本的に改善考究を遂げ、以てその拡充に就て充分なる準備を企り、其の改むべき点については断乎として改め、社会的要求の中に雄々しき進出を意図せねばならぬ時期に際会してゐる」と述べて、救護法は育児事業にとって財源等で有利になるだけでなく、事業の改革の原動力になりうると考えた(11)。

しかし、救護法は私設社会事業に経済的な利益をもたらす反面、私設社会事業の独自性については危険な側面もあると松島はみていた。救護法実施直前に発表された「救護法と私設社会事業団体」は危機意識を集大成した論稿である(12)。救護法の実施が確定している情勢のもと、これまでのような救護法への期待の言及はなく、中立的に検討の対象としている。松島は救護法が私設社会事業の活躍を求めている側面については評価しつつ、「事業の一律的取扱、標準化」を問題とした。

「施設の標準適合要求は、救護法実施に伴ふ当然の成行なるも其の受託義務と関連し私的施設の特質を滅失する憂へがある」として、救護施設が受託義務を負うことが私設施設の自主性を失わせることを心配し、「私人施設の場合に於ては被収容者満員の場合を除き、其他の場合全く絶対とも云ふべき服従義務を負はしめられ、公的施設が其の自由放任といふ二重の自由を有するに比し、甚だ均衡のとれざる義務を負はしめられてゐる。この点が先にも述べし如く、私的施設の使命特質、或は溌剌たる創造意識を滅失し其の価値を奪つて行くのでは無いとさへ懸念されるのである」と述べる。

救護法は第八条で「救護施設ハ市町村長ガ救護ノ為行フ委託ヲ拒ムコトヲ得ズ」と規定し、救護施設は委託に対して拒否することができないとされていた。救護法案の作成に参加した内務官僚山崎巌は、救護法を解説した『救貧法制要義』において「私人の救護施設の受託義務」との見出しを付けて、私設の施設では定員超過の場合以外は受託義務があるのに対し、公設の場合は「全然其の自由に放任した」と説明している(13)。そこに松島は私設社会事業にとっての危険を感じとった。

もっとも、なぜ受託義務によって私設社会事業の独自性が失われるのか、どういう場合にそうなるのか、わかりやすい説明はしておらず、松島の一方的な主張に終わって、説得力ある主張になりきれていない。その限りでは、いつもの歯切れの良さと論理の鋭さにはやや欠ける印象も与えるが、あらゆる法規制から私設社会事業を擁護する意欲はこのときから明確に示されている。

したがって救護法実施の迫るなか、「救護法の実施と新展開」では、希望として「一、公的施設の上に、私的施設の保有する経営精神の長所を、完全に生かして行きたい。二、私的施設の上には公的制規的方法の採り入により、旧来有し来れる溌剌たる創造意図、其の純粋に生れる使命特質を滅失せざらん様あらしめたい。三、救護施設としての公的私的、完全なる一体を形造り救護法が望む真に適切なる救護の実を挙げしめ、世界の理想を我国に於て実現あらしめたい」と示して、公的施設が私的施設に対して優位に立ったり、規制が行われることを警戒した(14)。

ここには後の社会事業法への批判的議論の枠組み、すなわち助成を口実にした行政からの監督から私設社会事業を護る強い意志が提示されている。松島は社会事業法にも、批判的態度を失わずに対処していくが、その素地は救護法への態度ですでに鮮明になっていた。

救護法実施当時は、池田敬正によれば、社会事業が特定階層の問題から広く国民の諸階層にかかわる問題となるなか、ナショナルミニマム論に代わるものとして社会事業の公営化が必要視されるようになったという(15)。その動き自体は、松島としても社会の必然として理解されうるとしても、経営基盤の弱い私設社会事業が軽視されることは存続自体の危機であったし、キリスト者として社会事業における精神性を重視する立場としては、社会事業を公営中心に考えることにも抵抗があった。既得権を守るという利己的な発想ではなく、育児事業に携わっていたがゆえに、人間の発達にかかわる際に、救貧的な視点を軸にしたのでは適切なかかわりが困難であるという確信をもっていた。その発想は松島の終生一貫した考えでもあった。

では、実際に救護法が実施されてからはどうであったのか。救護法実施後約一年経過した時点で「一九三二年社会事業を省みて」を執筆し、「東京市社会局当事者の無定見、無方針なるかの如き公営偏重論に禍ひされ実施当初の期待を可成惨めな姿に蹂躙して居るのではなからふか」と手厳しく批判していることからみて、東京において私設社会事業を行政が操作しようとする動きがみられたようである(16)。ただし、当初危惧していた「標準化」については、「幸ひにして其の結果は私的施設の上に公的制規的方法の併入程度にとゞまり、従来有し来れる溌剌たる創造意図、其の純粋に生れる使命特質を滅失せざりし現型を見省みて成功なる処と思ふ」と述べていて、心配したような結果にはならなかった。

今後の課題として、公的救護事業と私的事業とがともに使命を果たしていくことで救護法が社会立法として機能していくことと、東京で設置された救護施設による研究会の今後に期待することを述べていて、危惧していたことは実際にはそう大きい問題とはならなかったことから、期待のほうにより軸足を移していく。

さらに「一九三三年の社会事業を迎へて」で救護法の課題を五点示しているが、施設との関係では「法該当者以外の要救助者に対する救護を充足する為、此の方面に直接支出し得る救助資金充実の方策を確立したし」「救護法に依る救護機関と一般社会事業との協同連携については、委員会の作用を認め、一段と積極的に有効的に充分是正の方法を計りたし」「救護法救護施設の特質に則し認可施設当事者のみの全国的連絡を遂げしむる要あり。其の経営精神を堅固にし設備其他の外形的問題等、改善発達に資する方法の一助と致したし」をあげている。救護法の方向性への提案が具体化されていて、救護法を活用して施設運営を改善していく意欲が高まったものと思われる(17)。

一九三三年四月に全国誌の『社会事業』に発表された「育児事業の積極性」では、一段と楽観的な評価に変じている。救護法の漏救や濫救を指摘してはいるが、「其後の状勢は全国的にに見て相当喜ぶべき成果を納めつゝある」「漸次一大進展を来すやに見受けられる」と手放しの評価に近く、古い体質を残す育児事業側の奮起を促している[18]。救護法が定着するなか、東京育成園でも、また周辺の育児事業でもプラス面の影響の大きいことが明らかとなってきたことから、救護法をてこにして社会事業の変革を目指す方向を見出したものと思われる。

四、人物への関心と国家志向

こうして松島は救護法実施前後に、私設社会事業の視点からの批判的提言を繰り返したのであるが、一九三四年以降は救護法の分析に力を注ぐことはなくなり、施設運営の人の問題や精神論が多くなる。たとえば、一九三四年六月の第三回全国児童保護事業大会では「現在育児院にとつて重大な問題は事業継承者の点であります。育児院は人的要素を第一とするのでありますから設備標準の内に精神的なものを含む事は一層よいと思ふのであります」と発言して、運営者と精神性を課題として提起している[19]。『社会福利』での「昭和十一年の社会事業に期待す」と題するアンケートでは、救護法の話は一言も出さず、「社会事業人物吟味の年」だとして「斯界の充実は第一義的に人物を獲得することである」として、「人物」を最大の課題として提示している[20]。

救護法への関心を失ったのでないことは、一九三六年に「救護法中の医療救護の現状並医療政策」を『社会事業』に寄稿していることでも明らかである[21]。そこでは詳細なデータを引用して、救護法の医療保護の現状を分析しているのはもちろん、国民健康保険制度をはじめとする医療政策の方向について提言している。

関心が変化したというより、救護法によって経営基盤が固まったからには、行政に注文をつけることより、私設社会事業自身の側の姿勢がより厳しく問われることとなる。東京育成園自体で、北川から松島へのバトンタッチがすすむなか、創設者後の私設社会事業の発展をどう確保するかを真剣に考えざるをえなかった。そこで私設社会事業の存立基盤そのものを問うこととなった。そうなると、公立に対する私設側の特徴である「人」や「精神」を考えていかなければならなくなった。

一九三四年六月の「社会事業人と宗教―精神生活の建直し―」では宗教を持ち出しての精神主義まで主張して、科学的な社会事業観に対してあえて「人物それ自身の抱く宗教、及び宗教観という具合に、所謂非科学的な問題を取扱ふ」として、科学的な風潮に異を唱えることを目指していて、一見すると松島が制度論から精神論へと後退したような違和感を覚えなくもない(22)。しかし、三火会に熱心に集っていた時期であることからしても、慈善事業的な精神論に陥るとは考えられない。実際、ここで説いているのは、社会事業を遂行するにあたって個人の力が大きく、その個人の力の背景として宗教に着目したのであり、松島がキリスト者であることからすれば、むしろ自然な議論である。ただ、この論稿でやや気になるのは、なぜか「皇国日本」との語を繰り返し使用していることである。宗教を否定するソ連との対比で日本が「皇国」であることを強調しているようにもとれるが、あるいはこの時期から後述する国家への志向が芽生えてきたのかもしれない。

その三カ月後の九月の「社会事業に於ける人格と科学の交流」では、「人格中心事業」は過去のものであるとし、現在は「科学中心事業」だという。社会情勢の変化のために集団的、科学的、組織的になることはやむをえないとしつつも、そこに科学万能、偏重の危険があり、新時代は「総合科学の偉力が、流動し活動せる生命体たる人間の信仰と交流し、合一することによりて、革たらしき次の力として、社会事業の上に貢献するものであつて欲しい」と社会事業の新しい姿を示した(23)。

一九三四年十二月の「施設主動者の力と団体」は一九三〇年代半ばの時期の松島の主張の集大成といってよい論稿である(24)。「適人を得た施設は目標に向ふ活力を与へられ、新鮮なる進路を貧弱なる経営資金以上の評価に世に示すことができる」ことから、人物が運営の柱になるとして、「人格的信頼の上に絶対の信を継ぎ、その所信に向つてどしどし実践し得るに非ざればいかぬ」とした。人物の条件として「A、人格者であつて欲しいことB、社会思想を理解し得、社会改造への意欲に燃ゆる人物であつて欲しいことC、一施設、一事業、一団体に確信と奉仕を以て処し得る人物であつて欲しいことD、経営管理に就ては技術的関心と之に努力を用ひ得る人物であつて欲しいこと」をあげている。

人物の意欲が社会事業の成否にとってきわめて重要であり、主動者は独裁的でなければならないとさえ述べる。そこで松島は引き続き社会事業は私設を原則とすることを強調する。「社会事業は三、四の例外を除き原則として民間経営を主張する。創造、発展、新鮮なる社会的処置は社会事業民間経営を原則とする所に於てのみ考へられる」という。そのためには人を得ることと継続のために後継者が課題となるが、人によって動くことができるのは私設社会事業なのである。

一九三一年の第二回全国児童保護事業会議で、ある参加者から出された国立育児院の提案に対して反対意見を強く主張しているし(25)、第三回でも「育児院は人的要素を多分に要するから、国、公共団体に於て経営されたいと言ふ決議は適当でないと思ひます」と公営重視の動きに釘をさしているように(26)、熱意を込めて公営に対する私設社会事業の優位を訴えた。

このように救護法から人格へと関心は移動しつつも、私設社会事業を社会事業の柱にすえ、発展させることを主張し、社会事業法制定時はもちろん、厚生事業に与した後も、私設社会事業の立場を主張し続けることになる。

ここまでは、一貫性をもった議論として理解し得るのだが、やがて時代に流される論調も見られるようになる。それは一九三六年五月の「児童保護問題の時代的意義―保護精神の飛躍へ―」である。そこでは「わが帝国の隆昌は理想なくしては考へられず、次代国民なくしては期せられない。国家の動き社会の行動も、自衛的なものではありがら又常に時代を守るものでもある。而して国家も国民も、それを切望して居るのである」「思想的には児童公有国有論にまで発展し、保護精神に一大飛躍をなす時である」などと、国家への高い関心を示したうえで、児童保護を国家目的のもとにおいて、児童国有までも主張する(27)。国家への強い志向は一九三〇年代初頭の議論にはみられなかったものであり、とまどいさえ感じる。一九三〇年代初頭には「我国一国の強健富国と言ふ狭い国家主義的立場から観察しても、現時の国民に次ぐべき第二国民たる児童は、一から十迄之を全部優秀に育成せねばならぬとする児童保護思想の上に則り、為されて然るべき筋合に置かれて有るのである」という程度の表現はあるが、これは育児事業の目的を国家に従属させるというより、育児事業への公私の支援を求める論理づくりの手段として、国家を持ち出しているものである(28)。だから、国家そのものを関心の対象として、児童と結びつけるような議論にはなっていなかった。

一九三一年に『社会福利』の「社会問題用語字引」という企画で「児童問題」を執筆しているが、資本主義制度とのかかわりで児童問題が語られてはいるが、国家については全く触れていない(29)。一九三一年五月の「育児院に於ける乳幼児保護事業の進路」では「国家及社会の発展」「国家社会の進展関係」と二カ所だけ何気なく出てくるのみで、国家について深く意識した気配はない(30)。六月の「育児事業に於ける季節的研究」にいたっては「国家」の語は一言さえも使用されていない。

これらの論稿から一九三〇年代初頭において松島が、育児施設との関係で、国家にさほど関心がなかったのは明らかである。それどころか、行政からの委託さえ、私設社会事業の独自性を失わせるのではないかと危惧していたほどであるから、「児童国有」などという発想とは最も遠い場所にいたはずである。以後も、私設社会事業の独自性の保持に関心を寄せていて、視野としては国家に広がるというより、日々の実践に向いている。それが逆の方向に向かったのである。

ほぼ同じ一九三六年五月の「救護法中の医療救護の現状並医療政策」でも、「国家的見地に於ける救療」「医療国策樹立」「国家医業建設」「救療の国是」と、医療政策の方向をすべて国家と結びつけて論じている。この論稿自体は、国民健康保険制度が議論されるなか、医療を個人の責任とせずに、国家が相互扶助を生かしつつ国民に医療を保障する方策を探る文脈の中で用いているのであって、戦時下に叫ばれた戦争遂行のための戦力保持の発想とは異なる。しかし、一般社会事業において私設にこだわっていることと比べ、医療のみ国家と強く結びつけるのは一貫性には乏しい。対象が限定される一般の社会事業と、国民全員が対象になりうる医療とは性格が違うといえなくもないが、それなら育児事業とて、戦前の生活実態からすれば潜在的には大多数の児童が対象になる可能性を持っているのだから、公営にすべきだということになる。

二つの論稿からみて、国家が国家目的にそって国民生活に関与することを、松島が積極的に求める姿勢に転換してきたことは明らかである。

それだけになぜ、「児童国有」まで視野に入れるほど変化したのか、その理由を探求しなければならないだろう。ファシズム色を強める当時の風潮のなかで、その論理をある程度受け入れないと私設の存続にさえかかわると判断したのか。三火会でファシズムへの傾斜を深める牧賢一らに対して批判的にかかわりつつも引きずられたのか。ナチスを礼賛する傾向が社会事業界に現れ、ことに松島が常時寄稿していた『社会福利』にたびたびナチス関係の記事や論稿が掲載されるなか影響されたのか、いずれにせよ、社会事業を国家目的のなかに含みこむ厚生事業の論理とは異なるはずの私設社会事業論のなかに、国家主義が紛れ込みはじめた。

以後、松島の論調には国家が明確に意識されるようになる。一九三七年の日中戦争の少し前の論稿では「弱者大衆の声を国民的声に高らかに転じ、国政の府に議せしめて、堂々と解決しゆかんとする思想的共同一致の大努力である社会改造への理想を追求する世論の真実の発源地は、我々社会事業家が思想的に協力一致の精神から出発すべきもの」「社会事業の為の日本的社会事業を実現せんことを強調せねばならない」「国政の府に議せらる、社会事業国策は強力なる統制を伴はねばならない」としているが、行政の関与を警戒し続けたのに「統制」を自分から主張するのはあまりに大きい変化である(31)。もちろん、松島のいう「統制」とは社会事業の政策のあり方を説いているのであって、私設社会事業への上からの「統制」を求めているのではない。だが、私設社会事業それ自体の発展や擁護より、国家目的への参加に論点が移動してきていることは否定できない。

こういう発想をもつなかで、日本が現実に戦時体制に入っていくのであるから、そこに巻き込まれていくのは必然であった。松島は晩年、牧賢一を追悼する一文にて、三火会でのよき論敵であった牧や磯村英一の名を出して、彼らの論調の変化を指摘して「戦争は論理を変質させたのか、それともマルクス主義の論理は浅かったのか」と、マルクス主義者らの論理の基盤のもろさを論じているが、松島自身も同様に変質していることは述べていない(32)。あるいは無自覚のうちに変化してしまったのであろうか。

五、おわりに

戦前の松島は、私設社会事業という基盤のうえで、救護法や運営者論を論じることで、実践と理論とを結びつけることに力を注いだ。具体的な実践論に傾きやすい従来の現場人とは違った新しい時代の論客として、実践の理論の水準の向上に多大な貢献をした。

この立場を貫くことで、図式的な厚生事業論とは違う位置に立つことも可能であったようにも思われるが、国家と実践とを関連づけることで、逆に実践感覚を欠いた図式的な厚生事業論に接近する契機をつくってしまった。私設社会事業擁護への危機感のあまりに、公私関係を整理しきれなかったこと、救護法以後の私設社会事業の運営について継続的な検証が十分ではなかったこと、近代的・科学的な社会事業と精神主義や人物論を積極的に結びつけることに成功しきれなかったことなど、質の高い議論をしつつも、詰めの甘さがつきまとっている。現場人としてはやむをえなかったとはいえ、そこから、国家と社会事業を従属させる動きの高まりにつけ入れられることになってしまった。

注

(1) 拙稿「戦時下における松島正儀」『社会事業史研究』第二七号、一九九九年十月。本書第六章収録。
(2) 池田敬正「『日本社会事業新体制要綱―厚生事業大綱』解説」『戦前期社会事業基本文献集五二』日本図書センター、一九九七年。
(3)「松島先生に聴く」『福祉展望』第二十号、一九九五年十一月、一一頁。
(4) たとえば福田垂穂「松島正儀先生に導かれて」『キリスト教社会福祉の証言』日本基督教社会福祉学会、一九九二年。
(5) 鐵谷長太郎「三火会とその人人(二)」『社会福利』第二一巻第一一号、一九三七年十一月、五五頁。
(6)「民間社会事業の中で―松島正儀氏に聞く」吉田久一・一番ヶ瀬康子編『昭和社会事業史への証言』ドメス出版、一九八二年、一六頁。

(7) 松島正儀「〝借金の形〟にされる子どもたちをどう守ったか」『月刊福祉』第六四巻第五号、一九七八年四月、七一頁。
(8) 重田信一・吉田久一編著『社会福祉の歩みと牧賢一』全国社会福祉協議会、一九七七年、三三頁～三四頁。
(9) 松島正儀「昭和五年の展望」『社会福利』第一四巻第一号、一九三〇年一月、七七頁。
(10) 松島正儀「社会調査と其の実質的効果に就て」『社会福利』第一五巻第八号、一九三一年八月、七七頁。
(11) 松島正儀「育児事業に於ける季節的研究」『社会福利』第一五巻第六号、一九三一年五月、二九頁。
(12) 松島正儀「救護法と私設社会事業団体」『社会福利』第一五巻第十号、一九三一年十月。
(13) 山崎巌『救貧法制要義』良書普及会、一九三一年、二二七頁～二二八頁。
(14) 松島正儀「救護法の実施と新展開」『社会福利』第一六巻第一号、一九三二年一月。
(15) 池田敬正『日本社会福祉史』法律文化社、一九八六年、七〇五頁～七〇六頁。
(16) 松島正儀「一九三二年社会事業を省みて」『社会福利』第一六巻第一二号、一九三二年十二月。
(17) 松島正儀「一九三三年の社会事業を迎へて」『社会福利』第一七巻第一号、一九三三年一月。
(18) 松島正儀「育児事業の積極性」『社会事業』第一七巻第一号、一九三三年四月。
(19)『第三回全国児童保護事業大会報告書』中央社会事業協会、一九三四年、八七頁～八八頁。
(20) 松島正儀「昭和十一年の社会事業に期待す」『社会福利』第二〇巻第一号、一九三六年一月。
(21) 松島正儀「救護法中の医療救護の現状並医療政策」『社会事業』第二〇巻第二号、一九三六年五月。
(22) 松島正儀「社会事業人と宗教―精神生活の建直し―」『社会福利』第一八巻第六号、一九三四年六月。
(23) 松島正儀「社会事業に於ける人格と科学の交流」『社会福利』第一八巻第九号、一九三四年九月。
(24) 松島正儀「施設主動者の力と団体」『社会福利』第一八巻第一二号、一九三四年一二月。
(25)『第二回全国児童保護事業会議報告書』中央社会事業協会、一九三一年、八十頁～八一頁。
(26)『第三回全国児童保護事業大会報告書』一〇一頁。
(27) 松島正儀「児童保護問題の時代的意義―保護精神の飛躍へ―」『社会福利』第二〇巻第五号、一九三六年五月。
(28) 松島正儀「育児問題に対する若干の考察（一）」『社会福利』第一四巻第三号、一九三〇年三月、三四頁。
(29) 松島正儀「社会問題用語字引　児童問題」『社会福利』第一五巻第二号、一九三一年二月。

(30) 松島正儀「育児院に於ける乳幼児保護事業の進路」『社会福利』第一五巻第五号、一九三一年五月。
(31) 松島正儀「昭和十二年の社会事業家に望む」『社会福利』第二一巻第一号、一九三七年一月。
(32) 松島正儀「三火会と牧兄の活躍」『社会福祉の歩みと牧賢一』一三三頁。

第二章　救世軍社会事業の発展と課題

一、創設期の財源問題

□一、はじめに

キリスト教福祉といえども、施設や団体を運営していくうえで最大の課題となるのは、財源の問題である。神の御業に参加する事業とはいえ、「金」という、いわばこの世的なものに常に煩わされなければならない。資金難に陥ったときに、真剣に祈ったことによってどこからか献金が与えられて、かえって事業が発展したというエピソードは、あちこちに残っている[1]。キリスト教福祉は、神への深い信頼と真摯な祈りのなかで行われるべきである。しかし、神の御心は人間の発想をはるかにこえるものであり、祈ればすぐに資金をくださるというほど単純なものではない。事実、信仰的な事業ほど資金不足にいつも見舞われていたといってよい。

今日ではそれでも、措置費、補助金、介護報酬などによって、最低限の費用は保障されている。けれども、わが国のキリスト教福祉の基礎をつくった先人たちは、そうしたもののないなかで、資金を集めつつ、事業を前進させた。キリスト教が中産階級を中心に浸透したとはいえ、キリスト教徒からの献金のみでやっていくのは困難であり、ましてや個人的に費用をつくり出せるはずもない。教会も援助してくれることは少なかった。自ずと信徒以外の資産家へ頼らざるをえない。そこから、どうしても一見すると信仰的でないような部分が生じてくる。また、資金難につけこんで、国家はわずかばかりの下賜金や奨励金で、民間社会事業を体制内に呼びこもうともくろんでいた。

キリスト教社会事業家たちは、こうした矛盾をどうとらえ、自らのなかでどう解消しながら、事業をつくっていったのであろうか。本稿では、戦前において、キリスト教社会事業のみならず、わが国社会事業全体のなかでも代表的な存在であった救世軍を取り上げつつ、この課題を解いていきたい。

救世軍は、イギリスでウィリアム・ブースが一八六五年に東ロンドン伝道会として組織したことにはじまり、一八七八年に救世軍と改称した。日本では、一八九五年にライトらの一行が来日して発足した(2)。軍隊組織をもつ特異な教派であり、「救世軍はますます多くの国々と民族の中で働きを進めてはいるが、一つのものであって、分割出来ない。統一された最高の指揮のもとにある万国的な軍隊である(3)」という考えからイギリスに万国本営をおき、そのもとに日本本営があり、日本本営には司令官部、戦場部、少年部、商業部などがあった。一般の教派の教会にあたるのが小隊であり、そのほか信徒を兵士、児童を少年兵と呼ぶように、軍隊用語を多く用いる。教理的にはメソジストとほぼ同じだが、救いとあわせて社会事業を重視するところに特色がある。

かつてない異様な形態のためもあって、創立当初は人々から奇異な目で見られ、迫害されることもあった。しかし、組織的な実践に取り組みつつ社会事業を拡大し、一九一〇年前後から二十年頃の短い間に、奇妙な舶来宗教からわが国有数の社会事業団体へと急成長した。それには多額の資金を要したのはいうまでもない。万国本営からの援助など、他より有利な条件もあったとはいえ、規模が大きく幅広いだけに、資金面での厳しさは通常以上であった。

急成長した時期は、理想からスタートした救世軍が、現実の波に洗われて、現実路線を定着させた時期でもあり、財源問題にも真剣にかかわらざるをえなかったと思われる。救世軍の財政状況、山室軍平の財源への考え方、その結果としての救世軍社会事業の展開をみるなかから、キリスト教福祉が財源問題にどうかかわっていくべきなのかの手がかりを探っていく。

□二、救世軍の財政状況

救世軍は早い時期から、収支決算表と貸借対照表を明確にし、監査を受けたうえで、年報などを通じて広く公表していた。どんぶり勘定に流れがちな民間社会事業にあっては、きわめて異例である。これは、救世軍がすでにイギリスをはじめ世界各地で組織的活動を行って財政も整備され、それをとりいれたこと、多数の小隊、施設を運営するうえから経理面を充実させる必要があったことなどの理由とともに、資金を神からいただいたものととらえ、正しく用いることによって神と人とに責任を果たそうとする姿勢をもっていたためであろう。「宗教上の熱心に駆られて事を為すのみならず、亦どこ迄も事務の手段を重んじ、真面目に立働く[4]」ことが目指されている。救世軍は一九三〇年代後半に内紛とも絡んで財政疑惑を招くが、山室軍平はこうした実績と信念を背景にして、疑惑にきっぱりと反論している[5]。

ちなみに、一九一二年十月一日から一三年九月三十日までの一年間の収入は、次のように報告されている[6]。

	(円)
総収入金	一〇四、四九八・〇三
一般資金	
一寄附金	五、〇六九・二一
一小隊納附金	四二六・二〇
一商業部より収入	一、五〇〇・〇〇
一万国本営より補助金	三一、一六五・九八
一家賃受取	五五四・二九
一克己週間献金	一〇、一〇三・二七

一感謝祭献金	七、六二三・五一
一少年軍部収入	一四三・六〇

慈善救済部資金

一寄附金	一、八一四・四七
一慰問籠及び臨時救済費寄附金	四、六二〇・五七
一感謝祭献金より繰入	三、八一四・七二
一各事業部より納附金	一四九・九九
一内務大臣よりの助成金	一、二〇〇・〇〇
一各事業部に於ける寄附金、製作品、労銀の収入	三六、二三一・八六

内

労作館	六、九三三・一一
神田労働寄宿舎	四、九四〇・〇六
浅草労働寄宿舎	三、六〇三・五二
月島労働寄宿舎	一〇、〇二二・六〇
勤勉ホーム	一、七〇四・一四
大学殖民館	一、四二五・三三
救世軍病院	三、八五二・七五
東京婦人ホーム	九一八・五六
大連婦人ホーム	二、八三一・七九

一救世軍基金より　　八〇・三六

これらのうち、自己資金といえるのは、一般資金での「小隊納附金」「商業部より収入」「家賃受取」「少年軍部収入」、慈善救済部資金での「各事業部より納附金」に限られている(7)。万国本営からの援助のほかは、寄付金に頼っているのが現実である。機械的に数字が並んでいるようであるが、この陰には、慢性的な財政難と、そのなかでの実践の厳しさが隠れている。「乏しい予算では、牛肉のこま切れさえ手にとどかず、動物性の蛋白源はお魚でしたが、いかに物のやすい時代でも一切四銭見当というのは、ちょっと苦労でした(8)」という、婦人ホームの主任であった村松きみの第一次大戦頃の様子を語った言葉に表れているように、施設への入所者の食事代にも苦労するありさまであった。岩手の「名家」の出身である山室機恵子が、知人が驚愕するほどの清貧な生活をしていたのはよく知られている。

活動を維持するだけでも困難であるのに、拡大・向上させるためにはさらに寄付を増やしていく必要があった。それゆえ山室軍平も、ことあるごとに寄付を呼びかけている。救世軍を助ける方法として、一つには救世軍人となることがあり、他の一つとして金銭面で援助する方法があるとして、訴え続けた(9)。機恵子も「各界の知名人を訪ねて救世軍の主義、精神、事業を説明して賛助者とすることに成功した。また毎年の春の克己週間や秋の感謝祭の特別募金に際しては、大口の献金を獲得するために多くの書面を書きまた多くの人を訪問して、非常な努力をはらったのである(10)」と、山室武甫は記している。

問題は、こうして集めた寄付の出所である。寄付者の氏名や金額をみると、当然の結果とはいえ、資産家、資本家、政治家ほど、多額の寄付をしている(11)。石井十次への惜しみない援助で知られる大原孫三郎や、社会事業への寄付を続けたライオンの小林富次郎、中央慈善協会会長の渋沢栄一、救世軍への物心両面での支援者とみなされていた大隅重信といった人物は救世軍の理解者の範疇に入るとしても、あとは、誰彼なく集めたといってよい。寄付者がすべて、廃娼論への同調者、キリスト教社会事業への理解者だったとはいいがたい。支配階級の多数が救世軍の主張に賛成していたのなら、廃娼は戦前の早い時期に成し遂げられたであろう。寄付の動機が、慈善意識からのお恵みであったり、下賜金を受けている救世軍へのお付き合いであったりするのは明らかである。

そうであっても、寄付を受けとっている以上、救世軍は彼らへの批判的立場には立ちえない。石井十次の「僕等は生命を投出して事業に従事している。あの人達はあり余る財産の中より若干金を寄附される。その篤志は実に感謝に堪へないことじゃが、併しさうてい重に御礼を申さなくてもよからう。何も僕等が私服《ママ》を肥すのじゃない、徳は先方がお積みなさるのじゃ、僕は世の慈善事業家が余りに無見識で、頭が低過ぎる事を遺憾に思ふ[12]」という開き直りこそ、民間社会事業の自立と独自性を守るうえで不可欠であった。だが、それが救世軍には感じられない。資産家らに批判的に、少なくとも中立的になりえないということは、救世軍が味方になろうとした婦人や労働者の立場にどこまで立ちえたか疑問をもたざるをえないとともに、神よりも、現実的な援助をしてくれる寄付者に感謝する傾向をもたらしはしなかったかという懸念を生じさせる。内村鑑三が「此世の政治家、実業家、学者等の名を藉りて為さる、救世軍の御事業には残念ながら参加致し兼ね候、若しキリストの御聖名にのみよりて為さる、御事業有之候節は何時なりとも御用御申附け被下たく候、小生は必ず応分の御寄附致したく存候、小生は救世軍が新約聖書が明白に示す所の手段方法を以て其事業を行はれんことを切望に不堪候[13]」（〇印原文）という批判を一九一二年にしているのも、そうした点を危惧したものといえよう。内村の目には、救世軍のやり方が、必ずしもキリストの御名によらず、聖書に立脚していないと映っていたのである。

筆者は、救世軍が有力者から寄付を集めたことを一刀両断に非難しているのでは全くないし、救世軍のキリスト教社会事業としての価値を低くみているのでもない。むしろ、国の無策のなかで最大限の財源をつくったことは、それなりに評価すべきであろう。ただ、単なる民間社会事業ではなく、キリスト教社会事業であるがゆえに、どのような理念をもって財源問題に対処していたか、信仰とのかかわりでどうとらえていたかを重視せざるをえないのである。そこに、救世軍がキリスト教社会事業の代表的存在として発展していくなかで、キリスト教社会事業の姿をどういう方向へ形成させたのかの鍵が潜んでいるといえる。そこで、救世軍の中心的指導者であった山室軍平がどういう考えでのぞんでいたのかを、次にみていくことにする。

三、山室軍平の財源のとらえ方

弱者の友になろうとするのが救世軍の姿勢であり、山室軍平の実践の原点でもある。友という以上は、一方的に施与がなされるのではなく、それぞれが与え与えられる、相互的な関係でなければならない。それゆえ山室は、有力者からの寄付の多いことを紹介しながらも、「聖書にあるレプタ二枚を献げた寡婦の様に、真実をこめて断ず救世軍の為に力を尽して居らる丶少額の寄附者は到底数へ切れぬ程多くあり。救世軍の今日ある、実に然ふいふ人人に負ふ所が最も多いのは、今更申上る迄もない所である」と記すことを忘れていない(14)。

歳末の風物詩として知られる社会鍋も、広く民衆から少しずつお金を集めようとしたものである。社会鍋はもともと、貧民窟の人々に年末年始を安心して過ごしてもらうため餅や日用品を給付する慰問籠の費用を集めるために、東京の主要な場所にて募金を行ったことにはじまる(15)。慰問籠の費用を、あえて手間がかかり士官らの働きを要する方法で集めたのは、弱者への関心が決して慈恵的な憐みなどではなく、民衆のなかで民衆とともに実践をすすめようとした表れであろう。

だが、それに終始するのが山室の考えのすべてではない。山室は、「喜んで人から集金することを努めねばならぬ」として、（一）少しでも多くの人々を、其肉体上、霊魂上の疾苦より救ひ出さんとするには、何うしても広く外部の人々から集金する必要がある。（二）人は唯神様の家宰として、其思召通りに凡ての物件を扱ふべき筈のものである。（三）世の人に金銭の正当なる使用法を教ふる所以である。（四）人をして神様と人との為めに何事をか為さしむることは、その人を霊魂の救に導く一つの方法である。（五）篤志なる慈善家の義損金を、最も有益に利用する所以である。（六）集金は又集金者をして己に克つて、十字架を負ふの精神を養はしむるものである、という理由をあげている(16)。ここで注目すべきなのは、（一）を説明するなかで、「場合に由りては不信者、基督教の反対者からさへ、集金する必要のあることを見るのである」

とされ、(二)とも絡んで、未信者からはもちろん、救世軍の反対者からの寄付集めさえ、正当化されている。となると、公娼存続論者からの寄付を受けとることも、何らさしつかえないわけである。むしろ、そのことが、(三)のように、人を正しく導くために必要だとされ、(四)に至って、信仰的にも有意義とされている。

こうみると、人間の救いさえ金の利用法でどうにかなるような、金万能の発想に感じられる。しかし、山室の真意が、金第一主義にあるのでないことは、いうまでもない。神への絶対的信頼があればこそ、神の支配するこの世での金銭もまた、神とのつながりのなかで理解される。すなわち、「金は神様よりの委托物件である事。つゞめて言へば、金は神様からの預り物である。私共は何一つ神様から戴かぬ物はなく、随つて後日に至り、其出入勘定を神様に報告せずして済むべき物件を所有しない(17)」と述べている通りである。決して金ほしさのあまり金に意地汚くなっているのではなく、金銭を重視するこの世的な価値観から離れて神に接近した結果として、金銭にもつながってくるのである。そのため、「金を以て神様に事へるのは、私共の務である」とさえいい切っている(18)。

山室は、濫費や、金銭を過度に重んじることは、厳しく批判している。禁酒や廃娼を訴えるときには、それが無駄な出費であることを理由の一つとしていつも強調していた。人間が神と金とに同時に仕えることのできないことも、伝道者の当然の務めとして、繰り返し説いている。しかし、それは金銭から超然となることを意味せず、逆にキリストに導く第一歩として、寄付を要請することが重要な位置をもつ。非キリスト者や反道徳的な者からの寄付こそ、キリスト者からよりも積極的に求めるべきといってもいいほどである。山室にとっては、財源の調達は社会事業をすすめるための手段ではなく、それ自体が伝道であり社会事業なのである。不道徳な者からの寄付は、必要悪どころか、最も信仰的な行為となる。それゆえ、山室の内部では、財源と信仰との矛盾ということは全くありえない。財源獲得の対象はとどまるところを知らずに拡大しうるのである。

だが、金銭に神と人とをつなぐ効果をみるのは、あくまで山室の主観である。実際には寄付を続けることによって信仰に導かれたり公娼存続論から廃娼論に転向したという実例に出会うことはない。救世軍の理解者と救世軍側が考えていた人物でさえ、どこまで本気で救世軍を支持していたかは疑問である。まして、後藤新平、床次竹二郎、田子一民ら内務官僚が救世軍を表向き高く評価し、内務省が奨励助成金を出しているのは、救世軍を国家の意図のもとにとりこもとする策略にほかならず、その策略は見事に成功しているといわざるをえない。

社会鍋のように、救世軍を支持する民衆によるわずかずつの献金の意義が、片隅に追いやられている印象をぬぐうこともできない。山室は社会鍋を軽視していたのではなく、「鍋に投ぜられる金は、公共の委託金であるから、責任を以て之を扱はなければならぬ。之れには収入の初めから厳重に其一銭一厘に対する注意をせねばならぬ(19)」と述べて、責任の重大さを表明している。ところが、それほどまで真剣に行い、社会的にも広く受け入れられた社会鍋についての論述が、年末の『ときのこゑ』を別にすれば、あまりみられない。

山室の内部ではいかに信仰的にすべてが理解されていようと、客観的にみれば、矛盾があることは否めない。山室は、マルコ伝十章三五節―四五節の記事をひきつつ、「大切なるは其動機を吟味する事である。耶蘇はヤコブとヨハネとに対ひ『汝等は何を願ふべきかを弁へないのである』と仰せられたが。如何にも其如く彼等は唯漫然と自分の立身出世を求め、己が功名手柄を願ふたのであるから、其動機が如何にも賤しかつた(20)」として、すべてを捨てて神に従っているという外的な事実が大事なのではなく、純粋な信仰をもっているかどうかの心の内側が問われることを強調している。

さらに、貸座敷業者の行うあらゆる社会的活動を、貸座敷業者の行っていることであるがゆえに、全く評価せず、逆に社会の恥として切り捨てる態度を一貫してとり続けた(21)。この主張自体は、おおむね正論である。女性から生命と金をしぼりとることに存在基盤をおく貸座敷業者による行動は、一見すると善行であっても、それは悪業の変形にすぎない。だが、ならば資産家についても、寄付という表面上の事実ではなく、日頃の言動を吟味しなければならないはずである。

山室の思想は過酷なほどの厳格さを保っており、しかもそれを自ら実行し、他人にも要請した。民衆のかかえるさまざまな問題に対して、「困窮も、飢餓も、失敗も、不如意も、その大部分は皆当人の不勉強、不品行、不信心の結果であると言わねばならぬ。しかのみならず病気といえどもまた多くは、その人の不養生と、不品行から起る場合がある(22)」と、日頃の個人的な行動を厳しく問うている。特に飲酒については徹底的に嫌悪し、「今も多くの人々は、給金が安くて困るの、世間が不景気でやり切れないのといいながら、その実は身分不相応の金を酒屋に支払い、借金を質に置いてまでも酒を飲んで、勝手にわれとわが身を苦しめているのである(23)」と、貧困問題をもっぱら酒のせいにしている。

しかし、神の御心に反する行為は、貧困にあえぐ人々よりも資産家のほうがよほど程度は大きいはずである。ところが、資産家の言動を厳しく批判することはなく(24)、それどころか、丁寧な態度で援助をお願いしている。弱者の友であろうとした山室が、この点では弱者にのみつらくあたる結果となった。これは、労働者やスラム居住者にとかく道徳観や生活習慣に欠点があるのを憂い、その状態から向上し、自立してほしいという強い願いによってもたらされたのかもしれない。だが、彼らの自立を阻む要因のあまりに多い時代にあっては、その要因を追求するのでない限り、スポンサーたる資産家にのみ甘いといわれても仕方がない。すなわち、無意識のうちであっても、弱者の友になろうとすればするほど逆に弱者の立場に完全にはなりえないという悪循環に陥っているのである。

もっとも、だからといって山室や救世軍が弱者を裏切って資産家らの味方へと動いていったというような事実は、主観的にも客観的にも、一貫して全くない。それどころか、より積極的に労働者や売春婦らのなかに入って、救世軍の輝ける伝統をつくっている。山室としては、救霊も社会事業も寄付集めも一体であって区別すべきものではなかった。にもかかわらず、実際には別々になっていて、救世軍社会事業の威厳が保たれている。

山室の一見すっきりした思想は、キリスト教社会事業と財源との問題の一つのすぐれた解決のようにみえるけれども、結局は実践が財源とは別のところで純粋さを維持するという形での、ありふれた解決を示すにとどまった。事業の拡大をはじめたばかりの山室にとって、また救世軍にとって、十分な解答を導き出せないままなのは、問題の重さからいって当然であった。だが、真の解答のないまま、救世軍は発展への道を走り続けなければならなかった。

四、キリスト教福祉と財源

戦前の救世軍の特色の一つは、常に施設を増やして拡大し続けたことにある。しかし、キリスト教社会事業の多くは、一つの施設を守りながら、そのなかで実践を発展させようとした。その場合でも、財政的な困難はいつもつきまとっていたし、深刻な事態に陥ることも稀ではなかった。たとえば、滝乃川学園は火災に遇い、石井亮一は自責の念から事業の中止さえ考える。再出発することになったけれども、それには皇室からの金一封や、三井、三菱など財界からの援助があった。それを契機に、実践の理念が、「愛」の思想から「白痴児」の廃物利用へと変質したとする指摘がある(25)。

もともと社会的な誤解ばかり受けていた救世軍が、急成長していく背後には、いつも変質の危機があったといってよい。救世軍はその危機をとりあえず乗り越えてきた。だが、それは財源問題への理解の深さや、宗教や社会事業をとりこもうとする国家の企てへの反発によるのではなく、救世軍のやみくもな情熱が、あらゆる圧力をはねのけたのにすぎない。

今日、救世軍創設期ほどの資金集めの苦労は、一応不要になった。だが、福井達雨が「こうして講演に出てきますと、講演料が頂けます。講演料を頂くと、そのお金で止揚学園の子どもたちが、おいしいものが食べられるのです。そのことを思うと、『やっぱり出ていかなければいけないなあ』と思うのです。（中略）この表彰の副賞に多額の賞金がついていることです。私はそのお金が欲しかったから、この表彰を受けました。このお金を持って帰れば、止揚学園の職員や子どもたちに、良いものを食べさせてやることができるのです(26)」と語っているように、よい実践をしようと思えば、苦悩がつきまとう。また、ギャンブルからの収益金、テレビの商業主義的なチャリティ番組、半ば強制的に集めている共同募金による配分金等、問題点を指摘しうる財源がいくつも存在している。社会福祉における国家責任が回避されようとしている方向のなか、公的な負担にはあまり期待できそうもなく、キリスト教福祉と財源との問題は、複雑さを加えながら深刻さを増さざるをえない。

救世軍創設期は、ある意味で「牧歌的」でもあった。山室はそんなときに、この問題の重要さに気づき、解決しようと努力した。そこに多くの示唆は与えられるものの、せいぜい救世軍内部での解決にとどまってしまった。驚きと尊敬の念をもって見つめるべき戦前の救世軍でさえ、その程度であった。

救世軍の事例をもって、キリスト教社会事業史における財源の問題の構造を論じるのは慎重でなければならない。だが、救世軍の姿がおそらく最も先進的であり、問題の厳しさと難しさを如実に示している。ただし、救世軍が挑戦し続けたのは、廃娼や労働者の生活改善、児童の権利擁護だけでなく、この問題も含まれていたことは、今日のキリスト教福祉を考えるうえでも、無視してはならぬ点であろう。

注

(1)たとえば、長谷川保は、聖隷保養農園の閉鎖を決意し、涙ながらに夫妻で祈った。その直後に、天皇からの下賜金があり、今日の聖隷福祉事業団へと発展していく。(長谷川保『夜もひるのように輝く』講談社、一九七一年)

(2)日本救世軍発足の経緯については、山室軍平『救世軍略史』救世軍出版及供給部、一九二六年、秋元巳太郎『日本における救世軍七十年史』第一巻、救世軍出版及供給部、一九六五年に詳しい。

(3)『救世軍軍令及び軍律(兵士の巻)』救世軍出版供給部、一九七九年、九二頁。

(4)山室軍平編『日本の救世軍とは何乎何を為しつ、ありや』救世軍日本本営、一九一三年、六九頁。

(5)山室軍平『救世軍の立場を弁明す』救世軍出版及供給部、一九三七年。

(6)『日本の救世軍とは何乎何を為しつ、ありや』、七七頁~七八頁。

(7)救世軍には、救世軍特有の収入項目が多い。克己週間、感謝祭と期間を区切っての募金、小隊を通しての収入、書籍やトラクトの売り上げなどがある。

(8)山室徳子『遁れの家にて――村松きみの生涯』ドメス出版、一九八五年、九四頁。

(9)『弱者の友』救世軍本営、一九一一年、六一頁~六六頁。

(10) 山室武甫『山室軍平にふさわしき妻機恵子』玉川大学出版部、一九六五年、一三四頁。
(11)『二十五年戦記』救世軍本営、一九二〇年など。
(12) 冨田象吉『愛の使徒石井十次』一九二九年、三五頁〜三六頁。
(13)『内村鑑三全集』第十九巻、岩波書店、一九八二年、一三二頁。
(14)『日本の救世軍とは何乎何を為しつゝありや』、七〇頁。
(15)『ときのこゑ』三二一号、一九一八年十二月など。
(16) 山室軍平『実行的基督教』救世軍本営、一九〇三年、二〇二頁〜二〇六頁。
(17) 山室軍平『使徒的宗教』救世軍日本本営、一九一六年、三五七頁。
(18) 前掲書、三一三頁。
(19)『山室軍平選集』第六巻、山室軍平選集刊行会、一九五二年、五九一頁。
(20) 山室軍平『通俗基督伝』救世軍本営、一九一三年、一四七頁。
(21)『廓清』の主要な執筆者であった山室は、繰り返し業者を批判し、特に業者から県会議員や国会議員が生まれていること、業者の有力者が公の場で道徳的な発言をしていることを、厳しく非難している。
(22) 山室軍平『平民の福音』救世軍本営、一八九九年、二八頁。
(23) 山室軍平『禁酒のすすめ』救世軍本営、一九一二年、一一頁。
(24) 山室が権力者に弱かったというわけではない。山室は伊藤博文について「伊藤博文氏の罪は其一身の行為に止まらず、自分の不品行の為に数多くの人々を巻添に遇はせ、同じく之を地獄の子となしたるが故に、他の人々よりも重いことであります」と断罪している。(『山室軍平選集』第九巻、一九五六年、二〇頁)
(25) 大泉溥『障害者の生活と教育』民衆社、一九八一年、二三三頁。
(26) 福井達雨『嫌われ、恐がられ、いやがられて』明治図書、一九七六年、一八八頁〜一八九頁。

二、一九三〇年代における小隊の地域実践

一、はじめに

わが国の社会事業の発展に救世軍が大きく貢献したことは誰もが認めるところである。だがそれは従来、山室軍平の個人的業績や、廃娼運動などの社会的活動、セツルメント、釈放者保護、婦人保護などの社会事業施設への評価として語られてきた。むろん、それらは先駆的ですぐれた内容をもっていた。しかし、救世軍は社会事業団体である以前にキリスト教会である。信徒（兵士）や教会（小隊）あっての救世軍であり、救世軍を宗教的側面も含めて全体をみると、活動の基盤は施設よりも小隊にあるといえよう。それゆえ、救世軍の全体的な評価は、小隊を含めて検討しなければならないともいえる。

小隊とは軍隊用語をそのまま用いた言い方で、一般のキリスト教でいう教会にあたる。一般のキリスト教ではおおむね、一定の礼拝の場を有した信徒の集まりを教会と呼んでおり、救世軍もほぼそれに近いものである。救世軍自身は「小隊長を同うし、其の監督、命令の下に共に相会し、又戦闘する救世軍兵士の一団である」「通常、其の専用の会館を有し、都市若しくは都市の一部分、或は村落、若しくは幾多の村落を聚合せる地方を中心として其の事業を経営するものである」と説明している(1)。前者により軍隊組織をもつ救世軍の特色を明確にし、後者で具体的な機能を明らかにしている。

小隊内では、兵士の年齢や立場に応じて少年兵団、青年団、家庭部、救世義勇団、小隊候補生団、家庭団といった組織をもった。ただし、必ずすべてを完備しているとは限らない。責任者は小隊長で、ほかに副官、下士官がおり、一般の信徒を兵

士と呼ぶ。小隊運営にあたっては、書記、会計、唱歌隊長、文書軍曹、家庭団書記、特務曹長等の役員が置かれている。

小隊は一九三〇年の時点で全国に百二十設立されていた(2)。すべての小隊が小隊会館（一般の教会でいう礼拝堂）をもっていたわけではなく、民家や信徒宅を用いているところもかなりあったが、東京、大阪等の大都市に多数あるのはもちろん、主要都市を網羅したうえ、地方都市や農村部まで浸透している。個々の地域に深く入り込んだ存在でもあった。その数はさらに増える傾向にあった。

小隊は教会として礼拝や伝道などの宗教活動の基礎単位であり、救世軍も日常的には一般の教会同様の宗教活動が行われていた。同時に、宗教的な救霊と社会事業とを一体としてとらえていた救世軍にとって、その理念を具体化する実践の前線でもあった。

ところが、小隊によって実践が積み重ねられた歴史は忘れられている。地方の社会事業史が近年発掘されるようになっているが、それらをひもといても、小隊の実践の記録に出会うことはない。地方社会事業史の研究が比較的すすんでいる大阪ですら同様である(3)。そもそも小隊の人々自身が歴史的意義に気づいていないのか、小隊の歴史を叙述した冊子がときおり刊行されているが、それらの大半は、人事異動や宗教的集会の記録と古参信者の回顧に終始して、社会事業に関連する記述はせいぜい年表などの形でごく簡単に記述されているにすぎない。

救世軍は戦前はキリスト教においても社会事業においても重要な位置にありながら、一九三〇年代後半の内紛、一九四〇年の弾圧と救世団への改組、一九四一年の日本基督教団への合同を経て、戦後は規模を縮小されて出発することになってしまった。

しかし、今日においてもなおユニークな存在として活躍しており、戦前からの施設経営や社会鍋はもちろん、小隊独自の活動もなされている。たとえば、大阪の西成小隊では、あいりん地区に接しているため、おにぎりやパンを用意して、労働者に供し、個別の相談にも応じている。

救世軍自体が、戦後の再建にあたり、日本基督教団に残留する教会も多かったために、戦前に比べると著しく縮小して、小規模な一教派にとどまってしまった。特異さのゆえに再建後の教勢拡大も不十分であった。個々の小隊は都市の中心部に位置しているために、戦前はそれを武器にして活躍できたのが、現在では、信徒が都市周辺に広がってしまって、地域への密着さが薄れてきた。そうした問題をかかえて、小隊の地域実践が盛んとはいいがたい状況もある。しかし、地域福祉をつくりあげていくうえで、社会福祉の理念を教理にとりいれて熱心に活動する救世軍の存在は、もっと注目してよいであろう。

ここでは一九三〇年代の小隊による地域での実践を中心に取り上げている。一九三〇年代は山室軍平が『救世軍略史』にて「復興の時代」と呼んだ、関東大震災での打撃から脱け出て、宗教的にも社会事業の面でも最高潮に達しようとしていた時期である。救世軍自身も小隊を救世軍の理念を実現していく場として活動を活発化させようとしていた。救世軍の地域実践が理念的にも実際にも、最も明確に表れていた時期といえよう。

一方、社会的には、世界恐慌の波が日本を直撃し、失業者の増大、労働争議の頻発、農村の崩壊等社会問題は急速に激化して、国民生活は病弊を加えていく。それに対して、救護法が施行されたのをはじめ、社会事業の必要性が増していた。地域に密着した救済は、方面委員が一応担っており、成果をあげてはいるが、それが万全だったのではなく、救世軍のような自主的な実践の余地も大きかったはずである。以下、一九三〇年代の救世軍小隊の地域での実践について論じていく。

□二、小隊実践の理論的基盤

救世軍小隊による実践は、「隣人愛」という宗教的行為を単純に現実に移しかえたのではない。救世軍の豊富な経験や知識を基盤にし、対象とする問題を鋭く見すえた社会性の強いものであった。『救世軍士官雑誌』『ときのこゑ』等で、絶えず、理論や方法論を提供し、有効で確実な実践を模索していた。特に『救世軍士官雑誌』は士官にのみ配布する内部資料であったが、当時の情勢を反映した貴重な論稿が多数掲載されている。

一九三〇年代の救世軍の小隊のあり方を示した文書として、山室軍平の「貧民伝道に参加せよ」がある(4)。そこでは「貧民を大事にし、之に特別の注意を払ふべきことに就いては、旧約の時代から之を明かに示されて居る」と貧困者への視点がキリスト教の本来的姿であることを明示したうえで、「小隊では唯食ふに困らない人に、伝道さえして居つたら可いなど思うてはならぬ」と、小隊が目先の教勢拡大にとらわれて宗教活動にのみ従事することを厳しく戒めている。宗教を口実に社会から逃避する悪癖は、わが国の一般の教会にしばしばみられる風潮であった。それが救世軍にまで及ぶ傾向もみられたのであろう。そのうえで下記のように述べている。

殊に只今は世界的の大不景気に襲はれて居り、日本でも就職難、生活難が愈々深刻を極めて居る。(中略)こんな時節に救世軍の小隊長が、其の受持区域の貧民窟は、どこに在るかさへ知らないといふやうでは、其の恥辱である、又は一週間に一人も、困窮人の相談相手にならないやうでは、甚だ物足りない状態に在るものと言はねばならない。貧乏人、困窮人が若し向ふから来ないなら、こちらから貧乏人、困窮人に往くまでのことである。

ここでは、社会情勢を的確に認識したうえで、積極的な対応を説いている。具体的には、士官が毎週一日を受持区域の貧民窟の訪問に用い、一軒残らず訪問するのが望ましいけれども、孤独者、老衰者、病人を特に定期的に訪問すべきであるとする。訪問にあたっては、相談相手となって、看護し、体を洗い、掃除をすること、食物を与え、着物を着せ、病人には薬を与えること、他の社会事業に紹介すること、子どもに気をつけて声をかけることが必要であるという。方面委員の利用もすすめられている。社会資源を活用すべきことが説かれている点にも注目すべきである。「口からの伝道よりまず親切」とも述べており、空虚な伝道より実践が大切であることを強調している。

費用については、本営からは出せないので、近隣の慈善家や同情ある人々から求めようとしている。この点は若干、無責任につきはなしている感じもするが、実際に本営ではたくさんの社会事業施設を運営していて常に財源難であった。それとともに、各小隊の自立ある態度を求めていると解することもできよう。

こうした立場から救世軍は小隊による地域での社会奉仕をいっそう重視するようになった。『救世軍士官雑誌』では「小隊に於る貧民伝道（又は愛隣事業）の方法と其の実験」と題する懸賞文募集も行っている(5)。士官学校では「細民街伝道」を試み、方面委員や警察の協力のもとに、近隣の小隊とも連絡をとって、貧民窟での戸別訪問を実施した(6)。救世軍の将来を担う学生による実習的な体験でもある。各小隊には社会軍曹をおいて、社会的実践を強化することになっていた。

社会奉仕を強化するための社会奉仕館を連隊に設ける計画もたてられていた(7)。「比較的大きな事業よりは、寧ろ出来るだけ多数のどんな事件をでも取扱ふやうな社会奉仕を試みたい」という趣旨で、本営のある東京を除いた大都市の表通りに面した便利な場所に設置し、そこで人事相談、緊急の救助、方面委員・職業紹介所等の関係機関との連絡、貧民窟や病人の慰問などを行うこととされた。山室は職員や電話のことなど実務的なところまで考えていたが、構想がそのまま実現することはなかった。しかし、その内容は実質的に各小隊によって担われた。

救世軍の一連の文書や報告には、貧民を「対象」として見下す臭いがしないでもない。訪問者が、訪問先の体を洗ったり掃除をしたりすることまで指示するのには、おしつけがましさを感じる。しかし、基本的には、救世軍の理念を再確認し、実践のための共通認識を深めようと、全体が競って努力を重ねている様子が浮かびあがってくる。軍隊組織をもつ救世軍の性質からいって、これは一部幹部の理念にとどまらずに、かなり広く浸透したと考えてよかろう。それは、以下に記す事実からもくみとれる。

□ 三、小隊による実践の内容

小隊では実際にはどのような実践を行ったのか、いくつかに区分して具体的に紹介し、論じてみたい。この区分は筆者による便宜的なものであり、救世軍自身がこのような区分を意識していたのではない。重なりあっている部分も多い。救世軍にとっては以下の活動はほとんど一体のものであったであろう。

すべてが小隊単位でなされているということではなく、本営で統括しつつ、具体的な実践は個々の小隊で行ったり、東京では本営で、地方では小隊で行ったりと、形態はいくつかあるが、いずれも小隊が地域に密着している特性を活かして、ひとつひとつは小規模であっても、着実に積み重ねた点に共通性がある。

(一)　貧民伝道

W・ブースが救世軍を創設するきっかけとなったのは、東ロンドンのスラムでの伝道であった。ブースは貧民にこそキリストの福音が伝えられるべきであると考え、伝道に着手したが、現実の貧困問題は宗教的な理念をはるかにこえており、社会的な対応を含める必要があり軍隊組織の救世軍を設立することになった。貧民伝道は救世軍の基盤をなす活動といっても過言ではない。

ブースによる『最暗黒の英国とその出路』はわが国でも広く読まれ、キリスト者や社会事業関係者らに影響を与えた。日本の救世軍は当然その伝統を直接引き継ぎ、貧民伝道を自らの主要な任務と認識した。伝道一般は小隊での主要な任務であり、貧民伝道も実践の柱となった。

伝道といっても、キリスト教はご利益宗教でもなければ、すべてを死後の天国に追いやる宗教でもない。日本人になじみのないまわりくどい話をわかってもらうのは、通常の方法では効果がない。文書を配っても読めるとは限らないし、伝道集会に誘っても、出席するだけの生活のゆとりも精神的余裕もない。伝道の困難さはイギリス以上であっただろう。貧民の生活を理解し、上から救うのではなく、友人としての関係を築くことが不可欠であった。

したがって、貧民伝道は個別的な生活援助が中心となり、社会事業の性質を帯びている。伝道と呼ばれてはいても、実質的には貧民救済というべきものである。わが国のキリスト教会が中産階級を中心に信徒を獲得したなかにあって、わざわざ貧民に目を向けたのは、それ自体画期的である。もし貧民伝道を教勢拡大という点でみると、成功とはいえないであろう。小隊の活動では、貧民が教会に結びつかない原因を取り除くまでには至らなかった。このことは、救世軍といえども、ついに貧民を主体にして教会形成はできなかったことを示す反面、貧民伝道が、邪念の少ない、地域での個別的な救済活動であったことでもある。

救世軍のいう貧民とは生活困窮者全般を広く指している。貧民には「部落をなしてゐる貧民」と「散在せる貧民」がいるという(8)。前者はいわゆる貧民窟を指しているが、そこの貧民は最下級の人々、残飯生活者、混合食料の生活者に区分されるとする。「散在せる貧民」については警察署、市役所で調べる、労働者寄場や貧民窟で聞く等の方法で調査する必要がある。貧民には狭義の貧困者のほか、病人、前科者、酒飲、無頼漢、淫蕩者、失業者、ルンペン、狂人（いずれも原文の表記）がいる(9)。つまり、生活苦に陥り差別されているあらゆる人が貧民伝道の対象であった。そこには貧困の原因によって対象外にしようとする意図はないし、貧民を道徳などの主観によって区別することも避けられている。

貧民は宗教心に乏しいとされており、まず訪問し状況を理解するところからはじめなければならなかった。したがって貧民慰問が中心になる。『ときのこゑ』には貧民慰問をきっかけにして救済に成功した事例がたびたび報告されている。救世軍の側から訪問するだけでなく、細民慰安デー、慰安会といった名称で貧民を招待して食事の接待や聖書、日用品の給付を行うこともあった。米、木炭など生活必需品の廉売、食物、着物の給付、職業紹介、社会事業への紹介も行っている。

具体的な各小隊の事例として、『ときのこゑ』から引用してみる。

小樽小隊　無宿者のため、あべ川餅接待をなす。五十人を一組とし最初小隊長短く語り、つくりたてのあべ川餅を供し、帰りがけには土産としてお餅と「ときのこゑ」を渡した。総人員は二百三十六人、昨年よりは九十五人の増加。十七日には東海理髪店主の厚意により無料理髪を行ふ(10)。

新潟小隊　小隊内に診療所を設けて、貧困な病人のために図つたが、このために石橋ドクトルは毎週三回篤志を以て診療に従事され、その他、安達医学博士、藤村ドクトルが一方ならぬ援助をされた(11)。

山形小隊　貧困なる盲人が、重病人を抱へて難渋して居るとの記事あり、それを見たる山形小隊長は、直に此の家庭を訪問した。その盲人は息子二人、娘二人の母で、未亡人であった。（中略）物質上出来る限りの援助をなし、同時に心霊の援助に尽し、母と娘を信仰に導いた(12)。

京都小隊　戦友諸君の協力により、二月十九日午後、第三回愛隣デーを催し、気の毒な母子の慰安集会を開いた。集る者三百人、大原特務指揮の下に楽しいプログラムは進められる。軍楽隊の奏楽、日曜学校生徒の対話、神泉園児童の遊戯などは彼等の心を慰めた(13)。

一宮小隊　一月十一日細民慰安デーを催す。会衆満堂、折柄来宮された連隊長持丸中校によって、「世の旅路とキリストの救」についての興味ある講演あり、加藤軍曹その他家庭団員の準備によつて、あべ川餅の接待あり、楽しき時を過した(14)。

浅草小隊　浅草小隊家庭団では、瀬川中佐夫人を迎へて、貧困者慰安会を催した。当夜七時より五十三家族より二人づつ百余人を小隊会館に招き、青年部の遊戯、対話、その他の催あり会衆を喜ばせた(15)。

呉小隊　軍友小峠茂一氏の好意により三日間に亘り、第三回無料理髪を行うた。市内の気の毒な方々が百十数名来り、何れも大喜であった(16)。

旭川小隊　「あべ川」接待を営む。前日五人の救世軍人が全市の貧困者を訪ね、招待券を配布して廻り、当日は定刻前からどしどし詰めかけた(17)。

派手な集会ほど記事として紹介されやすいので、慰安会の類が目立つが、日々の訪問活動なども常時なされていたのは、統計をみても明らかである。慰安会ではたいてい、士官らによる講演や説教があり、貧困につけこんで伝道をしているという印象も受けないではない。宗教団体が地域福祉を担う場合、今日では宗教と社会福祉との間では、たとえ行政の援助が一切なくとも、けじめが求められる。しかし、当時の救世軍は物質的救済と精神的救済とを同時にすすめようとしており、精神的救済の手段が救世軍にとっては宗教に関する講演であったのであり、伝道のために社会事業を利用したというものではない。地域の最底辺を一つ一つくみとっていく実践であった。

(二) 愛隣館

貧民伝道をより積極的に展開するために意識的にスラムの近辺に設置して活動したのが、愛隣館である。愛隣館は大阪市西成区中開に一九三一年八月に開設された。開館式は牧野虎次、小橋実之助らを招いてなされ、府知事らからの祝辞も受けており、愛隣館への救世軍の力の入れようが推測される(18)。

救世軍では古くから大学植民館によってセツルメントに取り組み、当時も東京では社会植民館による実践がなされていた。愛隣館も隣保施設としての位置づけもあったけれども、愛隣館小隊と呼ばれることもあったように、施設というより小隊活動の延長である。他のすべての小隊が愛隣館同様の働きをすることが求められており、救世軍の年報でも他の小隊とあわせて実績を報告するようになる。しかし、愛隣館設立時にはすでに近くに今宮小隊があり、特殊な存在であったのも確かである。

愛隣館の事業として人事相談、病人・出産の世話、不良少年の感化、家賃問題の調停、ルンペン救済、就職・内職の幹旋、乳幼児の乳児院への入所、手紙の代筆、古着廉売デーなどがあげられている(19)。これらは事業として定めていたのではなく、住民が生活するうえで直面するあらゆる問題に対応したのであった。いくつかのケースは『ときのこゑ』に掲載されて

救世軍小隊の一年間の「社会奉仕概要」

訪問時間数	2,679
訪問戸数	4,452
取扱ひたる病人数	1,788
給食数	13,454
衣類給与数	514
職業紹介数	325
慈恵金を与えし数	2,301
其他の人事相談数	1,618
他の社会事業団体に紹介せし数	145
以上の実人数	18,414
以上の延人数	20,145

出典：『凡ての者の僕』救世軍出版及供給部　1937年、48頁より作成

いる。特に必要なのは医療上の便宜であるとされ、医師の便宜を図り、信用ある薬局を設置し、愛隣館に薬品を常備することを求めている(20)。

貧民窟には道徳と風紀に問題があるとされ、教化が主要な働きであるという。その実践にあたっては「相手の境遇や事情を見究めることが肝要」とされる。ここでいう教化とは、道徳的な欠点や衛生上の無理解を改善して、生活を向上させるとともに伝道にも結びつけることである。

伝道も着実にすすめられ、青年部と大人部の集会が週に数回開かれ、救霊会も開催されている。家庭団も結成された。日曜学校が開かれ、少年兵と呼ばれる児童の信徒を獲得している。なお、愛隣館は、戦後他のいくつかの小隊とともに西成小隊に統合され、現存していない。

(三)　冬季救護

年末年始にいっそう困窮する貧困者に対して、慈恵的な施与にならないよう配慮したうえで日用品や餅などの食料品を配付する事業は、救世軍創設まもない時期から着手されている。東京では三大貧民窟と呼ばれていた四谷鮫ケ橋、下谷万年町、芝新網にはじまって、首都圏の、さらには全国の貧困者に広く配布されるようになった。一般の人々にもよく知られている社会鍋はもともとこの費用を捻出するためにはじまった。

東京では労働者や失業者への移動給食など多様な形に広がりながら引き続きなされて、救世軍社会事業の柱の一つとなった。施設とは異なる、地域での実践として注目すべきものであるが、地方でも同様に行われている。東京では本営の社会部が中心になっているが、地方では小隊が主体になってすすめられた。日用品や『ときのこゑ』等を配布し、あるいは廉売した。単に配布するだけではなく、戸別訪問の場であり、貧民窟の生活に直接触れる機会でもあった。小隊のある都市ではほぼ必ず実施されており、その数は大都市で二千人、県庁所在地などの中都市で百〜八百人、小都市で十〜百人程度になっている。どこでも費用はおおむね社会鍋によっている。年末に続いて労働者が困窮するのは梅雨の時期であり、梅雨どきに労働者を対象にした給食等がなされている場合もある。

(四) 災害救助

関東大震災により救世軍は壊滅的打撃を受け、主要な小隊会館や施設を失ったほか、幹部クラスを含めた多数の士官、兵士が死亡した。しかし救世軍は被災者の救護に立ち上がり、海外の救世軍の援助も受けて大きな成果をあげた。これは一時的な対策ではなく、救世軍が絶えず行っている実践である。関東大震災の場合は規模が大きいので日本本営全体の取り組みであったが、日常的に発生する災害や火災に対しては、小隊単位での対応が中心になった。

一九三〇年代は風水害が多発し、大火や地震も各地でみられた。農村では凶作が繰り返された。災害は一時的な生活困難にとどまらず、底辺層への転落、娘の身売りなど深刻な問題を拡大再生産していた。小隊ではこれらの災害に対して迅速に対応し救済している。すでに一九二七年の奥丹後地震で京都小隊では、ただちに救護班を組織し、震災の翌日には京都を出発、一方で義援金を集めた(21)。

三〇年代で最も目立つのは、一九三四年九月の京阪神での水害(いわゆる室戸台風)である。死者行方不明二千人をこし、広い範囲で浸水の起こったこの水害で、救世軍の各小隊自身も、市岡小隊や四貫島小隊が浸水にあうなどの被害をうけているにもかかわらず、京阪神の各小隊では、連隊による横の連絡・協力もとりながら、救済に尽力した。大阪では、悲田院町に大釜を設置して炊き出しをして、各所に配布した(22)。大阪での握飯の配布は三万をこえた(23)。消毒剤や石灰の配布もしている。尼ケ崎小隊では米や文具の入った慰問袋をつくって、被害の激しい地域で配布した。京都では病院に被災者を見舞い、慰問袋を配布している。そのほか、岡山、高梁、高知、米子にて、救済がなされている。大阪での活動に対しては、大阪府知事より礼状がおくられている。

救世軍が救護に立ち上がった一九三〇年代の災害救助として、一九三〇年の北伊豆の震災、三二年の北海道の水害、三三年の三陸大海嘯、三四年の函館大火、三五年の西日本の風水害、静岡の震災、青森の水害、新発田の大火、群馬の水害等をあげることができる(24)。いずれも、小隊が救護に活躍し、慰問品や日用品の配布、汁粉やおにぎりの接待などを行っている。小隊のみで手に余るときは、連隊や本営から経済的援助や人員派遣もなされている。特に東北の凶作は、悲惨な状況をつくりだしており、繰り返し救援を行った。

災害の規模にくらべれば、この程度の対応は焼け石に水であったかもしれない。東北の凶作に対しては、その規模の大きさになすすべもなかったというのが実際のところであろう。東北に関しては、ささやかな救済よりも救世軍の影響力を行使して、根本的な政策的対応を提起すべきであったかもしれない。しかし、身近な課題に対応する姿勢と、被害者と問題を共有する姿勢が感じられる。小隊自身もしばしば被害者であり、そこには救済される者とする者との関係はなく、復興のための相互的関係を見出すことができる。

(五) 廃娼運動・禁酒運動

廃娼運動は救世軍の貢献の大きい分野の一つである。一九三〇年代には廓清会などによる公娼制度撤廃へ向けての議会対策や、講演会などを通しての世論づくりが中心になり、救世軍初期のような流血の闘いは少なくなっている。しかし、救世軍の各小隊は廃娼勢力の拠点であり、講演や文書で廃娼を訴えた。県議会での廃娼決議実現のために小隊長が尽力した例も報告されている(25)。娼婦が自由廃業をするときに駆けこんでくる場でもあった。京都小隊の場合、毎年一～二人ほどの自由廃業希望者に対応している(26)。

禁酒は救世軍が地道に訴えてきた主張である。小隊は禁酒運動の前線でもあった。禁酒の講演会を開催したり、毎年二月十一日の紀元節に発行されていた、『ときのこゑ』の禁酒号を発射戦と称して売りさばいたりしている。廃娼運動や禁酒運動は派手さはないが、小隊の一つ一つが背負う課題であった。

（六）その他

救世軍小隊の実践は以上にとどまらない広がりがある。たとえば、壬生小隊では「日鮮児童慰安会」として、貧しい朝鮮人の児童ら二百人を集めて、慰安会を催したという(27)。神戸小隊でも、「朝鮮貧困児童慰安会」を開催し、遊戯などをしたうえ、果物や菓子を配布した(28)。これは「内鮮融和」を宗教の立場から推進したものといえよう。善意の行為ではあるが、植民地政策を末端で支える役割を担ってしまったのは否定しがたい。

病院への慰問も各地でなされている。重症患者らに日用品を配布したり、音楽を聞いてもらうなどした。純粋な慰問も多いが、傷病兵への慰問も本格化してきた。そのほか、農村伝道は、当時の農村の状態からいって救済を伴ったであろうし、児童や青年への熱心な伝道は、救世軍の場合、彼らの生活の背景にまで接することがしばしばあった。可能な行動に着手していく積極さを小隊に感じることができる。

四、小隊による地域実践の特色

救世軍小隊での実践には明確な特色がみられる。まず、士官らの指導のもとにあるとはいえ、社会事業に関してはいわば素人といってもよい、一般の兵士（信徒）が参加している点である。兵士は「自分の為し得べきことを発見すると共に、直ちに進んで之が実行に着手せねばならぬ」「其の住民の為に善をなすことを力めねばならぬ」ことが義務とされていた(29)。社会事業のみを指した規定ではないが、実質的には地域での実践の取り組みにつながっている。

わが国のキリスト教会は主として中産階級を中心にして信徒を獲得してきたといわれるのに対し、救世軍は労働者をはじめ低所得層の多い地域に小隊を設立し信徒にもそれらの人々が少なからず含まれていたものと思われる。したがって、兵士を含んだ小隊の実践は上からの救済ではなく、自らの問題を自ら解決していく側面をもっていた。

素人が参加していながら、社会事業の知識をもったうえでの参加であった。指導者である士官は救世軍の士官養成機関である士官学校にて一定の教育を受けている。兵士もまた、『ときのこゑ』に掲載されている社会事業関係の記事を目にしていたであろう。「兵士は、救世軍の歴史、政治、主義、及び慣例を学ぶ必要がある」「救世軍の定期刊行物、其の他随時、本営より発行する各種の書籍を読め」とされている(30)。兵士も対象とした講習会に社会事業の講義が開かれている。たとえば、一九三一年の大阪での講習会では瀬川八十雄による「社会事業に就て」がなされているし(31)、一九三三年京阪連隊の兵士講習会では「小隊の社会事業」という講義がある(32)。何より、社会事業界をリードしていた山室軍平の著書や講演に触れる機会は多かったと思われ、山室からの影響は兵士らも大いに受けていた。

継続的、計画的であり、多くは一時的な試みではなく、長期間続いている。それでいて非常に幅広い分野をカバーしている。長続きすることから実績となり人々の信頼も得、内部ではノウハウが獲得されていった。

救世軍は軍隊組織をもっていることから、組織的でもあった。士官を中心に、末端の兵士までがまとまって行動した。小隊の能力をこえている問題には本営から人材が派遣され、経済的援助もあった。各小隊で行っていることの情報が交換されて、全体が協力して向上の努力をしている。問題が発生してから対応するまでがきわめて迅速である。軍隊組織といっても、外見上の形態であり、通常の軍隊がもつ弊害をあわせもっているわけではない。士官も兵士も救世軍自体にはもちろん、個々の実践にも主体的に参加しており、強制的に歯車の一つ一つとして動いているわけではない。

ただし、救世軍の場合、上からの命令によって士官が異動していくため、士官が長期的展望に立って小隊を指導しにくく、地域の状況が理解できはじめた頃に転任になってしまうという欠点もあった。そのため、兵士がどれだけ小隊を支えているかが重要な要素となった。逆にいえば、住民の一人である兵士の役割がきわめて大きかったことでもある。

救世軍は自ら宣伝をするようなことは好まなかったが、公開すべき点は公開している。救世軍は収支等の情報を創設期より年報などに掲載し、社会事業の実績も公表した。小隊の実践についても、人数、用いた時間、内容を年報や『ときのこゑ』に掲載している。社会鍋の収益も公表しているし、献金者も明らかにしている。扱った重要なケースも『ときのこゑ』に掲載されており、救世軍が何をしているかを知ることは容易であった。

小隊の活動は幅広い援助のもとでなされていた。社会鍋は民衆から広く資金を集め、広く支持されて今日に至っている。そのほか、小隊ごとに献金・寄付が多く集まっていたことが、年報の報告にも掲載されている。有力者から無名の市民、企業や団体にまで及んでいる。

クリスチャン以外の個人や企業が、小隊の宗教活動の援助のために寄付をするとは考えられないので、その大半は小隊の社会的活動を支えるためのものであろう。救世軍は克己週間や感謝祭で広く献金を求めていたし、以前から救世軍を金銭面で援助するよう呼びかけていた。毎年のそうした積み重ねが、小隊への寄付に表れたのであろう。

小隊独自の財政力は大きくなく、本営からの援助も限られているなかでは、幅広い援助は欠かせなかった。企業や資産家に頼る面があったことは一定の批判は避けられない。しかし、救世軍がこれだけの寄付を得るまでには、社会的認知のための努力があった点を無視してはならない。

もちろん、すぐれた特色ばかりでなく、短所もあわせもっていた。救霊と社会事業を一体化する救世軍の主張は、救済を受ける側からすれば、宗教を押し売りされると感じる場面が少なからずあっただろう。社会事業施設ならばまだしも、小隊という、日頃は宗教活動を主にしているところによる実践であればなおさらである。慰問品を配布するときには必ずといっていいほど『ときのこゑ』をあわせて配布していた。救世軍としては配布が慈善的な施与ではなく、隣人としての行為だということがいいたかったのだとしても、もらう側からすれば、無用であるばかりか、心理的負担にもなったのではないか。

「小隊長の許可なくして口を開くことが出来ない。論争、弁駁等は全然禁ぜられている。救世軍では投票、若しくは討議により、各自の意見を主張するが如き余地がない(33)」という軍隊式の規律は、全体が信仰と信頼で堅く結ばれ、順調にすすんでいるときは効率的な運営が可能になるが、ひとたび混乱が起きると収拾がつかなくなる恐れがある。下から実践をつくりあげる道も小さい。事実、三〇年代後半の内紛では、公開された討論で解決の道を探るという民主的な対応ができず、混乱を重ね、救世軍に致命的なまでのマイナスをもたらしてしまう。

もともと救世軍は他宗教はもちろん、他のプロテスタント教会とも協力はあまりしない。小隊であればなおさらで、小隊の実践が地域全体の取り組みへと広がる余地が小さかった。時代がすすむにつれ、とりわけ日中戦争以降、救世軍は戦争協力の動きを強め、小隊も軍人遺家族訪問、傷痍軍人の慰問等、活動に戦時色が反映していく。なまじ活動の基盤があるがため、戦争協力も活発になってしまった。

以上のような救世軍の小隊による地域での実践の特色は、救世軍小隊の歴史的特色であるばかりではない。地域において住民を組織している一つが宗教である。宗教団体による地域的な活動は信教の自由との関連で危険性が伴う。たとえば、家庭を訪問したときについでに伝道をしたり、宗教側が意図しなくとも、利用者がある種の気兼ねをして恩返しのつもりで入信することが考えられる。そのため、他の住民組織と安易に同列に扱うことがあってはならない。しかし、宗教にも社会的責任はあり、地域の問題に無関心でいてもらうほうがいいということはありえない。幼稚園、保育園等を運営している寺院や教会は珍しくないが、施設でこと足れりとするのではなく、さらに一歩地域のなかに踏み出すことが求められる。

その場合、宗教としての節度をわきまえたうえで、宗教らしさを発揮するという、矛盾した役割を果たすことになるが、具体的にはどうなるのか。それを救世軍の小隊実践は指し示している。

注

(1)『軍令及軍律』救世軍出版及供給部、一九三六年、一四九頁。
(2)『基督教年鑑　昭和七年版』日本基督教連盟、一九三一年、一一一頁。
(3)『大阪府社会事業史』大阪府社会福祉協議会、一九五八年など。
(4)山室軍平「貧民伝道に参加せよ」『救世軍士官雑誌』第二一巻第三号、一九三一年五月、六頁〜一一頁。
(5)『救世軍士官雑誌』第二一巻第五号、一九三一年七月、四〇頁。

(6)竹下中校「士官学校にて試みた細民街伝道」『救世軍士官雑誌』第二一巻第七号、一九三一年九月。
(7)『山室軍平選集　Ⅵ』山室軍平選集刊行会、一九五二年、五六〇頁～五六五頁。
(8)柴田中校「貧民伝道」『ときのこゑ』第八五四号、一九三一年十一月一日、八頁。
(9)岸ふみ「貧民伝道の種々相」『救世軍士官雑誌』第二三巻第一号、一九三三年一月。
(10)『ときのこゑ』第八三八号、一九三一年三月一日、七頁。
(11)『ときのこゑ』第八四八号、一九三一年八月一日、五頁。
(12)『ときのこゑ』第八五五号、一九三一年十一月十五日、七頁。
(13)『ときのこゑ』第八八八号、一九三三年四月一日、七頁。
(14)『ときのこゑ』第九一〇号、一九三四年三月一日、七頁。
(15)(14)に同じ。
(16)『ときのこゑ』第九五八号、一九三六年三月一日、七頁。
(17)(16)に同じ。
(18)『ときのこゑ』第八五一号、一九三一年九月十五日、四頁。
(19)蔀大尉「愛隣館の働」『救世軍士官雑誌』第二一巻第一〇号、一九三一年十二月、『ときのこゑ』第八八七号、一九三三年十月十五日。
(20)筒井嘉代「愛隣館の働」『救世軍士官雑誌』第二八巻第五号、一九三八年五月。
(21)『会館改築事業報告』救世軍京都小隊、一九三六年、三〇頁。
(22)『基督教家庭新聞』第二七巻第一〇号、一九三四年十月、三頁。
(23)『ときのこゑ』第九二五号、一九三四年十月十五日、五頁、同第九二六号、一九三四年十一月一日号、五頁。
(24)『日本救世軍四十年の一瞥』一九三六年、救世軍出版及供給部、『ときのこゑ』関係記事。
(25)『ときのこゑ』第八七四号、一九三二年九月一日、五頁。
(26)『会館改築事業報告』三一頁～三三頁。
(27)『ときのこゑ』第八八六号、一九三三年三月一日、七頁。
(28)(14)に同じ。

(29)『軍令及軍律』一六〇頁～一六二頁。
(30)『軍令及軍律』一五八頁。
(31)『ときのこゑ』第八四八号、一九三一年八月一日、八頁。
(32)『ときのこゑ』第八九三号、一九三三年六月十五日、七頁。
(33)『軍令及軍律』一五一頁～一五二頁。

本稿作成にあたり、救世軍西成小隊長・中村茂氏、救世軍関西連隊特務・港一敏氏（肩書はいずれも初出執筆当時）より貴重なご教示を得た。記して感謝したい。

三、廃娼運動の評価をめぐって

□一、廃娼運動をめぐる研究状況

戦前の民間社会事業において多大な役割を果たした救世軍は、活動の柱の一つに廃娼運動をおいていた。救世軍による廃娼運動は、歴史研究においても社会福祉研究においても、女性の人権擁護の先駆として高く評価されてきた。歴史研究では、村上信彦が救世軍の役割を重視して、山室軍平の信念や解放運動へのエネルギーを賞賛し(1)、さらには「ヒューマニズムの権化」とまで述べた(2)。廃娼運動の最もすぐれた通史として広く読まれてきた竹村民郎の『廃娼運動』は、戦時体制のなかでの救世軍の国家主義への傾斜については批判的に述べているものの、全体としては廃娼運動を女性解放の運動と位置づけたうえで、その先駆者としての救世軍を詳細に紹介している(3)。市川房枝(4)や吉見周子(5)など、女性運動家や女性史研究者も同様であったし、武田清子が思想史における婦人解放としての役割のなかで位置づけているように(6)、その評価はさまざまな分野に及んでいた。

社会福祉研究の領域で古くから着目してきたのは小倉襄二である。小倉は一九七〇年の著作で、近代人権史の断面として公娼制度をめぐる動きを取り上げるなかで、救世軍の動きを詳細に紹介したうえで「山室軍平の廃娼論は不朽である」と言い切り(7)、その後も繰り返し論評を深めてきた(8)。三吉明も山室軍平の伝記を執筆するなど、山室の人物研究のなかで廃娼運動を評価した(9)。小倉・三吉以後も、室田保夫(10)や村山幸輝(11)ら同志社出身の研究者を中心にして、高い評価が加えられている。また、西村みはるは廃娼運動そのものではないが、自由廃業運動との関係を重視する観点から救世軍の婦人救済事業を分析することで、間接的に廃娼運動を評価している[12]。

こうした一連の研究を受けて、社会福祉専門教育の場でも、救世軍といえば廃娼運動として教えられる。国家資格のための最も標準的なテキストとされる福祉士養成講座編集委員会による社会福祉士用の『社会福祉原論』では「廓清運動の先頭に立った山室軍平」と記述され[13]、介護福祉士用の『社会福祉概論』では山室軍平を説明する脚注のなかで「廃娼運動、婦人・児童保護等社会事業に貢献」と書かれて[14]、いずれも廃娼運動を第一の業績として出している。社会福祉専門教育の場に社会福祉史研究者がきわめて少ない現状からして、大半の学校では機械的に、救世軍・山室軍平＝廃娼運動＝賞賛すべき業績、として教え込んでいるものと思われる。社会福祉士の国家試験がもっぱら多様な知識を暗記しなければ対応できないタイプの試験であることから、受験生の多くは、深く考えることなく暗記に励んでいるものと推測される。

ところが、廃娼運動への評価が礼賛一色だった以前とは代わり、否定的な側面も指摘されるようになった。藤野豊による簡潔な整理を借りれば「キリスト教の信仰と倫理観に基く正義・人道の運動とする評価が通説であったが、近年においては廃娼運動が娼婦を『醜業婦』と呼んだことに象徴されるように、娼婦の存在を『母性』に反し、夫婦関係を破壊し、性病を蔓延させる元凶とみなして差別し排除したことが重視され、廃娼運動の持っていた国家主義や優生思想への批判も高まり、さらには廃娼運動がアジアの視点を欠き、一九三〇年代には純潔報国運動に変質することから、廃娼運動の出発点に遡り、侵略戦争加担の要因を求める見解も発表されている」という研究動向の大きな変化がある[15]。すわわち、フェミニズムやジェンダー論の立場での研究が飛躍的に深まったことや、また歴史学でも人権の視点からの実証的な研究が広がってきた一方、部落史など人権研究の領域でみられた図式的・教条的な歴史把握が退けられるようになってきたことから、新たな分析視角による研究が多数生じたのである。

廃娼運動への批判的研究は、どちらかといえば日本基督教婦人矯風会（以下、矯風会）や廓清会などの廃娼団体をめぐる動きを取り上げることが多く、必ずしも救世軍に直接批判の矛先が向いているとは限らないが、救世軍が今日でもなお廃娼運動の象徴的存在であることからして、一連の批判から免れているわけではないし、救世軍への名指しの批判も少なからず見られるようになった。

とすると、社会福祉専門教育の場で教えられている内容は、研究水準を十分に反映していないものといわざるをえない。また、筆者は卒業論文以来、救世軍をたびたび取り上げて自己の研究の原点としてきた。護教的な態度や顕彰的な視点はとらず、救世軍によるハンセン病の隔離政策への加担など負の側面を取り上げてはきたもの(16)、廃娼運動について一定の評価をする姿勢でいたし、授業でもそうした話をしてきた。したがって、新たな研究動向をどう受け止めるのかを明確にすることが、自己の今後の研究の方向のうえでも、また筆者を通じて救世軍について学ぶ学生への責務としても必要であると考える。

本稿は以上の点から、一連の救世軍の廃娼運動への批判を把握して分析することと、批判の論点について筆者なりの現時点での見解を示すことが目的である。なお、救世軍と山室軍平は決してイコールで結ぶべき関係ではなく、組織である救世軍と一個人の山室とを安易に混同することなく、組織研究、人物研究それぞれの手法で分析すべきである。ただ、廃娼運動の展開では一体といっても過言でないほど、山室は廃娼論の論客として多数の論稿を発表するとともに救世軍の運動を指導し続けたので、ここでは、両者を厳密に区別せず、全体として救世軍の評価として考えていく。しかしそれは、山室と救世軍を同一視する研究手法を是認するものではない。

二、一九九〇年代における救世軍批判

まず、一九九〇年代における救世軍への批判的な研究をたどっていく。一九九〇年代にはジェンダー論への関心の高まりなどのなか、さまざまな立場で廃娼運動を視野に入れた研究がすすめられている状況であり、筆者がそのすべてを見たとはとうていいえないので、対象としては、筆者の目にとまったなかでの主要なものに限定されることになる。なお、一

方では売春肯定論が、フェミニズムに近い場所やアカデミズムのなかでも語られるようになり(17)、売春を肯定する立場から、廃娼論の論理の弱さや人間観の狭さが指摘されるようにもなっている。そうした立場では公娼制度は、戦前の前借金制度などが運用上の欠陥として認識はされても、制度そのものは必ずしも否定されない。ここでは論点を拡散させないため、基本的に公娼制度は近代国家による女性への抑圧であるという立場からの救世軍批判に絞って、検討の対象とする。

一九九一年に山下明子は「天皇制イデオロギーをつくった廃娼運動」の視点から、廃娼の失敗は運動側にも原因があるとして、廃娼運動の問題点を列挙し、公娼制度は神聖な天皇制国家にふさわしくないとする天皇制イデオロギーの要素が強くなったこと、キリスト教の廃娼運動は「純潔日本」推進運動の筆頭格になったこと、西欧キリスト教の性観念と性道徳に基づいて娼妓の存在を不道徳として否定したこと、廃娼後、施設の保護下で厳しく矯正されねばならないというセクシュアリティ観は、日本の女の性を「母」とすることになったことをあげている(18)。山下が救世軍をどの程度念頭においているのかは不明だが、文中で何カ所か救世軍に触れていることからしても、救世軍が批判対象に含まれているのは明らかである。施設保護の問題も、名指ししているのは矯風会だが、救世軍も同様の施設を運営していた以上、救世軍にもあてはまることになろう。

一九九二年に牟田和恵は、廃娼論を二つの論点を提示して批判した(19)。一つは一夫一婦制の理念の破壊であるがゆえに売淫を罪悪視する、近代的道徳観についてである。「売娼は家庭の幸福と結びつけて罪悪視され」「娼婦を救済せねばならないとする信念自体が、売春を行う娼婦が汚れた恥辱の存在であるからに他ならない」のであったという。牟田はこの論証として「女郎という商売ほど、苦しくて、悲しくて、恥かしく又罪の深い仕事が人間の世界に今一つとござりませうか」「女郎、酌婦などという罪深い家業」「其不義なる商売を廃め、真人間の途に御立帰りなされませ」という文を、救世軍機関紙の『ときのこゑ』から引用している。

もう一つの論点として「廃娼と国家」を取り上げ、「対外的な体面のために売娼が解決すべき問題として浮上した」として廃娼論とナショナリズムとの結びつきを問題とした。そのなかで「いんばいは日本人の恥さらし」「どんな難儀をしてもすぐ正業に就け」という山室の著作からの引用をしている。牟田は本文中で救世軍や山室を名指しすることはなく、廃娼論全体の批判的分析の材料として救世軍の史料を用いているにすぎないが、全体としては救世軍への厳しい批判が展開される結果になっているといえよう。

倉橋正直は公娼制度をさまざまな側面から精力的に検討し続けている研究者であるが、一九九四年の論文にて、「プロテスタント（救世軍の山室軍平に代表される）を中心とした人たち」の問題として、労働運動への無関心さ、自国の植民地支配や帝国主義的侵略行為への肯定、資本主義本来の矛盾への無関心を指摘した(20)。倉橋は他の論者のように救世軍への批判一辺倒ではなく、論文のなかで評価の困難さを率直に語っているのだが、それゆえにあえて示した論点には説得力がある。

一九九五年に大今歩は三つの点から廃娼運動を批判しつつ、批判の柱として救世軍をおいた(21)。第一は廃娼の理由として「国の恥」をとなえた点である。山室は娼婦の存在が「国民の恥辱」であり、「日本国民の体面」を傷つけることを理由としていたとする。第二は山室が娼妓を「不潔不義なる業務」と決め付けて、娼妓を一段低く見て教え導く対象としたという。そこでは「性欲はただ夫婦の正当な関係においてのみこれを充たさるべく」という観念から公娼を「不潔な行い」とした。第三は廃娼運動を担った団体は戦争協力をしたことであり、救世軍についても「日本の侵略政策に協力していく」としつつ、救世軍と皇室との親密な関係などを指摘した。市民運動家である大今の論文は、史料収集の面で浅さが目立つなど研究論文としては弱点がみられるものの、救世軍を批判の正面においた点では画期的であった。

鈴木裕子は一九九七年刊行の『日本女性運動資料集成』を編集し、その解説にて「流血をも恐れず娼妓救済に直接行動でのぞんだ救世軍の勇敢さ、さらに二六新報社の熱誠あふれる支援報道などによって自由廃業運動が語られることが少なくなかった。しかし、この運動の決め手はなによりも娼妓自身の廃業への意思のあるなしであった」と述べて、従来の救世軍に対する評価が過大であったことを示唆している(22)。また、同書にて「自由廃業と救世軍」とのテーマでひとまとまりの史料が掲載されている。『ときのこゑ』を中心に幅広く客観的に掲載されているにすぎないのではあるが、そこに「醜業婦」との語が見出しにある史料がいくつか掲載されているのは、批判が意図されているととらえるのは考えすぎであろうか。また、山室の戦時下の発言の史料もいくつか掲載されていて、史料を通して戦時体制への救世軍の立場が明らかにされている。市川房枝が編者とされている類書の『日本婦人問題資料集成』ではそうした類の史料は見られず、鈴木の編集姿勢は鮮明である。

売春全体についての通史的な著作のなかで、救世軍を厳しく批判したのは藤目ゆきである(23)。藤目の論点の第一はアジア侵略との関連である。「日清・日露戦争の過程において、矯風会・救世軍・廓清会をはじめとする廃娼勢力は、日本の膨張主義を一貫して支持し擁護した」として、救世軍については、関東都督府において公娼制度の所轄である民政署と救世軍との関係は密接であり、具体例として、植民地の「女中」の不足に対して、救世軍婦人ホームの女性をあてるばかりでなく、不足分を日本国内からの「女中の輸出」を計画したことをあげている。第二は娼婦を蔑視したという点であり、「救世軍などキリスト教関係者を中心に展開した廃娼運動は、女性の人権を擁護する立場からなされていたわけではなく、運動のなかで娼婦たちは常に『醜業婦』『賎業婦』と呼ばれ、いやしまれていた」とする。もっとも、そう述べつつ、救世軍についてては、いやしんだとする根拠は何も示されていない。また、藤目は、救世軍評価の根拠とされる自由廃業運動について、著名な東雲楼のストライキを取り上げて、「この争議は救世軍の影響によるものではなく、逆に娼妓のストライキが救世軍の廃業に多数が応じる状況をつくり出していた」とし、「救世軍や矯風会は自由廃業運動において、献身的な努力を続けた。が、そうした活動の成立の背景に、娼妓の側の抵抗と闘いが存在したことを見過ごせないのである」として、救世軍の自由廃業運動を「献身的」であったことは認めつつも、鈴木同様、従来の評価は救世軍側に偏っていると主張する。

三橋修は「醜業婦」の語にこだわる議論の中で救世軍を取り上げている(24)。三橋によれば、近代になって廃娼論が出てくるなかで、売春を「醜行」「醜業」とする売春否定用語が登場し、その概念のなかで女性が「醜業婦」として囲われていくことになる。なかでも救世軍について次のように述べて救世軍の姿勢を問いかけた。

かくて、醜業に携わる者は、「醜業婦」となる。いよいよ人間そのものをおとしめようというわけである。救世軍の機関誌『ときのこゑ』が明治三十四（一九〇一）年に「醜業婦人」の救済号を出したことは、あまりに有名である。「醜業婦」の問題は、やがて、海外の日本人娼婦の存在によって、さらに醜悪となる。山室軍平は「海外醜業婦」問題に大きな関心を寄せて、その存在を「国民の恥辱」ととらえた。「日本人の顔に泥を塗」るとも言う。彼の救世軍としての良心はまごうかたなきものであり、女性たちが誘拐されている事実に目を向けているのであるが、その女性たちを「醜業婦」と呼んでしまっては、娼妓芸妓の存在が示しているセクシュアリティに関する問いに、真正面から応える方法を見失っているといっても過言ではあるまい。

主に女性史研究やジェンダー論の中で救世軍が批判されたのであるが、社会福祉研究のなかで現れたのが、杉本貴代栄編『ジェンダー・エシックスと社会福祉』における須藤八千代の論文である(25)。そこで須藤は、五味百合子による売春問題研究の業績を評価しつつ、山室軍平が「娼妓をするようなものは概ね無知で意志の弱いものである。境遇事情の圧迫からのがれることはできにくい。がこれを他の境遇に移し人間の大道を教えることができたら早く感化を受け善良幸福の婦人となる」という立場を示していたとし、五味の視点は、山室の女性観を乗り越えるものだとして、暗に山室の女性観を批判している。

もっとも、須藤の議論の仕方には二つの問題がある。第一は、この引用は山室の著作からの直接の引用ではなく、五味の論文からの孫引きである。しかも、五味も山室から直接引用しているわけではなく、「という意味をのべている」と称して、五味が山室の主張としてまとめた一文にすぎない(26)。そのうえ五味は、山室がどこでそういう意味を述べているのか根拠を明らかにしていない。山室を批判的に取り上げるのなら、原典から引用すべきであろう。山室の著作が入手困難ならまだしも、『廓清』『ときのこゑ』『山室軍平著作集』など山室の著作を掲載した雑誌等は多数復刻されていて、比較的容易に手に取れるのである。しかも、同書の読者は、これが孫引きであることは「注」によってわかるが、あたかも山室によって書かれた文章であるかのような形態で引用されているため、山室の発言そのものと誤解してしまうであろう。

第二は、五味はこの引用文を救世軍の廃娼運動を高く評価する文脈で用いている。したがって、本当に山室が引用文のような趣旨を語っているとすれば、五味は山室を乗り越えるどころか、これはその論文を執筆した時点での五味の限界を示すことになる。須藤はやはり五味を援用して「キリスト教人格主義に導かれた廃娼運動も『娼妓の人権というよりも県内の青年をまもる』という思想だった」とも述べているが、これも五味は群馬県の廃娼運動についての史実を述べているだけで、廃娼運動全般の批判などは少しもしていない。須藤は自分の主張を五味に強引に読み込んでいるのではないだろうか。

三、救世軍批判の論理について

(一) 歴史的位置づけ

こうした一連の研究は、どれも救世軍批判そのものを意図したのではなく、廃娼論の展開を追うなかで、その論理の展開上、廃娼運動の中心的な担い手である救世軍に必然的に触れたものである。そうしたものを、全体の論旨のなかから救世軍の部分だけ抜いて論評を加えるのは、個々の論者にとってははなはだ不本意であり、また公平ではない扱いであろう。それにもかかわらず、あえてそうするのは、筆者個人にとってだけではなく、社会福祉史や人権の歩みのうえで、救世軍をどう評価するのかは、それがきわめて実践性の富んだ組織であるだけに非常に重い課題だと考えるからである。そのため、一連の研究への筆者なりのコメントを記してみたい。

まず痛感するのは、批判の対象が、どれも自由廃業運動が燃え上がった時期に集中していることである。しかし、救世軍の廃娼運動は、初期の自由廃業運動、すなわち暴行を受けるとわかっていてあえて遊廓に飛び込んで娼妓に自由廃業を呼びかける活動に終わるわけではない。確かに廃娼勢力が広がりをみせ、社会運動として高揚し、国際的な活動まで展開されるなか、ミニ宗派にすぎない救世軍の位置が相対的に低下したことは否めないし、廃娼運動が政治的駆け引きに重きをおくようになると、政治への関与に消極的な救世軍の出番はなくなってくる。さらに、運動が妥協的姿勢をみせるなか、山室はじめ救世軍は妥協には拒否的であり、運動の大勢からははずれていったともいえる。しかし、救世軍は外見上派手な活動はともかくとして、一貫して廃娼運動を続けているのであり、一時期に限定してとらえるのは救世軍の位置づけとしてきわめて不十分である。救世軍を批判するためには戦時下までの流れの中での動向を踏まえて把握すべきであろう。

また、自明のことのように、誰もが自由廃業運動で暴力に屈せずに廃娼の立場を貫いた救世軍の姿勢自体は高く評価している。藤野が全体の論旨としては批判的分析の必要性を強調する一方で「売春経営者側の脅迫や暴力に屈せず、運動を進めた姿勢には深く敬意を表したい」と述べているのも、名は出していないが、救世軍が含まれていると思われる(27)。だが、殴られることが十分に予想されるなか、さして効果があるとも思えない行動を繰り返す方法や発想こそ、もっと検討の余地がある。しかも、自由廃業運動を推進する理由の中に「罪の生涯を救はん為」とか「国民の純潔の徳を教へん為」といった、批判の論拠となっていることが述べられているのであるから(28)、自由廃業運動の中の暴力を受けて屈しなかった部分だけ取り上げて評価するのは一貫性がないのではないか。

そこには、より効果的な方法を見出そうとする戦略的な思考はないし、必死で取り組んでいるという事実だけを残そうとする自己満足や独善的姿勢が、感じられなくもない。直情的な救世軍のこの行動パターンは、災害救助とか、年末の貧困者救済などでは有効に機能して、大きな効果を上げたといえる。戦前の救世軍のさまざまな業績は、この行動パターンなしでは実現しなかったであろう。しかし、自由廃業運動では業者の警戒心を高め、業者と警察の癒着を深めるマイナスの効果もみられた。

しかも、自由廃業運動はそれに呼応する勇気ある女性にしか利益のないものであり、自由廃業に踏み切れない女性はどうなるのか。鈴木や藤目がいうように、自由廃業は救世軍の命がけの運動だけで実現するのではなく、それに呼応する女性がいなければ茶番劇になってしまう。だが、勇気をもって踏み出す女性の存在を前面に出すだけなら、結局救世軍を礼賛するのをひっくり返しただけの英雄史観になりはしないか。

救世軍は厳しく批判されているようでありながら、その批判は皮相的なレベルでとどまっており、救世軍の廃運運動全体を把握したうえでの批判がまず求められる。

(二) 救世軍の特性

これは評価する側にも常にみられたことではあるが、しばしば「キリスト教」として一括し、あるいは救世軍と矯風会がセットになって、論じられている。「キリスト教」を問う山下の論じ方がそうだし、「プロテスタント」として山室を代表させて、救世軍と矯風会をいっしょにしている倉橋や、救世軍の文書を提示することなく、救世軍の女性観を矯風会とひっくるめて問う藤目、あるいは後述する千本秀樹など、しばしば見出せる。

制約のあるスペースの中で論じるときに、いちいち救世軍と矯風会を分けて詳細に説明しているわけにはいかない事情もわかるけれども、両者の性格は、ともに代表的廃娼勢力として、また同じキリスト教プロテスタントとして互いに親近感をもっていたにしても、かなり異なるものである。

森岡清美は矯風会と救世軍の婦人救済事業を比較検討して、救世軍は女性のニーズを受け止めて活動して成功したと論じている（森岡の研究に、近年の廃娼運動批判を受け止めた形跡が全くみられない点に不満が残るが）[29]。森岡によれば、救世軍は矯風会と比較して娼妓に対するPRが行き届いたこと、「醜業婦」という用語を用いたとはいえ、娼妓を賤業視することがなかったこと、娼妓への直接行動を行って「心を与えた」ことの三点が違うという。森岡の主張には疑問に感じる点もないではないが、救世軍と矯風会は同質の存在ではないのである。

矯風会は主として社会階層としては高い場所に属して、娼妓となることを強いられた女性と違う場所にいたと、かなりの程度いえるであろう。性に対する過剰な潔癖さもうかがえ、家族制度の美化に転じる要素も強かった。それに対し、救世軍は貧者の友となることを目指し、自らも清貧な生活態度をとった。清貧さが一方では飲酒や売買春への道徳的否定へとつながるのだが、それは信仰と結びついた生活実践としての態度であり、国家の政策とは距離をもつものであった。おのずと娼妓へのまなざしも違うものになったはずである。研究の対象が矯風会に向きがちなのも、廃娼運動研究がしばしば女性史の範疇で行われていることも理由であろうが、矯風会のほうがより容易に批判すべき体質を見出しうることもあるのではないか。前述したことにもつながるが、まず救世軍は救世軍としてその本質を理解することが批判の前提である。

(三)「醜業婦」について

大多数の批判者が触れるのは「醜業婦」の語が使用されていることに象徴される、娼妓となることを強いられていた女性への視点についての問いである。戦前からすでにそのことを問う論者はいたのであるから、筆者としても、当時としては仕方なかったという弁護をするべきではないと考える。とはいえ、「醜業婦」の語は、女性史研究者である吉見周子の一九八四年の著書では吉見の言葉として使われ、見出しにまで用いられているうえ、本の帯にもその見出しが載っていて、購入しなかった者でも書店で本を手に取っただけで「醜業婦」の語が見えるようになっている(30)。つまり、一九八〇年代半ばまでは、さして問題とはならない用語と考えられていた側面もある。いずれにせよ、問われているのは用語自体というより、娼妓となる女性への蔑視があったのではないかという点であると思われるので、救世軍による女性蔑視のあり様を丁寧に分析する必要がある。

批判する場合、恣意的な引用が多く、「醜業婦」がどういう文脈の中で用いられているか、十分に分析された形跡はない。山室は基本的には「娼妓」の語を使用しており、「醜業婦」は主たる用語ではない。「醜業婦」の語も使用はしているが、主に海外の問題を取り扱うときに「海外醜業婦」というように使うケースが目立つ。

もっとも、『ときのこゑ』で「醜業婦救済号」を発行するなど、「醜業婦」を救世軍として無造作に用いたことも事実である。初期に醜業婦救済所と呼んでいたのが使われなくなるなど、全体としては使用頻度が減っていく感はあるが、それでも後々までみられる。

とはいえ、救世軍の人間観を問うなら、全体の文脈のなかで問うことでより批判の説得力も増すはずである。山室は明快に奴隷制の打破と人権保障を訴えている。山室の議論のすべてが、女性蔑視を目的としたインチキだとでもいうのなら別だが、その訴えに認められるべき点と欺瞞性とがあると考えるのが、公平かつ客観的な態度である。どの部分がどう認められ、どう欺瞞であるのか、なぜ認められるべき点がありながら欺瞞が生じたのかを明確にすべきであろう。

「醜業婦」の用語の使用を主な根拠とする批判は、一九八〇年代に流行した賀川豊彦の部落差別表現を取り出して、いささか感情もこめて非難を浴びせるという方法と似ている。そうした賀川批判の手法は、賀川への批判的立場をとる研究者からも疑問視されるようになった(31)。また、女性蔑視批判は、孫引きで次々と広がって、展開されているように感じられる。千本秀樹の一九九七年の論稿は「廃娼運動のなかで、キリスト者たちは売春婦に卑しき者としての決定的な刻印を記した」と断定している(32)。ところが、千本が根拠としているのは「キリスト者」の発言そのものではなく、諌山陽太郎による、伊藤野枝が書いた『青踏』掲載の論稿についての分析である。千本は「キリスト者」の発言はおろか、伊藤の発言すら直接には示していない。実際に伊藤が批判しているのは、矯風会についてのみである(33)。伊藤の論稿は、いわゆる廃娼論争に火をつけたものとはいえ、内容は矯風会への嫌悪感の表明にすぎないことは明らかであるし、諌山も伊藤について「ただ矯風会の廃娼運動を否定しているだけだ」と述べている(34)。その程度の根拠で「キリスト者」一般を批判する乱暴な手法がまかり通っているのである。

また、山室は救世軍が女性の役割を重視して、基本的に平等に扱っていることを誇りとし「救世軍は婦人の地位を高めて居る。救世軍は婦人が男子と同じ様に、神の御用を勤むべく、亦十分之を勤め得ることを確信する」と繰り返し述べてきた(35)。聖書解釈としても「私共は婦人の宗教上における地位を認め、これをして思う存分に、有用なる奉仕をなさしめねばならぬ」と考えている(36)。男性支配を当然視し、女性を家庭内に隷属させる家族制度の礼賛者でないことは明らかである。もっとも、救世軍の考えが女性解放思想に通じるようなものであったとも考えにくく、その内実は十分に分析しなければならない。こうした女性観ともあわせて、蔑視の点を考慮すべきであろう。

（四）ナショナリズム

救世軍とアジア侵略との関係は、筆者自身が比較的早くから提起している。筆者は一九八九年の論文ですでに救世軍の戦争協力の事例や植民地での活動を指摘したのであるが[37]、一連の論者でこの論文を参照しているのは大今のみである。つまり救世軍とアジア侵略の関連を問うこと自体には筆者はむしろ誰よりも積極的であるのだが、廃娼運動の評価と関連させるには、論点を整理すべきであると考える。一つは大連婦人ホームの評価である。もう一つは救世軍の国家観、国家との親近性、皇室への親和性の問題である。

大連婦人ホームは基本的には婦人救済の施設以外の何物でもない[38]。確かに日本の関東州支配がなければ存在しえない施設である。ただ、救世軍が設立したと思っている人がいるようだが[39]、もともとＹＭＣＡの益富政助が設立した満州婦人救済会を救世軍が継承したものである。植民地への進出を意図したというより、現に大連に日本人の娼妓がいるということへの現実的な対応をしたのである。もっとも、なぜ実態が生じたかといえば、日本の関東州支配があればこそであり、そこに思考が至らなかった弱さは批判されるべきであろう。しかも、救世軍の大連小隊が置かれ、救世軍による植民地での活動の足がかりにもなっていく。また、婦人ホームでは娼妓の救済策として現地で女中奉公に出していくが、そのやり方は、女性の幸福につながったのか、またその女性が娼妓となることと本質的にどこが違うのか疑問の残るところであって、女性を娼妓にしないことへの熱意に比して、女性がどうすれば生きていくことができるのかという問いを考えることが弱かった点が、植民地であるがゆえによりはっきりと暴露されている。問題の根源に気づかずに、場当たり的といわれても仕方のない対応をとってしまう感覚は、今日の社会福祉実践が陥りやすい点でもあり、その思考の構造を明らかにすることが望まれる。

後者についていえば、救世軍が終始、国家との親近性や皇室への親和性をもったことは事実である[40]。戦後、戦時下の反省からプロテスタントの主要な教派やカトリックは国家の方向性に一定の警戒の姿勢を保つようになったなかで、救世軍は戦前とさほど変わらない姿勢をとっているし、皇室への思慕も変わらない[41]。ただ、救世軍は、国家や為政者を所与の存在と設定して、信仰者の勤めとして信仰的な態度が国家にとって有益であることを目指したものであって、国家への理解は庶民的な感覚を出るものではなかった。ただ、そこでは国家は善き物として考えられているために、日本が領土の拡大に奔走するなかで、安易に許容、支持に動くことになった。脆弱な国家観がすべての前提にある。

その脆弱さは追求すべきとしても、それと廃娼運動とをストレートに結びつけ、廃娼運動そのものまですべて否定的にみるのは論理の飛躍であろう。この論法で行けば、救世軍の活動はセツルメントも貧困者救済も医療も災害救助も、すべて否定されることになる。

廃娼運動の問題は、公娼制度が江戸時代の制度をやむなく継承したのではなく、近代国家がその目的のゆえに女性を犠牲にしてはばからなかったという問題である。廃娼論に立つならば国家の非情さを見出し、警戒しなければならない。特に救世軍は自由廃業運動の展開のなかで、たびたび警察が妨害者として立ちはだかる体験を繰り返した。警察が妨害するのは単に担当の警察官の無知や無理解によるものではなく、それが警察の役割であり本質であった。論理的に正しいはずの廃娼が実現しないのも、公娼制度を国家が必要としたからである。それに気づかず、むしろ救世軍の活動に必要な資金を支配層に求め、支配層に甘い姿勢をもつことになった[42]。国家への姿勢が誤っているから廃娼運動も誤っているというのではなく、廃娼運動の姿勢における欠落ゆえに、国家をとらえることができなくなっていた。また、救世軍では一九三〇年代半ばに国家主義的な士官らによる内紛が発生し、救世軍への内外からの誹謗中傷がなされることになるが、このことは、国家主義的な人物が多数内部に入り込んでいた事実がある反面、一九三〇年代の状況では救世軍の国家主義も生ぬるいものであったことをも示しており、こうした点も含めて検討が求められる。

廃娼の理由として国家の体面が強調されたことも問われている。ただ、山室は廃娼の理由を箇条書きにして列挙する説明の仕方をときどきしているが、その場合順番もほぼ決まっている。国家の体面はいつも最後に出てくる。『社会廓清論』のなかの「公娼廃すべき」でもやはり七つの理由をあげ、六番目が「日本国民の品位」七番目として「世界の大勢」をあげている[43]。つまり、山室にとって国家の体面は理由の一つではあるが、優先順位としては低位にあったということである。とはいえ、わざわざ国家のことを持ち出すのは、ナショナリズムの高揚のなかで救世軍のもともとの体質ともあわせてそこから自由でなかったこと、また廃娼を実現するための世論形成、特に支配層の世論形成のうえで有効と考えられたのではないだろうか。

四、救世軍の評価の課題

筆者は救世軍をさまざまな批判から擁護しようと試みているわけではない。廃娼運動を批判することがあたかも売春を肯定する立場であるかのように誤解されかねない雰囲気がなくなって、客観的な整理ができるようになったことは、今後の研究の深化のうえでも望ましい傾向である。むしろ救世軍がしっかり批判されていないというのが筆者の印象である。勝手な推測だが、異様な組織形態をもつ救世軍は、キリスト教に不案内な者にとっては理解しがたく、批判の対象としても設定しにくくなっているのではないか。

そもそも、救世軍の廃娼運動そのものが、意外にまだ十分整理されていないように思われる。運動への契機や論理、戦前を通しての展開や行動の変容、社会的影響、社会事業との関連などを詳細に示すことが望まれる。また、廃娼運動は山室のみの業績ではなく、救世軍人らが共通の意識を抱くことで可能になったのである。伊藤富士雄については竹村民郎によって光が当てられたが、瀬川八十雄、山田弥十郎ほか個別にみていく人物はほかにもいるし、山室機恵子ら女性士官の意識も把握すべきであろう。

特に救世軍の人間観全体への問いかけは廃娼運動の評価のうえで不可避の課題である。救世軍の廃娼や禁酒の姿勢は、倫理性の高さの証として好意的にみられることが多いのであるが、むしろそこに人間観の浅さを感じる。この問題への取り組みとして岡田典夫は、通俗的道徳の実践による主体形成が人間の「罪悪」ともかかわって解明されている(44)。田中和男は自由廃業運動と禁酒を取り上げて、個人の自覚と自立に問題解決を求めて、道徳的堕落の防止を重視した姿勢を分析している(45)。こうした道徳的視野、貧民に克己を求める姿勢の分析、またキリスト者として「罪」をどうとらえるのか、といったことのなかで蔑視の問題も明らかにされよう。宗教者としての山室について山室が多数残した信仰や聖書に関する著述と関連させて娼妓のとらえ方を分析することで、より明確になるのではないか。

また、廃娼運動の成果をみるには婦人ホームの実践の検討が必要である。森岡が一定の評価をしているが実証性にはやや欠けるように思われる。救世軍研究が飛躍的に前進したとはいえ、婦人ホームも含めて個々の施設の詳細な分析は遅れている。

これらの点を深めることで救世軍の廃娼運動のもつ歴史的意義と課題を明らかにすることが、社会福祉の実践のあり方を探ることにもなろう。

注

(1) 村上信彦『明治女性史　下巻』理論社、一九七二年。
(2) 村上信彦『日本の婦人問題』岩波新書、一九七八年、一〇二頁。
(3) 竹村民郎『廃娼運動』中公新書、一九八二年。
(4) 市川房枝「解説」『日本婦人問題資料集成』第一巻、ドメス出版、一九七八年。
(5) 吉見周子『売娼の社会史』雄山閣、一九八四年。
(6) 武田清子『婦人解放の道標　日本思想史にみるその系譜』ドメス出版、一九八五年。
(7) 小倉襄二『社会保障と人権』汐文社、一九七〇年、二四二頁～三一三頁。
(8) たとえば小倉襄二「『廃娼の社会史』への試論」同志社大学人文科学研究所編『山室軍平の研究』同朋社、一九九一年。もっとも、小倉は山室の賞賛に終始しているわけではなく、同論文では「廃娼運動史にとって不毛の、徹底した陰画（ネガ）の部分をみきわめること、山室軍平の場合についてもポジティブ―陽画、成果、達成を綴る作業のみではなくて、ついに果たしえなかった根拠を逆証することが出来ないものか」と述べている。
(9)三吉明『山室軍平』吉川弘文館、一九七一年。三吉『キリスト者社会福祉事業家の足跡』金子書房、一九八四年。
(10)室田保夫「山室軍平と救世軍」江藤他編『社会福祉と聖書』リトン、一九九八年では、「廃娼運動と初期社会事業」との見出しのもと、「身体をはって廃娼運動に敢然と関わっていく」等、その歴史的意義を強調している。
(11)村山幸輝「『社会廓清論』の世界―山室軍平の廃娼論」『キリスト教社会問題研究』第三七号、一九八九年三月。さらに村山幸輝『キリスト者と福祉の心』新教出版社、一九九五年では第四章で「社会廓清の精神」との題で救世軍の動きを好意的に紹介している。だが、「救世軍を中心とする娼妓制廃止の運動は、明治社会とキリスト教社会との〈女性の性〉の捉え方や、〈人間の性〉の捉え方の違いを鮮明にした」と述べているのは、本稿で紹介している山下や牟田の議論とは正反対の理解である。
(12)西村みはる「創設期婦人救済所の意図と実態」『社会福祉』第二三号、一九八三年三月。ただし西村は救世軍について、入所者の社会的背景や環境への働きかけの弱さに対しては批判的に述べている。
(13)『社会福祉原論』中央法規、二〇〇一年、三五頁。引用部分の執筆は遠藤興一。
(14)『社会福祉概論』中央法規、二〇〇一年、三〇頁。引用部分の執筆は田代国次郎。
(15)藤野豊「廃娼と存娼」富坂キリスト教センター編『大正デモクラシー・天皇制・キリスト教』新教出版社、二〇〇一年、一三五頁。
(16)拙稿「山室軍平と救癩」『社会福祉学』第三七―二号、一九九六年十一月。本書第五章収録。
(17)たとえば橋爪大三郎「売春のどこが悪い」江原由美子編『フェミニズムの主張』勁草書房、一九九二年。
(18)山下明子編『日本的セクシュアリティ』法蔵館、一九九一年、二九頁～三〇頁。山下はこの視点をさらに「日帝下の日本女性史とキリスト教」『フェミローグ』第三号、一九九二年六月で発展させている。
(19)牟田和恵「戦略としての女―明治・大正の『女の言説』を巡って」『思想』第八一二号、一九九二年四月。
(20)倉橋正直「公娼制度について」『愛知県立大学文学部論集』第四三号、一九九四年。
(21)大今歩「廃娼運動批判」『ばらばら　性の研究会会報』第一号、一九九五年四月。
(22)鈴木裕子「解説」鈴木編『日本女性運動資料集成　人権・廃娼I』第八巻、不二出版、一九九七年。
(23)藤目ゆき『性の歴史学』不二出版、一九九七年。

(24)三橋修『明治のセクシュアリティ』日本エディタースクール、一九九九年。
(25)須藤八千代「社会福祉と女性観」杉本貴代栄編『ジェンダー・エシックスと社会福祉』ミネルヴァ書房、二〇〇〇年。
(26)五味百合子「売春問題の展開」日本社会事業大学編『戦後日本の社会事業』勁草書房、一九六七年。
(27)藤野豊『性の国家管理』不二出版、二〇〇一年、一八頁。
(28)山室軍平「何故自由廃業を奨励するか」『廓清』第一巻第二号、一九一一年八月。
(29)森岡清美「宗教と社会事業を媒介するもの―キリスト教徒による娼妓廃業支援事業―」『社会事業史研究』第二九号、二〇〇一年十月。
(30)吉見、前掲書。
(31)倉橋克人「女性史における賀川豊彦」『福音と世界』第四六巻第八号、一九九一年七月、五三頁～五四頁。
(32)千本秀樹「労働としての売春と近代家族の行方」田崎英明編『売る身体／買う身体』青弓社、一九九七年。
(33)伊藤野枝「傲慢狭量にして不徹底なる日本婦人の公共事業に就て」『青踏』第五巻第一号、一九一五年十二月。
(34)諫山陽太郎『家・愛・姓』勁草書房、一九九四年、九四頁。
(35)山室軍平『基督の精兵』救世軍本営、一九一九年、三六五頁。
(36)山室軍平『民衆の聖書　マタイ伝福音書』救世軍出版供給部、一九二二年、一三八頁。
(37)拙稿「戦時下の救世軍社会事業」『総合社会福祉研究』創刊号、一九八九年十二月。本書第六章収録。
(38)倉橋正直「救世軍の大連婦人ホーム」『季刊中国』第一一号・一二号、一九八七年十二月、一九八八年三月。倉橋『北のからゆきさん』共栄書房、一九八九年。
(39)山下は前掲「日帝下の日本女性史とキリスト教」で「日露戦争後に救世軍が開設した満州婦人救済会」(一五二頁)と書いている。なお、この前史については倉橋正直「満州婦人救済会と益富政助」『歴史学研究』第五九八号、一九八九年十月に詳しい。
(40)田中真人「救世軍と皇室」『山室軍平の研究』。同論文は若干改稿されて、同志社大学人文科学研究所編『近代天皇制とキリスト教』人文書院、一九九六年にも掲載されている。
(41)たとえば昭和天皇の死去について『ときのこえ』第二〇六五号、一九八九年二月では「昭和天皇を偲ぶ」との記事を掲載し、天皇と救世軍とのこれまでのかかわりを紹介しつつ、哀悼の意を表している。
(42)拙稿「日本救世軍創設期の財源問題」『基督教社会福祉学研究』第二〇号、一九八八年三月。本書第二章収録。

(43) 山室軍平『社会廓清論』中公文庫、一九七七年、一六二頁～一六七頁。
(44) 岡田典夫『日本の伝統思想とキリスト教』教文館、一九九五年。
(45) 田中和男「救世軍の社会活動─その実践と思想─」『山室軍平の研究』。

第三章　キリスト教社会事業における障害者への視座

一、キリスト教と障害者

一、はじめに

障害者について論じるとき、しばしば「遅れた日本」と「進んだ欧米」を対比させて、「遅れた日本」を非難するという図式で語られる。こうした図式は、無理解な行政への圧力としては有効かもしれないが、いたずらに欧米をユートピア視することで、障害者のあり方について事実を踏まえて考えていくことを阻害しかねない。

また、日本を弁護する意図は全くないが、必ずしも欧米が日本より進んでいるとは単純にはいえない。たとえば、ADA（アメリカ人障害者法）や自立生活運動によって、日本の障害者の間でアメリカに注目が集まっているように思える。しかし、ADA自体、画期的な側面は少なくないものの障害者を差別から解放することを目指す法律ではないし(1)、アメリカは決して障害者福祉の先進国ではなく、総じていえば、障害者にとって日本より暮らしにくい国といって過言ではない。

この図式を宗教にあてはめてしまうと、キリスト教は障害者に理解が深いが、日本の神道や仏教は差別的である、という理解になる。藤田真一による「ちかごろは、あらゆる公共の場所やビルディングで、車いすの人びとのための改造などの配慮がされているが、昔から高い石段をもつ寺や神社はいったいどうしているだろう。（中略）福祉活動に熱心なキリスト教のばあい、障害者へのきめこまかな心づかいは仏教教団などの比ではない」との説明はその典型といえよう(2)。

確かに、これだけ盛んにノーマライゼーションやバリアフリーが語られているのに、神社仏閣を訪ねると、その影響はあまり感じられず、障害者排除の砦と化したままである。キリスト教は先駆的に障害者福祉に取り組んできているし、今日でもキリスト教の主要な教団やキリスト教関係の団体では、障害者にかかわるための組織をつくって、継続的に取り組んでいる。信仰をバネにして生きる障害者も数多く存在する。

日本でキリスト教の果たしてきた積極的側面は評価しなければならないであろうし、後れをとっている他の宗教には反省を求めるべきである。だが、キリスト教が差別の面でもっぱら好ましい役割を果たしてきたと認識されるとすれば、違うといわざるをえない。

それは戦後、キリスト教の内部でさえ、教会の差別体質が問われ続けたことからも明らかであろう。教会内での部落差別は繰り返されてきたし、在日韓国・朝鮮人についても同様である。在日韓国人のキリスト者として人権獲得の闘争を続けた崔昌華は、はじめから在日韓国人の教会に属していたのではなく、もともとは日本基督改革派教会（現・日本キリスト改革派教会）の牧師であったが、そこでさまざまな被差別体験を重ねるのである。日本バプテスト連盟では牧師による在日韓国・朝鮮人への「同化」発言があり、これまでの教会としての取り組みの弱さが問われた。沖縄に対して、その痛みを知ることなく教会の都合で動いてきたのではないかと、日本基督教団や日本バプテスト連盟などでは、議論が続いている。南アフリカのアパルトヘイトをめぐって、廃止を求める国際的な世論が高まり、日本政府すら一定の制裁を加えるなか、日本基督改革派教会は、一九七七年にアパルトヘイトを正当化する論拠を提供してきた南アの白人教会と連絡関係を結んだうえ、教会内では南アの体制を支持する主張がたびたびなされた(3)。

障害者についても、状況は変わらない。教会と障害者の関係について八巻正治は「教会の在り方（とりわけ礼拝形式）をとらえたとき、そこには不都合な部分が数多く存在していることを強く感じるようになってきた。それを端的に表現するならば、多数派・強者的なまなざし、ということであった」と述べて、教会が強者の側に立つ傾向のあることを指摘している(4)。

キリスト教もまた、障害者に対して差別的に接してきたことは否定できないところである。日本ではキリスト教は信徒数からすれば人口の一％ほどでごく小さな勢力にすぎないが、教育、医療、福祉、文化などの点では大きな役割を果たしており、それだけ障害者への影響も無視できないものがあり、ミニ宗教の内部の問題として、やり過ごすことはできない。キリスト教と障害者との関係を歴史的に問うことは日本社会と障害者との関係を明らかにすることにもつながってくる。

なお、本稿では主として歴史を通して考察することから、差別的表現を含んだ史料について、歴史的重要性を踏まえてそのまま引用している。ハンセン病についても、「癩」あるいは「癩」を含んだ語について、この語を使用しなければ、ハンセン病患者を隔絶した歴史を説明できないために使用している。

二、キリスト教社会事業家の障害者観

キリスト教への高い評価は、キリスト者により、戦前から、今日でいう社会福祉実践が取り組まれてきたことによる。近代社会の歩みのなかで生じるさまざまな社会問題に率先して対応した者の多くはキリスト者であり、スラムでのセツルメント活動や孤児救済など幅広い活動がなされた。そこでは障害者への救済も行われてくる。

当時は「共生」などという概念はなくて、一方的な保護・救済にとどまっていたのではあるが、差別される者の味方をするということ自体、自らも差別される側に追い込まれることを意味しており、しかも施設運営は困難をきわめ、経済的にも厳しい状況におかれた。そうした献身的姿勢が、障害者の権利を保障する第一歩になったことは間違いない。自らの利益を顧みずにすすんでいく姿は自ずと感動をよぶものであったので、賞賛の対象となることが多かった。

しかし、同時に誤りを犯し続けたこともまた事実であろう。障害者施設を運営し、障害者への差別を問い続けてきたキ

リスト者の福井達雨はかつて「日本の障害児問題の中では、キリスト者やキリスト教の教会が、大きな役割を果たしてきました。（中略）しかし、この人たちは、この大きな業績の裏に大きな過ちを犯してきました。その過ちについては日本の社会福祉の中には書かれていませんし皆さんもかんがえません」と指摘し、先覚者たちがことさらに障害者を悲惨に描き、同情心をかきたててきたことが、誤った障害者観や施設観につながっていると訴えている(5)。福井の言葉は福井自身にも向けられるべき面もあるにせよ、それへの答えはこれまで少なかったといえよう。福井の提起にこたえるどころか、福井までが「先覚者」の一人として賞賛の対象となっていった(6)。

ここでは、不十分ではあるが、「先覚者」の誤った部分を見ていきたい。日本で初めての知的障害児施設といわれるのは一八九一年設立の滝乃川学園であり、創設者はキリスト者の石井亮一である。石井は、濃尾大地震で孤児となった女児の救済の過程で知的障害児の存在を知り、知的障害児の施設を設立していく。石井については大泉溥がすでに指摘しているように(7)、「今日では雑草でも紙屑でも利用される世の中であるのに、人間許りが精神が薄弱であるが故に棄てられて利用されないと云ふ理由が何処にあるのかと私は思ふのであります。今日迄、精神薄弱者に対する一般の考が余程冷淡であり且、間違つて居たと私は思ふのであります。紙屑でも利用されて居る世の中に於て、人間ばかりが屑であるが故に利用されないと云ふことは、実に情けないことであります」と知的障害者を「紙屑」や「屑」にたとえて、その活用を説いていた(8)。一般の者が知的障害者の価値を全く認めない状況にあっては、こんな説明でもして理解を得なければ仕方がないという面もあったので、石井が知的障害者を「屑」扱いしていたと決めつけることはできないが、大泉によれば、石井は当初はこうした発想はなく、知的障害者の廃物利用へと後退してしまったというのである。つまり石井は、障害児と触れるなかで、はじめは人格的な関係を目指していたのが、障害児を突き放す見方に変化してしまったのである。

また石井は「亜米利加抔では二千五百人位の児童を収容する大きな収容所がありまして、そこには広大な農園がありまして、其処で百姓して、成るべく自分が働いて食ふだけのことをして世の中と隔離してあります。併しそれは監禁するのでなく愉快に有益に生活せしむるのであります。私共、今日一つの農園を持たないで非常に不便を感じて居りますので、将来は是非、広い場所に働ける者を収容したいと思ひます[9]」「そこで隔離の必要があるのである。隔離とは監禁のことではない。彼等のために別天地を設け、こゝに彼等を一団とし、愉快に幸福に且有益に生活せしめ、以て天寿を全うせしむるを以て旨とするのである。生存競争の激甚なる世路、困難多き社会に於て、鷲の爪先にかゝらんよりは、同一程度の知的状態にある同胞と共に自己の力相応の業務に従事して日月を過さんことの、如何に彼等のために幸福であるかは想像の難からぬのである[10]」とも述べて、知的障害者だけを集めて独立した社会を築くことを構想していた。

石井の構想は戦後、コロニーとして各地で実現していく。しかし今日では、山間部に巨大施設をつくって障害者の「理想郷」をつくろうとする方法は、障害者排除の思想であったと反省されている。石井に今日のノーマライゼーションと同じ思想をもてといっても無理な話であって、石井なりに差別からの解放を模索するなかで、こうした発想にたどり着いたものではあるだろう。しかし、戦後のコロニーはすでに石井によって「先駆的」に唱えられていたことも見ておかなければならない。

石井に続いて知的障害児の施設を作ったのが脇田良吉である。教師として知的障害児の教育に精力的にあたった脇田は一九〇九年に京都に白川学園を設立する。石井の影響もあって、聖公会の洗礼を受けて、クリスチャンとして行動していく。脇田は子どもの個々の事例について詳細な記録を残しているなど、教育の創造に相当の労力を用いており、その熱意は高く評価するべきであろう。

ところが、一方で脇田は国家主義を熱心に唱えていく。著書の中で、教育の目的として第一に理想的国家の建設を掲げている。脇田によれば、日本はまだ国家として未成熟であるから、国家観念を養成し、国家にとって有益な人材を養成しなければならないというのである。脇田の知的障害児教育はこの国家重視の発想の延長にある。「低能児教育は人種改良に覚醒を与へるものである人種改良を促すものである大日本帝国を帝国ならしむるものである」という表現になるし、「中間児や変態児は十分教育さして差支のないものだけ結婚させる事にして不良分子は相当の監督をする事が国家永遠の策ではなからうか」と教育の結果、国家にとって有益となった者には一定の権利を認めるが、そうでない者は国家の管理下におくというのである。国家中心に考える必然的な発想である[11]。

脇田の主張は時間がたつごとに強まっていく。脇田は『異常児教育三十年』により、自らの歩みを中心としつつ、障害児教育の回顧と思索を行っている。そこで教育の目的として「日本民族の向上発展」を掲げ、「日本民族の将来」を論じ、日本民族が最古の文明人種であり、最優秀の人種であると認識し、さらに進化することを説いた[12]。「異常児教育」の目的は、障害児の幸福よりも、民族にとっての利益が考えられているにすぎない。

石井も脇田も、後述する優生思想の点では、早急な断種の実施を主張するわけではなく、法律による対応には必ずしも積極的ではない。日々知的障害児と接するなかで、他の優生論者のような観念的で無責任な議論はできなかったし、知的障害の原因が遺伝と決めつけられないことも、経験的にわかっていたのだろう。しかし、国家や民族の発展を妨げる障害児を減少させるべきだという問題意識は明確であり、最終的な目的は優生思想と変わるところはなく、優生思想が医学的手段や法制度で目的を実現しようとしたのに対し、教育や福祉的施策で実現しようとしたという違いがあるにすぎない。

戦前から戦後にかけて、障害児への治療教育の概念を根づかせた人物が三田谷啓である。キリスト教信仰が社会事業に近づいたきっかけであった。三田谷は戦時下においてナチスへの憧憬を鮮明にしていく。自らが主宰する雑誌において繰り返しナチス支持を説いた。「ナチス政権となつて僅か四年間に母性教育の徹底をはかる努力に対しては頭が下がります。即ちドイツは母性の相談相手となる婦人を非常に沢山養成して居ます[13]」「ヒツトラ、ユーゲントの人々は東の方から西へ、西の方から東へと、故郷から遠く離れた地方で勤行訓練をやつて居ます。これにはいろいろの理由がありませうが、その一つは国の歴史を青年達にしらせることです。祖国愛はまず祖国の歴史をしる必要があるからです。ヒツトラは、独逸を欧州の大豪傑にしようと起つて居る豪傑です[14]」「独逸は、児童を強くするために、非常な努力を払つて居ます。ヒツトラ・ユーゲントの組織などもその一つであります[15]」「結婚を容易ならしめる方法として、奨励金を政府から貸出して居る例は、独逸です[16]」と述べて、ナチスを積極的に支持し、日本も学ぶように説き続けた。ナチス支持の姿勢は当然に優生思想へとつながっていく。

なぜ三田谷はナチスにあこがれたのであろうか。もちろんこれらの発言をした時点では、まさかナチスがユダヤ人虐殺や障害者の「安楽死」をしていくとは想像もできなかったのであり、社会政策の「成功」で注目を集めるナチスから率直に学んでいこうという姿勢ではあったのだろう。これらの発言をした一九三八年頃、日本全体が親ドイツブームに覆われたことが影響したのかもしれない。しかし、治療教育の思想は、結局のところ健康や完全な肉体を目指していくものであり、ナチスの体制がその目的と合致する理想的なものと映った。それが障害者にとって、幸福をもたらさないことに気づくことはなかった。

こういう三田谷は、当然に戦争を支持した。それも、当時の日本人の一般的なレベルをこえて、さまざまな著作を通じて戦争協力を煽り立てた。戦時体制の中で障害者が厳しい立場におかれたのはいうまでもない。また、戦時下に三田谷は知的障害児の保護策について「人口資源拡充の目的の下に、国民能率増加の趣旨から極めて重要の意義がある」と述べて、知的障害者の保護が、本人の保護でなく、戦争遂行の体制づくりにあることを説いている(17)。これが三田谷の治療教育論の結論となってしまった。

以上の三人は、三田谷が戦後しばらく活躍したほかは、主として戦前に活躍した人物である。戦後になると、社会福祉の構造が大きく変化して、キリスト者による役割は低下したけれども、彼らは戦後も継承の対象として、尊敬されてきており、その影響は戦前で終わるものではなかった。

三、優生思想とキリスト教

障害者差別の最も極端な形態は、障害者の存在自体を拒否する優生思想である。一九九七年秋に、福祉先進国のはずのスウェーデンでも障害者への強制断種が行われていたとして「衝撃」として報道されたが、断種法は欧米で広く実施されたし、スウェーデンの断種についても従来から一部ではすでに知られていたことである[18]。欧米でこういうものが流行するのは、当時の欧米のキリスト教が、優生思想について少なくとも否定的ではなかったことを示している。

キリスト教は本来なら、優生思想と相容れない面をもつはずであった。すべての人間は神によって創造された存在であり、人間が立ち入ることのできない尊厳がある。重い障害をもっていてもそれは神のなせる業であって、人間が勝手にマイナスの評価を与えることは神への冒涜にほかならない。

ところが、逆に優生思想とキリスト教とを車の両輪のように把握する理解さえ生じてくる。一九三三年に佐藤定吉による『優生学と宗教』と題する著書が刊行された。「宗教」とあるけれども、内容的にはキリスト教のことである。佐藤は、「神の前に永遠に輝く人類生活を実現すべき愛と霊智をもて神の聖旨成就を目的とすべき人物が多々輩出する優生運動こそ、最大の価値あるものと言はねばならぬ」として、優生思想に全面的な賛意を示した[19]。

「優生学は地球上に優良なる人の材料を提供しうるが、宗教はその良材を用ひて、神の住む給ふ宮となす[20]」「優生学は基礎石と良材を提供せんとして雑草雑木に蔽はれし山林を開拓せんとする造林士であることがよく分るであらう。それらの基礎と材料を用ひて天に通ずる大殿堂を建築するものは正に之れ真実の宗教であることを悟るでないか[21]」と述べて、キリスト教が存在するためには優生思想が前提になると理解し、「信仰による精神的能力が優生学上、著大なる因子となる事は疑ひ得ない。こゝに優生学上、宗教生活を認めざるを得ない[22]」「結局、優生学も登りつめれば、他の学術と同様また人生万般の文化と同様に「神」の問題に帰着する[23]」として、優生学にとっても、キリスト教が有益な存在だとした。キリスト教と優生思想は対立するものではなく、むしろ優生思想あってのキリスト教として位置づけられたのである。

こういう理解は、佐藤一人の独創ではなく、キリスト者たちに広く浸透していたと思われる。社会事業は、今日からみればさまざまな限界や差別的な面を含んでいるにしても、もっとも虐げられている者に共感し、権利を擁護しようとするもののはずである。その観点からすれば、せめて優生思想に積極的に推進しない程度の感覚を期待したいところだが、キリスト教社会事業家たちも優生思想を賛意を示していく。

安部磯雄と賀川豊彦についてはすでに藤野豊による『日本ファシズムと優生思想』で論じられているので、多くを述べないが[24]、社会主義者であり、キリスト者でもあった安部は、産児制限論者でもあった。産児制限を説く中で、優生思想についても語っている。産児制限の主張をまとめた『産児制限論』では「優種学より見たる産児制限」なる章を設けて、人類の進化が自然力によると考えるのは誤りであり、優秀な性質を遺伝していくためには産児制限をするべきであると主張した。また、「産児制限の是認される場合」として「不具児を生む場合」や「遺伝病」をあげていた[25]。賀川豊彦も、生涯を貫く主張が優生思想であった。吉田光孝が明らかにしているように[26]、賀川の著作には随所に優生思想の主張がみられる。賀川といえば、これまで著書の中の部落差別表現が厳しく批判されてきた。それに対し、賀川を礼賛する人たちは、時代の限界であるとか、差別表現は本意ではなく、スラムに入って活動した姿勢にこそ真意がある等の弁護をしてきた。しかし、賀川の優生思想は長期間にわたって、しかも戦後になってますます強固に論じられており、もはや弁解の余地は感じられない。

他のキリスト教社会事業家について、次節で論じるので[27]、簡単にその要旨に触れるだけにしておきたいが、多くのキリスト教社会事業家が、優生思想への賛意を明らかにしていく。キリスト教のみならず社会事業界全体のリーダー的存在であった生江孝之は、一貫して当然の前提として優生思想を説き続けた。

セツルメントに大勢のキリスト者が飛び込んでいくが、そもそもセツルメントは、貧困などの生活問題について社会環境の影響を重視し、社会環境を改善することで問題を根本的に解決しようとするものであり、また解決を確信するものである。問題の根本を個人的要因、しかも遺伝という解決不能なところに求める優生思想とはもっとも遠いところに位置するはずであるが、セツルメントの人たちも、優生思想支持の立場であった。たとえば大阪でセツルメントに従事した富田象吉は、はじめのうちは遺伝的要因と社会環境の両方に着目していたが、やがて断種法の即時実施を主張するようになる。

キリスト教が統一した意思として優生思想の推進を決めたわけではない。優生思想につながる発言を控えている社会事業家も存在する。しかし、全体としては優生思想を推進し、国民優生法や戦後の優生保護法へとつながる基盤をつくってしまっている。戦前は、社会事業界に占めるキリスト教社会事業の比重は大きなものがあり、思想や主張として存在しただけとしてすますことはできない。

四、ハンセン病患者への隔離政策とキリスト教

一九九六年のらい予防法廃止の前後から、ハンセン病患者への強制隔離政策への関心が高まり、長期間隔離政策がとられてきたことへの批判が強まっている。

ハンセン病は感染症ではあるけれども感染力は弱く、戦前の医学水準に照らしても、厳格な隔離は無用であった。にもかかわらず、民族浄化を掲げて、隔離が強要され、しかも隔離先の療養所の生活水準は劣悪であった。戦後になって、特効薬が用いられて治癒するようになっても、隔離の原則は変わらなかった。

ハンセン病患者への対応は、近代初期にはキリスト教関係者が救済に着手した。その後一九〇七年の「癩予防ニ関スル件」(後の癩予防法、戦後はらい予防法)により、国も対応をはじめた。当初は主に浮浪している患者の収容が中心であったが、一九三〇年代には全患者をことごとく強制的に隔離する方向へと動いていく。その中心人物は山口県出身の光田健輔である。山口県では最近まで、光田健輔を偉人ととらえる風潮が強く(28)、光田に批判が集まっていることへの認識も乏しいようだが(29)、学界レベルでは一九八〇年代には光田は批判的検討の対象となっている。

光田は晩年にカトリックの洗礼を受けたようだが(30)、現役中はキリスト者ではない。だが、光田をとりまく医師や看護婦にはしばしばキリスト者がいた。林文雄・富美子夫妻はその典型であるし(31)、『小島の春』で有名な小川正子も、キリスト者と考えてよいようである(32)。ほかにもキリスト者が多いことは森幹郎が広く「救癩」関係者を紹介しているなかからも明らかである(33)。

彼らは主観的には良心と勇気をもって、大きな決断のもとで療養所に飛び込んでいく。しかし、自分が正義の行動をしていることを疑わなかったので、患者が隔離への疑問を呈しても、耳を貸すことはなく、ひたすら隔離を支えることになる[34]。

民間の立場で、隔離推進の活動をしたのが日本MTLという民間の「救癩」団体である。日本MTLはキリスト教団体ではないが、中心となっている小林正金らはキリスト者である。日本MTLと隔離政策との強固な関連については藤野豊の研究にある通りで[35]、「急速に療養所を拡張せよ」などのスローガンをかかげて、隔離のいっそうの推進を説いた。

療養所ではいくつかの宗教団体が伝道を行うが、熱心な宗教の一つがキリスト教であり、現在もどこの療養所でも、教会が活動を続けている。療養所で宗教活動が奨励されたのは、療養所の治安維持のためであった。療養所に隔離された患者は人生に絶望して、精神的に不安定となり、ときとして療養所の秩序を乱すこともあった。患者の立場を受け入れて、おとなしくしてもらうために、宗教の役割が期待されたのである。このことは療養所の医師内田守が「癩院の宗教は如何にも御都合主義にできてゐて、患者が真実に信仰に覚めてゐるか何うかと云ふ事は、中々問題の様である」と冷めた見方をしていることが示している[36]。

患者にとって、宗教の存在が心の安らぎになったのは確かであるし、キリスト教の伝道者たちがハンセン病患者を嫌悪せずに接していった面もある。戦後は信仰をもった患者のなかから患者運動に参加する者も現れており、療養所でのキリスト教伝道が一概に悪いものであったというわけではない。しかし、たとえば長く長島愛生園に出入りした河野進牧師は一九九〇年に発行された詩集にて三編の光田礼賛作品を掲載している。「偉大」と題した詩では「もう二度とお目にかかる機会がない偉大なお方光田健輔」などと書いている[37]。一九三六年の長島事件以来、患者からは光田に代表される隔離主義への疑問があがっていた。その声にいささかでも耳を傾けてきたのなら、これほどまでの光田への礼賛にはならないはずである。患者の側に立つのではなく、療養所を人間愛の場と考え、その療養所を支えようという意識のもとで宗教活動がなされたと評価せざるをえない。

直接「救癩」とはかかわりのないキリスト教社会事業家たちも、議論としては隔離政策を支持し、後押しする役割を果たしていく。筆者はすでに賀川豊彦[38]と山室軍平[39]については個別に指摘しているが、留岡幸助も、隔離政策の推進への期待を表明しているなど[40]、社会事業の側から隔離政策を支えていくのである。

戦後になって、療養所内外の環境に変化が出てきて、患者は自ら組織をつくり、人権獲得の闘争に乗り出していく。そうしたなか、キリスト者のなかにも、患者の立場に関心を示すものも何人かは現れてきた。患者運動に協力して、らい予防法改正反対闘争に代議士として協力した長谷川保[41]、療養所の職員でありながら療養所のもつ問題点を指摘して、ついには療養所を去っていく森幹郎[42]、各地の療養所を訪問して鋭い考察を著した牧師の渡辺信夫[43]らが、その例である。だが、まだ少数派でしかなかった。多数はなお、戦前さながらの「救癩」思想のままであった。

その典型が神谷美恵子である。神谷はキリスト教の家庭に育ち、キリスト者といっていい人物であるが、神谷は若い頃からハンセン病に関心をもち、光田を訪問して、療養所勤務を希望するが果たせなかった。しかし戦後、非常勤の精神科の医師として長島愛生園に通うようになる。近年、なぜか神谷に社会的関心が集まり、伝記が相次いで出版されたり、テレビで取り上げられたりしている。そこではハンセン病患者とのかかわりが過度に強調されて、あたかもハンセン病救済に生涯を捧げたかのようなイメージが振りまかれているのが気になるところである[44]。神谷はあくまで晩年の一時期、非常勤でときどき療養所に通ったにすぎない事実をまず認識すべきであろう。

そういう誤った認識は、今なお「救癩の聖女」を待望する社会の側の問題であって[45]、神谷の責任ではないが、神谷は戦後なお光田の礼賛を続けて、隔離の実態に目を向けようとはしなかった。ハンセン病に関心をもつからには、患者による悲痛な訴えを知る機会は大いにあったにもかかわらず、それへの配慮は神谷の著作からはなく、あるのは「歴史的制約の中であれだけの仕事をされ、あれだけのすぐれた弟子たちを育てた光田先生という巨大な存在におどろく。研究と診療と行政と、あらゆる面に超人的な努力を傾けた先生は、知恵と慈悲とを一身に結晶させたような人物であった」という光田への賛辞である[46]。

神谷が関心を集める理由の一つは、神谷が皇太子妃（現皇后）と交流があったためである[47]。戦前、皇室によるさまざまな「ご仁慈」が患者を療養所にくくりつける役割を果たした。今また、神谷を介して、皇室とハンセン病とが結びつけられているのではないだろうか。

キリスト者たちは、時代の限界や世の風潮のなかで誤ったにすぎないのだろうか。そういう面も確かにある。彼らは、患者を隔離して差別を貫徹しよう、などという気持ちで活動したわけではない。けれども、十分な情報や知識のあるキリスト者までが光田の賞賛を続けるのをみると、誤りのすべてを時代や社会のせいにしてよいのか、疑問に感じる。

横須賀キリスト教社会館館長のほか、福祉業界や学会の要職、政府の審議会委員などをつとめてきた阿部志郎は一九八六年の段階で「ハンセン病、ライ医学の父と呼ばれる光田健輔は、長島愛生園で、家族から隔離されて島に来る患者を迎えるときに、波止場でいつも涙を流して迎えたと聞きました。それでいながら、ハンセン病の医学をつくっていくのです」「りっぱな人だと思いますね。光田健輔は。『愛なくしては科学は不毛である』というのはアナトール・フランスのことばですが愛と科学の統合を、これからの理論形成に期待したいし、それでなければ実践を本当に下から盛り立てていくことはできないのではないでしょうか」と光田への高い評価を与えている(48)。

そして、今日、らい予防法廃止のもとで隔離への反省の機運が高まり、厚生省さえ不十分ながら隔離を続けたことへの反省を表明するなか、キリスト教関係者の反省の動きは遅れがちであることを荒井英子が指摘している(49)。それでもようやく、日本キリスト者医科連盟・日本福音同盟・日本基督教団常議員会などによる反省や謝罪の動きがあるが、逆に「救癩」の発想そのままだと批判される映画が、主としてキリスト教関係者の支援のなかでつくられたといった動きもある(50)。隔離への加担についての教会全体の認識はなお不足しているといわざるをえない。

光田一人が誤った医学知識のもとで隔離を訴えても、物笑いになるだけであり、拍手をして支える者たちがいてはじめて隔離が実現していくのである。近年の隔離批判は、もっぱら光田を取り上げて批判を加えるか、あるいは厚生省の責任を追及することに終始している感があるが、拍手して隔離を慈愛にすりかえて世論作りをした者たちの言動についても、検証をすすめるべきであろう。

また、聖書に「癩」を罪の象徴とする記述があることから、長い間キリスト教ではハンセン病を罪の結果としてとらえる解釈をしてきた。大人への礼拝説教ばかりか、子ども向けの教会学校でもそうした話がなされた。まず、「癩」について、いかに恐ろしくて治らない病気かを強調し、人間は「癩」のように汚れているとしたうえで、罪からの救いを説くのである。

ハンセン病は治癒するし、聖書に出てくる「癩」がハンセン病とは異なる疾病であることもすでに明らかになっている。けれども、医学常識も聖書理解も、教会内では通用しなかったのである。療養所内の教会の抗議により、そういう教え方をやめるように通達を出したキリスト教団体もある(51)。抗議を前向きに受け止める良識は評価すべきであるにしても、一片の通達で長年根深く続いてきた教えが根絶されたとは考えにくい。

□五、おわりに

キリスト教と障害者とのかかわりを批判的にたどってみたが、本質として問わなければならないのは、第一にキリスト者たちが障害者を愛するべき存在として一面的にとらえたことである。キリスト教は「隣人愛」を教義の一つとして高く掲げ、「隣人愛」を自分自身の課題として真剣に受け止めるキリスト者も少なくなかった。それゆえ、多数の社会福祉活動にもつながるのだが、その活動は神に選ばれたキリスト者として高い場所から手を差し伸べる形になりがちであった。それゆえ、ハンセン病患者のように、自立して自己主張をはじめたとき、共感することができなかったのである。善行をしているという意識のなかで、自分たちの歩みを別の視点から顧みることができなかった。

第二に、国家が、社会不安を「愛」をもって解消してくれるキリスト教に期待をするなかで、それに積極的にこたえる姿勢をもったことである。外来の宗教として排斥されてきたキリスト教は、国家や社会に有益な宗教であることを強調することで生き延びようとしてきた。障害者との関係では、障害者の生活問題を緩和する役割を果たすことで、キリスト教の存在意義を示した。社会が障害者を排除する社会である限り、障害者の排除に妥協することでもあった。

第三に、戦前のハンセン病療養所でキリスト教が歓迎されたことに典型的に表れているように、キリスト教は障害者が障害を受容するうえでは有効に働くけれども、受容するあまり、障害者を差別する社会への怒りへとつながらず、「感謝して生きる障害者」を作り出していることである。

現在でも同様で、たとえば重度の障害者として知られる星野富弘やさまざまな病歴をもつ三浦綾子は、障害を信仰によって受容することのできた著名な人物である[52]。星野の著書を読むと、社会を見つめる目をもってはいるし、三浦は革新政党を支持する行動をするなど、作風とは違ってかなり政治的な動きをする人物なのだが、星野も三浦も、こと障害や病のこととなると、それを神の業として受け止めて感謝の生活をすることの喜びの強調に流れていく。障害をありのままに受け止めるだけでなく、障害者をとりまく社会の有様までも、受け止めている。読者は自身の差別を問われることがないから、安心して星野や三浦の著作を手にするのである。

ほかにも、筆者が見逃している問うべき点はまだほかにもあるだろう。キリスト教が歴史の検証と、障害者の声を受け止めることで、障害者へのかかわり方について考え直していくことは、キリスト教の改革にとどまらず、日本の人権の状況とも深く関係する課題でもあるだろう。

注

(1) 定藤丈弘『障害者と社会参加　機会平等の現実―アメリカと日本』解放出版社、一九九四年。

(2) 藤田真一『盲と目あき社会』朝日新聞社、一九八二年、一九〇頁。

(3) 拙稿「日本の教会とアパルトヘイト」『福音と世界』第四七巻第一一号、一九九二年十月。

(4)八巻正治「インクルージョン理念に基づく教会実践活動について」『基督教社会福祉学研究』第三〇号、一九九八年六月。
(5)福井達雨『嫌われ、恐がられ、いやがられて』明治図書、一九七六年、九一頁～九二頁。
(6)村山幸輝『キリスト者と福祉の心』新教出版社、一九九五年。
(7)大泉溥『障害者の生活と教育』民衆社、一九八一年、二三二頁。
(8)石井亮一全集刊行会『増補石井亮一全集』第一巻、大空社、一九九二年、二九五頁～二九六頁。
(9)前掲書、二九七頁～二九八頁。
(10)『増補石井亮一全集』第二巻、一七二頁。
(11)脇田良吉『低能児教育の実際的研究』巌松堂書店、一九一二年、六七二頁～六七三頁。
(12)脇田良吉『異常児教育三十年』日乃丸会、一九三二年。
(13)三田谷啓「非常時局と女性」『母と子』第一九巻第九号、一九三八年九月、四頁。
(14)三田谷啓「空前の非常時局と日本女性の認識」『母と子』第一九巻第一一号、一九三八年十一月、六頁～七頁。
(15)三田谷啓「建設へ!建設へ!長期建設へ!」『母と子』第一九巻一二号、一九三八年十二月、六頁。
(16)三田谷啓「人口政策は女性の直接問題」『母と子』第二〇巻第二号、一九三九年二月、三頁。
(17)三田谷啓「青年期に在る精神薄弱者の保護策」『社会事業研究』第二八巻第五号、一九四〇年五月、四六頁。
(18)米本昌平「スウェーデン断種法とナチス神話の成立」『中央公論』一九九七年十二月号。
(19)佐藤定吉『優生学と宗教』雄山閣、一九三三年。二四頁。
(20)前掲書、五三頁。
(21)前掲書、五五頁。
(22)前掲書、一四九頁。
(23)前掲書、二一二頁。
(24)藤野豊『日本ファシズムと優生思想』かもがわ出版、一九九八年。
(25)安部磯雄『産児制限論』実業乃日本社、一九二二年、六六頁～一〇〇頁。
(26)吉田光孝「討議資料の欺瞞性を撃つ　賀川豊彦は差別者か」『資料集『賀川豊彦全集』と部落差別』キリスト新聞社、一九九一年、二一一頁〜一二三頁。
(27)拙稿「キリスト教社会事業家と優生思想」『基督教社会福祉学研究』第三〇号、一九九八年六月。本書第二章収録。
(28)『夢へのその一歩光田健輔物語』が一九九四年に防府青年会議所より出版されているのが、その例である。
(29)拙稿「人物を用いた福祉教育のあり方」『日本福祉教育・ボランティア学習学会第二回大会』一九九六年十一月、九四頁〜九五頁。
(30)内田守『光田健輔』吉川弘文館、一九七一年、二二九頁。
(31)おかのゆきお『林文雄の生涯』新教出版社、一九七四年。林富美子『野に咲くベロニカ』小峯書店、一九八一年。
(32)荒井英子『ハンセン病とキリスト教』岩波書店、一九九六年、七九頁〜一三三頁。
(33)森幹郎『足跡は消えても―人物日本救ライ小史』日本生命済生会、一九六三年。
(34)たとえば、林文雄は「長島の為に弁ず」『社会事業』第二〇巻第七号、一九三六年十月にて、一九三六年に長島愛生園の患者が劣悪な待遇に抗議した長島事件について、療養所の立場を代弁している。
(35)藤野豊『日本ファシズムと医療』岩波書店、一九九三年。
(36)内田守人（内田のペンネーム）「癩院の宗教問題管見」『社会事業研究』第二九巻第二号、一九四一年二月、六九頁。
(37)河野進『今あなたは微笑んでいますか』聖恵授産所、一九九〇年。
(38)拙稿「賀川豊彦と救癩」『賀川豊彦学会論叢』第七号、一九九二年一月。本書第五章収録。
(39)拙稿「山室軍平と救癩」『社会福祉学』第三七―二号、一九九六年十一月。本書第五章収録。
(40)留岡幸助「キリスト教に據る癩患者救済事業」『留岡幸助君古稀記念集』留岡幸助君古稀記念事務所、一九三三年、一八一頁〜一八八頁。ただし、同論文の初出は一九三一年。
(41)長谷川保『神よ、私の杯は溢れます』ミネルヴァ書房、一九八三年。
(42)拙稿「ハンセン病患者隔離への先駆的批判者森幹郎に関する考察」『宇部短期大学学術報告』第三六号、一九九九年九月。本書第五章収録。
(43)渡辺信夫『ライ園留学記』教文館、一九六八年。
(44)たとえば、一九九六年五月二十六日に放映された日本テレビ系の「知ってるつもり」の番組では神谷を取り上げ、番組の宣伝文句として「ハンセン病に捧げた命」とうたい、一九九七年九月のテレビ朝日系「驚きももの木二〇世紀」では神谷を特集し、「強制隔離の孤島でハンセン病患者を支え続けた精神科女医の壮絶な記録」とうたっている。

(45) 神谷への的確な指摘として、武田徹『「隔離」という病い』講談社、一九九七年の第五章「生きがい論の陥穽」。
(46) 神谷美恵子『新版人間を見つめて』朝日新聞社、一九七四年、一九六頁。
(47) 宮原安春『神谷美恵子　聖なる声』講談社、一九九七年の帯では「美智子さまの心の主治医の魂にひびく清らかな生き方」とうたっている。
(48) 阿部志郎他「シンポジウム＝社会福祉思想の日本的特質」吉田久一編著『社会福祉の日本的特質』川島書店、一九八六年、四四頁。
(49) 荒井、前掲書、一八七頁〜一九一頁。
(50) 藤野豊「ハンセン病をめぐる社会の意識は変わったか」『部落解放』第四三六号、一九九八年四月。
(51)『クリスチャン新聞』一九九二年十月四日。
(52) 山本優子「三浦綾子の信仰の世界─「病」とそれに伴う「苦しみ」の意味」『三浦綾子の世界』和泉書院、一九九六年は三浦文学を「病」の側面から分析したすぐれた論稿であるが、「病」を人生のテーマに閉じこめていて、「病」のもつ社会性や三浦文学の社会的影響が検討されていない。

二、キリスト教社会事業家と優生思想

□一、はじめに

一九九六年に優生保護法が改正され、母体保護法へと名称も変更されて、長年にわたって批判されてきた、社会の発展のためと称して障害者の生きる権利を奪う優生思想が、法から一掃された。この改正により、法的には優生思想がなくなったとはいえ、出生前診断や遺伝子診断などの技術がすすむなかで、障害児が生まれそうだというだけで避妊したり中絶したりする行為はむしろますます増える勢いである。ノーマライゼーションの思想の普及の反面で、優生思想がむしろ広がりをみせているといえよう(1)。また、優生保護法に女性の産む産まないの権利の是非という別の問題が絡んでしまったという事情はあるにせよ、一九九六年まで優生思想が法として、強い批判がありながら残っていた責任も問われなければならないであろう。

キリスト教は本来、優生思想とは相容れない性格をもつ。人間は神によって創造され、神に似せてかたちづくられたものである以上、人間として生まれたからには、人間が立ち入ることのできない絶対的な尊厳がある。障害をもっていることは、神の業の表れであって人間が勝手に価値判断をするのは神への冒涜であって許されないとするのが聖書の思想である。このような人間の生命の価値への絶対的尊重の姿勢は、仏教や唯物論では論理的には導き出せないものである。キリスト教福祉が今日のような福祉多元主義の時代になお優位性があるとすれば、この点をおいて他にはないといえよう。

優生思想が猛威をふるったのは、いうまでもなく、ナチス統治下のドイツである。キリスト教会は一部を除いてナチスの体制に屈して、犯罪的というしかない加担をしてしまったのであるが、それでも障害者の「安楽死」に関しては、それなりに反対の姿勢を示してきたし、具体的な抵抗もみられた。そこにはキリスト教の良心の最後の一線がここにあることが示されている(2)。

ところが、日本のキリスト教社会事業家たちは、むしろ優生思想に賛意を表し、優生思想が日本で普及し、一九四〇年の国民優生法制定へとつながる流れを実践の場からつくってしまった。この問題を問うことなしに、優生保護法が改正されたのをいいことに、キリスト教社会事業の責任に頬被りして、キリスト教の立場から生命の尊厳を訴えるのでは偽善的といわれても仕方ないであろう。脳死や臓器移植、遺伝子治療、クローン人間など、生命をめぐる議論が高まり、医療によるさまざまな生命操作が可能になり、将来が危惧されている。キリスト教福祉は議論をリードする責務を有しているが、そのためには過去の議論を総括する必要がある。

柴田善守はまだ脳死や心臓移植が今日ほど話題になっていなかった一九八五年にすでに「人間の尊厳をもっとも考えなければならない医療が人間否定を行っているのが、心臓移植手術であろう」と断じ、二人死ぬより一人でも助かればよいという数量的発想の誤りを論証している(3)。柴田の思索は柴田の人間尊重の姿勢とともに社会福祉史への深い理解を前提としているがゆえに説得力をもって迫ってくる。柴田の心臓移植についての主張がすべて正しいとすぐに断定はできないものの、柴田のような人間尊重と歴史理解を統合させた議論をキリスト教福祉のなかでこそ活発に展開しなければならないことはまちがいない。

そこで本稿では、その一歩として戦前の優生思想の議論のなかでキリスト教社会事業の果たしてしまった役割を振り返り、優生思想に与した原因を考察したい。なお、本稿では、障害者について差別的に用いられてきた用語を含んだ史料を、その史料の重要性を踏まえてそのまま引用している。

二、キリスト教社会事業家と優生思想

(一) 賀川豊彦

社会事業と優生思想との関係については、すでに加藤博史による『福祉的人間観の社会誌』によって明らかにされている[4]。加藤はキリスト教社会事業という枠組みを用いて論じてはいないが、分析と材料として用いている『社会事業研究』の「断種法制定に対する賛否」と題したアンケートに断種法賛成の回答をしている者には古田誠一郎、三田谷啓、杉山元治郎、牧野虎次といったキリスト者として知られる者やキリスト教系の施設の者がみられる[5]。加藤は優生思想を語った論者を取り上げて批判的分析を加えているが、対象としている賀川豊彦と竹内愛二はいずれもキリスト者として知られている。

賀川豊彦の場合、一九八〇年代には著書のなかの部落差別表現を列挙して差別者として糾弾するという、表面的な批判が中心であったために、賀川の思想全体を実証的に批判することが十分なされなかったが[6]、むしろ賀川の思想の根幹として批判的検討を加えるべきなのは優生思想である。一連の賀川批判のなかで優生思想に本格的に触れたのは吉田光孝であろう[7]。吉田は『賀川豊彦全集』の通読を通して、賀川の差別意識の背後には優生思想があると指摘している。

確かに賀川の著作から優生思想にかかわる部分を取り出すのはきわめて容易である。たとえば一九三三年刊行の『農村社会事業』には「今日のやうに人間の血が汚れてきた場合には、優生学的な選択を妊娠の上に大いに加へる必要がある。村に善い村と悪い村があるのは、一つはその住民の性質によることは争はれない。悪質遺伝の多い村では、将来発展する希望は非常に少ない。さうした村は衰亡するより道はない。その反対に、優等な種を保存すれば、その村の繁栄は期して待つことが出来る[8]」「私のゐた処の人などは実に狂暴で無智だから、さういう人は産児制限をする必要がある。X光線を五時間くらゐかけると、絶対に子供を産まないやうになる。薬を使つたりすることもあるが、薬を間違へると危い。その

中毒によつて後天的遺伝になる(9)」と、農村社会の改善を断種と「優等な種を保存」することで図ろうとしている。

戦後になっても、主張は何ら変化することはない。一九四九年に「産児制限論」と題して「善種を増殖せよ」と述べて「よい種であるならば、少しの無理はあつても、子供を多く作つて行つた方がよいと思う」とする一方、「悪質遺伝者が、子を多く生むならば、それこそ大変である」とし、単なる断種にとどまらず、「善種」の増殖を説いて、よりいっそう優生主義を強化している(10)。

「私は一年僅かに四万人位に断種を行つていては、日本に発狂者と白痴と犯罪者が氾濫し、その為め古代メキシコのアズテク民族が滅亡したように、日本民族の内部崩壊が起ることを私は恐れる(11)」「日本の農村に於て悪質遺伝を警戒しなければ或は、メキシコのアズテク民族やペルーのインカ民族が滅亡した如く、また、北海道のアイヌ種族が滅亡しつつある如く、日本民族も衰退するであろうことを心配するものである(12)」というように、敗戦によって戦時下でのナショナリズムがそれなりに反省されているなかでなお、日本民族の盛衰を心配する議論を続けている。

賀川の優生思想は、賀川が若い頃から進化論に強い関心をもち、やがて宇宙目的論にまで体系化されていく思想全体に位置づけなければならず、その意味を一部の引用から理解することは困難である。また、一方では「弱者の権利」も説いている。そのなかでは、「優勝劣敗の思想が、世界を風靡し、人種改良の思想が世界に流布すると共に、弱者の生存権は日毎にその影を薄くして行つた」「たとひそれが、白痴低能者の生命であつても、我々はその生命を尊重しなければならない」と、障害者の生存権を主張するとともに、「劣等と見える種の中に、不思議に純系が保存せられてゐる」「欧州の戦争のやうな人間の組織的殺戮によつて四年八ケ月の間に、三千万人近くの優等人種が死んでしまつたとする。生き残る者は、病弱者であり、老人であり、白痴低能、発狂変質、反社会的道徳虚弱者ばかりであるとする。たとひさうしたことがあつても、不思議に三四代の後にはまたまた旧に近い常態人口を回復し得るものである」「宇宙進化には再生の秘義があり、切られた株から新しい芽が吹出て、病者が癒され、精神痴能者が、その能力を回復し」というように、障害者の断種は無意味だと論じている(13)。思考の根拠として遺伝や社会進化を重視している点では一貫しているものの、内容的には同一人物とは思われないほどの正反対の論旨である。著作を量産した賀川には、矛盾した論旨はしばしば見られることではあるが、それにしても、どちらが本音なのか疑いたくなる。

優生思想を説く引用の表現だけ見るとナチスとどこも変わるところのない悪質な優生思想にしか読めないが、賀川が真剣に障害者の抹殺を考えていたというわけでは全くなく、むしろ主観的には障害者の人権にも深い関心を有していた。だが、「宇宙進化」が思想の根幹にあるなかでは、いつでも極端な優生思想に転換する要素があり、事実しばしば断種を主張した。賀川の影響力の大きさや賀川の周囲に多数の人物がいたことからすれば、賀川流の優生思想はキリスト教社会事業のなかに強く存在していたと疑わざるをえない。

(二)　生江孝之

優生思想はキリスト教社会事業の指導的立場の者や実践者に広く浸透していた。社会事業界の指導者であるとともに『日本基督教社会事業史』を出版するなどキリスト教社会事業のリーダー的存在でもあった生江孝之は、一九二〇年にすでに「精神異状者の生殖不能に関する法律の制定」を唱え、「白痴、精神病者、犯罪者、特殊の疾病あるもの等に対し国法を以て生殖不能者たらしむる事、米国にては既に連邦中の十三四州に於て実施せられて居るのであつて何も其の可否を云々すべきことではない。我国の如く人口の増加率旺盛なる結果一方に粗製濫造の嫌ある場合に於ては前記のものに対し、医学上の判断を待つて精系切除等の方法を行ふが宜しい」と述べて、早くも断種について当然のこととして賛成していた(14)。

一九二三年の『児童と社会』では「受胎制限の是非」を論じている(15)。そこで生江は受胎制限を日本としてどう取り組むかについて三つの案を提示している。第一案として「徹底的社会政策の実行」を掲げているが、「特種の犯罪者、精神病者、精神異常者、高度のアルコール中毒者等の如きは、医師の診断の結果、精系切除の方法に依て、受胎可能性を失はしめ、又病弱者若くは特別の多産者は医師の診断に依て、受胎制限を可とすべき」として、一般国民については社会政策の優先を提起しつつ、精神障害者らに関しては受胎制限を容認した。

『児童と社会』で生江は「不良児、盲唖児、低能児、白痴児及び病児の保護の如き、亦素より必要ではあるが、これ等は今や多くの専門家に依て徹底的に紹介せられてあるを以て、その方面に譲るを寧ろ適当と信ずる」との理由で障害児の保護についての論及を避けている。ほかに専門家がいるというのなら、児童保護の他の分野もすべて生江以外の専門家による詳細な啓蒙は行われているのであり、『児童と社会』の著作全体が無用なものになる。障害児についての熱意がことさら乏しいとみなさざるをえない。

障害児について言及を避ける姿勢はその後も変わらない。生江のもう一つの主著の『社会事業綱要』でもほぼ同じ文章を書いて、障害児について深く触れていない(16)。『社会事業綱要』は二度にわたって全面的に改訂されて内容に緻密さを加えていくが、この部分にはほとんど変化はない(17)。児童保護を専門の柱とした生江が、障害児だけは他に専門家がいるとして扱おうとしなかったのは、意図的に障害児から目をそらそうとしたわけではないにせよ、生江の早くからの優生思想とあわせて考えれば、障害児には情熱を捧げる意欲が高まらなかったと考えられるのではないか。

生江の優生思想は年とともに強まっていく。一九二八年には「優生学上の見地からは悪しき遺伝因子を有する母胎は受胎阻止を行ふべきだと云ふので、これまた最早議論の余地はなからうかと思はるゝ」と述べる(18)。当時、まだ優生思想には懐疑的な空気も残ってはいたが(19)、生江は議論の余地なしといい切っていたのである。

一九三七年には芸妓について「悪質遺伝の結果、多数の精神病者及び変質者を生み、引いては種属の素質を底下せしむる等、優生学上由々敷大事を招来する」とした(20)。芸妓の女性が皆「悪質遺伝」をもっているかのような乱暴な前提は生江の芸妓への人間的偏見でしかないのだが、さらに問題なのはその「悪質遺伝」によって「由々敷大事を招来する」という見方である。

一九三九年には「先天性弱質に関する限り優生学的に考慮することが必要である。優生学上の問題としては最近我が国に於いても亦慎重にその利害を考慮し、来年度より予算に計上して之が得失を研究せんとしつゝあるのである。断種法の是非については欧米既に定説があり、各国共夫々多少の実証を試みつゝあると看てよいのであるが、我が国に於いても亦政府自ら研究せんとするに至つたのは優生学上の立場からすれば一つの進歩であると思ふのである」と断種法の実現に向けて動いていることに期待を表明している(21)。

そして、一九四〇年に「非常事変下の現時に於て、人的資源の確保の極めて切実なるにも拘らず、事実年々三四十万の人口低減を見るの秋、如何にして優生多産を実現し得べきかゞ国民に課せられた重大な問題である」と述べて、戦時体制下での人的資源の育成を推進するための多産の奨励をするとともに、それも単なる多産では無意味であり、優生多産でなければならないという議論を展開した(22)。生江は社会事業家として終始優生思想に関心をもち、「優生多産の奨励」が最終的な到達点となったのである。

(三) 三田谷啓

知的障害児への療育で知られる三田谷啓は、キリスト教社会事業家のイメージにはやや欠けるが、青年期に信仰に導かれ、社会事業へとつながっていくキリスト者であった(23)。先に紹介した『社会事業研究』のアンケートにて「断種法は断行するのがいいと思ひます。本人のためにも、社会のためにも、はた民族衛生のためにも」と回答している。

三田谷は一九二八年に『社会事業研究』に産児制限の問題について寄稿して「よい子を生むには少くとも悪い子の生れる予想のつく場合にはこれを予防する必要がある。例えば精神病、酒毒患者、梅毒病者、癩病者、白癡、癡愚などの場合です」と述べて、「悪い子の生れる予想の就く場合」の産児制限に賛成する意思を示した(24)。ここには「癩病者」までが含まれている。ハンセン病が遺伝病ではないにもかかわらず、背後にハンセン病患者を人間としてみない発想が流れていることが指摘されている。三田谷もまた、同じ立場に立ってしまっていた。

三田谷は自身が行っている治療教育の事業を「消極の社会事業」に位置づけ、「弱い子や頭脳の悪い子や、性格異常の子などが生れないようにすること」が積極的な社会事業であり、具体的な方法として「優生学的断種法」をあげた(25)。自身による事業の価値を落としてまで、「優生学的断種法」に意義を見出したのである。

三田谷が主宰する月刊誌『母と子』では、戦時下において、人的資源育成の主張を鮮明にして、そのための婦人の役割を説き続けたが、断種法の推進も説いている。「不具、廃疾、精神薄弱、精神低格等の如きもの、出産を削減することは、人口政策の上から申して大層必要のことです。この種の出産制限は、人口増加の目的に矛盾するかの観がありますが、決してそうではありません。不具とか、廃疾とか、精神異常のために、年々国家の負担すべき額は実に巨額に上るのです。米国の如きは、この点から、断種法といふ結婚許可制の如きものを制定したのです。既に生れてきた断種児童の教養の必要なることは別の問題です。国家の負担となる断種の児童を、未然に予防する目的で、断種法なるもの、制定ができたので、これは早くより米国、後にはドイツで強行して居ます。つまり優生学的の立場からであります」と、国家の負担軽減の見地を強く押し出して、断種法の実施を迫った(26)。

もっとも、三田谷は同時に一方では「間違つては困ります。これは薄倖児や不具児出生を予防する策です。既に生れて来た異常児に対しては『不慮の珍客として待遇』しなければなりません」と述べている。だが、国家の負担になるからと出生を拒否された者について、すでに生まれているから保護するというのは論理的には矛盾している。障害児への国家の負担を削減する発想は生存している障害児についても削減し、ついには生存権そのものの否定にたどりつかざるをえないことは、ナチスが実証した通りであるが、三田谷はそれに気づかず、障害児に愛情を注いでいるつもりになっている。

しかも、三田谷はナチスへの親近感をもち、『母と子』において繰り返しナチスを紹介し、日本が見習うようすすめていた(27)。三田谷にとって、統制のとれたナチスの体制が理想の一つの姿であった。三田谷はナチスによる障害者「安楽死」やユダヤ人虐殺についてはこの時点では全く知らないであろうから、今日の常識的ナチス像と三田谷の見たナチス像は異なることに留意すべきではある。だが、三田谷の統制への賛意や健康への過剰なまでの執着は、統制や健康になじまない者の排除へとつながる要素をもっている。もちろん、三田谷の根幹にあるのはひたむきな療育への情熱である。だがそれは戦時下に容易に人的資源育成へと結びつき、断種へと向かってしまった。

（四）セツルメントの人々

キリスト教社会事業を先駆的な実践として支えたのはセツルメントであった。セツルメントは、社会問題の発生について環境の側面を重視し、人間の変革の可能性への深い信頼をおく。社会事業のなかでも優生思想とは最も距離のある分野であるはずだが、セツルメントに携わったキリスト者も優生思想を支持していく。

冨田象吉は石井記念愛染園にて長年セツルメント活動を行い、大阪では社会事業界の中心に位置していた。冨田は一九二八年に「米国にては、一般国民の態位の低下を防止するがため、態々法律を制定し、精神病者、精神薄弱者、痴鈍者、白痴者及癲癇者との結婚を禁止し、犯す者には千弗以内の罰金又は三年以下の禁錮の刑を科すとの明文を設けて居る多くの州さへあるのである。法律を以てこれ等の結婚を禁止することの可否は別として、かゝる場合に於ける避妊行為を是認すべきことは、寧ろ当然中の当然なることではあるまいか」として、法律の制定については保留しつつも、障害者が子どもを産むのを避けるのは当然であると強調した(28)。

一九二九年には『社会事業研究』による「不良少年と遺伝」と題する座談会に出席し、「私は不良少年といふことを考へて見るときに、教育者も実際家も不良少年から遺伝の働きといふものを全く除外して、不良悪化の原因を考へるといふことは、固より間違つてをる事だと思ひます」と述べて、「不良少年」について考える場合、遺伝を基本におくべきとの考えを示した(29)。もっとも、冨田はこの座談会では同時に、遺伝がすべてではなく、環境の要因も大きいことを指摘はしていた。

しかし、一九三六年に冨田は『社会事業研究』の断種法の特集に寄稿し、「我等は民族浄化のため一日も早く断種法の実施せられんことを熱望する」と断言し、「国家も民族自衛上の立場よりして、その個人の自由を束縛し、生殖行為を将来に禁絶する国家権力を有することは当然すぎる程当然」とまで述べて、断種法の制定を強硬に主張した(30)。一九二八年の段階では法律の制定については保留していたのが、明確に法による強制断種を主張するに至ったのである。しかも、民族浄化や国家の利益ばかりが理由として全面にでている。

冨田は「貧しい子どもたちの友であり父であることに徹した人」であると評され、人格的接触を重視していたとされている[31]。スラムで生活するなかで自分の子をたびたび伝染病で失って、一時スラムを離れたものの、思い直して再びスラムでの生活をはじめる。そこにはスラム居住者の人格の改善を確信すればこその信念が感じられるにもかかわらず、冨田は最後まで信念を確信するのではなく、一日も早い断種法の実現を主張するようになったのである。

『社会事業』に「基督教社会事業の現状」を寄稿したことのある日暮里愛隣館の大井蝶五郎は[32]、優生学的産児制限を主張した。大井は産児制限を推進する主張をするとともに、宗教的立場からの産児制限反対論について「多産した子供が、人間らしく養はれ育てられなくて、且つ悪質遺伝児変質児犯罪常習児、精神病、低能、不良少年少女として社会炎禍のパチルスと為ることが、本人自身にとつて、社会にとつて何で自然であり天意なのですか」と反論している[33]。そして、社会の改善の根本策を「優種優生運動」にみた。大井が訴えようとしているのは、スラムの厳しい生活実態と、それを真剣に考えない知識人の無責任さである。だが、大井は最終的な解決策として、優生思想にすがる形になった。

セツルメントからスタートして当時新進気鋭の論客であった谷川貞夫は「優生学的な見地に立つ結婚の相談所ならびに媒介の施設の普及」を説いている[34]。戦前は主としてマクロな社会事業の議論を行ってきた谷川は優生思想について詳細に論じることは少なかったものの、谷川の厚生事業論は「生産増強」や「人的資源の保全育成」がキーワードとなって展開されており、優生思想の背景なしでは成り立たないものである。

□ 三、優生思想傾斜の原因

何人かのキリスト教社会事業家と認識されている主要な人物の議論をみてきた。キリスト教社会事業が全体の統一した意思として、優生思想を推進したというわけではないし、全員が優生思想に賛成したというわけでもない。たとえば、山室軍平は、筆者は山室の全著作を熟読したわけではないが、少なくとも禁酒の必要を論じるときに賀川のように「悪性遺伝」は持ち出さないし、廃娼について生江のような娼婦の性質が遺伝するかのような主張はしていない。

また、キリスト教社会事業家が主張したのは、あくまで医学的な出生の予防であって、ナチスのような障害者の抹殺とは違う。障害者の出生予防の思想が、障害者の生存権を脅かすことにつながる危険について、当時はまだ認識されていなかった。もし日本でも障害者の殺害が行われたならば、キリスト教社会事業家たちは当然に体をはって抵抗したに違いない。

しかし、優生思想のとらえ方に甘さがあったことは明らかであろう。リーダー的な者たちがこれだけ鮮明に優生思想に立つとき、そうでない者の存在はあったとしても傍流でしかなかっただろう。また、キリスト教社会事業のなかで、優生思想について明確に否定的見解を示し、断種法制定に反対した動きを筆者は今のところつかんでいない。キリスト教社会事業が全体として優生思想を押しとどめる方向ではなく、すすめる方向に力をもったことは否定しがたい。本来優生思想と相容れないはずの立場の者たちが逆になったのはなぜか。

理由の一つは、優生思想の隆盛が戦時体制によって人的資源育成を重視する時期と重なり、基本的に厚生事業の立場に立ったキリスト教社会事業家は、優生思想に流れていったことがあげられる。つまり、優生思想そのものの支持というより、戦争を容認し、戦時体制の維持に腐心したこと自体の問題である。だが、戦時体制が構築される以前にも、また賀川の場合戦後になっても、優生思想を鼓舞しているのであるから、キリスト教社会事業の戦争責任の問題にとどめることはできない。個々の社会事業家が優生思想に到達した過程は異なるであろうし、一人ひとりについて実証したわけではないので、仮説にとどまる面もあるがその原因を考えてみたい。

第一はキリスト教社会事業家たちが思考の軸として「民族」を重視したことである。日本の近代初期よりキリスト教が国家ひいては民族に反する宗教であるととらえられたことから、逆にキリスト教が民族にとって有益であると力説され、極端な場合、聖書によって日本民族に特別な役割が与えられているという主張さえみられた。

確かに聖書は明確に民族の存在を認めている。日本統治下の朝鮮で多くのキリスト者が抗日運動に参加していくのは、信仰と民族とを関連させた信仰理解がみられ、果敢な民族闘争を展開していくことになるし、それゆえに朝鮮のキリスト者たちは過酷な弾圧を受けていく。

だが、聖書が民族の存在を認めているといっても、それは自民族も他の民族もいずれも神が創造の業のうえで必要なものとしてつくったものであり、優劣はない。しばしば民族主義は他民族に対する優越性を強調するものとなり、キリスト教との関連でとらえる場合、自民族が旧約聖書のユダヤ民族と同一視されて、優越性が正当化された。日本でも同様であり、飯沼二郎は戦前の体制を「民族エゴイズム」と規定し、キリスト教とは異質であるにもかかわらず、戦前のキリスト者が民族エゴイズムに縛られていた歩みを論じ、民族エゴイズムは他民族の基本的人権を認めないものであると分析している[35]。

キリスト教社会事業家もこうした雰囲気のなかで思考するしかなかった。「民族浄化」の議論が出てきたとき、安易に乗ってしまって、同じ民族のなかでも、民族の「発展」を妨げるかにみえる障害者らの存在を認めることができなくなっていた。これは、ハンセン病においても、キリスト者を中心にして日本MTLが結成され「民族浄化」を掲げて、隔離政策を率先して推進したことにも通じるであろう[36]。

第二は優生思想が思想というより、「優生学」という科学的装いをして流入してきたことである。キリスト教社会事業の先駆的意味は、その隣人愛による精神的営みがすぐれていただけではなく、海外の知見を積極的に取り入れて、科学的、理論的実践を展開したところにある。賀川や冨田はまさに実践力と最新の理論をともにそなえた実践者であった。それゆえに「優生学」もまた導入すべき最新の理論とうつった。生江は何を論ずるにしても、海外の最新の動向を踏まえていたが、優生思想について発言する際にもしばしば海外の状況を説明する。生江にとって、優生思想は客観的な学問であって、その背後のイデオロギーに気づくことはなかった。

竹内愛二や竹中勝男といったキリスト者の社会事業研究者も基本的に優生思想の支持に傾いていく。竹内は曖昧ながら断種を容認するし[37]、竹中も「優生学から観た戦争」を論じる[38]。竹内や竹中が厚生事業の論客であったために、時流に迎合したのだろうか。確かに竹内の断種法についての論文では、時流と自らの信仰者としての立場の矛盾のなかで揺れ動きつつ現実に妥協していく様子が感じ取れるが、むしろ真摯な学問的態度がかえって優生学の受容につながったとみるべきであろう。なぜなら、「優生学」はすでに社会事業の周辺で「学問的蓄積」をもっており、社会事業研究のなかで無視できない存在になっていた。

たとえば、安部磯雄はすでに一九二二年の『産児制限論』において「優種学より見たる産児制限」の章を設け、「私共の義務は私共より優秀な子孫を社会に送り出すといふことであります。これに反して私共が自分よりも劣等なる子孫を社会に送り出すといふことになれば、これよりも大なる社会的罪悪はない」という価値観のもとで、産児制限の目的の第一は優秀なる種族を得ることだとしたうえで「優秀なる性質を遺伝するには必然的に産児制限をしなければなりません」と述べていた(39)。安部が『社会問題解釈法』などで社会事業界にも影響があったことはいうまでもない。

やはり社会事業界に影響のあった建部遯吾は、一九三二年の『優生学と社会生活』において優生学と社会との相互の関連について強調している(40)。建部の議論は表面上、個人の問題を個人のレベルでとらえずに社会全体でとらえていく点で、社会連帯思想をはじめ社会事業の理念と類似している面がある。

「社会事業の根本方針は優生学的考慮」だのと、学者によってもっともらしいデータとともに語られるなか(41)、そこに巻き込まれていくのは避けがたいことであった。

第三は、社会の底辺とされるなかで地道な実践をしたことがかえって優生思想を魅力的に感じさせたことである。彼らの実践はとかく成果ばかりが美談仕立てで紹介されがちだが、現実はそんな生易しいものではなかった。さまざまな努力は何の効果も表さず、共に生きようとした人々からは裏切られることの連続であった。実践が長期間にわたると、スラム居住者の子どもが再びスラム居住者として底辺の生活に一見自らおちこんでいく姿を直視することにもなったであろう。禁酒も廃娼も、理屈では明らかに正しいのに誰も実行しない。それでもなお、現場を放棄することなく、実践を続けたところにキリスト教社会事業家たちの真価があるのではあるが、自分たちがなしえないことへの特効薬として登場した優生学は、魅力的であり飛びついたのも無理はない。

無産者の産児制限を唱える富田はスラム住民の生活実態に基づいて思考しているし、大井は産児制限反対論に対して「余りに現実を思はなさ過ぎる架空高説」「学者といふものは勝手な熱を吹く者」「驚くべき神秘的原始的楽観説」等、感情的ともいえる表現で徹底して非難している。これも、現場を知らない、知ろうともしない者への現場で苦闘するなかからの反発である(42)。

四、おわりに

キリスト教社会事業家たちは悪意をもっていたわけではないのに、優生思想に陥ってしまった。それには前述したように時代のなかでの理由があると考えられるのであり、個々人を弾劾する意図は筆者にはない。しかし、キリスト教社会事業家のなかに隣人愛の真意をとり違えて、愛するべき人たちを結果的に圧殺するような思考をしてしまった人がいた事実は明白である。

さまざまな事情はあるにせよ、キリスト者として社会事業に携わったからには、結局は信仰理解や聖書理解が乏しかったといわざるをえない。それは彼らが不信仰だったとか不勉強だったということではなくて、日本でのキリスト教の受容が、信仰者として世と対決してでも真理を貫いていくことにまで達せず、実利的な部分にとどまる面をもち、社会事業家もその枠を出ることなく思考してしまったのである。

しかし、信仰の世界にのみおしとどめていくことはできない。優生思想について、個々の社会事業家の評価、あるいはキリスト教社会事業全体の評価にあたって、賀川豊彦についていくらか問題にされていることを除けば、ほとんど看過されてきた。キリスト教社会事業の影の部分になるのかもしれないが、そこに向き合うことで、生命倫理軽視の風潮に立ち向かわなければならないであろう。

キリスト教福祉と社会とのかかわり、関係諸科学との向き合い方、何より信仰のあり方が厳しく問われている。生命そのものの揺らぐ今こそキリスト教福祉の役割は大きい。

注

(1)天笠啓祐『優生操作の悪夢〔増補改訂版〕』社会評論社、一九九六年。

(2)小俣和一郎『ナチスもう一つの大罪』人文書院、一九九五年。ヒューG・ギャラファー著、長瀬修訳『ナチスドイツと障害者「安楽死」計画』現代書館、一九九六年。河島幸夫「ナチズムと内国伝道」『基督教社会福祉学研究』第二九号、一九九七年六月、五頁～二〇頁。

(3)柴田善守『社会福祉の史的発展―その思想を中心として―』光生館、一九八五年、一四頁～一五頁。

(4)加藤博史『福祉的人間の社会誌』晃洋書房、一九九六年。

(5)『社会事業研究』第二四巻第一〇号、一九三六年十月、四六頁～五二頁。

(6)倉橋克人「賀川研究の現在、そして課題」『雲の柱』第一三号、一九九六年六月、二七頁～二九頁。

(7)吉田光孝「討議資料の欺瞞性を撃つ　賀川豊彦は差別者か」『資料集『賀川豊彦全集』と部落差別』キリスト新聞社、一九九一年、二一二頁～二三三頁。

(8)賀川豊彦『農村社会事業』日本評論社、一九三三年、六三頁。

(9)賀川、前掲書、六八頁。

(10)『賀川豊彦全集』第一〇巻、一九六四年、三八一頁～三八二頁。

(11)『賀川豊彦全集』第一二巻、四三〇頁。

(12)『賀川豊彦全集』第一二巻、四六七頁。

(13)賀川豊彦「弱者の権利―宇宙生命の可能性と最後の一人の生命の尊厳―」『社会事業研究』第一六巻第一〇号、一九二八年十月。

(14)生江孝之「避妊公許の和蘭」『生江孝之君古稀記念』生江孝之君古稀記念会、一九三八年、二五一頁～二五二頁（同論文の初出は一九二〇年）。
(15) 生江孝之『児童と社会』児童保護研究会、一九二三年、八七頁〜一〇七頁。
(16) 生江孝之『社会事業綱要』巌松堂書店、一九二三年、四〇四頁。
(17)『社会事業綱要』（改訂版）一九二七年、四三三頁。同三訂版、一九三六年、四〇七頁。
(18) 生江孝之「産児制限問題私見」『社会事業研究』第一六巻第一二号、一九二八年十二月、二七頁。
(19) 加藤博史の前掲書でも触れているが、一九二九年に北村兼子は人道的理由や今後の医学の発達の可能性をあげて、優生思想を批判している（「優生学ちよつと待つて」『社会事業研究』第一七巻第一号、一九二九年一月、八六頁〜八九頁）。
(20) 生江孝之「淫蕩の弊風を一掃せよ」『廓清』第二七巻第一〇号、一九三七年十月、七頁〜八頁。
(21) 生江孝之「統制下に於ける乳児死亡率減少の問題」『済生』第一六年第一号、一九三九年一月、八頁。
(22) 生江孝之「優生多産の奨励とその検討」『社会福利』第二四巻第一号、一九四〇年一月、二八頁〜三四頁。
(23)『三田谷啓』『福祉の灯』兵庫県社会福祉協議会、一九七一年、三七一頁〜三八一頁。
(24) 三田谷啓「条件つき賛成」『社会事業研究』第一六巻第一二号、一九二八年十二月、六九頁。
(25) 三田谷啓「予防的の社会事業」『社会事業研究』第二五巻第二号、一九三七年二月、三三頁〜三四頁。
(26) 三田谷啓「人口政策は女性の直接問題」『母と子』第二〇巻第二号、一九三九年二月、二頁〜八頁。
(27) たとえば、「他山の石—婦人生活に関して—」『母と子』第二二巻第一二号、一九四〇年十二月、二頁〜七頁は、ナチス婦人団を紹介し、日本の婦人団体が学ぶべきことを説いている論稿であるし、戦時下に三田谷が書いた一連の論稿にて、たびたびナチス体制を先進的なすぐれたものとして紹介している。
(28) 冨田象吉「新マルサス主義是非に就ての私見」『社会事業研究』第一六巻第一二号、一九二八年十二月、五三頁〜六〇頁。
(29)「座談会　不良少年と遺伝」『社会事業研究』第一七巻第四号、一九二九年四月、三八頁〜四九頁。
(30) 冨田象吉「断種法に就て」『社会事業研究』第二四巻第一〇号、一九三六年十月、三六頁〜四〇頁。
(31) 宍戸健夫「冨田象吉」岡田他編『保育に生きた人々』風媒社、一九七一年、一六六頁〜一八四頁。
(32) 大井蝶五郎「基督教社会事業の現状」『社会事業』第九巻第一〇号、一九二六年一月。
(33) 大井蝶五郎「街頭人の見たる産児制限論議」『済生』第六年第一号、一九二九年一月、二三頁〜三五頁。

(34) 谷川貞夫「新しい日本の社会事業」『社会福祉序説』全国社会福祉協議会、一九八四年、一〇五頁（同論文の初出は一九四〇年）。
(35) 飯沼二郎『天皇制とキリスト者』日本基督教団出版局、一九九一年。
(36) 藤野豊『日本ファシズムと医療』岩波書店、一九九三年、一二七頁〜一四二頁では日本ＭＴＬの「民族浄化」論について論じている。
(37) 竹内愛二「断種法の研究」『社会事業研究』第二六巻第六号、一九三八年六月、一三頁〜二三頁。
(38) 竹中勝男「長期戦下に於ける保健問題の位置考察―優生学から観た戦争―」『社会事業研究』第二六巻第六号、一九三八年六月、一八頁〜二二頁。
(39) 安部磯雄『産児制限論』実業之日本社、一九二二年、八一頁〜一〇〇頁。
(40) 建部遯吾『優生学と社会生活』雄山閣、一九三二年。
(41) 小関光尚「社会事業と優生学」『社会事業研究』第一七巻第一号、一九二九年一月、八三頁。
(42) 大井、前掲稿。

第四章　生江孝之の社会事業観

一、植民地への視点——中国・朝鮮への立場——

一、はじめに

日本では、経済大国を形成するに至った今日においても、戦争責任と植民地支配の精算とを曖昧にしてきた影響が、さまざまな形で表れている。憲法、防衛、教育等さまざまな問題で、民主主義に反する傾向が表れ、国際社会での日本の進路を定めるときにも、自立した動きをとれず、国民が自ら選びとったはずの平和への願いを十分に実現できないでいる。

一方、社会福祉もまた、戦時下の社会事業の戦争協力等の問題を問わないまま、社会事業の再建から社会福祉の成立へと移っていった。制度的にも大きく拡大し、とりわけ一九八〇年代以降の流れのなかで、根本的な変化をみせたかのようである。確かに資格制度、八法改正等多様な動きがあり、外見上は救貧色が払拭され、現代的サービスになったように見えている。

しかし、本質的な部分では、旧態依然の面を残し、むしろ強化さえされている。九〇年代になってマンパワー問題が顕在化したが、社会福祉のマンパワー問題は、高齢化社会のなかでの単なる人的な需給関係の問題ではない。施設経営の前近代性、低賃金重労働を当然視する発想、そして何より社会福祉施設が人権を保障する場になりえていない現実がもたらしたものである。戦前、戦時からもちこしている点を改めて見つめなければ、社会福祉の体質を見極め、根本的に改革することはできない。

朝鮮人従軍慰安婦の問題が端的に示しているように、侵略の傷跡は日本の内外に生々しく残り続けている。社会福祉は、こうした傷跡について無関係ではない。戦前の社会事業は侵略にのって、植民地にさまざまな形で関与した。朝鮮社会事業協会等の組織化、方面委員制度の採用などがあり、民間でも鎌倉保育園のように直接進出する形もみられた(1)。国内でも内鮮融和事業、軍事援護等で、植民地政策の補完をした。社会事業が虐げられた者に目を向ける実践であったとするなら、なぜ植民地に対しては、逆に支配者の論理でのみ行動したのだろうか。朝鮮人従軍慰安婦にしても、戦前活発になされた廃娼運動が、狭い道徳的発想を克服しえず、戦時色が濃くなるにつれて機能しなくなったこととつながっている。

社会事業がさまざまな美名の裏で行ってきた負の歴史を認識せず、政策主導の流れに追随するだけでは、社会福祉を本当の意味での住民参加による生存権保障として発展させていくことはできないだろう。

こうした観点から、社会事業の中心にいた者が、日本の植民地支配にどのような発想で向かっていたかを把握することを目指し、本稿では、「社会事業の父」とも呼ばれ、内務省嘱託、済生会参事・社会部長等、体制側でありつつ、民間社会事業との関係も深い生江孝之を取り上げている。

生江は社会事業への認識が鋭く、当時としてはきわめて的を得た議論を展開し、社会事業の近代化に貢献した(2)。生涯を通じて思想的振幅は少なかったとされ、キリスト教の愛や社会連帯論を基盤としつつ、資本主義社会との関係で社会事業をとらえ、社会事業の体系化に成功し、今日の社会福祉論の先駆となった(3)。学校や講習会の講師、雑誌への執筆、主要団体の役職等、社会事業全体への影響も大きく、とりわけ児童保護により多くの関心を注ぎ、児童の権利にまで言及した先駆性が高く評価されている(4)。その生江が植民地および中国に対して、どのような態度で臨み、どのような働きをしたのかを考察していきたい。

なお、本稿の性格上、中国や朝鮮への差別的表現を含んだ文章をそのまま引用し、「満洲」等、日本の侵略のなかで一方的に使用された語も用いている。

□二、生江と中国・朝鮮

社会事業家として初期の生江は欧米への歴訪や留学に示されるように、目は主に西洋に向いていた。その成果は『細民と救済』において、日本の現状とも対比させながら詳細に報告されているのをはじめ、生江の精力的な執筆、講演活動の土台となった。主著『社会事業綱要』も海外の状況に具体的に触れることで、視野の広い社会事業論を構築している。生江を通して紹介された欧米の社会事業の成果は、わが国社会事業の近代化に大きく貢献した。生江には常に、留学や視察の機会を最大限生かして、欧米から謙虚に学び、それを日本の現実に適応させて、よりすぐれた社会事業を実現させようとする真剣さがうかがえる。

その後もオーストラリア、ニュージーランドを訪問するなど先進地から学ぶ姿勢であり、特にニュージーランドについては、社会保険や社会政策の充実などを根拠に、理想郷として紹介している。

ところが、後期の生江は「私は世界情勢の変化に伴い、又東洋方面の或る種の要求等もあって、後半生の関心を主として満州・支那及び朝鮮によせるようになった」と自身で回顧しているように(5)、中国や朝鮮をたびたび訪問し、中国・朝鮮と社会事業をめぐって深くかかわるようになる。

生江の社会事業の出発点の一つは、生江が神戸について「微力を斯業に捧げ得たる発祥の地であり（中略）保育所と深き因縁を有する」と述べているように、神戸市婦人奉公会による保育事業である(6)。これは、日露戦争の出征軍人家族の児童を保育することを目的とした事業である。奉公会の趣意書に「時局に適切なる行動をなさんとす」とあるように、「銃後の護り」としてすすめられた。

生江はこの事業に、嘱託ではあるが、大きな責任をもって運営に携わる。保育事業は、戦役紀念保育会として継続され、生江も理事として関係を続ける(7)。この保育事業は、日本における保育の先駆的実践の一つであり、評価すべき点も多く、戦争協力として単純に批判すべきものでもない。だが、戦時下とのかかわりで生まれた事業であることも否定できず、生江の社会事業の出発自体がこうした性格をもっていたことには、一応留意してよい。

しかし、本格的に中国・朝鮮と関係するのは、生江が内務省嘱託を経験して、社会事業界にて一定の地位と影響力をもち、実際に朝鮮や中国の訪問を重ね、具体的発言を始めてからであろう。一九二二年には「満洲」に南満洲鉄道社会部の招待により、満鉄従業員のための社会事業に関して赴き、各地での講習会の講師となった。この訪問は「満洲に対し興味をもつにいたり、それが一つの大きな原因となって、晩年に東洋の研究をなすにいたった」と回顧される意味をもった(8)。

一九二三年には内務省を辞し、台湾に招請され、十月に約三週間滞在した。日本女子大関係者らに歓迎されたという。

一九二四年三月には第一回地方改良講習会の講師として台湾を訪問し、総督府幹部の協力のもと、視察、調査を行った。

一九二九年三月下旬から五月初旬にかけては外務省文化事業部の補助により、上海、南京、済南、天津、北京、旅順、奉天等を訪問し、各地で有力者と会見し、調査視察も行った。社会事業視察と麻薬問題調査のため、強く念願しての訪問であった。そのときの見聞をもとにして、いくつかの論文、講演が生み出されている。

一九三五年には日満社会事業連合大会参加のために「満洲」を訪問し、麻薬問題を訴えた。一九三七年には満鉄の招待により、矢吹慶輝とともに社会事業の講習を行い、「満洲」の社会事業を視察し、全部の社会事業を視察し終えたという。麻薬の調査もすすめた。

一九三八年からは在支日本大使館嘱託となる。一九三九年には中支・北支に出張した。一九四三年には大東亜省嘱託として北支・内蒙に出張した。一九四四年には「屍を北京の一角に埋めることは覚悟の上」で、内外の困難のなかをあえて再び中国に渡ろうと試みたが、実現できずに終わった(9)。なお、これら中国への訪問の際しては、経路として朝鮮を通っていることが多い。

このように、戦時色が強まるにつれて中国での活動が目立ってくることと、すでに内務省から退いていたにもかかわらず、個人的な活動にとどまらず、満鉄等何らかの権力機構との関連があることが特徴である。個人的にも「支那及び満州に赴むいた際に於ける、警察講習所の卒業生より受けた恩顧は、非常に尽大なるものがあった。（中略）いかなる大使館・領事館でも、その警察の署長は必ず私と師弟の関係を有する人々であった。それで、警察に関する事項であれば、各大使館・領事館の課長から便宜を与えられ、最も新しい調査をすることができた」と語っている(10)。

長期とはいえない滞在のなかで、視察、調査を最大限にすすめる積極さと意欲はあるが、警察行政の枠内での視察・調査にすぎず、生江のおかれた位置も示している。何度足を運んでも、民衆と触れ合う機会は乏しく、支配者としての日本人に会うばかりである。民衆との接触は列車などの体験が主であり、それも列車が遅れた、荷物が紛失した、といった不快な思い出が強烈に残っている。

三、生江の中国・朝鮮観

生江は部落問題では、部落差別の起源、現状、差別する側に責任のあること等、当時としては的確な理解をもち、差別撤廃の重要性を強調している(11)。生江と同じキリスト教社会事業家のなかには、賀川豊彦や留岡幸助のように、差別的表現や部落問題への理解の不正確さから、今日厳しい批判をまねいているケースもあるが(12)、生江の場合、立場上融和運動の側に身をおき、融和事業を評価し、水平運動への理解は十分ではなかった限界があるとはいえ、そうした余地は比較的小さい。生江は困っている人を自宅に受け入れていたというが、そのなかには朝鮮人が多かったとされる(13)。戦後には日本と韓国の関係が冷えているのを憂い、日韓親善の実現を強く望んでいた(14)。

このように、生江は社会事業家にふさわしく、さまざまな差別を克服しようとする姿勢があり、隣人にも思いを寄せる態度を示した。ところが、中国・朝鮮に対しては、日本人に広くみられる偏見を隠すことなく、むしろより明確に露呈している。

とりわけ、中国の民族性に対して明確な否定的評価を下している。生江は一九二九年の中国訪問の成果として、いくつかの論文を残しているが、そこでは生存本能、生殖本能、所有本能もしくは獲得本能の三つが「支那民族を支配する特徴」との分析を披露している(15)。この三つは、中国の歴史や自然の条件がもたらしたもので「民族性を是非する考へではない」とする。だが、「性欲に直接の関係を有する」とするなど、「欲」にからめて理解され、あるいは「詐欺的行為や小盗的行為の如きについては、日本の常識を以つて考へることが間違であると思はれる。其の獲得本能を充さんがためには、如何なる方法をとるも敢えて辞せないと云ふ性格を持つてゐるのではあるまいか」と根拠の乏しい推測がなされる。中国人の「無学」の理由を「象形文字の影響」とするなど、強引な解釈もなされている(16)。一九二九年の訪問で列車が遅れて不愉快な体験をするが、これも「支那民族性とも云うべきもの」として理解されている(17)。自ら「粗雑なる考察」と謙遜してみせているが、中国民族観はこれを土台にして、「粗雑」を精緻にして負の方向に深められていく。

中国への訪問を繰り返すたびに、「本能」を軸とした中国観が披露されていく。たとえば、「広く国家社会に対する奉仕的観念と之に伴う社会道徳の如きは見出し得ないのである。之れ弱者保護社会福祉の増進を目的とする公私社会事業の勃興発達の如きは得て期し難いのは自然の帰結である」と述べ、「弱者保護、社会奉仕の観念の起り得ないのは自然である。若し起るものありとせば、その多くは打算的若くは求報的動機に基づく」とし、「支那民衆に対する文化工作は、支那自身ではなく支那以外の力に依存せねばならぬ」ので、結論として、「支那に対する軍事は勿論政治経済上の行動及運営に関し、重大なる責任を有する我国が、この問題に対し、新東亜建設の立場よりするも多大の関心を払はねばならぬ」と日本の侵略が中国の利益になると主張している(18)。

この主張の根拠は、中国人の能力が根本的に劣っているとの見解である。生江の民族観はどこまでも一貫しており、「生存本能が単なる生存欲となり、生殖本能が主として性欲と化し、所有本能が主に獲得欲に変ずるに至つた」といった見解をたびたび発表している(19)。

「東亜新秩序建設の途上に於ける社会事業の役割」を語り合う「満支社会事業座談会」では、「支那人ほど自己擁護に力を尽す者はない。多くの支那人は自分を捨て、他の為に尽すと云つたやうな、尊い生存の途を考へて居らない民族だと思はれます。（中略）それに対して性急な日本人が、一体どうしてこの四千年の習性を短兵急に矯すことができるかといふことになりますが、結局これは出来ないといふのが、不幸な結論であります」「支那人は専有すれば自分のものだといふ考が直ぐ起るとのことであります。拾つた物は自分の物、誰か忘れた物を自分が専有すれば、これは自分の物だという考だと云ふ事であります。日本人の所有観念とは非常に違ふ。さう云つたやうな違つた所有観念、私の言葉で云ふならば所有本能が獲得欲に変じた結果だとなります」等、中国の民族性の「劣悪さ」の強調はとどまるところを知らない(20)。

生江がこうした見解を座談会で語るとき、「笑声」がたびたび入っており、生江とともに、笑いをもって受け止める同席の社会事業家、すなわち長谷川良信、高島巌、牧賢一、福山政一といった戦前、戦後を通じて社会事業の一線にいた者たちの感覚も似たようなものであったのだろう。高島は「満洲の婦人は私の見た所では絶対に働いて居りません。唯夫に寄食をしてゐるだけであります」とし、社会事業以前に、社会事業の対象となるよう教育が必要だと主張する。長谷川も「働くことを極端に卑しんでゐます」と述べるなど、類似の発言が散見される。だが、詳細に述べ、全体をリードしているのは生江である。

麻薬の害を説明するときも、「国民は生理的経済的には勿論道徳的に頽敗して遂に支那の復轍を踏むの憂なしとしない」としているが、これは逆にいえば中国が道徳的に退廃していることを自明の前提としている(21)。

「面識なき他人に対しては、多くは無干渉主義の実行者である。それで若し面識者以外の他人の窮乏を救はんとするが如きは、多くの場合求報的か打算的か虚栄心かの外は成丈之に関与せざる方針を常道とする」という、中国人は社会事業をする能力に欠けるというのも、たびたび論及される持論である(22)。生江が指摘するように中国には、欧米宣教師によるキリスト教社会事業以外に、見るべき社会事業が乏しかったのは事実かもしれない。しかし、それは中国人に社会事業の能力が欠如しているからではなく、不安定な国情のなかで、事業の展開が困難であったためと考えられる。

「支那人の一般が不潔に対して極端に鈍感で、日本人より見れば清潔と云ふことを理解しないかと疑はれる点である。被服食物は云はずもがな、街上至る処に痰を吐き又容易に放尿する」「公衆環視の中を平然として糞便する」「漢民族は、遂に不潔に対して意に介さない慣習を助長して一つの民族性を造るに至つた」と人格そのものへの侮蔑さえ投げ付けている[23]。生江は故意に嫌悪感を表明しているのではなく、むしろ悪意なく、自然にそれらの表現が用いられている。そのため、「不潔に対する鈍感の原因」として、北方の民族が南方に移ってきて北方のときの習慣が残ったといったいかにも科学的な説明までしてみせるのである。

台湾については、中国に対してほど露骨な議論はしていない。しかし、第一回地方改良講習会の印象として「同島の統治は第一次的には立派な成功を収めて居る」とし、「蕃地に対する警察行政の如きも逐年良好の成績を示して今や皇威殆んと遍かざるなしと云ふ有様である」と、国家権力の統制が及んでいること率直に喜んでいる[24]。「本島人児童も内地人児童と同様に教育均等の機会を与へることは事実上至難のことであらうが、せめては内地人だけにでも先づ義務教育を実行し就学歩合の増加を計り、又之に対する諸種の施設を講ずること亦頗る急務であらねばならぬ」と差別的取り扱いを説いている。

「台湾は日本の宝庫として、私の関心を非常に喚起した」と回顧している[25]。「宝庫」とは何を意味するのか不明確だが、支配者から歓待され、それを誇っている姿勢からすれば、植民地支配と同様の発想と思われる。

後にも「台湾は産業的方面から云へば云ふ迄もなく日本の宝庫である」と相変わらず「宝庫」視して植民地支配の発想をのぞかせ、「文化的発展を遂げつ、ある」「官力の偉大」「識見の高さに驚嘆せざるを得ない」「偉大な発展」「極めて卓見」「非常なる発達」「歎賞を禁じ得ない」と台湾行政への賞賛が繰り返し述べられている[26]。台湾のかかえる弱点として、わずかに破傷風が多いことを指摘しつつも、衛生や児童保護を評価して楽観視している。

朝鮮についても事情は変わらない。「親族間に於ける依頼心を助長し、各自の独立心を毀損し、変形的氏族制度の病弊と同様共同消費の気分となり、生活苦に陥れば直ちに親族の救助に浴するは当然の事だと考へ、其の救助に甘んずるに至ると共に、一方生活に余裕を生ぜば他の親族の扶助を余儀なくせらる、ため、自ら勤労力行の美風をそぎ、悠悠として唯日々の生活を得れば即ち足るの悪習を助長するに至るのである。それで親族扶養、隣保相扶の如き美風良習として推賞すべき制度も一方に偏倚せるの結果、反て堕民助長の弊害を醸成した」として、朝鮮に「堕民」が多いことを前提とするなかで、その原因を分析してみせ、日本にも同様の傾向が出てきているからと、「官憲に対しても依頼心の強大なる」ことに警告を発している(27)。堕民助長の改善を「内鮮人相互の義務」としているが、朝鮮人側の主体が乏しいなかでは、「義務」とは日本への従属を説いているに等しい。

乳幼児死亡に関して、朝鮮の乳幼児死亡の統計の不自然さを指摘する論旨自体は興味深いものであるが、統計の誤りの原因を「未婚者を卑下するの風と、子供の死亡を特に軽視するの風習」として、朝鮮人の不道徳さに求めている(28)。朝鮮農村の厳しい状況をそれなりに認識しているものの、原因を現に統治している総督府ではなく、李氏朝鮮末期の政策に求めている。逆に総督府の施策を社会改善とみなしている。朝鮮の社会事業については、それ自体を評価する前に、皇室の下賜金によってなされていることを強調している(29)。朝鮮への国策の焦点の一つとして「思想の善導及び取締」をあげているが(30)、独立運動が激しく展開され、無数の犠牲者を出した一九一九年(31)以後における「思想の善導」とは、日本に黙って従う朝鮮人の育成にほかならない(32)。

朝鮮人について「おしなべて民族としての趣味教育に欠けてゐる様に思ふ」とも述べ、あるいは民族衣装が純白であることを持ち出して、「趣味教育に欠けてゐることも、又芸術教育に乏しいとも云へる」と決めつけている(33)。

生江は「日韓併合以来、半島に於ける総ての旧制度は改廃せられた。即ち特権階級の両班より常民賤民に至るまで凡て差別的待遇は撤廃された」と、韓国併合を積極的にとらえているが、朝鮮人の内部での差別が緩和されたとしても、日本人と朝鮮人という大きな差別が生じたことは見えていない(34)。

こうした植民地支配を当然視する発想から、「満洲」に関して「日本の移民は国策的に之をやらなくてはいけない」「満洲以外に日本人の行くべき処はない」と断定する(35)。満洲移民の根拠は、日本の農村は、耕地面積の狭さ、水田中心、高税率、保健状態の低さなどの理由から自力更生困難とのことである。賀川豊彦が農村の荒廃に対して、農民運動と立体農業の提起によって打開の道を探ろうとしていたのと対比しても安易な策である(36)。しかも、「満洲」が寒冷で農業が容易でないこと、日本人の生活様式に適していないことを認識しつつの結論である。

日中戦争後、「支那事変勃発以来挙国一致堅忍持久の精神の下に渾然一体となつて最後の勝利を獲得し以て東洋永遠の平和を確保せんとの意気、全国民に充実し横溢しつ、あるは正に我が帝国の誇りであつて又実に鞏固なる偉力の源泉である」と述べるのも(37)、そう言わざるをえなかったというよりも、生江の民族観からすれば、当然出てくる考えであった。

さらには、「彼等宣教師の中には時に自国の侵略的植民政策に便乗し、意識的にその手先となり、若くは更に進んで帝国主義国権の擁護者として正々堂々思ふが儘に悪辣な活動を持続したものはないであらうか」とするのは、生江がキリスト教徒であり、宣教師の影響でキリスト教に導かれ、宣教師の通訳をたびたび務めるなど交流も大きかったことからすれば、いくら「鬼畜米英」の時代とはいえ、あまりに過剰ではないか。生江も「崇高な宣教師」の存在は認めているが、その背後に宣教師を悪用して権益拡大をもくろむ「侵略的な帝国主義策謀」があると非難する(38)。確かに、欧米のキリスト教会による宣教活動が侵略とセットでなされ、民衆の圧迫につながったケースは珍しくない。中国に関しても例外ではなかろう。しかし、宗教や社会事業を利用して侵略をすすめたのは、むしろ日本にそのままあてはまるし、ひいては、中国・朝鮮に関心を向け、関与してきた生江自身も該当するといわざるをえない。

四、麻薬中毒者問題

生江が社会事業の育成・指導と並んで、あるいはそれ以上に情熱を捧げた事業は麻薬中毒者救済である。「昭和の初頭から私の心情に一大変化が生じた」とのことで、麻薬中毒者救護会を設立したのをはじめ、麻薬中毒者救済に熱心に取り組んだ(39)。

一番ヶ瀬康子によれば、生江は日本女子大の最終講義でしばらくとどまることのない涙を流して「中国で麻薬の密売業者をしている日本人たちがいる。ところが、日本人は治外法権であるため、中国の官僚はそれをとりしまれない。それをいいことにして、その大罪を平気でおかしている。私は同じ日本人として、その罪をつぐなわなければならない。それこそ私の人生をかけてもやるべきことだと思う」と語り、麻薬患者の悲惨さを訴えたという(40)。私財を注ぎ、研究調査にも尽力するなど、その取り組みは生半可ではなかった。一九三〇年代の生江の中心課題であり、「一社会問題」と強調されている(41)。社会事業家としての生江が、社会事業の総合的な分析や紹介にとどまることなく、隣人の具体的問題の解決をも目指そうとした良心の表れであり、生江の人物的なスケールの大きさも表している。

戦後になってもなお、麻薬問題を気にかけ、麻薬中毒者救護会を再建しようと試みたが果たせなかった(42)。こうして生江の生涯に大きい比重をもった麻薬問題は、事実上は中国・朝鮮に関する問題でもあった。そのため、生江の中国・朝鮮への姿勢を示す形にもなっている。

一九三三年に麻薬中毒者救護会なるものを設立するに至って麻薬問題への取り組みが本格化するのであるが、それは「かゝる悲惨な状態の下に、朝鮮人麻薬中毒者を其の儘暴露して敢て省みざる如きは人道的、保健的立場よりも到底忍ぶべからざるの問題と考へたからである」と述べているように(43)、中毒者の中心は国内の朝鮮人であり、ひいては朝鮮半島の問題であった。

保護会を担ったのも、賀川豊彦との交流でも知られる医師の馬島僩と、趙晟基という朝鮮人であり、一九四三年に閉鎖した理由の一つは収容の対象となる朝鮮人がいなくなったことであった。

生江によると、麻薬中毒者が「内地在住地朝鮮人中には五六十万人の中で一万近く存在してゐる」とされ、なかでも大阪では「大阪在住朝鮮人は約二十万であるがその中でも麻薬中毒者は一時四五千に達したと称せられてゐる」というほど、一刻の猶予も許されぬ深刻な事態をひきおこしていた(44)。

朝鮮での麻薬対策について、生江は総督府の対策をおおむね肯定する見解をとり、「我等は総督府の真剣なる努力に深甚の感謝敬意を表すると共に、我に於てもその良範に倣ふて官民協力挙国一致、之が撲滅に最善の努力を払ふべき」と、総督府の方策に学ぶべきことを強調している。さらに、保護会の活動に関して、総督府からの援助を得ようとして、総督に面会するなど尽力するが、直接の援助を得るには至らなかった。

「朝鮮人と云えども同じく日本人であり陛下の赤子である」と述べていることからしても、日本の植民地支配を全面的に肯定したうえでの活動であることは明らかである(45)。「我国と併合するに及んで政府は極力阿片及び其の吸喰者の根絶に力め、之に対する種々なる方策を講じた。大正三年阿片吸喰禁止に関する訓令を発し、之が根絶を励行した。その結果朝鮮半島に於ては遂に阿片吸喰者の根絶状態を見るに至つた」といった表現からは(46)、麻薬に限定してのことではあるが、韓国合併が朝鮮にとってプラスであったことが強調されている。

「内鮮融和の精神も事実少からず阻止されるであらう」と麻薬問題を「内鮮融和」の観点からも説いている。大阪での大阪内鮮協和会の活動も好意的に紹介している(47)。「内鮮融和」は、朝鮮人を日本の国家目的に動員する政策であり、協和会も其の目的のための組織である。表面上保護救済を掲げつつも、実質的には日本人への同化を強要し、朝鮮人を統制、抑圧する組織であった(48)。「内鮮融和」それ自体が朝鮮人の立場から遊離した存在であり、「内鮮融和」と絡めることによって、すでに朝鮮人の立場から離れている。

ただし、「朝鮮民族の立場より考へて極めて関心事」というように、「朝鮮民族」の立場も理解しているようにも見える(49)。だが趙晟基までが「日鮮融和が本質的に少しでも進んでゐないと云ふことは、この犯罪に負ふところ頗る大きいと思惟いたします」として、「内鮮融和」を打ち出す形で麻薬問題を訴えている(50)。麻薬問題への関心を広めるためには、国策に乗る形をとらざるをえなかったにせよ、底に流れる思想は、「融和」をすすめて摩擦を緩和することである。

社会問題を熟知している生江は、「賃金の低廉その他の問題で、労働問題を起し易く、又生活様式を異にするために社会問題をも惹起しやすい」と、麻薬が社会問題と関連していることへの認識を示している(51)。ところが、生江には、労働問題等と麻薬との関係を追求し、麻薬問題の構造を本質的に把握することのできる能力があるにもかかわらず、社会性はそれ以上深められていない。

むしろ、「悪辣な朝鮮人が日本の医者や薬剤師と結託して、朝鮮人の麻薬中毒者を製造したと云ってよいものであった」と、朝鮮人のなかの首謀者が強く非難される(52)。現象的にはそうであったとしても、加害者であるにしろ、被害者であるにしろ、朝鮮人が国内に多数滞在することになってしまった状況自体が、そもそもの原因である。加害者もまた、植民地支配の被害者でもある。「支那内地に於て日本人の多数が麻薬の密造に半島人の大部分が密売に従事しつ、ある」と、中国での麻薬問題まで朝鮮人に責任の多くを求めている(53)。

朝鮮人が麻薬に走る理由についても「胃腸疾患か若しくは性欲亢進の目的のためである」と皮相的な見方にとどまっており(54)、生活実態や精神状況を考察する視点には乏しい。馬島僴がまとめた麻薬中毒者の手記には、多数の朝鮮人が掲載されている(55)。そこには来日―就職―病気―麻薬というひとつのパターンがあり、朝鮮人に強圧的にふりかかっている社会構造がもたらしていることは、麻薬救済家自らが明らかにしている。

朝鮮以外についても見解は大差ない。台湾について政府が「撲滅の為に多大な力を尽した」ことを評価している。そのうえで「台湾に於ける阿片吸喰者の防止運動は世界無比の好成績であ」り、「阿片問題も台湾に関する限り遂に解消するに至るべき」と楽観的見通しが語られる(56)。

「満洲」については「日満両国の感情」を強調している。「満洲帝国と又更に北支との関係日に親密を加へ、三国間の交通逐次年頻繁となるの現時」を麻薬対策の理由として挙げ、「満洲」政策を円滑に遂行するうえでの妨害物としての麻薬問題をとらえている。

中国の麻薬については、国際的な麻薬問題の焦点あると認識し、「支那国民ほど阿片その他の麻薬のために悩まされた民族はない」と同情する。「遺憾ながら支那にモルヒネ、ヒロイン、及びコカインを密輸出してをる」と日本の責任も認め、この現状に政府も社会も真剣に考えるべきことを述べている。さらに「租界撤廃、不平等条約廃止の問題にまで進んで行かねばならない」と中国の主権の回復の重要性を説く。ところが、「支那民族は私の見聞の範囲を以てしては世界の幾多の民族に比して、殊に獲得本能の最も強烈に働く民族であると思ふのであるが、この本能が依然として働く限りに於てはやはり贈賄、収賄、利益のある所には何者をも抵抗が出来ない状態に置かれる事今後も猶ほ又依然として同様であるならば、結局如何なる立法や如何なる条約が、締契されても、各人の獲得本能を充たさんとする要求が、結局内政的に外部的に不正な行為を行はしめて、その目的を達し得ないやうになるではなからうか」と、ここでも中国の「民族性」の劣悪さに解決困難の理由を見出し、「民族性」の変革を求めている(57)。中国の麻薬問題がイギリスはじめ強国のエゴで深刻化した歴史を熟知している生江は、なぜ麻薬にまで「民族性」にこだわるのか。「獲得本能」で動いているのは、麻薬で不当な利益をむさぼって恥じないイギリスや日本である。

しかも、戦時下になると、もともと英米人によってはじめられた麻薬が「製造も輸入も、日本人に依て掌握せられつゝある」ことを嘆き、「一大恥辱」とし、日本人に責任のあることを非難してはいる。だが、日本人の麻薬関与を問題視しなければならないのは、麻薬が「(皇道楽土の―筆者注)建設途上に於ける大なる障碍」になっているためである。日本人による中国人への人権侵害としての視点には欠け、日本の中国侵略の円滑な遂行が、麻薬問題の解決の目的となっている(58)。

「麻薬の惨害より我が大和民族を救ひ得る」と、個人の救済より民族全体をとらえた表現も現れてくる(59)。これでは、麻薬での一人ひとりの苦しみに共感し、手を差し伸べていく態度にはほど遠く、社会事業の視点からも逸脱している。

太平洋戦争下にあっては、「過去に於て之が解決上如何なる難関が横はって居つたにもせよ、南方全域に渡つて皇道楽土を建設せんとする皇国の大精神の前には如何なる難事も之を粉砕して尚余力あるべきと信ずるを以て、この精神さへ充実せば最近数十年間の国際阿片会議の各国微妙なる利害関係を異にするの故を以て単なる宣言勧告に壓したるに比すれば、絶大なそして徹底的な結果のあるべきは、素より明らかである。況んや香港、昭南島、ボルネオ等の如き疾に我が皇軍の征服下に在り、そして今や正に建設途上にあつて、隆々たる興復が明日に約束せられつゝあるの際なれば、斯る好機を逸する事なく一大英断の下に阿片吸飲に関する禁止令を公布すべきは正に天の時を得たるものと信ずる」と、東南アジアへの一連の侵略を、麻薬問題の解決の道とし、生江のライフワークもついに侵略の便法と化している(60)。生江が戦争肯定なのは、生江の立場や当時の状況からしてやむをえないとしても、その素地は、麻薬問題への視野の弱さとして当初からもっていた。

生江が人道的な立場から麻薬に関心を寄せたことは疑えず、業績も大きい。一番ヶ瀬康子は、生江が戦時下にあってもなお日本人の罪を語り、その罪も社会的な広がりをもたせつつわがこととして受け止めていたとする(61)。確かに、日本の恥部をさらけだして、人権の確立を目指そうとしている。しかし、生江の中国・朝鮮への認識の浅さが、麻薬問題への認識も浅薄にし、個別的救済や部分的な対策を提起するにとどまり、抜本的な解決を見通すことができなかった。

五、おわりに

生江は体制の内部にいた人物であるから、体制の枠内での発想しかもてないのは避けられない面がある。立場上、政策批判にも限界があった。しかし、思想の揺れが少ないと評される生江は、植民地侵略の受容と、中国・朝鮮の民衆への蔑視の点でも変化なく、蔑視的発想のもとで社会事業を続けた。これは生江個人の内面的問題ではなく、社会事業の体質でもある。

生江と同じキリスト教社会事業家をみても、たとえば山室軍平は「満洲」や朝鮮を七回にわたって訪問し、その感覚は日常的な「転戦」や国内への「出陣」と同じ意識であったことが指摘されており(62)、山室が日本の侵略を当然の前提として受け入れていたことが示されている。山室の指導する救世軍は、植民地支配に合致する形で、台湾での社会事業や戦地での活動がなされている。

賀川豊彦について佐治孝典は、台湾の住民を「蛮族」と呼び、朝鮮人に対して支配者からの感情しかなく、「満洲」の支配者と友好的で、戦後になってもなお「満洲」支配を美化していたことを指摘している[63]。キリスト教社会事業家の場合、キリスト教会が侵略に肯定的姿勢をもっていたこととの関係もあるが、社会事業家として加担した面も大きい。もとより社会事業政策全体が植民地支配を推進する形で動いており、生江もこうした流れのなかにあって、追随するしかなかった。

生江も、次男の健次がフィリピンの戦場で餓死し、痛切な悲しみに沈むことで、侵略の被害を直接受けることになる。健次は、一九三一年頃日本共産党に入党し、その後逮捕、起訴され、一審、二審では実刑判決を受けるなど（大審院で執行猶予に減刑）、生江を悩ませるのだが、生江は冗談で健次に実子ではないと言ったことが、健次の左翼活動の原因になっているとして苦悩している。だが、健次が日本共産党について「共産主義社会ノ実現ヲ企図スル非合法ノ結社テアツテ尚我君主制ノ廃止ヤ私有財産制度ノ否認等ヲ目的トスルモノテアルコト」に「共鳴シテ加入」したこと[64]は重視していない。健次の行為は、社会事業家としての生江の限界の反映ではなかったろうか。

生江が見せた国際的視野と人道主義は、純粋にその視点をすすめるなら、日本の植民地支配を間接的に批判し、おしとどめる効果をもつはずだった。逆に社会事業の立場から侵略と植民地支配を促進する形になり、人道的装いがあるだけに、かえって危険性が大きかった。しかも、単に政策的観点にとどまらず、差別的発想をも拡大させた。

社会事業が戦争協力に走ったのも、生江のような土台があったことと関連がないとはいいきれない。科学的知識と純粋な人間性をもちつつ、国家の誤れる方向に埋没する姿は、戦後になっても明確に克服されることがなかった。それゆえ、社会福祉の体質のなかになお潜んでいても不思議ではない。

国際化といわれるなかで、社会福祉でも国際性が注目されている。だが、今なお侵略下での人権侵害が指摘され続ける国が、国際的に社会福祉に貢献できるのだろうか。侵略の路線上に社会事業もあったことを認識し、社会事業の弱さを把握してこそ、日本の社会福祉が、世界での評価に耐えうる力を持つことができるようになるのではないか。

注

(1)愼英弘『近代朝鮮社会事業史研究』緑蔭書房、一九八四年。
(2)吉田久一『日本社会福祉思想史』川島書店、一九八九年、四五五頁。
(3)市瀬幸平「キリスト教と社会事業―生江孝之の社会事業論―」『関東学院大学人文科学研究所報』第四号、一九八一年。
(4)岡田正章「生江孝之―児童福祉学の論理的高揚と実践」、岡田他編『保育に生きた人々』風媒社、一九七一年。
(5)生江孝之『わが九十年の生涯』生江孝之先生自叙伝刊行委員会、一九五八年、一七四頁。
(6)生江孝之「三十年前の回顧」、松室一雄編『三十年を顧みて』戦役紀念保育会、一九三五年、一八四頁。
(7)「生江孝之と保母たち」『福祉の灯』兵庫県社会福祉協議会、一九七一年。
(8)『わが九十年の生涯』、一七八頁。
(9)前掲書、一八三頁。
(10)前掲書、一二三頁。
(11)生江孝之『社会事業綱要』厳松堂書店、一九二三年、二二三頁〜二二七頁。
(12)『資料集「賀川豊彦全集」と部落差別』キリスト新聞社、一九九一年。藤野豊「留岡幸助と部落問題」、部落解放研究所編『論集・近代部落問題』解放出版社、一九八六年
(13)一番ヶ瀬康子「生江孝之の生涯と業績」『生江孝之集』、四〇五頁。
(14)『わが九十年の生涯』、一九〇頁。
(15)生江孝之「支那民族性に関する一考察」『社会事業』第一三巻第三号、一九二九年六月。
(16)生江孝之「支那に於ける教育と宗教及び華僑の問題」『社会事業』第一三巻第六号、一九二九年九月。
(17)『わが九十年の生涯』、一五五頁。
(18)生江孝之「支那及び満洲に於ける欧米キリスト教団の教育及び社会事業の活動に就て」『社会事業』第二三巻第八号、一九三九年十一月。
(19)前掲論文、一〇頁。
(20)「満支社会事業座談会」『社会事業』第二三巻第八号、一九三九年十一月。
(21)生江孝之「銃後の護りと其の後に来るもの」『済生』第一五年第一号、一九三八年一月、一五頁。

(22)生江孝之「華北社会事業の実質と批判」『厚生問題』第二七巻第一〇号、一九四三年十月、六頁〜七頁。
(23)生江孝之「支那の保健状態を瞥視して」『済生』第六年第六号、一九二九年六月、二一頁〜二三頁。『同仁』第三巻第八号、一九二九年八月、一八頁〜一九頁。
(24)生江孝之「台湾社会事業私見」『社会事業』第八巻第二号、一九二四年五月。
(25)『わが九十年の生涯』、一二〇頁。
(26)生江孝之「台湾に於ける保健設備の瞥見」『済生』第七年第一一号、一九三〇年十一月。
(27)生江孝之「朝鮮民族と扶養関係」『社会政策時報』第五〇号、一九二四年十一月、一九七頁〜一九八頁。
(28)生江孝之「朝鮮に於ける乳児死亡率に対する疑問と考察」『生江孝之君古稀記念』生江孝之君古希記念会、一九三八年。
(29)生江孝之「朝鮮の社会事業」『社会事業』第八巻第七号、一九二四年十月。
(30)生江、前掲論文、三四頁。
(31)一九一九年の三・一独立運動には、キリスト教徒の参加が多かった点も、同じキリスト者である生江との関連では注意しておくべきであろう（姜渭祚『日本統治下朝鮮の宗教と政治』聖文舎、一九七六年。閔庚培『韓国キリスト教会史』新教出版社、一九八一年など）。
(32)朝鮮での日本の植民地支配を一九一九年を区切りに、以前を武断統治、以後を文政統治と区分するが、天皇制支配のもとでの本質に違いはない。
(33)生江孝之「朝鮮の児童問題」『婦女新聞』第一三七六号、一九二六年十月、四頁。
(34)生江「朝鮮民族と扶養関係」、一九三頁〜一九四頁。
(35)生江孝之「日本農村の特異性を検討して満洲移民問題に及ぶ」『生江孝之君古稀記念』。
(36)『賀川豊彦全集』第一二巻、キリスト新聞社、一九六二年。
(37)生江「銃後の護りと其の後にくるもの」、一一頁。
(38)生江孝之「華北に於ける欧米宣教師団経営の社会事業」『厚生問題』第二七巻第一一号、一九四三年十一月。
(39)『わが九十年の生涯』、一五一頁。
(40)一番ヶ瀬康子「生江孝之—社会事業一筋、九十年の結論—」、一番ヶ瀬他編『人物でつづる近代社会事業の歩み』全国社会福祉協議会、一九七一年、一四一頁。
(41)生江孝之「偉人待望—麻薬中毒者救済—」『婦女新聞』第一八〇二号、一九三四年十二月、五頁〜六頁。

(42)『わが九十年の生涯』、一九〇頁。
(43)生江孝之「麻薬中毒者救護問題に就いて」『婦人新報』第四四〇号、一九三四年十一月、一二頁。
(44)生江孝之「麻薬中毒者救護問題に就いて」『社会事業と社会教育』第七巻第六・七号、一九三七年六・七月、二六頁。
(45)『わが九十年の生涯』、一五六頁。
(46)生江「麻薬中毒者救護問題に就いて」『社会事業と社会教育』第七巻第六・七号、二〇頁。
(47)生江「麻薬中毒者救護問題に就いて」『婦人新報』第四四〇号、一〇頁。
(48)樋口雄一『協和会』社会評論社、一九八六年。朴慶植『天皇制国家と在日朝鮮人』社会評論社、一九八六年。
(49)生江孝之「麻薬中毒者救護問題に就いて」『社会福利』第一九巻第一号、一九三五年一月、四六頁。
(50)趙晟基「悪罵を潜りて厭重に耐えて」、馬島僴編『麻薬中毒者と哭く』亜細亜政策研究所、一九三五年。
(51)生江孝之「麻薬中毒者救護問題に就いて」『婦人新報』第四四〇号、九頁。
(52)『わが九十年の生涯』、一五七頁。
(53)生江孝之「南方建設と風教問題」『厚生問題』第二六巻第一二号、一九四二年十二月、二四頁。
(54)生江孝之「麻薬中毒者救護問題に就いて」『社会事業と社会教育』第七巻第六・七号、二七頁。
(55)『麻薬中毒者と哭く』。
(56)生江「麻薬中毒者救護問題に就いて」『社会福利』第一九巻第一号、四四頁〜四五頁。
(57)生江孝之「支那と阿片問題」『社会事業研究』第一七巻第八号、一九二九年八月。
(58)生江「南方建設と風教問題」、二三頁〜二四頁。
(59)生江「銃後の譲りと其の後に来るもの」、一五頁。
(60)生江「南方建設と風教問題」、二六頁。
(61)一番ヶ瀬康子、前掲論文。
(62)坂口満宏「山室軍平―万国本営への旅」、同志社大学人文科学研究所編『山室軍平の研究』同朋社、一九九一年。
(63)佐治孝典『土着と挫折―近代日本キリスト教史の一断面―』新教出版社、一九九一年。
(64)「生江健次予審訊問調書」『運動史研究三』三一書房、一九七九年。

二、部落問題認識について

一、はじめに

融和運動の展開にあたっては、社会事業がさまざまな形で関与し、あるいは利用された。中央社会事業協会に融和事業部がおかれたのはその典型であるが、社会事業家や方面委員の融和運動への動員、融和事業としての隣保事業など多様な形がみられた。姫井伊介のように、社会事業、融和運動双方で大きな実績を残す者もいた(1)。社会事業と融和運動が共通の対象をかかえていることや、ともに社会の矛盾のなかで生活困難をかかえた者にアプローチする点でも類似する面をもっていた。

したがって、社会事業と融和運動とは、相互に研究を深めることなしには、その歴史像を的確に把握することはできないはずである。融和運動の性格を理解するためには、社会事業の側が融和運動をどうとらえていたのかを知ることが不可欠の課題となるであろう。

そこで、ここでは社会事業界の代表的人物であるとともに、融和運動にも関心を寄せた生江孝之に着目してみたい。生江は一九〇〇年頃から社会事業に関心をもちはじめ、社会事業の形成から戦時下、さらには戦後の社会事業再建まで社会事業にかかわり、中央社会事業協会評議員をはじめ、社会事業団体の役員を務めた(2)。内務省嘱託、天皇制による慈恵の典型である済生会の参事・社会部長、愛国婦人会顧問など、天皇制イデオロギーを社会事業を通じて貫徹させる役回りを演じつつも、海外社会事業の紹介と近代的な社会事業の理論化にも努力した。執筆した著述は七百をこえるといわれ、日本での戦前の社会事業論の一つの到達点である『社会事業綱要』をまとめた。

キリスト者として人道的な姿勢が鮮明であり、保育や児童保護など個々の実践にも関心が深く、晩年には麻薬中毒者救済にも力を注いだ。筆者はあまり好まない表現だが、「社会事業の父」とも称されている。人間的には、敬虔なクリスチャンとして信仰心に篤く、人格的にもすぐれていたという(3)。教育者としての力量の高さは、生江のもとから数多くの社会事業家が育って、戦後の社会福祉の発展に尽くしてきたことにも表れている。

筆者はかつて、生江が中国・朝鮮に対して差別的視点をもっていたことを指摘した(4)。それはあくまで生江の社会事業への功績と人道主義的姿勢を前提としたうえでの指摘である。人道主義的姿勢は融和運動への関心にもつながり、差別撤廃への発言を繰り返している。社会事業と融和運動をつなげた良心的側面をもった人物であるといってよいだろう。生江の融和運動論を見るなかで、社会事業と融和運動との関連と、社会事業の側の本質的限界について考えることは、融和運動の社会的性格や歴史的限界をも明確にしていくものと考える。

二、社会事業論における融和運動の位置

生江は社会事業の理論家として社会事業の体系化に努めた。学問的にすぐれた水準に達したとはいえないまでも、海外の社会事業を消化して現場のあるべき姿を説き、日本の社会事業の現実については実証的に解明して、改善へ向けての具体的提言を惜しまなかった。幅広い関心は融和運動にも及び、著述のなかでは融和運動にもたびたび触れ、生江の社会事業論の特色ともなっている。

生江の主著は『社会事業綱要』である。同書は日本での社会事業の最初の専門書ともいわれ、内容や編成を一部訂正しつつ、三版を数えた。訂正内容は単にデータを新しいものに変えるだけではなく、社会事業の発展のなかで根本的な検討

が加えられている。そのため、訂正された内容は、それぞれの時期の社会事業の反映にもなっている。

初版（一九二三年）では第一編の総論で社会事業とは何かを論じ、第二編の各論で社会事業の個々の分野について解説している(5)。第四章に社会教化事業が位置し、そこに地方改善事業を含めており、「部落の起源及沿革の大要」「部落民の分布」「改善施設と無差別待遇」の項がおかれている。社会教化事業にはほかに、隣保事業、売春問題、禁酒問題などが含まれている。いずれも、生江が関心を寄せ、積極的に発言を重ねてきた分野である。今日の社会福祉の感覚からすると社会教化事業は社会事業の諸分野のなかで、必ずしも中心的ではない印象をもつが、生江の社会事業論のなかでは積極的にみているのである。地方改善事業が社会教化事業に含まれているのは、それ自体は融和運動を社会事業の傍流に置いて軽視していることを全く意味しない。

『社会事業綱要』はその後二度にわたって改版されるが、改訂版（一九二七年）では、「地方改善事業」と名称はそのままで、内容的には「部落の起源及沿革の大要」「改善施設と無差別的待遇」「水平社運動」の三つの項目が記述されている(6)。初版にあった「部落民の分布」は内容的には引用されているデータもそのままで、「部落の起源及沿革の大要」の一部に入り、「水平社運動」が新たに加えられている。

三訂版（一九三六年）ではそれまでの「地方改善事業」の名称が融和事業に変わっただけで、全体のなかでの基本的な位置は一貫している(7)。「少数同胞の起源及成立の事情」「改善施設と差別撤廃」の二つの項目になり、「水平社運動」は「改善施設と差別撤廃」の後半で簡略に触れているだけになっている。部落の起源論はほとんど変化はなく、変化しているのは、融和運動や融和事業の進展に伴う記述であり、新たな動きを記して「融和事業完成十箇年計画案」も引用されている。

『社会事業綱要』と並ぶ生江のもう一つの主著は『日本基督教社会事業史』（一九三一年）である(8)。同書はキリスト教が社会的視野を最も高揚させた時期を背景として、資本主義との関連で社会事業をとらえる視点を鮮明にさせ、キリスト教が社会運動に積極的に取り組むべきことを訴えるなど、生江の著作のなかでもとりわけ社会性が明確である。

キリスト教社会事業家の実践を分野ごとに詳細に紹介しているが、融和運動の項目はないし、「教化事業」の項はあるけれども、そこでは融和運動は取り上げられていない。

これは、紹介するほどのキリスト教徒による融和運動の事例がないということであろうか。確かに、社会事業でのキリスト教社会事業の活発な実績に匹敵するほどのものはない。しかし、被差別部落への伝道や三重県で部落改善事業を行った竹葉寅次郎のように皆無であるわけではない(9)。キリスト教のなかでも組合教会の社会事業関係者を紹介した『福音の社会的行者』では「融和事業」の章があり、河本乙五郎、金森通倫、赤堀郁次郎、河村五十鈴、家野猛之、清水要三郎、小泉信太郎について紹介している(10)。『福音の社会的行者』は『日本基督教社会事業史』の約六年後の発行であり、『福音の社会的行者』掲載の事跡のうちのいくつかは『日本基督教社会事業史』発行後の活動だが、組合教会だけでもこれだけあるのだから、部落とのかかわりが大きかったという聖公会をはじめ、他の教派にも広げれば、さらに見出せるであろう。留岡幸助についても彼のさまざまな活動を詳細に紹介しているが、融和運動については「融和事業」とわずかひとこと、触れているにすぎない。

生江は「部落民に対し全然無差別平等を実行し且つ進んで之が徹底的宣伝を試むべきは基督者の任務ではなからうか、吾人は我邦現時の社会状態に鑑みて基督者を要するの事業他に幾多あるを認むるも、此の種事業の如き亦確かに基督者の為すべき大使命」と述べて、キリスト教の立場からの融和運動の取り組みに期待していた(11)。この立場からすれば、「大使命」を実行していたかどうかは主要な関心事と思われるのに、『日本基督教社会事業史』に記述がないのは、「キリスト教社会事業」をキリスト者によって設立された施設を中心にして狭義に解し、信仰から一歩離れた活動や行政内部でのキリスト者の活動などは扱っていないことによるのであろう。したがって、ハンセン病療養所のキリスト者の医師や看護婦なども記載がない。

つまり、『日本基督教社会事業史』では、融和運動は何ら深められないで終わっているが、生江の融和運動への軽視を意味しているのではない。一九三五年のキリスト教社会事業史についての論文でも、キリスト者による融和運動の事例には触れていないものの、融和事業について「基督者の主張とその教導に待つもの」としているように、キリスト者による融和運動の活発化に期待を寄せている[12]。

生江が社会事業と融和運動との関係を直接説いたのは「社会事業に於ける融和事業の地位」（一九二七年）である[13]。これは『中央融和事業協会会報』『融和時報』に掲載されるとともに、中央融和事業協会より、融和資料第七輯として刊行されている。ここでも、社会教化を「倫理的、人格的及び環境的矯正を目的として個人若くは団体を保護向上せしむるの事業」と定義づけたうえで、融和事業は社会教化事業の中に属するとしている。

『部落問題事典』では、「社会事業」の項（執筆者・近藤祐昭）で、社会事業と融和事業との関係を説明するにあたって、この論文からの引用を行っている[14]。近藤がこの論文からの引用を行っているのは、生江が社会事業界の代表的人物であり、この論稿が社会事業と融和運動とを関連づけようとした稀有なものであるためでもあろう。ただし、題名ほどには両者の関連を追及してはおらず、社会事業にしろ融和運動にしろ自己の従来の見解を並列して述べているにとどまっている。

『社会教化事業概観』（一九三九年）では、隣保事業、小集団中心の文化運動、矯風運動、禁酒事業、其他の教化事業と国民的運動（戦時協力の活動など）と並び、融和運動を一つの柱として取り上げており、この基本線は『社会事業綱要』（初版）以来、終始変化していない[15]。融和事業は約七十頁あり、これは各章のなかで最も多い分量であり、量的には非常に重視されている。融和運動についての以前のとらえ方との明瞭な変化は、国家総動員体制を支えるための融和運動という視点が現れていることである。「新東亜建設の使命」のために融和を実現させて国家の総力を増大させるべきだというのである。

もっとも、『社会教化事業概観』を実際に執筆したのは谷川貞夫のようであるから[16]、生江がどこまで真剣に、融和運動を戦争遂行とからめようとしたのかは不明な点もあるが、論旨の基本的な枠組みは生江を踏襲していると思われるので、生江もまた、当時の融和運動の流れそのままに、融和運動を国家目的のもとにおこうとしていたといってよい。

以上のような生江の融和運動論で共通している社会教化事業の一つとしての融和運動という理解は、必ずしも生江特有の議論ではない。一九一八年に設置された救済事業調査会は調査項目として「教化事業」に「細民部落ノ改善」を含め、それを発展させた社会事業調査会の答申では社会教化事業の体系の一つとして融和運動に触れている。中央社会事業協会による『全国社会事業名鑑』（昭和二年版、昭和十二年版が発行されている）では教化事業のなかに融和事業を入れている。内務省社会局による『社会事業概観』（一九二九年）も社会教化に含めている。融和運動が社会教化事業の一部とするのは、むしろ社会事業界での常識的なとらえ方となっている。しかし、すべての社会事業の分析がそうであったわけではなく、内務省による『本邦社会事業概要』（一九二六年）では社会教化とは別の一般的施設のなかに融和事業が掲載されている。各年の『社会事業統計要覧』では融和事業は「社会事業助成竝ニ資金」の項に独自に掲載されている。そもそも社会教化事業を社会事業の一分野とすることに疑問をもつ見解もある[17]。

生江の場合、融和運動や水平運動が活発化する以前の部落改善事業の段階ですでに積極的で明確な位置づけを行っている。生江が社会事業の分野としてあげているのは救貧事業、医療的保護、経済的保護事業、児童保護事業である。社会事業が貧困対策を軸に発達してくるなかにあっては、救貧事業や児童保護があげられるのは当然であって、あえてあげている社会教化事業の位置は大きい。そこに生江独自の人道的観点を持ち込むことで、社会事業としての融和運動の観点を提示している。

このように社会教化事業の一つに位置づけるのは、単に形式の問題ではなく、生江の融和運動理解とも深くかかわっている。生江は隣保事業を融和に必要な施策として認め、位置づけようと試みているし[18]、保育所での実践例を模範的事例としてあげており、社会事業施設による融和運動の遂行に消極的であったわけではない。しかし、より重視したのは、「文部省に於ては厚生省に比し、更に一段真剣なる努力を以て之に当らねばならぬ」と、教育機関の動員とともに、中央教化団体の動員を説いているように、国民の思想や精神への働きかけである[19]。「国民全体の人格至上主義人類平等主義の徹底を企図すべき」と述べ、人間の平等を人類愛の立場から説いて、融和問題の根本的解決であるとする[20]。

これは、生江の議論が、キリスト教的な人間尊重に基盤があることが明らかにされており、さらに「所謂少数同胞改善を目標とするよりかは寧ろ六千万の多数同胞に対する因習打破の社会教化及び社会教育運動を主眼とするものであると言ひ得るであらう。従てそれは普通の所謂社会事業の範囲の下にこれが解決を試みんとするは不可能で、国民全体の自覚に竢つ社会総がかりの大問題である」と述べるとき(21)、部落差別を差別する側の問題としてとらえるという点では正当な面をもっている。

だが、「社会教化」をもってきて説明するところに、天皇制国家を疑わない生江の弱点が露呈している。生江の理解では、社会教化とは「個人の接触、所謂人格交流の云ふ事を土台と致す」ものである(22)。しかし、生江がいかに「人格尊重主義」「人類平等主義」を繰り返し説いても、教化とは天皇制国家のもとでの思想統制にほかならず、「人格尊重」「人類平等」とは異なる場所にあり、せいぜい臣民の間の相対的な対等関係にすぎない。

そこでは、天皇制国家とそのもとでの教育体制を無批判に前提としており、部落問題の本質に迫ろうとはしていないし、生活問題などの個々の課題の解決さえ見通せず、融和運動家のなかにも部分的にはみられる解放としての視点が失われている。

前述の『部落問題事典』の「社会事業」の項では、生江論文の引用の後に、部落差別を国民の意識の問題とすることで、天皇制や国家体制への批判を回避させて皇室の恩恵を強調するものとして、実質的に生江の批判を行っている。この批判は、生江が人道的観点から部落問題の責任を差別する側に求めた積極的な側面を見落としている点で不十分な分析であるが、社会教化と絡めることによる問題の指摘としては、的確であるといえる。生江の社会事業論のなかでの融和運動の位置は大きいだけに、かえってその問題は生江の融和運動論の消極面を拡大させてしまっている。

三、社会事業認識と部落問題

それでは、生江は社会事業論を基盤として融和運動を論じているが、その社会事業論は部落問題の視点からみたとき、どのような性格をもつのであろうか。生江は「社会事業に於ける融和事業の地位」では、「社会事業とは社会生活の福祉増進の目的を以て文化生活（標準生活の意義）に達せざる社会的弱者を社会連帯責任の観念の下に物質的、保健的、精神的に保護向上せしむる公私の施設と共にその障害となるべき社会状態と一般制度の不備とを補修し変改する事業に及ぶ」として具体的に生存保護事業（救貧事業）、生活保護事業（防貧事業）、保健および医療事業、社会教化事業、児童保護事業、連絡統一研究機関をあげている(23)。生江の社会事業論が最終的にまとめられている『社会事業綱要』（三訂版）では「社会事業とは結局社会生活の充実と福祉の増進を将来すべく社会的弱者（社会貧）を精神的、保健的、及び物質的に保護教導し、之を文化的生活（標準生活）の享有にまで向上且つ安定せしめんとする公私社会事業の総和であり、全部である」となる(24)。

吉田久一は社会事業論の柱の一つとして社会連帯的社会事業論を掲げ、それを「官僚・社会科学研究者・実業家」「宗教者」「形而上学的社会連帯」に整理し、生江を「宗教者」のなかで紹介し、生江の社会事業論は日本社会事業論の近代化の到達点の一つであり、実践的データに裏づけられていて社会事業現場にとって水先案内の役割を果たしたと評している(25)。池田敬正はさらにすすめて、自助論による公的救済否定論や国家主義的な社会有機体説は克服され、二十世紀の社会事業論を日本にもたらしたとして、高い評価が与えられている(26)。

このように生江は貧困の社会的側面に着目し、社会事業の近代化に貢献はしているものの、奉仕や愛の観念を無造作に持ち込んでいるため、社会認識が曖昧になっている。愛という主観的な観念は、実践者が利用者に直接向き合ったときには、実践に血を通わせ、社会事業の発展の力になる可能性も生じてくる。しかし、マクロな社会事業分析のなかでは、科学的な分析の視点を鈍らせ、本質を追究する姿勢を混迷させる。生江が陥ったのは「愛」と結びついた社会連帯責任の強調である。「社会連帯観念の根底となるものはかかる箇我を没した純愛である」との表現は[27]、「愛」を安易にもち出すことで、社会連帯責任の説明すら、正確にできなくなっている。

生江の社会連帯論の危険な側面についてはすでに批判的な研究がなされてきた。吉田恭爾は生江が「社会連帯」ではなく、「社会連帯責任の観念」と述べて、内務官僚の田子一民よりも直截的に相互責任や相互義務をもち出していることを指摘し、階級の努力を労働者の側にも求め、それがどちらの階級に重荷になるかを問うていないことを批判している[28]。笛木俊一は生江の社会連帯思想が権利の否定につながっていることを、田子の社会事業論を論じるなかで述べている[29]。

しかも、努力がきわめて観念的であり、何をすればよいのか不明確である。すでに過酷な労働と貧困な生活を強いられている労働者や農民は、十分に努力をしていたのではないか。けれども、生江はそれを認めようとしなかった。

これは同様に部落問題にも表れている。「部落民も亦過去の歴史を過去に葬り去り、新たなる天地の開拓を専念として猛進するの覚悟とが必要[30]」「少数同胞自身もまた自覚し、反省し、奮闘して、自己現時の物質的、精神的二方面に於ける欠陥を補正変改すべきであると信ずる[31]」「自省的、自助的、将た愛他的精神が全然欠如するに於ては、それは生物が自然療能性を失ふたと同様、遂に自滅を免れないのである。この点に関しては少数同胞の反省を要すべきもの、亦決して鮮少ではないと信ずる[32]」と、繰り返し述べており、部落住民の側の努力の強調は生江の確信であった。しかし、後述のように生江は基本的に水平社をほとんど評価しなかった。部落住民自身の解放への闘いを認めていないのだから、どういう努力をすればよいのか、はなはだ不明確である。

『社会事業綱要』では初版と改訂版では努力を求めることについては同様の表現であるが、三訂版では「今後更に重要視すべき点は一般同胞に対する啓蒙運動に加へて少数同胞の自覚運動即ち内部更生運動に専念するに在ると信ずる」とあるので[33]、内部自覚運動が一応生江の念頭においてきた努力に近いものらしい。だが、水平社こそ、自覚や反省を表したものではなかったのか。観念だけの被差別部落住民への努力の強要は、結果的には差別の責任を部落住民自身に求め、差別をもたらす構造を免罪し、解放の展望を曖昧にするものといわざるをえない。

生江は社会事業家としての当初は海外への留学や視察を繰り返していた。生江の著述はそうした海外社会事業の豊富な知識や経験に支えられている。それは隣保相扶を基盤にして国家責任を否定した慈恵的な救済を克服することにおいては、画期的な成果をもたらした。だが、生江は日本の社会事業の個々のデータ分析や課題の指摘には熱心であったものの、日本社会そのものの現状を分析する視点にまでは達せず、したがって、部落差別を生み出す社会構造を考えていく態度もみられない。

そこからは、教化ばかりを強調する結果になるのであり、さらに日本の植民地侵略の本質にも全く気づくことなく、漫然と「満洲」移民を推奨するなど(34)、加担を深めていく。ファシズムの進行と戦時体制の強化のなかで、多くの社会事業家が転向や挫折によって戦争協力に向かうが、生江は特に悩む様子もなく、ごく当然のこととして、戦争への支持を表明していくことになる。こういう社会認識では部落差別を意識と生活実態に閉じこめて、議論を発展させることができなかった。

そもそも生江は、初めから社会連帯や隣人愛を強調する社会事業論を展開していたわけではない。生江が社会事業界に入るのは、社会事業を感化救済事業と称していた、一九〇〇年代である。感化救済事業とは、公的救済は否定しつつ、天皇の慈恵を強調して国民への教化を強めることで社会問題を糊塗しようとした反動的救済政策である。生江は一九〇九年には内務省嘱託となって、この路線に沿う形で救済事業論を形成し、広めていった。

内務省の立場で出席した一九一〇年の全国感化救済事業大会では救済事業について「救済事業は社会自衛の方面から考えて見ましても現今に於て非常に重大な問題の一となつて居る、元来此慈善救済の事業は慈悲博愛の精神から起つたのであるか然し単に慈悲博愛の精神のみを以て今日及び今後の救済事業を経営することは出来ない時代、即ち一方には社会自衛の為めに救済事業を致さねばならぬと云ふ時代に立ち至つた」と全国の関係者に向かって、「社会自衛」こそが事業の目的であることを強調した(35)。

「社会自衛」の強調を内務官僚が語るのならともかく、当時としてはまだ「慈悲博愛」の観念の残るなかでクリスチャンである生江があえてそれを軽視して、「社会自衛」に軸を移そうとしたのは、単に時代をなぞっただけではすまない意味があった。確かに「慈悲博愛」はきわめて主観的な発想であり、救済を与える側を強者として固定させる性格をもっており、資本主義社会の展開と社会事業の近代化のなかで早晩克服されるべきものではあった。だが、内務省やその意を受けた生江が目指したのは、そうした克服ではなく、社会秩序に用いるべく保持・利用するものであった。

その後、「救済事業の範囲及び其の目的といふやうなことを考へて見ますると余程むづかしい問題になるのでありまして容易に解決が出来ないのでございます」として議論を避けたこともあるが(36)、「是は一面に於ては人道の見地から、他面に於ては国家社会の自衛上から、貧者弱者を保護救育致す事業(37)」「救済事業と申すは人道と国家社会の自衛上貧者弱者を保護救育する事業(38)」と救済の目的として国家社会の自衛と人道とを並列する議論も行うようになる。この理論のもとに、感化救済事業講習会の主要講師として、全国をまわり、内務省の権威のもとで社会事業家たちに説いてまわっていた。

この理解の仕方は、人道も揚げてはいるが、人道と「国家社会の自衛」を対等においているのではない。実質的には相変わらず救済を国家目的に従わせるものでしかない。生江の人柄やクリスチャンとしての信仰、その後の社会事業論にて隣人愛を盛んに強調していることからみて、生江が人道を口先だけではなく、真剣に説いたのは疑えないが、人道が人道として実る条件にはなかった。

その後の生江は、社会事業の定義としてこうした国家の自衛を露骨に表現することはなくなった。内務省嘱託からも退いている。だが、「社会自衛」を目的としたり、人道と国家とを同列視する発想は克服されているだろうか。

生江は社会連帯を説明するにあたり、古くは新約聖書にみられるとしたうえで、フランスのレオン・ブルジョワを引いている。だが、現実の日本社会は、聖書が思い描く、同一の神を信仰するもとでの平等な共同体でも、ヨーロッパの市民社会でもなく、天皇制国家の機構のもとで侵略を重ねる体制でしかなかった。天皇制国家のもとで部落差別がなされていた。社会連帯をいうのなら、社会のあり方を歴史的に峻別すべきであり、生江は社会を国家にすりかえる結果をもたらしている。

社会連帯論が、日本で摘要されたときに、日本社会に適応するよう変質させられたことはすでに議論されたきた(39)。生江の場合、天皇制とは異なるキリスト教的価値観をちりばめているため、一見すると社会連帯の本来の姿を追求しているようであるが、実質的にも生江の実際の行動のうえでも、他の社会連帯論者と同様であるばかりか、表向き近代的であるため、かえって本質との落差を示している。これでは、国家の秩序のもとに一応おさまっている部落問題に解決の道すじを見出すことは無理であった。

四、水平社評価の変遷

融和運動家のなかには、水平運動への理解と支持を持っていた者もいた。差別する側の責任を問い、愛を基調とした社会事業論を展開する生江の姿からすれば、差別されるなかから自ら立ち上がった水平運動について、一定の理解を持ちそうにも見えるが、実際はどうであったのか。

生江は『社会事業綱要』(改訂版)では、「水平社運動」の項目を設け、綱領、宣言、決議を掲載したうえ、第三回大会までの様子にも触れ「設立数年後の水平運動は最初の純一なる差別撤廃運動から次第に無産階級運動に転化し、無産階級政治運動への進出を見るに至つた。従つて最初の宣言とは稍其の趣きの異なる方向に転換しつゝあるのであるが、是れ亦時代的自然の要求の結果と見るを妥当とする。兎に角水平運動の起つたことが、所謂地方改善事業を徹底せしむる上に間接に至大なる刺戟となつた事は見逃し得ない事実である」と比較的好意的に紹介していた(40)。水平社内部で政治的な動きがみられることについても、時代の流れだとして擁護されている。

ところが、その後は肯定的ではなくなっていく。「排斥や差別より逃れんと苦悶するものにあつては、近時反抗的気分の下に正義感に立脚した水平運動を起した」と述べているように、冷淡で突き放した態度をみせるようになった[41]。極端なのは、『社会事業綱要』(三訂版)である。「水平社運動」との見出しは残っているが、改訂版のときのような独立した項目ではなく、小見出しとして載っているにすぎない。水平社宣言等の掲載もなくなっている。

かく非常な勢を以て一時進展拡大した水平社運動は端しなくも左傾思想の侵入に禍せられ、大正十四年頃より無産政党組織運動に懸命する青年同盟の一派を出だすと共に、之に反対して昭和二年新たに「日本水平社」が創立されるに至つた。従つて外部的抗争に代へて内部的争闘を余儀なくされ、水平運動は為めに分裂に分裂を重ね、之に比例してその運動戦線は益々沈静するの已むなきに至つた。而して昭和六年第十四回大会の際には「水平社解消」の動議をさへ提出するものがあつたのは、仮令賛成者少数のため保留せらるゝに至つたとは云へ、亦以て沈衰期に於ける水平社の状態を覗ふに足らう。昭和八年所謂高松裁判所事件の勃発するあり、一時全国水平社内に再び鞏固な結束を持ち来し、当年の意気を偲ばしめたが、然しこの運動を全被壓迫部落大衆の解放運動の重大な契機として理解せしむることをなさず、運動の範囲を差別裁判の取消に極限したため、内部抗争に関する完全な一致を見るを得ず、再び沈静状態に還元しつゝあるのか現在水平社運動其のまゝの姿である。今後の活動果して如何。水平社運動は最早過去の運動で、既にその使命の大部分を直接間接に果し得たのではなからうかを思はしむるものがある。

として、水平社を「抗争史観」で振り返って、基本的に無益なものであったとしている[42]。高松差別裁判闘争も含めてほとんど評価することもなく、運動の終結の宣言までしているのである。確かに、水平社が内部対立の繰り返しに精力を消耗していた一面はあるが、それがすべてであったわけではなく、具体的な成果もあった。成果を知っていればこそ、改訂版ではそれなりの評価をしたのではないか。同じ本の改訂であるのに、一気に否定的な見方に転じているのには、異様さは否めない。

生江がいったんは評価する姿勢を見せた水平運動に冷ややかになっていくのは、なぜであろうか。第一に生江の共産主義への否定的姿勢である。生江は「共産主義には絶対反対[43]」と強調しているように、共産主義への嫌悪感をもっていた。

一九二八年の共産党弾圧に際しては、弾圧よりも社会事業の振興によって対応すべきとしつつも、「国家問題としても、将た社会問題としても、極めて重大な問題」と受け止めていた(44)。さらに、生江の次男が日本共産党に入党し、逮捕・起訴され、実刑判決を受ける（最終的には執行猶予）なか、次男が共産主義によって奪われたという感情を抱き、共産主義への反感をさらに高めたとしても不思議ではない。水平社の内部に日本共産党との関係をはじめ、共産主義にかかわるさまざまな影響が明らかになるにつれ、それは生江の許容できる範囲をこえていた。

第二に生江が天皇制を熱烈に支持し、天皇を厚く思慕していたことである(45)。生江は『社会事業綱要』でもわざわざ天皇の恩恵を強調していて、しかも、改訂されるごとに分量も増えて、より強調されている。戦後になってもなお、天皇との会食に招かれたことを「私の一生を通じて最も記念し感謝すべき日のひとつ」として、その時の様子を得意気に語っている(46)。

生江はクリスチャンなのだから、「記念し感謝すべき日」は、洗礼を受けた日、青山学院神学部に入学した日、神から子を賜った日などほかにいくらでもあるはずである。生江は社会事業界の代表として皇室に感謝の意を表しなければならない立場にはあったが、謝意を執拗に繰り返す姿には、儀礼や形式をこえ、明らかに純粋なまでに天皇や皇室を敬愛している。それほどまでに天皇制を支持する生江にしてみれば、天皇制を熱烈に支持しているようには見えない水平社に好感情をもたないのは当然であろう。

第三は、生江の社会事業家としての位置である。社会事業家としての生江が依拠したのは、内務省のほか、済生会、協調会、中央社会事業協会、愛国婦人会などである。これらの諸団体は内務省の意図のもとに設立され、コントロールされていた団体である。国家の庇護のもとにある団体のなかで社会事業をすすめるのが生江の社会事業の手段である。新聞社の社会事業団体の役員もしているが、内務省関係の団体の場合に比べると、役割としては小さい。また、自ら麻薬問題のための団体をつくっているが、動機自体は純粋であるのに麻薬問題の本質である日本のアジア侵略を問うものではないために、民間団体としての独自性を十分には発揮できないで終わっている。生江は社会事業の組織化と統制について関心を寄せ、発言しているが、それは実利的な組織化と体制の側からの統制であって、社会事業の自主的自立的な組織の発展ではない。

要するに、生江にとって、体制によって育成された団体のもとで活動するのが健全な姿であった。部落問題では融和運動団体がある以上、そこに依拠するのは当然であって、体制との摩擦を承知で、自ら組織し運動を通して要求を得ていく水平運動の路線は、異質なものであった。融和運動内部に水平社を肯定する空気の強かった時期はともかく、否定的・対立的状況になっていけば、当然のこととして融和運動の路線に入っていった。

第四は生江の社会事業論と水平社の路線との違いである。生江は近代的な社会事業論を展開しつつも、キリスト教を基調とする愛と奉仕も強調した。『社会事業綱要』でも社会事業家に愛の実践を求めている。聖書が説く隣人愛は本来、単なる従属的な奉仕ではなく、憎むべき社会悪は厳しく退けているとみるべきであることが、今日では民衆の立場に立つ神学や聖書学によって明らかにされている。だが、生江のとらえ方は素朴な奉仕への思想である。生江の思想からすれば、荊冠旗の意味する人間解放の思想は、それが聖書とのかかわりがあるにもかかわらず、理解できなかったし、闘争によって人間としての権利を獲得する手法は賛同できるものではなかった。

以上のように、生江と水平社は本質的に相容れない存在であった。ところが、生江は過去の存在として死刑宣告したはずの水平社を、死刑宣告以降に再び評価しはじめるのである。

水平運動は如何なる活動をなし、之が社会に如何なる刺戟を与えたかに就ては今更改めて詳説するの要を認めないが、要は一部同胞の解放にあつたのである。その真剣なる運動は一時大に社会の耳目を震動し、社会は之を重大にして特異性を有する社会問題として取扱ひ、政府も議会も之に対し多大の関心を払ふに至つた。然し所謂この種の運動があまりに強く一方に偏すれば遂に一種の弊害を醸成するを常とする。水平運動の如きも亦解放運動に伴ひ徹底的糾弾を主眼とする嫌があつたので、その行動時に極端に馳せ、之がため次第に社会の同情と共鳴とを失ふに至つたかの観があつた。其の消長や批判は兎に角固陋なる社会を覚醒せしむべき巨弾であつて、啓蒙運動としての効果甚大なりしは明らかである。

として、糾弾活動や社会主義の影響について一定の批判はしつつも、基本的にはその存在を部落問題解決のうえで有益なものとして認めている(47)。

『社会教化事業概観』では容認する立場をますます鮮明にしている。水平社について「解放運動史上逸すべからざるもの」「新しき時代に覚醒し活気横溢せる青年の結束にその端を発した」と積極的な表現が目立っている。「端なくも左翼思想の侵入に禍せられ」等の批判的記述は残っているものの、『社会事業綱要』(三訂版)にみられる否定的表現は消えている。水平社宣言や綱領なども全文掲載しており、水平社の存在と活動を受容する方向が打ち出されて、おおむね『社会事業綱要』(改訂版)の線まで戻っている。

前述のように『社会教化事業概観』は生江の純粋な著書ではない。当時、新進気鋭のキリスト教社会事業家であった谷川が、生江より進歩的な理解をしていたことは十分に考えられる。しかし、自著ならまだしも、代作であるのに、生江の意向と大きく異なる見解を叙述できたとは考えにくい。谷川はその後特に融和運動や部落問題に積極的に発言している様子もなく、独自の見解を強く持っていたのではないだろう。『社会教化事業概観』発行後も『社会事業綱要』も内容を変更することなく増刷を続けているため、極端に立場を変えたのではないにしても、生江自身も水平社に理解を示すようになったとみて、さしつかえないだろう。

このように水平社を容認しはじめるのはなぜであろうか。生江は特に根拠を明らかにしないまま評価を移行させている。生江自身の心境の変化ではなく、水平社の側の変化であるためであろう。では、『社会事業綱要』(三訂版)以後の水平社の変化とは何かといえば、国家に協力する路線を明確に打ち出したことである。『社会教化事業概観』では「非常時に於ける運動方針(昭和十二年九月十一日拡大中央委員会)」「昭和十三年二月七日開催中央委員会の声明」「昭和十三年六月十五日開催拡大中央委員会に於て決定されたる新綱領と運動方針大綱及び実行要綱」「全国水平社第十五回大会宣言」を掲載している。特に評価は加えず、資料として掲載しているにすぎないが、生江が水平社の路線を評価してのことであろう。

これにより、水平社は国家主義を承認しつつ社会改良をとる路線になった。水平社のこの動きについてはさまざまな評価や解釈もあるが、少なくとも公的な形としては、弱点や矛盾をかかえながらもとにかく闘ってきた積み重ねを捨てて、侵略の推進役としての立場を鮮明にした。そうなると、済生会や愛国婦人会など、天皇制国家の強化のために社会問題の解消を図る組織と何ら違いはない。もはや批判すべき根拠はないのだから、生江としても承認すべき存在となったのではないだろうか。

『社会教化事業概観』では融和運動を国家総動員体制へ寄与するものとしてとらえているが、水平社も総動員体制への参加を明らかにしたのであり、両者の違いは生江の理解のもとでは一気に消え去った。水平社が水平社でなくなったとき、生江は水平社を容認する方向に傾いたのである。

これは、生江の融和運動が、水平社を認めつつ、部落問題の本質的な解決を目指す路線ではなく、国家主義の立場に立って差別の緩和を目指す、中央融和事業協会の主流の路線にあることを示している。一見すると近代的な生江の社会事業観は、天皇主義、国家主義を前提としたものにすぎず、きわめて保守的な体質を内側にもっているのである。

五、おわりに

生江は社会事業が部落問題を守備範囲に加え、関与していくことを理論面から支えた。従来、生江の社会事業論の近代性やヒューマニズムが高く評価されてきた。筆者も、生江の社会事業論形成への努力と成果を過少に見るわけではない。だが生江の社会事業論を融和運動に摘要したとき、きわめて消極的に作用しているのは以上で指摘した通りである。

これは生江の社会事業論に欠ける、社会事業を利用する立場からの考察の弱さの表れである。生江としては善意と人道主義によって融和運動に接近していったのだが、愛やヒューマニズムこそが、生江の良心的な姿勢のあかしであるとともに、社会事業論や融和運動論を観念的にさせて、天皇制国家に迎合するものになっている。生江の真摯な姿勢と部落差別の現実に適応させたときの反動的役割との落差は明瞭である。

社会事業の側からの融和運動へのアプローチは、社会事業特有の観点としての、社会問題の分析を踏まえたうえでのヒューマニズムの実践であるならば、融和運動に社会性を付与するものとして、解放への展望を導き出す萌芽にはなったかもしれない。だが、実際にはどうであっただろうか。社会事業には融和運動を社会化させるほどの理論の深まりはなく、逆に融和運動のもつ弱点を補強する機能さえもっていた。社会事業の関与は積極的な意味をもつことができなかったのである。もちろん、生江が日本の社会事業のすべてを代表しているわけではないから、生江の姿だけをもって、断定的な結論が出せるわけではない。しかし、生江が日本の社会事業界のなかで、熱意や良心の点でも、理論や学識の先駆性の点でも、群を抜いていたことは、おおむね認められていることである。

戦前の社会事業がさまざまな実践を積み重ねて、資本主義社会のなかで苦しむ人々の生活を支えて成果をあげたことは評価しなければならないし、その成果のもとで戦後は生存権をはじめとして基本的人権を獲得して、社会福祉が形成されていく。しかし、天皇制に絡みとられたままの社会事業は、本来の可能性を開かせることなく、それが社会事業の弱さとなり、融和運動の弱さでもあった。

注

(1) 姫井伊介の融和運動と社会事業については、布引敏雄「ある社会事業家の生涯―姫井伊介とその事業―」『大阪明浄女子短期大学紀要』第一号、一九八六年。布引「大正期山口県社会事業の出発―〝大正デモクラシー〟としての社会事業」『大阪明浄女子短期大学紀要』第三号、一九八七年。

(2) 生江孝之の生涯と業績については、「生江孝之君小伝」『生江孝之君古稀記念』生江孝之君古稀記念会、一九三八年。一番ヶ瀬康子「生江孝之の生涯と業績」『生江孝之集』鳳書院、一九八三年。一番ヶ瀬康子「解説」『日本児童問題文献選集三』日本図書センター、一九八三年。

(3) 植山つる『大いなる随縁』全国社会福祉協議会、一九八六年、一〇頁。

（4）拙稿「日本の植民地支配への社会事業の姿勢―生江孝之と中国・朝鮮―」『総合社会福祉研究』第五号、一九九二年十一月、本書第四章収録。
（5）生江孝之『社会事業綱要』厳松堂書店、一九二三年。
（6）生江孝之『社会事業綱要』（改訂版）厳松堂書店、一九二七年。
（7）生江孝之『社会事業綱要』（三訂版）厳松堂書店、一九三六年。
（8）生江孝之『日本基督教社会事業史』教文館、一九三一年。
（9）工藤英一『キリスト教と部落問題』新教出版社、一九八三年。
（10）竹中勝男『福音の社会的行者』日本組合基督教会事務所、一九三七年。
（11）生江孝之「特殊の地方及び特殊階級の生活状態とその社会施設」『全国基督教協議会社会事業調査報告』全国基督教協議会、一九二二年。
（12）生江孝之「基督教社会事業の進展」『社会事業』第一九巻第二号、一九三五年、五月、四八頁。
（13）生江孝之「社会事業に於ける融和事業の地位（上）」、『中央融和事業協会会報』第二巻第五号、一九二七年七月。「同（下）」『融和時報』第二巻第六号、一九二七年八月。
（14）『部落問題事典』解放出版社、一九八六年、三五四頁～三五五頁。
（15）生江孝之『社会教化事業概観』常盤書房、一九三九年。
（16）谷川の論稿を集めた『社会福祉事業論稿』緑蔭書房、一九八三年、一〇頁では「生江孝之氏の希望で谷川が代わって執筆している」と記されている。同書及びやはり谷川の論文集である『社会福祉序説』全国社会福祉協議会、一九八四年に掲載されている谷川の主要著書一覧では、『社会教化事業概観』は谷川の著書の一つとしてあげられている。
（17）村松義郎「教化事業は社会事業の一部門なりや」『社会事業研究』第一七巻第七号、一九二九年七月。
（18）生江孝之「融和事業に於ける隣保事業実施の意義について」『融和時報』第二巻第一〇号、一九二九年十二月。
（19）生江孝之「融和事業進展上教育教化方面の総力を促す」『融和事業研究』第五二号、一九三八年十一月、二九頁。
（20）生江「社会事業に於ける融和事業の地位（下）」五頁。
（21）生江「社会事業に於ける融和事業の地位（上）」一二頁。
（22）生江孝之「社会事業中の教化及療病方面」『山口県社会時報』第八四号、一九三一年九月、二頁。
（23）生江「社会事業に於ける融和事業の地位（上）」二頁～三頁。

(24)生江『社会事業綱要』(三訂版)、三〇頁。
(25)吉田久一『社会事業理論の歴史』一粒社、一九七四年、一六九頁〜一七〇頁。
(26)池田敬正『日本社会福祉史』法律文化社、一九八六年、四八四頁〜四八六頁。
(27)生江『社会事業綱要』(三訂版)、三四頁。
(28)吉田恭爾「階級対立の激化と「社会連帯」の擬制」右田他編『社会福祉の歴史』有斐閣、一九七七年、二二九頁〜二三〇頁。
(29)笛木俊一「一九二〇年代初頭における内務官僚の社会事業論研究のための覚書(二)」『社会事業史研究』第二二号、一九九四年十月、六七頁。
(30)『社会事業綱要』(初版)二一七頁。
(31)生江「社会事業に於ける融和事業の地位(下)」五頁。
(32)生江孝之「融和問題解決に関する一考察」『社会事業研究』第一六巻第八号、一九二八年、四頁。
(33)生江『社会事業綱要』(三訂版)、二二八頁。
(34)生江孝之「日本農村の特異性を検討して満洲移民問題に及ぶ」『生江孝之君古稀記念』。
(35)生江孝之「慈善事業に対する時代の趨勢」『全国感化救済事業大会紀要』全国感化救済事業大会残務所、一九一〇年、五三頁〜五四頁。
(36)生江孝之「救済事業の維持方法」『慈善』第六編第一号、一九一四年七月、三三頁。
(37)生江孝之「救済要義」『内務省主催感化救済事業地方講習会講演集』、北海道慈善協会、一九一七年、二八頁。
(38)生江孝之「救済要義」『内務省主催感化救済事業地方講習会講演集』、愛知県内務部、一九一七年、一頁。
(39)笛木、前掲論文、八十頁。
(40)生江『社会事業綱要』(改訂版)二三五頁。
(41)生江「融和問題解決に関する一考察」二頁。
(42)生江『社会事業綱要』(三訂版)二三〇頁。
(43)生江孝之『わが九十年の生涯』生江孝之先生自叙伝刊行委員会、一九五八年、一四〇頁。
(44)生江孝之「自覚と覚醒を以てせよ」『社会事業』第一二巻第四号、一九二八年七月。
(45)一番ヶ瀬康子はかつて、生江は日本の社会事業の消極性として「皇室の御仁慈」をあげていたと述べている(一番ヶ瀬康子「生江孝之—社会事業一筋、九十年の結論—」、一番ヶ瀬他編『人物でつづる近代社会事業の歩み』全国社会事業協議会、一九七一年、一四六頁)。確かに、近代化を志向する生江の社会事業論からすれば、恩恵的な思想を温存する皇室の慈恵は積極的な評価はできないはずである。しかし一方で、生江の天皇への感謝の表明は戦後も含めて長期間にわたって繰り返されている。

(46) 生江『わが九十年の生涯』二三九頁～二四五頁。

(47) 生江「融和事業進展上教育教化方面の総力を促す」一二五頁。

三、女性と社会事業

□一、はじめに

生江孝之は戦前の社会事業に大きな足跡を残したが、女性問題とのかかわりも大きかった。『愛国婦人』『婦人新報』『婦人運動』『婦女新聞』『女性展望』『婦人問題』『婦人公論』『婦人の友』『婦人の生活』などさまざまな婦人雑誌に多数執筆しているし、婦人雑誌以外で女性にかかわる問題を論じることもたびたびであった(1)。社会事業家としての出発の一つは神戸市婦人奉公会での保育事業であったし、愛国婦人会の嘱託も務めている。日本女子大で教鞭をとり、教え子には五味百合子、一番ヶ瀬康子、植山つるなど、社会福祉界に大きく貢献した女性が多くいる。

このような生江であるが、女性問題とのかかわりは従来さほど追求されてこなかったように思われる。社会福祉において女性は実践者として大きな位置をもってきた。保育所をはじめとする児童福祉はもちろん、随所で女性が社会福祉実践を支えてきた。利用者としても、高齢者介護がしばしば女性に重荷が負わされるなど男性に比べ、より深刻な問題をかかえさせられている。女性をどうとらえていたかは、社会事業指導者としての大きな課題であろう。さらに、女性が天皇制国家のもとでの良妻賢母思想に縛られた生き方を強いられているなか、それにどう対応したかは、社会事業家としての人間理解のあり方ともかかわってくる。

そこで本稿では生江が女性問題にどういうスタンスをもってきたかを検討し、生江の社会事業論を考えていく。なお、社会全般においても社会福祉のなかでも「婦人」から「女性」へと表現が変化してきたが、本稿では一般用語としては「女性」を用いつつ、生江の発言をたどる際には原文との関係で「婦人」の語を使用する場合もある。

二、女性と社会事業

現在でも女性が社会福祉労働者として社会福祉を支える柱となっているが、それは社会福祉が女性の職場として開かれていた側面と、低賃金労働力として安上がりにするうえで好都合だったり、誰でもできる仕事だと軽く見られたりした側面とがあり、その関係には分析すべき点が多々ある。生江が活躍した時期はまさに女性の社会事業の進出が相次いだ時期であった(2)。奇特な慈善家として事業をおこすのではなく、職業の一つとして社会事業を考えはじめたのである。

それまでも、女性の慈善事業への関与は珍しくはなかったが、それは慈善事業家の妻か宗教家としてであるケースが多かった。慈善事業から社会事業への変化は社会事業を職業として女性に開放することでもあった。したがって、女性と社会事業との関連をどうとらえたかは、女性の社会進出自体のとらえ方にもつながる。生江は女性と社会事業との関連についてたびたび論じ、その論旨は常に一貫していた。

生江は婦人は社会事業に性格的には向いているととらえる。「同情なり愛と云ふものは、大体上婦人の天性であります(3)」「社会事業が愛の所有者に最もふさわしい事業であるためである。それ故に女性は先づ本質的に愛の裕かなる所有者であるから、少なくとも愛を基調とすべき社会事業には最も適任であると確信する(4)」「母性愛を弱者、貧者即ち世に恵まれざる人々に施す事がなければ社会の福祉は決して増大しない(5)」と述べているように、それは女性が愛、とりわけ母性愛に富んでいるからという理由である。母性愛は犠牲をいとわない愛であり、社会事業に通じるものだととらえた。「同情なり愛と云ふものは、大体上婦人の天性であります。慈善事業は愛なくしては出来るものではない(6)」という関係である。

生江は従来から社会事業を社会連帯思想の立場から分析する一方で、愛を基調とする社会事業論を唱えていた。そのことからすれば当然の結論であろう。もっとも、「女性は排他的気分に富み雅量に於いて欠くる処多いやうである。狭量の愛は自然排他的となり、独占的となる[7]」とも述べて、「欠点」も指摘する。すなわち、いかにも女性を社会事業の観点から高く評価しているようでいて、実は女性を「母性愛」のなかにとじこめるステレオタイプの見方をしているにすぎない。

それゆえ、生江は女性に社会事業の適性があると述べつつ、婦人が社会事業を一生の仕事とすることは実際には不可能であるとする。「婦人は結婚によつて家庭の人となることが婦人としての天職を全ふする途である[8]」「女性は結婚生活に入れば家庭の人となるのを原則とする[9]」として、結婚して家庭に入ることが女性の基本的な生き方だとした。その結果社会事業への従事が可能なのは独身生活者か未亡人生活者に限られ、それは「不自然の社会生活」とする。そして「我国に於ける社会事業家としての女性は遂に斯業に重要性を有するは今後と雖も困難であらう[10]」と将来にわたって、女性による社会事業の可能性を絶望視する。

生江も「良人が何事をもその夫人の手を煩はす悪習の変革をも必要とするであらう」と提言していて[11]、結婚によって社会での活躍が制約される状況を最善とはみなしていないのだが、状況を変えることへの努力を考えるのではなく、婦人の社会事業への参加の可能性を社会事業への後援という著しく狭い範囲で設定した。「婦人が相集つて後援団体を作り各種の方面からその事業の発達延長を図る為に後援する」という形で、社会事業に結婚後も参加していけるというのである[12]。

しかし、「後援」の内容には具体性が欠けているし、その後援が本格的な活動であるならば、その活動のためにまたも「不自然の社会生活」を強いられることになる。またそのような後援活動は生活困難をかかえた人への個人的な援助を中心とする社会事業そのものからすれば、およそ異質な活動にすぎず、これで女性の社会事業への関与を推進したことには、とうていならない。

生江の、女性と社会事業との関連についての立場は「愛に於いても智能に於いても社会事業に最も適任者であるが、結婚生活に入る関係からその本質的好適性を発揮し得ないが、変則的には独身者としてその使命を全ふせられ、普遍的には後援者としてその任務を尽されんことを要望する」との一文が、簡潔に示している[13]。

生江が女性社会事業家の貢献について熟知していたのは、主著の一つである『日本基督教社会事業史』にて、女性が多数登場していることからも明白である[14]。また、生江はコンウォール・リーら女性社会事業家の紹介にも努めている[15]。生江自身が日本女子大で女性社会事業家の養成に従事していた。

　にもかかわらず、結論として女性の社会事業に後ろ向きの発想をとるのはどうしたことなのか。生江は「婦人の方が男子よりも適当な仕事が多い場合があるから、職業婦人の存在は婦人の為許りでなしに社会全体の為に必要な存在である」とも述べて、女性の職業進出を肯定する姿勢を示していた。だが、同時に「此の職業婦人自身が、現代に於て一の大いなる社会問題の対照《ママ》となる」と分析することも忘れなかった。さらに、「職業婦人の進出に伴つて男子の職業と競争し若しくば男子の職業を壓迫するが如き傾きのある場合」は「新しい社会問題の一」になると警告していた[16]。女性の進出を自己の専門の社会事業にあてはめるとき、否定的な見解をとることにもなった。

「不自然の社会生活」でなければ社会事業ができないのなら、生江が紹介してきた女性たちは「不自然の社会生活」をしてきた者ということになるが、生江はその矛盾に気づいていないようである。女性社会事業家養成にかかわっていることも矛盾といわざるをえない。女子教育の一翼を担う生江は女性の社会事業への参加を奨励し、条件整備に尽くすべき立場にあったし、それができるだけの社会的影響力をもっていた。にもかかわらず、女性の社会事業への進出にブレーキをかける役割を果たし続けた。

　愛を基調とする生江の社会事業論はいかにも女性を高く位置づけているようでいて、女性を家庭に固定させて、社会事業への参加を阻む方向に作用したのである。母性愛を強調する以上、母性愛を発揮する場として家庭を重視せざるをえない。だが、その家庭は実際には家制度のもとでの女性抑圧体制の末端機構であった。女性の就業可能な社会事業への女性の参加を限定する生江の主張は、女性の社会参加全体を拒否することにならざるをえないばかりか、女性を家のなかに永続的に押しこめるものでもあった。

三、廃娼論

戦前、公娼制度をめぐって激しい議論がかわされ、公娼制度の廃止を求める廃娼運動が展開され、女性の人権獲得運動の先駆と評価されている。キリスト者がその中心であったが、キリスト者である生江は廃娼にどうかかわったであろうか。

生江は自著で廃娼運動に社会事業の一つとしての位置づけを与えている。主著の『社会事業綱要』の初版（一九二三年）では「社会教化事業」の一つとして、「婦人救済事業」を取り上げているが、婦人救済事業の必要性について説明しているだけで、廃娼運動にはほとんど触れていない(17)。『社会事業綱要』は二度にわたって全面的に改訂される。最初の改訂（一九二七年）では廃娼運動の動向にも触れているが、内務省をはじめ政府の動きの説明が詳細な反面、廃娼運動自体の説明は多いとはいえない(18)。三訂版（一九三六年）になると、近代初期の廃娼の動きにはじまり、基督教婦人矯風会の活動もやや詳細に取り上げている(19)。生江が研究を深めるなかで、廃娼運動への認識を広げたのは確かであるが、公娼問題を運動的視点ではなく、行政的視点からの発想でまとめている。

著書で最も詳細に論じているのは『社会教化事業概観』（一九三九年）である(20)。同書では「矯風事業」の章のなかで、約五十ページにわたって、売春婦問題、廃娼運動、娼妓の内容、売春婦救済施設、純潔運動、身売防止運動を論じている。同書が出版されたのは廃娼運動が盛り上がって、廃娼間近と思わせていたのに、ファシズムへと時代が変換して運動そのものが行き詰まっていく微妙な時期である。ただ、同書は谷川貞夫による代作であり、どこまでが生江の見解でどこまで谷川の発想がまぎれているのか判別が困難である(21)。

それらの著書や一連の論稿で、生江は、売春をどう認識したであろうか。生江は売春の原因として一九二〇年に「無智者と、精神異常者とが多い」「無智と低格者たるがために他より誘惑されたものが最も多い」と具体的なデータも示さず決めつけている。「低格者は直に甘言を信じ易く、また自己の将来の運命などを考へると云ふ余地もない」とも述べている(22)。

この主張は、以後生江の一貫した立場となる。『社会事業綱要』改訂版にて、「無智と精神異常とが最も多く、尚この外本能的衝動に依る者、飲酒の習癖を有する者、私生児、不良の家庭、低廉の労銀、不自由なる工場生活或は失業状態が其の因をなすと云はれる」と伝聞の形をとってはいるが、「無智と精神異常」を主原因としている。そして「無智と低能の結果先づ容易に男子の誘惑に陥り、貞操を蹂躙せられ、其の極致に常習的売春婦となる者が多い」と因果関係の説明までしている。この見解は三訂版でますます強固になり、伝聞形ではなく、断定調となり、「無智と精神異常」を「二大原因」と銘打っている。生江は売春の責任を娼婦本人には求めず、救済の必要を説いてはいるが、それは原因が「無智と精神異常」だからという理由であって、公娼を容認する男性社会や国家にこそ全責任があるという議論ではない。

生江の説に従えば、売春は「無智と精神異常」のためとはいえ、本人のふしだらな姿勢が原因であって、思いやりの姿勢があるようでいて、最終的には責任が娼婦本人に向けられている。「無智と精神異常」が売春の主因なら、売春の防止はもっぱら知的障害者・精神障害者対策として、障害者を発見して、教育をすればよいことになる。売春のもとになっている貧困の問題や奴隷制度の問題、行政の問題、買う男性側の問題などは二の次にならざるをえない。だから、生江は「官憲に於ては今猶敢然之が撤廃を断行せず、斯かる奴隷制度を存続せしめつゝ、今猶単にこの取締を改造するに留めんとするが如きは、遺憾ながら不徹底の誹りを免れないであらう。それでこの点に関して特に政府の反省を促さゞるを得ない」と批判するのが精一杯で[23]、男性側の責任をほとんど問わないし、詐欺や誘拐や暴行などの手段が用いられていると指摘しているのにその取り締まりも要求しない。まして警察と業者との結託など国家権力があらゆる手段で公娼制度を維持しようとしている実態を追求しようともしない。

だが、すでに山室軍平は一九一四年に公表した「娼妓百人研究」で、娼妓となった原因は百人中四十五人が「貧困の為め」で最も多いことを明らかにしていた。二番目の「家庭の悪しき為め」が十九人であり、これも結局は貧困問題である[24]。生江が主張するような「無智と精神異常」と思われるケースは一つもなく、せいぜい「他人に欺かれて」の五人にその可能性があるくらいである。

また、廃娼運動家の伊藤秀吉は一九三一年の著書でいくつかの調査結果を根拠にして「原因の第一は貧困である事は言ふを俟たない」と断言していた(25)。すでに「無智と精神異常」が主原因でないことは信頼性の高い調査研究によりはっきりしていた。生江が交流の深かった山室の調査を見たことがなかったとは思えないから、調査の結果を知りつつなお、その趣旨を受け入れずに「無智と精神異常」を原因として力説したのである。生江自身、かつて関門連絡船で娼婦になることを予定された少女と出会って、何もできないまま別れた経験をもっているが、その少女は「無智」でも「精神異常」でもなかった(26)。せっかくの経験も生江の売春観には生かされていない。

さらに、一九三〇年代は東北の困窮化のなかで身売りが頻発していた。そうした情報がありながら、なお一九三〇年代後半になっても、「無智と精神異常」に原因を求め続けるのは、生江が売春を正しく見ていないためである。生江は貧困に社会貧があることを分析するなど、社会病理を社会的に把握する視点をもっていたはずであるし、いつもは豊富なデータに基づく議論を展開していたが、こと売春となると、根拠もなく「無智と精神異常」を原因と決めつけ続け、改めることがなかった。これは、生江が娼婦に対して人間的偏見をもっていたと考えるしかないのではないだろうか。廃娼運動家は、公娼制度を厳しく批判するあまり、娼婦それ自体を罪なる存在に見立てて、娼婦の人権を擁護しようとする意図とは逆に、娼婦の人間存在を蔑視するような論理構造に陥ってしまったが、生江はそういう問題以前に、娼婦の姿を率直にみることがなかった。

『社会教化事業概観』では売春の原因として相変わらず「無智と精神異常」を「二大原因」としてあげている。この部分は『社会事業綱要』の文章とほとんどそのままなので、単なる引き写しであろう。「無智」が「無知」に表記が変化しただけである。ところが、他の場所では「娼妓となる原因」として「主として貧困な家庭の事情にあることは想像に難くない」と述べたうえで、草間八十雄の調査、大阪府衛生課調査（大正七年）、救世軍救済娼妓調査（昭和五年）を取り上げている。どの調査も貧困が原因であることを明らかにしており、「いずれに於ても経済的事情のために娼妓となる者が大多数」と結論づけている。「無知と精神異常」を原因とする主張とまるで矛盾しているが、こうした矛盾はこの部分が谷川独自の執筆と考えるしかなく、生江自身が見解を是正したのではなかろう。

こうした生江であるから、事後的な対策としての婦人救済施設の設置には熱弁をふるっている。『社会事業綱要』初版では救済施設の必要性の議論に終始しているほどである。救済施設も必要だが、予防措置がより重要であり、そのための廃娼運動が重視されるべきであった。

だが、生江は廃娼運動に賛成ではあったが、深いかかわりや支持を避けているようにも見える。基督教婦人矯風会の機関誌『婦人新報』にたびたび登場しているものの、廃娼を論じたことはない。救世軍の『ときのこゑ』にも執筆しているが、もっぱら禁酒問題ばかりで、廃娼論が全くない。廃娼運動の両横綱ともいうべきこの二団体で生江が廃娼論を述べていないのはどういうことなのだろうか。単に依頼がなかったといってしまえばそれまでだが、むしろ運動と距離があったことを示してはいないか。生江は基督教婦人矯風会や救世軍との深い関係を晩年に回顧し、廃娼への協力も自負しているが(27)、どこまで本物であっただろうか。

廃娼団体の代表的存在である廓清会の機関誌『廓清』には執筆し、廃娼論も述べている。だが、登場したうち、約半分は廃娼以外のテーマである。廃娼をテーマとしたのは三編で、そのうち、二編は戦時体制のもとでの廃娼を唱えたものであり、他の一編は「国家の恥辱」のための廃娼を説いたもので、廃娼運動への論及はない。つまり、生江は運動の外に位置しつつ、ときおり廃娼の立場を示しただけで、廃娼運動を社会事業指導者の立場から盛り上げる意欲は旺盛とはいえない。生江は、社会事業をすすめるにあたり、常に体制内組織に依拠し続け、水平社のような自主的組織は嫌悪した。生江のこの姿勢は廃娼運動への対処の姿にも一部共通している。

自分が運動に距離がある一方、廃娼運動への評価はどうであろうか。前述のように『社会事業綱要』初版では廃娼運動にほとんど触れず、改訂版でやや触れるもののわずかである。三訂版でようやく歴史にさかのぼって説明している。『社会教化事業概観』では詳しく触れているが、谷川独自の執筆部分と思われる。

『日本基督教社会事業史』では、廃娼運動を詳細に紹介し、モルフィ、救世軍、島田三郎、安部磯雄、基督教婦人矯風会と、人物や団体ごとに細かく説明し、ことに矯風会関係者については一人ひとり取り上げている(28)。これはキリスト教関係の運動が多いことの反映であろう。

そもそも生江は売春そのものに反対したのではない。「公娼は排斥すべきものであるが是と共に止むを得ず或る程度まで密娼を黙認すべきではなからうか」として、一九二〇年頃には公娼は否定しても、私的な売春自体には消極的ながら賛成していた(29)。その後私娼黙認の立場を明確に語ることはなくなっていくが、生江の廃娼論は常に公娼にのみ向かって、売春全体の否定ではない。

これは廃娼運動の立場とは明確に異なる。廃娼運動家は、公私問わず売春を奴隷制であることや道徳に反することを理由にして反対しつつ、公娼制度のゆえに私娼もはびこるとして、まず公娼を廃止しようとした(30)。生江の私娼容認論は、たとえば国家や法律は個人的な人間関係や性のあり方に介入すべきではないとの正論からきたものであろうか。だが、特に生江にそのような主張はなく、単純な現実的黙認と思われる。現実論としては多くの廃娼論者が唱えたような、公娼をなくせば私娼も衰退するというものではなかろう。廃娼県であった群馬で私娼は多くないといった程度の廃娼論者のあまり根拠のない理論は、廃娼論を観念的なレベルにとどめていた。その点キリスト者でありながら常に現実に立脚した社会事業論を説き、行動した生江は売春についても現実的選択を続けた。その限りではむしろ生江の冷静な姿勢は評価できなくはないが、そこに女性の立場を顧みる視点はない。

そのことは、廃娼論者がしばしば「国家の恥辱」をもち出して、廃娼を訴えたが、生江も同様であることにも表れている(31)。「外国人に吉原と富士山と一所に考へさせて置くのは甚だしい国家の恥辱」「公娼制度がある為めに、日本と云ふものが外国人にどう響いて居るかと云ふと、男女の道徳が紊れて居ると考へられて居る」「野蛮国な《ママ》仕方がないが文明国と称せられ、世界の五大国とか三大国とか云はる丶日本が(32)」と、公娼制度が国家の恥辱となることを反対の理由にしている。多くの廃娼論者がこの主張をしているが、廃娼運動がキリスト教や婦人団体という国家から遠い立場から唱えられ、実現するためには国家権力をもつ者に訴えざるをえないことから、権力者を納得させるための廃娼実現の方便として主張した面がある。だが、生江の場合、自身が内務省嘱託を経験し、辞した後も体制組織との関係が深かったことと、私娼容認論ともあわせてみれば、手段としての主張ではなく、国家の恥辱となる公娼には反対しても、どの世界にも存在する私娼にまでは反対する必要はなかったのである。

生江の公娼への反対は救世軍や基督教婦人矯風会のような情熱によるものではなく、行政的観点によるものにすぎなかった。救世軍や基督教婦人矯風会は公娼が奴隷制度であり、警察はじめ権力機構が総体として支えていることを見抜いて、根本的解決を目指そうとしたが、なお公娼を必然とする社会体制の現実に迫ることはできなかった(33)。生江は救世軍らほど公娼の犯罪性に気づかず、行政への信頼で解決しようとした。生江の立場からすれば、運動に一定の距離をおいて、学問的な議論のなかで実現する現実的な路線をとることは当然であるかもしれない。だが、そのなかで、女性を抑圧する構造全体を肯定する色合いをもってしまった。売春が貧困のもとにあるということすら認めることができず、「無智と精神異常」にこだわってしまったが、これにこだわる限り、恩恵的救済策にしかたどりつくことはできない。

四、産児制限と婦人参政権をめぐって

社会事業における生江と女性とのかかわりをみてきたが、生江は社会事業のみならず、一般の人々の間で議論されてきた問題にも発言している。

その一つは産児制限である。これについては、一九一八年には堕胎に限ってのことであるが「堕胎の事たる単り道徳上人論に反くの大なるもののみならず、実に実に国家民族興亡の係はる所たる人口問題に関連するものである」としたうえで、堕胎防止事業の発展を訴えている(34)。

一九二〇年頃には「不自然なる受胎制限の必要は今日に於て未だ無いものと信ずる」として、やはり否定的にとらえて

いた。その理由として「婦人が単に母たるを好まず、其子女の養育を厭ふ結果受胎を忌避するものもないではない。斯くの如きは結局婦人が天与の職分を曠廃するもので延いては民族自滅の基因となるや明か」「享楽のため乱用せらるゝに至らば何れの民族たるを問はず必ずや其自滅を招く」というように、「民族の自滅」との関係でとらえている(35)。

「日本程小供を産む国民は他の文明国にはないのでありまして非常な誇りであります」と述べているように、多産をよしとし、戦時下にて人的資源育成論に自ら与していく素地をすでにもっていた。もっとも、生江はやみくもに産児制限を否定していたわけではなく、「享楽主義の避妊と人口調節の意義よりする受胎制限論とは、実は同一に論ずべきものではない」として、「享楽主義」によるのでなければ容認の余地の可能性を残している(36)。

一九二八年になると、論旨に変化がみられる。「経済的、社会的、保健的及び優生学上よりするの議論は大体上是認し得るものと信じ、又文化的よりの議論に於ても女子解放と、文化人としての適当の享楽及び修養のためには之を是認するが妥当であらう。然し之に反して容色の衰ふるためや、淫蕩生活の持続や将た養育回避のためにする制限に至つては、毫も賛同の余地なきのみならず、婦人本来の天職に対する反逆的行為として極力排斥せねばならぬ」として、否定的見解を残しながらも、かなりの程度産児制限を許容するようになっている。ことに「文化人としての適当の享楽及び修養のため」の制限の許容はかなり大胆に容認する方向を打ち出したといえよう。産児制限運動の広がりのなかで、生江もその流れを全面的に拒否することはできなくなっていた(37)。

しかし生江が女性の自由や自己決定を認めたわけではないのは、「文化人」を特別扱いしている部分に表れている。「文化人」としての制限と享楽のための制限とをどう区分するのであろうか。結局一定の教養をもつ、すなわち社会階層が高く、経済力もある女性については「文化人」として許容されるが、そうでない場合に否定されることにならざるをえない。

さらに生江は、「国家の立場」に論及して「国家の健全なる発達を図らんとせば、徹底的社会政策を実行し得ざる限りに於ては、徒らに人口の自然増加に放任せずして意識的制限を加ふることが賢策なりと信ぜざるを得ない」として「国家の立場」からの制限推進を説いている。

生江のこの議論には二つの問題がある。一つは、生江が社会政策を必要とする人々の存在を国家にとってマイナスと認識していることであり、これは生江の優生思想に通じるものがある。もう一つは、国家にとって制限がプラスになるから制限を推進するというのであれば、マイナスになる場合には逆に禁止してもよいことにつながる。一九二〇年頃には「国家」や「民族」の将来のために堕胎や避妊を否定的にみていた。今度は国家のために産児制限に賛成しても、また国家の必要があれば立場が変わることを意味していた。事実生江は、後述のように、戦時体制のもとでは、多産を奨励していくことになる。

生江は産児制限をしなくてすむための対策として、精神主義には走らず、具体的な児童対策や防貧対策を唱えてはいるし、保育所の充実など具体的な対策も主張しあるいは実践してきたので、観念だけをふりまわしているのではない。けれども、多子と貧困が密接に結びついているなかでは、結果的には女性に国家の犠牲になることを強いるものであった。さらに一方では「精神異状者の生殖不能に関する法律の制定」をとなえて、優生思想を語り、「移民としての排出」の必要性も訴えて、移民先に台湾、朝鮮、「満洲」を列挙し、植民地主義の立場を明らかにしていた(38)。「満洲」への移民推進は生江の強い持論でもあった(39)。

戦前の女性解放運動のなかで、運動の柱となっていたのは婦人参政権運動である。生江は一九二六年にはニュージーランドで婦人に参政権があることで婦人が児童保護や禁酒運動に積極的に従事していることを好意的に紹介し(40)、一九三七年には婦選への支持を明らかにして「時機既に到来、寧ろ遅きに失するの憾あり」と語り、制限のない公民権の付与を主張している(41)。この点だけ見ると、生江は婦選運動の理解者だったようでもある。

ところが、生江は前年には同じ雑誌に「外国映画などの影響を受けて徒らに欧米風の悪流行に感染しつゝ、己が無知を忘れ得意げに大道を闊歩する女性の多くなつた」と述べて、女性の社会進出を感情的に嫌悪する見解を示している(42)。売春問題で男性が買うことを黙認する生江は、女性が表通りを歩くことすら否定的に見ていた。しかも女性は「無知」だというのである。

生江はすでに一九二〇年にアメリカの女性の状況を批評して「婦人が誰でも流行を追つて、新らしい、高い着物を買わねばならぬ。而して此欲心を達するに、賃金が之に伴はぬ為、如何に社会道徳を破壊して居るか」と非難して、婦人が流行のファッションを身にまとうことを社会道徳の破壊とまで決めつけていた。また日米とも「国家なり、社会なりが、余りに婦人を擁護し過ぎて居りはしないか」とも「危惧」していた(43)。一九二〇年頃の社会状況のどこに女性を甘やかす風潮があっただろうか。一九二〇年頃の状況ですでに女性を擁護しすぎているというのなら、それ以上の女性の社会進出や自立は認められないことになる。

実際、生江は女性が家庭に入って職業を放棄することを常態と考え、繁華街を多少着飾って歩くことも嫌悪したのである。生江が厳格な道徳主義者で男性にも同じような節制と服従を求めたのならともかく、禁酒は男女問わず厳しく要求し続けたが、他の点では男性を非難したりはしなかった。

婦選運動は狭義には女性の選挙権を要求する運動であるが、選挙権を得さえすればよいというわけではない。男性より低いとみなされてきた女性の人格の平等を要求し、女性の社会参加の一つの契機として選挙権を求めるものであり、女性の全人間的運動としての側面をもっている。生江は選挙権の有無という点では婦人参政権に賛成した。しかし、真にその意義を理解して賛成したのなら、女性の人格を最大限に尊重し、男性に認められているあらゆる行為を女性についても認めることができたはずである。生江の婦人参政権への賛意は、男性の普通選挙が実現したから次は女性にも、という程度の浅いものにすぎない。

□ 五、戦時下と女性

生江は日中戦争の本格化の後、すでに高齢でありながら戦時体制の全面的な支持のもとでの社会事業論を展開するようになる。女性問題についても、女性を戦時体制に適合させようとする議論をすすめていく。「支那事変勃発後の非常時下に於ては、先ず第一に各種婦人団体が強靱なる結束の下に銃後の護りを堅ふする事だと信じます挙国一致堅忍持久の覚悟を要するの秋、国民の半数を占むる婦人の活躍如何が銃後の護りに極めて重大なる意義と役割とを有するに想到せば小異を棄てヽ大同に就き渾然一体となつてその使命に邁進し以て日本婦人の美徳を発揮すべき」と婦人を最大限戦争に動員しようと試みた(44)。

産児制限でも、かつての一定の範囲での容認は消え、人的資源育成の流れのなかで、多産を主張する。それも単なる多産を奨励するのではなく、「優生多産」でなければならず、「非常時変下の現時に於て、人的資源の確保の極めて切実なるにも拘らず、事変年々三四十万の人口低減を見るの秋、如何にして優生多産を実現し得べきかゞ国民に課せられた重大な問題」としている(45)。国家のための産児制限は国家のための多産に転換し、そこに優生思想が組み込まれた。

「人的資源の充実を要する極めて切なるの秋、後天性疾患に依る乳幼児死亡率の高きは極めて遺憾である。政府も民間も現下この問題に重大なる関心を払つて居ります。私は貴セツルメントに対し之が拡充を切望して巳まぬ次第であります」と婦人セツルメントの意義として、人的資源の拡充に貢献することを希望している(46)。

廃娼運動についても「依然として浮蕩享楽の弊風に耽溺する者あるに於ては、独り時局に対する国民の期待に反する大なるのみならず、君国の為めに活躍する皇軍兵士と、その遺家族に対する反逆者たるを思はしめる」「かヽる時局に対しても依然として廃娼問題に関心を持たないとすれば、基督教の社会的使命は半ば失はれる」と述べて、戦争遂行のために享楽の気分を一掃すべきであり、そのために廃娼をすすめるべきことを訴えた(47)。芸妓にも論及して「悪質遺伝の結果、多数の精神病者及び変質者を生み、引いては種族の素質を底下せしむる等、優生学上由々敷大事を招来する」とまたしても優生思想に結びつけているように、女性の人権擁護の視点はますます後退している。

「国民が最大の緊張と統制を需め、皇軍兵士が祖国と、陛下の為めに限りなきの犠牲を払ひつヽある有史以来のこの非常時下に於てこそ、当局の断を要すべき」と戦時体制の強化と廃娼とを直結して考えた(48)。だが実際には、戦時体制が深まるにつれ、一時は実現間近と思われた公娼廃止は忘れられ、「皇軍兵士」は従軍慰安婦を抱いて、そこでは公娼以上の悲惨さがあったのである。

『婦人新報』で「戦時酒造制限運動は勿論、戦時禁酒法の制定運動にも亦大に必要」と述べているように、婦人雑誌のなかでも戦時体制を論じた(49)。

これは、生江が戦時体制の抑圧的な雰囲気のなかで急に変質したということだろうか。もしそうなら、リベラルなあるいは左翼的な社会事業家たちも一部の例外を除いて戦時体制を支持していくし、市川房枝、平塚らいてうら女性解放運動家たちも、戦争協力を深めていくことを思えば(50)、体制派の生江がこの程度の発言をするのは、当然であり、時代の状況のなかでいたしかたないというほかない。

だが、内務省、済生会、愛国婦人会など国家体制を支える立場で社会事業をつくろうとした生江は、日本の植民地侵略を全面的に肯定して自らも推進役となってきた。戦時体制になればそこに社会事業が貢献すべきなのは当然すぎることだった。個々の問題ではそれなりにみられるリベラルな性向も、実は国家主義を基盤にしたものにすぎず、「非常時」になれば、ただちにその本性を現したにすぎない。

六、おわりに

生江は典型的な良妻賢母主義者ではないし、ましてや頑迷な男尊女卑の思想の持ち主ではなく、女性を理解しようと努め、できる限り主観的には女性の社会的意義を認めようと努力した。そしてさしあたり、進歩的ともとれる女性観を披露することになる。だが、その進歩性は表面的であり、国家の体面に有益な範囲で女性の社会的活動を容認するものにすぎなかった。したがって、女性解放につながるものではなかった。

生江の生きた時代は男女同権などは一部の急進的な思想にすぎず、江戸時代生まれの生江が女性解放運動の人たちに比べて保守的なのは当然であって、それ自体は必ずしも非難できることではない。だが生江は立場上、女性解放運動の議論と接することもあったであろうし、児童保護を専門の柱としていて女性の生活実態に触れる機会も多かったはずである。新しい議論と実態とを十分に生かしきれなかった。それは観念的な社会事業理解と、道徳的人間理解が、女性問題を的確に把握する力を鈍らせたためである。社会事業は一見女性進出のすすんだ分野のようであったが、天皇制国家を支える性格をもつなかでは、女性は利用するものでしかなかった。生江もその枠のなかで社会事業を理論づけていた。「愛」を軸にした社会性の理解が不十分な生江の社会事業観のもとでは、いかにも善意に満ちた主張も女性にとってプラスになるものではなかった。

注

(1) 生江孝之の著作については『社会福祉古典叢書　生江孝之集』鳳書院、一九八三年巻末の著作文献目録に詳細に記録されている。ただし、生江の著作は膨大であるため完全な目録を作成するのは困難であり、事実この目録には労作でありながら欠落がかなり見られる。近年、婦人雑誌の復刻がすすんでいるため、本稿では、この目録にない論稿をいくつか拾うことができた。

(2) 小山静子は第一次大戦後、下田次郎や田子一民により、女性の社会事業への参加が主張されたものの、田子一民の場合、女性が職業につくことに反対しつつ、社会事業については女の「本性」を発揮するものであるので望ましいと主張したにすぎず、あくまで女性に「良妻賢母」としての役割が期待されていたことを論じている。（小山静子『良妻賢母という規範』勁草書房、一九九一年、一五八頁～一五九頁）。

(3) 生江孝之「内外の婦人と社会事業」『婦人問題』第二巻第一号、一九一八年三月、二二頁。

(4) 生江孝之「社会事業と女性の性能」『社会事業』第一二巻第一二号、一九二九年三月、一〇頁～十一頁。

(5) 生江孝之「母性愛と社会事業」『社会福利』第一九巻第七号、一九三五年七月、一四頁。

(6) 生江「内外の婦人と社会事業」、二二頁。

(7) 生江「社会事業と女性の性能」、一一頁。
(8) 生江孝之「婦人と社会事業」『済生』第六年第四号、一九二九年四月、一三頁。
(9) 生江「社会事業と女性の性能」、一一頁〜一二頁。
(10) 生江前掲稿、一二頁。
(11) 生江「社会事業と女性の性能」、一二頁。
(12) 生江「婦人と社会事業」、一四頁。
(13) 生江「社会事業と女性の性能」、一三頁。
(14) 生江孝之『日本基督教社会事業史』教文館、一九三一年。
(15) 生江孝之「草津の癩村にリー女史を訪れて」『済生』第六年第二号、一九二九年二月、二六頁〜三一頁。生江孝之「救癩事業とコーンウォール女史」『社会事業研究』第二九巻第九号、一九四一年九月、一三頁〜一五頁。
(16) 生江孝之「職業婦人セツルメントに就ての一考察」『婦人運動』第一三巻第三号、一九三四年三月、五二頁〜六一頁。
(17) 生江孝之『社会事業綱要』巌松堂書店、二一七頁〜二三三頁。
(18) 生江孝之『社会事業綱要』(改訂版)巌松堂書店、一九二七年、二三五頁〜二四五頁。
(19) 生江孝之『社会事業綱要』(三訂版)巌松堂書店、一九三六年、二三〇頁〜二四〇頁。
(20) 生江孝之『社会教化事業概観』常盤書房、一九三九年、一六六頁〜二一〇頁。
(21) 一番ヶ瀬康子は「この本の大部分の執筆書は、〝若き同志谷川貞夫君〟すなわち、このシリーズの総論を記した谷川貞夫氏であったと推察できる。この点については、生江の生存中、直弟子であった著者は、すでに生前に直接確認をしたことがある。また谷川貞夫氏からも、同様の話を聞いたことがある」と述べている(一番ヶ瀬康子「生江孝之『社会教化事業概観』解説」『戦前期社会事業基本文献集　社会教化事業概観』日本図書センター、一九九五年)。したがって、生江の他著からの引き写し以外は、谷川の著述の可能性が高い。
(22) 生江孝之「売春婦と救治策」『社会と救済』第四巻第一号、一九二〇年四月、五頁〜七頁。
(23)『社会事業綱要』(改訂版)、二四三頁。
(24) 山室軍平「娼妓の百人研究」『廓清』第四巻第十二号、一九一四年十二月、三頁〜四頁。
(25) 伊藤秀吉『紅燈下の彼女の生活』実業之日本社、一九三一年、二一四頁〜二一九頁。

(26)生江孝之述『わが九十年の生涯』生江孝之先生自叙伝刊行委員会、一九五八年、一三頁～一七頁。一番ヶ瀬康子はこのエピソードを生江の社会事業への原動力として紹介している（「解説」『社会福祉古典叢書　生江孝之集』、四〇五頁）。
(27)生江述『わが九十年の生涯』二二七頁～二三八頁。
(28)『日本基督教社会事業史』二二八頁～二六四頁。
(29)「売春婦と救治策」、二頁。
(30)伊藤秀吉は売春全滅への理想へ向かう努力のなかに公娼廃止運動があると位置づけているし（『日本廃娼運動史』廓清会婦人矯風会廃娼連盟、一九三一年、一頁～四頁）、山室軍平も私娼をなくすためにも公娼を廃止する必要があることを繰り返し説いた。
(31)大今歩は戦前の廃娼運動家が廃娼の論拠として「国の恥」を主張の柱としていたことを指摘し、廃娼運動は社会秩序を強化して人間を抑圧する結果となったとして批判している（「廃娼運動批判」『ばらばら　性の研究会会報』第一号、一九九五年四月、七頁～四六頁）。
(32)生江孝之「醜き残骸を撤廃せよ」『廓清』第二二巻第三号、一九三二年三月、二四頁。
(33)片山真佐子は基督教婦人矯風会が国家から女性の人権を奪い返す可能性をもつ論理をもちつつ、強い尊皇意識をもって天皇制国家に統合されていく二面性を論じている（「婦人矯風会に見る廃娼運動の思想―再び天皇制下の性と人間をめぐって―」人間文化研究会編『女性と文化Ⅲ』ＪＣＡ出版、一九八四年、二三五頁～二五四頁）。鈴木裕子は基督教婦人矯風会が日本の朝鮮侵略に肯定的であったことを指摘している（『フェミニズムと朝鮮』明石書店、一九九四年）。
(34)生江孝之「堕胎の風習と之が救済施設」『社会と救済』第二巻第二号、一九一八年五月、三四頁。
(35)生江孝之「避妊公許の和蘭」『生江孝之君古稀記念』生江孝之君古稀記念会、一九三八年、二三七頁～二五五頁（同論文の初出は一九二〇年）。
(36)生江孝之「予が観たる米国婦人の二方面」『婦人問題』第四巻第三号、一九二〇年三月、一頁～二九頁。
(37)生江孝之「産児制限問題私見」『社会事業研究』第一六巻第一二号、一九二八年十二月、二四頁～三一頁。
(38)生江「避妊の公許の和蘭」二五一頁～二五二頁。
(39)拙稿「日本の植民地支配への社会事業の姿勢―生江孝之と中国・朝鮮―」『総合社会福祉研究』第五号、一九九二年十一月、一二〇頁～一三〇頁。本書第四章収録。
(40)生江孝之「ニュージーランドに於ける婦人問題」『婦女新聞』第一三五〇号、一九二六年四月、七頁。
(41)『女性展望』第一一巻第一号、一九三七年一月、七頁。

(42)『女性展望』第一〇巻第一号、一九三六年一月、一六頁。
(43)生江「予が観たる米国婦人の二方面」、一九頁～二八頁。
(44)『女性展望』第一二巻第一号、一九三八年一月、一五頁。
(45)生江孝之「優生多産の奨励とその検討」『社会福利』第二四巻第一号、一九四〇年一月、二八頁～三四頁。
(46)『婦人運動』第十七巻第一〇号、一九三九年十月、四頁。
(47)生江孝之「淫蕩の弊風を一掃せよ」『廓清』第二七巻第一〇号、七頁～八頁。
(48)生江孝之「廃娼へ一路邁進」『廓清』一九三八年十月、一三頁。
(49)『婦人新報』第五〇〇号、一九三九年十一月、一八頁。
(50)婦人解放運動の戦争協力については鈴木裕子『フェミニズムと戦争』マルジュ社、一九八六年。鈴木裕子『女性史を拓く二―翼賛と抵抗―』未来社、一九八九年。

第五章　キリスト教社会事業家とハンセン病

一、賀川豊彦の救癩思想

□ はじめに

ハンセン病はかつて「癩」と呼ばれ、戦前は隔離と排斥の対象とされた。伝染への対応が隔離の理由とされ、患者は孤島や郊外の療養所に生涯閉じ込められた。伝染病といっても伝染力は弱いので、医学的にみてもそこまでの徹底した隔離は不要であり、労働力にならないうえ、外見が変貌することなどへの差別でしかなかった。療養所での生活は劣悪であり、部分的には抵抗の動きもみられ、個人的には逃亡などのケースもあったが、基本的には堪え忍んで生きていくしかなかった。

ハンセン病患者への抑圧は、直接には抑圧の形をとらず、慈愛としてなされた。長島愛生園にみられるように、療養所が地上の楽園であるかのように宣伝され、皇族をも動員して、患者への感謝の押し付けまでなされた。

被差別部落など、差別される者へ冷淡とされるキリスト教であるが、ハンセン病の場合は一見すると多くのキリスト者が積極的にかかわったかのようである。回春病院、慰廃園など救癩にのりだしたのはキリスト者であり、彼らの働きが、ハンセン病への公的な対策を促す作用をもった。ハンセン病対策の中心人物であった光田健輔は戦後の晩年に受洗するまではキリスト者ではないが、光田の周辺で協力する医者や看護婦にはキリスト者が多く、林文雄ら大きな業績をあげた者も少なくない。患者への伝道も熱心になされ、今日なおどこの療養所にも教会が建っている。

そうした点からして、賀川豊彦が救癩に関係したのは自然な流れではある。賀川は、武藤富男によれば、救癩組織の日本MTLの設立の報告を受けて「癩病のほうに乗り出しては力が分散する、僕は知らん」と述べ、当初はあまり関心がなかったというが(1)、やがて救癩に深くかかわるようになる。療養所をたびたび訪問しており、全国の療養所ないし患者自治会によってまとめられた歴史の多くは、賀川の足跡を記し、あるいは写真を掲載している(2)。また、療養所訪問のために講演会に遅れた、多忙の旅の途中で療養所に立ち寄ったといったエピソードも残っている(3)。

それゆえハンセン病患者への伝道に熱心に取り組んできた河野進は、賀川を患者と積極的に接触していった「癩者の友」とし(4)、日本救癩協会の理事長であった後藤安太郎は、賀川の後継者であることを自負している(5)。日本救癩協会関西支部長の山崎宗太郎は賀川を軸とした近代日本の救癩史を語り、「賀川は涙と憂悶の少年時代、イエスを仰いで立ち直った体験を語りつつ、彼らを慰め、はげまし、新しい力を与えるのであった」と振り返る(6)。

しかし、一方では救癩に関しても、批判が生じている。すなわち、藤野豊は、ハンセン病対策に優生主義が台頭し、賀川もまた優生主義の影響下にあって救癩事業を指導したことを論じている(7)。また、戦前に光田健輔を中心にすすめられた救癩のあり方は、戦後になって患者からは批判の対象となっており(8)、それは間接的に賀川をも問うものといえよう。

本稿では、こうした状況を踏まえ、一面的な称賛や非難を排して、賀川が救癩のために何をし、どう考えていたのかを探り、賀川の関与した社会事業の一つとして救癩を把握するとともに、戦前のハンセン病史に賀川を位置づけたい。

なお、本章では、歴史用語としての「癩」または「癩」を含んだ語を使用している。

□二、賀川とハンセン病

賀川の新川での生活は、さまざまな障害者や病人に接触する日々でもあり、ハンセン病患者に触れる機会もあったと思われる。『死線を越えて』の三部作には「外の乞食等も―その中には跛乞食も、癩病乞食も[9]」「『お隣の先生も、よつぽど物好きな先生やぜ……癩病人まで、世話せんかつて、善かりさうなものやになア』[10]」「玉枝を救ふ為め猶二百円を裏の癩病患者の高利貸から借りて来る決心をした[11]」「北本町に一緒に居た癩病の四宮さんは東京の慰廃園に去り[12]」といったハンセン病患者に関する記述を見出すことができる。山田明は『貧民心理の研究』『死線を越えて』『地殻を破って』等の分析から賀川が遭遇した障害者を取り上げ、受障の原因として「癩」が三人いることを明らかにしている[13]。

これらの点から新川にて日常的に患者に接し、患者の世話もしていたことは明白である。ただ、この時点では住民として接しているのであって、ことさらに救癩の意識はなかったと考えられる。『貧民心理の研究』等、スラムでの生活から生まれた著述では、疫病についてもしばしば触れているが、「熊本は癩病都市である[14]」といった一般的な記述はあるものの、特にハンセン病を詳細に論じることはしていない。山田が「癩」については「病因論的レベルでは社会的原因を見出しにくい」と指摘している点も関係しているであろう[15]。

けれども、病気や生活実態をスラムという最底辺の患者を通して知っていることは、患者への個人的嫌悪はあまりもたず、病気への理解もある程度もっていたであろうと推測できる反面、後に隔離策を肯定している素地になった可能性もある。

救癩に本格的に関与するようになったのは、日本MTLの設立である。日本MTLは海外の同種の組織を参考にして一九二五年に設立された、キリスト教を基盤とする民間組織である。MTLとは、Mission to Lepersの略である。賀川は前述のように当初は不熱心だったというが、賀川の周囲にいた人物を中心に設立され、賀川も救癩への関心を深めていく。賀川一人の力でできた事業ではないものの、賀川関係の事業の一つといってさしつかえない性格をもっており、森幹郎は「賀川豊彦とMTL」という形で解説している[16]。

賀川は「日本MTLの使命は、日本人である癩病患者を、少しでも愛し様と云ふのである」と述べているが[17]、単なる精神運動ではない。「日本ニ於ケル癩患者ニ基督ノ福音ヲ知ラシメ併セテ癩ノ予防及ビ救癩事業ノ促進ヲ期スル」ことを目的とし、具体的には患者への伝道、「癩」が遺伝でなく絶滅できることの宣伝、患者や家族からの相談、患者への慰問、隔離療養事業への後援、隔離療養事業の推進の請願を揚げており、幅広い活動を目指している。経費は会費と献金であり、キリスト教関係者や教会からの献金で支えられており、その点では全国のキリスト教による事業でもあった。MTLは療養所の所在地など全国各地に組織が広がっていく。

一九三一年には官製団体として癩予防協会が設立される。癩予防協会は官僚や各地の名士を役員にすえて、啓発や療養所への寄付などをする。癩予防協会が行政組織と政策的意図をバックに隔離策を推進したのに対し、MTLは官製団体では手の届かない精神面のフォローを担い、両者は相互補完的であった。

MTLの働きは、キリスト教関係者をはじめ一般社会に一定の啓蒙の役割を果たし、患者に対してもそれなりの慰めにはなったであろう。しかし、救癩として単純に評価することはできない。隔離を唯一の手段とするハンセン病対策は一九三〇年頃からますます強化され、国立療養所の開設や、地方での無癩県運動の展開がみられる。MTLは、隔離の推進者として患者からの批判の対象となっている光田健輔を理事の一人におくなど、隔離策と無縁ではなく、自らも「隔離療養」の推進を打ち出している。

藤野豊はMTLが「信仰にもとづくハンセン病患者への博愛精神を加えて、国家的利害を重視する視点が明確になっている」と指摘し、自由療養地区の建設を重視したことや優生主義に立脚していた点を指摘している(18)。MTL=賀川という単純な見方はできないが、賀川はMTLの路線と基本的には同一の立場にあり、賀川は隔離推進の路線を強化する役割を果たした。

前述のように賀川は療養所への訪問もたびたび行っており、しかもそれはおざなりな形式的訪問ではなく、患者へ積極的に接する姿勢がみられたという。しかし、隔離の壁を前提にした接触である。社会一般、とりわけ教会への影響力の強い賀川が救癩について発言し、行動することは、キリスト教関係者、社会事業関係者らに救癩に目を向けさせ、患者にも希望をもたせる効果があった。それは救癩史に特筆できる実践ではある。けれども、それゆえにマイナスの影響も大きかったことも無視できない。

三、賀川の小説とハンセン病

　賀川は社会的テーマを小説によって世に問い、それらは文学的な完成度では劣っていたとしても、世の中の矛盾や悪を追求する姿勢により多数の読者を得ていた。小説は一般への影響が大きく、小説でどのようにハンセン病を扱ったかは賀川のハンセン病観を知るうえでも意味がある。ハンセン病を正面から扱った作品として『東雲は瞬く』があるが、その前に他の作品をみておきたい。

　まず、『一粒の麦(19)』であるが、宗教小説として、悩みつつ求道的に生きる農村の青年を主人公としたこの作品に、ハンセン病患者が登場する。主人公の嘉吉は近隣に住むハンセン病患者に出会い、第一印象としては恐ろしく、「世話してみようといふ気持ちよりか、この家から逃げ出さうと云ふ気持ちの方が、先んじた(20)」のだが、キリスト者でありさまざまな指導をも受けている村野先生の献身的な対処を見て、自分が世話をしようと試みる。

　ハンセン病患者の登場の意図は、主人公に隣人愛の実践をさせるには、農村で考えられる最も悲惨な存在としての患者が必要だったということであろう。それがため患者の外見的醜さを過剰に描いている感もある。その詳細な描写は賀川が患者とたびたび接したことの反映ではあるが、主人公と患者との関係は受ける者と与える者との関係であって、患者の側の思いは伝わってこない。

　しかし、地域から見離されている患者がどのように生きているかが示され、地域住民の伝染への恐怖心も描かれている。当時のハンセン病の現実が示されているが、個人的な愛の対象にとどまっているため、社会的現実は曖昧である。それでも、愛の実践が、当局への通報―療養所入所という形でなく、その場に住むことを一応の前提にしている。

　『一粒の麦』では、全く別の脈絡ではあるが、天罰の話に続いて、「指そのものが、今にも癩病にかゝつて腐つてしまふかのやうに思われてならなかつた(21)」と、天刑病説を助長しかねない場面もある。患者の世話をする主人公に対し、母親が伝染を心配してやめるように注意しており、伝染病であることをやや過剰に示してもいる。いずれにせよ、ハンセン病への配慮という点では不十分さが残っており、この作品の限界となっている。

『第三紀層の上に[22]』では草津温泉に梅毒の療養にきた、主人公の恋人松子が、近隣にある「癩病村」について宿の娘と話す場面がある[23]。ただし、草津温泉の癩部落の実態には触れず、「リー先生」というイギリス人の称賛の話である。「リー先生」とは、草津湯之沢にて聖バルナバホームと総称される救癩事業を行った、聖公会のコンウォール・リーのことである。梅毒を患う松子がハンセン病の知識を得て、視野を広げて人生を切り開く力としていくのが自然な展開と思われるが、ここでは特に深追いせず、キリスト教の宣伝で終わっている。

『東雲は瞬く[24]』は、「救癩思想の普及を意図した大衆小説である」とされ[25]、明石楽生病院の大野悦子をモデルとして[26]、救癩に取り組む者の隣人愛や患者の姿などを描いている。

前半はむしろ秋元夫妻を軸とした男女の愛憎物語であり、上位の階層に属していて外見的には幸せそうな女性が、男性の身勝手さのなかで苦しめられている図などが描かれている。後半になって、橋本明（はる）子の明石での病院での働きが中心となる。後半になると前半の登場人物にハンセン病が発病したり、前半では悪役だった医師の秋元とその妻が悔い改めて救癩に乗り出すなど、話が都合よくすすみすぎるきらいがあり、目的意識が表れすぎている。したがって、文学作品として厳しく評価するならば、前半に限れば人間ドラマとしてそれなりのまとまりはあるが、後半も含めれば秀作とはいいがたい。ただし、文学としての完成を目指したのではないから、文学的な観点から批判するのはやや酷であり、救癩の面で有効かどうかを問うべきであろう。

作品の中心は明子にあり、患者はむろん何人か登場するが、隅にいる。それも反抗的な患者ほど頻繁に登場する。明子の献身さばかりが目立ち、まさに救癩の側からの視点しかなく、患者の主体はない。明子の病院はもともと営利本位ではじまったものであり、救癩という割りには真の救癩からは遠い。

ハンセン病への誤解を解く意図は明確に表れている。「遺伝か伝染か」という項目を設けて「日本には、今尚ほ癩病が血統を引くといふことを信じてゐる者が多いですが、西洋では、癩病が伝染病だといふことを事実上証明してゐます。ノールウエーなどでは僅か二十年間に、癩病を殆ど絶滅させてゐます。それを見ても癩病が遺伝ぢやないことだけはよくわかるぢやありませんか」と登場人物に語らせ[27]、遺伝説の払拭につとめるなど、ハンセン病がどういう病気かを読者に理解させようと努めている。

しかし、藤野豊は優生思想が散見されることを指摘しているし[28]、遺伝説を否定する一方で、「遺伝素質が優れたものでありさへすれば、子供といふものは、病的な大人より優等な性質を持つてゐる[29]」というように、一般論としては遺伝を重視する発想がのぞいている。「胎内伝染といふやつがあるからなア、遺伝ではないけれども、胎内で伝染してくる奴を防ぐ方法はないいんだよ。全生病院の院長さんは、輸精管の手術をすると言つていらつしたが、そんな方法でもとるより仕方がないんだろうなア[30]」と、光田健輔の不妊手術が肯定的に述べられている。

ベストセラーとなり映画化された『小島の春』に代表される、医者の側からの作品は、隔離を疑うことなく、自らを正義の使者のごとく描いた。『東雲は瞬く』は、そのような患者不在の主観はさすがに排されているが、「常識」を出るものではなく、しかもキリスト教主義が過剰に演出されて、問題解決の展望は示されないで終わっている。賀川が救癩を社会的課題として据えたことは確かだが、患者との人間的関係を結ぶことはできず、手なれた作家による小説にもかかわらず、『小島の春』ほどの感銘さえ与えられなかった。『小島の春』は批判はあるにしても、そこには患者との生の会話があり、人間的なつながりが語られている。

武藤富男は『小島の春』などが「癩院」の内側の作とすれば、『東雲は瞬く』は外側の作と位置づけているが[31]、内側、外側という区分はさして意味がない。まして、患者自身による『いのちの初夜』などとは比較にもならない。不自然な愛を演出するほど、架空の物語と化し、救癩から遊離していく。そして、それは『東雲は瞬く』の不成功にとどまらず、賀川の救癩への意識ともかかわってくる。出版されたのが一九三二年であり、隔離策が強化され、無癩県運動が推進された時期であることにも留意せざるをえない。

四、賀川の救癩観

被差別部落との関係などをめぐって批判も少なくないとはいえ、賀川がいわゆる弱者に関心を寄せ、救済に尽力したことは確かであり、その賀川がハンセン病にも目を向けたことについては、賀川の積極的側面として評価することができる。だが問題は、その目の向け方である。

賀川はキリスト教的な愛の視点はもっており、ダミアン神父を思慕し(32)、あるいはハンセン病の苦痛を神との関係で考え(33)、聖書に癩患者の記述の多いことを指摘している。さらに、救癩をキリスト教的側面にとどめず、政策的にとらえた。それ自体は、宗教家にありがちな個人主義をこえた望ましい傾向ではあるものの、結果的には政策の追認の域にとどまっている。

「癩絶滅運動を一つの社会的政策としていかなければならないのである」「癩は遺伝ではない。民衆それ自身が自覚して、一人でも多く隔離する、と云ふことを怠らなければ、レペアは完全に絶滅し得る」と述べるとき(34)、その理屈は隔離策の推進に情熱を燃やした光田健輔らと何ら違うところはなく、徹底した隔離によって対策となす発想である。しかもマクロ的な発想はあっても、隔離される患者への視点は乏しい。賀川と光田の類似性については、吉田光孝が賀川を辛辣に批判するなかで指摘している(35)。

「農村に於ては、(中略)五人六分の癩病患者があり、(中略)生命分の減退によつて貧民が著しく増加してゐる(36)」と貧困の原因とも絡んで考察する視点もあるが、「殊に鹿児島、熊本、沖縄の如き癩病患者の多い処に於ては、誠に暗い生活を送つて居る者が多い(37)」と、ハンセン病患者の存在を農村の貧困と直結させるような表現をしている。もっとも、「癩病の如き乳幼児の時に伝染しやすいものであるから、之等の知識に就いては、母親にうんと教え込む必要がある(38)」とも述べており、ねらいは農村の疾病予防である。

しかし、「癩病の如きは、胎内伝染をする傾向を持つてゐるから、簡単な手術法によつて男性の輸精管を切断して、子孫に黴菌が伝染しないやうな工夫をすることも必要である。この手術の如きは私も見たことがあるが、非常に簡単であるから、レプラ患者自身がすゝんでこの手術を受けると、まことによいと思ふ(39)」と述べるにいたっては、優生思想そのものといえよう。

一九三〇年代に展開された無癩県運動にも同調する態度を示し、救癩＝収容との観点から隔離策を全面的に肯定し、「無癩県を作れ」と主張し、収容施設の一層の拡大を主張している。さらに見逃せないのは「皇太后陛下の御仁徳が直接大きな覚醒となつていることは誠に有りがたき事実である」と、皇室を利用した施策推進をも受容している点である(40)。

皇室、とりわけ貞明皇太后は「つれつれの友となりても慰めよ行くことかたき我にかはりて」なる短歌とともに患者の慰撫に大きく用いられた。光明皇后の事跡や伝説も盛んに流布された。差別され続けた患者にとって、皇室の「御仁慈」は心のよりどころであった。排除、隔離の根源が天皇制国家にあるにもかかわらず、その根源への無用な感謝を強いられることになった。キリスト教による救癩が、聖書に基づく精神により、政策的な救癩を克服することが求められたのに、現実には政策を補強する役割をもっていたことを示している。

こうした点は、賀川は患者の利益に敵対していたと切り捨てればよいものではない。療養所をたびたび訪問し、研究もしていたであろう賀川は、当時の一般的なハンセン病観、すなわち政府サイドから流れてくる情報により多く接した。賀川にとって救癩は活動の貴重な柱ではあっても、中心ではなかったから、情報を疑い自ら考え直す余裕はなく、そのまま受け入れてしまっていたためであろう。

けれども、戦後になっても「日本においても癩病患者の胎内感染を防ぐために、輸精管の切断を希望者に手術せられている光田健輔氏の様な篤志家もある。私はこうした産児制限には大賛成であつて」と述べているのは(41)、ハンセン病が治癒可能になり、患者運動の活発化など人権意識が高揚していく時代の流れにもかかわらず、戦前と何ら変化しておらず、批判は避けられない。

救癩の熱意がなかったとか、にせものであったとかいうのではない。「癩病を例にとつて考えて見よう。三十年前約三万人位癩病患者が日本にいると考えられていた。それが、今日では僅か一万二千人位に減少してしまつた。『DDA』プロミゾールと呼ばれる飲み薬プロミンと呼ばれる注射薬によつて、初期の患者は全快して毎年百名近くの患者が国立病院を退院するようになつた。ところが、英国の如き無癩国でも最近、熱帯地方から引揚げてくる人々が多くなると、現今一七五名位の癩病患者を政府が世話せねばならぬことになつたと云うことである。フランスは更に多く、一九五六年現在で約千名近くのものが熱帯地方の属領から引揚げて来ているとのことである。イタリーも約三百五十名の癩病患者を保護していると最近彼地の癩病問題を視察して帰られた東京都下村山全生病院院長林芳信博士が報告せられていた。フランスの救癩協会の報告によると、全世界には約千二百万位の癩病患者が困窮しているとのことである」と述べているのは賀川の救癩への関心の表れであり(42)、しかも関心は目の前の患者にとどまらず、国際的である。細かな数字などが出てくるのは賀川の著述全体に見られる特徴ではあるが、ハンセン病への熱意が無ければ、こうした議論は生み出されない。

五、おわりに

ハンセン病患者が嫌悪されている時代にあって、どのような形であれ、そこにかかわることはきわめて困難である。そのため、関係者を高く評価し、ときに美化する傾向がないわけではない。小川正子についてありもしない事跡が伝えられ、虚像がつくられていることも指摘されている(43)。賀川についても、もし救癩に携わった事実だけで過大評価するのなら、美化された関係者の一人に賀川を加えるにすぎなくなる。それでは賀川の救癩をかえって狭くとらえることになる。

賀川はハンセン病に深い関心を抱き、救済にすすんでいった。それは一見すると、新川での実践を彷彿させるものがある。しかし、新川と違うのは、新川の実践は国家のもくろみとは全く無関係に、むしろ実践のなかから資本主義の悪を認識し、労働運動、農民運動、協同組合運動へと向かう源泉となっていくが、救癩活動は主観的意図はともかく、国家の意思に一致し、思想的には独自性は乏しく、当時の潮流をなぞっているにすぎない。

そのことをもって賀川が体制の協力者であったとか、ハンセン病患者を見下していたとか、患者との触れ合いははったりであったとかといったことをいいたいのではない。ただ、賀川が多様な救済に取り組むなかで、ハンセン病問題に関しては、時代を先取りするほどの認識に到達することはできず、先駆者的な面を一応もちつつも、時代に埋没する面をもってしまった。

それは救癩あるいは社会事業のなかで、キリスト教全体にみられる傾向ではある。だが、キリスト教の個人主義を当時としては大きく乗り越えていた賀川であるがために、賀川までもが体制にのみこまれた事実は、戦前の救癩が国家の要請のもとでいかに強固に展開されていたかを示している。

注

(1) 武藤富男「解説」『賀川豊彦全集』第一六巻、四九九頁。
(2)『創立五十周年記念誌』国立療養所多磨全生園、一九五九年、五一頁。
『自治会五十年史』国立療養所菊池恵楓園患者自治会、一九七六年、一三頁。
『閉ざされた島の昭和史　国立療養所大島青松園入園者自治会五十年史』大島青松園　入園者自治会、一九八一年、三二六頁～三二九頁など。
(3) 武藤富男編著『百三人の賀川伝』キリスト新聞社、一九六〇年、二二九頁～二三〇頁、二四四頁～二四五頁。
(4) 河野進「癩者の友としての賀川先生」、田中芳三編『神はわが牧者』イエスの友大阪支部、一九六〇年。
(5) 後藤安太郎「賀川先生と救癩事業」『神はわが牧者』。
(6) 山崎宗太郎「賀川豊彦の救らい運動」『賀川豊彦研究』一八号、一九九〇年五月。

(7)藤野豊「ハンセン病対策史における優生思想の台頭」『帝塚山大学論集』第六八号、一九九〇年三月。
(8)大竹章『らいからの解放』草土文化、一九七〇年。島田等『病棄て』ゆみる出版、一九八五年。島比呂志『来者のこえ』社会評論社、一九八八年。三宅一志『差別者のボクに捧げる!』晩聲社、一九七八年など。
(9)賀川豊彦『死線を越えて』キリスト新聞社、一九七五年、二一〇頁。
(10)前掲書、四二五頁。
(11)前掲書、四六八頁。
(12)前掲書、五七六頁。
(13)山田明「一九一〇年代貧民街における障害者の受障と落層」『賀川豊彦学会論叢』第二号、一九八七年二月。
(14)『全集』第八巻、三七頁(ただし第三版の削除部分)。
(15)山田、前掲論文、一五頁。
(16)森幹郎『足跡は消えても―人物日本救ライ小史―』日本生命済生会、一九六三年、一一三頁~一一九頁。
(17)賀川豊彦「社会問題として見たる癩病絶滅運動」『雲の柱』第六巻第三号、一九二七年三月、一一頁。
(18)藤野、前掲論文、四五頁~五〇頁。
(19)大日本雄弁会講談社、一九三一年刊。
(20)『全集』第一五巻、三三三頁。
(21)前掲書、二七五頁。
(22)大日本雄弁会講談社、一九三八年刊。
(23)『全集』第一八巻、三一二頁。
(24)実業日本社、一九三三年刊。
(25)武藤「解説」『全集』第一六巻、四九九頁。
(26)大野悦子については、「大野悦子」『福祉の灯』兵庫県社会福祉協議会、一九七一年。
(27)『全集』第一六巻、三九九頁。
(28)藤野、前掲論文、四八頁。

(29)『全集』第一六巻、三八二頁。
(30)前掲書、三九〇頁〜三九一頁。
(31)武藤「解説」『全集』第一六巻、五〇四頁。
(32)賀川豊彦「癩病の友ダミエンを憶ふ」『雲の柱』第八巻第七号、一九二九年七月。
(33)賀川豊彦「苦痛を通して神を見る」『日本MTL』第九一号、一九三八年十月。
(34)賀川「社会問題として見たる癩病絶滅運動」。
(35)吉田光孝「討議資料の欺瞞性を撃つ賀川豊彦は差別者か」『資料集「賀川豊彦全集」と部落差別』キリスト新聞社、一九九一年、二三一頁。
(36)『救貧問題』『全集』第一〇巻、二四八頁。
(37)賀川豊彦『農村社会事業』日本評論社、一九三三年、四一頁。
(38)『立体農業と農村設計』『全集』第一二巻、四二九頁。
(39)賀川『農村社会事業』六二頁〜六三頁。
(40)賀川豊彦「無癩県を作れ」『日本MTL』第九九号、一九三九年六月。
(41)『世界国家』『全集』第一〇巻、三八三頁。
(42)前掲書、四四五頁〜四四六頁。
(43)島比呂志『らい予防法の改正を』岩波書店、一九九一年、一二頁〜一二頁。

二、ハンナ・リデルと救癩政策

□一、はじめに

戦前すすめられたハンセン病対策はキリスト教系救癩事業に誘発される形ではじまり、一九〇七年の「癩予防ニ関スル件」制定後は国公立療養所への隔離収容を軸としてすすめられた。隔離政策は次第に強化され、その過程でみられた患者の人格を軽視する傾向や療養所を美化して患者を恩恵の対象として位置づけていくシステムは、戦後の社会福祉のなかにもさまざまな形で散見された。今日ではエイズ対策がハンセン病対策の誤りを繰り返すのではないかと危惧されるようになっている(1)。

戦前はもっぱら称賛の対象であった国公立療養所について、隔離思想の差別性や療養所の劣悪な生活水準が戦後になって問題視されるようになり、患者による告発や運動にはじまり、現在では研究者のなかからも批判的な見解が次々と提示されている(2)。ところが、国公立療養所への厳しい批判や隔離思想の中心的存在であった光田健輔の思想や行動への非難の反面、キリスト教系の救癩施設についてはそのような批判の対象になっておらず、むしろ対比させて評価する傾向もある。

だが、戦前のハンセン病対策の全容と問題点を明確にするには、出発点ともなったキリスト教系の救癩の性格をつかむことが前提であろう。キリスト教系の救癩の代表はハンナ・リデル(一八五五〜一九三二)による一連の活動である。リデルはイギリスに生まれ、聖公会の伝道師として一八八九年に来日した。リデルの業績は一八九五年に回春病院を設立して救癩を行ったのをはじめ、「癩予防ニ関スル件」制定へ向けての努力、療養所への伝道者の派遣による患者の精神的慰安の推進、沖縄救癩の開拓(3)、癩菌研究所の設立による研究の推進などである。

信仰に基づく積極的な姿勢に好感が持たれ、外国人であることから異国の社会事業に情熱を捧げたとして高く評価されている。また女性であることから、女性の社会事業家の代表的存在として注目されている(4)。なお、回春病院は一九三二年のリデルの死後、姪のライトによって運営されたが、ライトはイギリス人であることから日英関係の悪化にともなって根拠なくスパイ容疑をかけられ、回春病院も一九四一年に閉鎖に追い込まれ、ライトはオーストラリアに退去した。ライトは戦後日本にもどり、現在はリデル・ライト記念老人ホーム（特別養護老人ホームとデイサービスセンター）としてリデルの働きが受け継がれている。

しかし、さまざまな活動をなしえたということはそれだけ、ハンセン病対策へのかかわりが大きかったということでもある。リデルへの称賛だけではキリスト教系の救癩の本質をとらえることはできず、歴史的検討が望まれる。リデルの活動の地盤であった熊本では一九九三年に記念祭を開催して、展示会やシンポジウム等を行い、顕彰会を設立するなど、リデルを再評価する動きがみられる(5)。地元の人物の功績を偲び、学ぶこと自体は大いに歓迎すべきである。ただ、一連の地元の動きは、真剣に歴史から学ぼうとする人々もみられるものの、顕彰会の役員にはハンセン病について日頃真剣に考えているとは思えない、知事や市長をはじめとした名士が名を連ねるなど、全体としては文字通り顕彰にとどまっている。これではハンセン病の歴史を踏まえてリデルの働きを継承していくことにはならない。

熊本では戦後、ハンセン病患者の子弟が地元の小学校に入学しようとしたところ住民の猛反対によって長期間のトラブルとなった龍田寮事件、ハンセン病患者が病気の偏見ゆえに殺人罪で逮捕・起訴され死刑が執行された藤本事件と、ハンセン病の問題を凝縮したような事件が続発した。これは、リデルの実践が患者の人権尊重へと受け継がれなかったためでもあり、真に継承するなら、これらの事件を想起し反省する必要があり、あわせてリデルそのものも検討の必要がある。

リデルに関する伝記は多数書かれてきたが、その大半は熊本・本妙寺の癩部落で患者の悲惨さに胸打たれ、生涯を異国の地で救癩に捧げたという内容である。ところが、漫然と繰り返し語られているリデルの生涯にはいくつもの疑問が生じる。第一は、本妙寺での伝説的寓話である。それほどまで衝撃を受けたのなら、なぜリデルは癩部落解消に努めなかったのだろうか。「癩予防ニ関スル件」制定や回春病院維持のためのリデルの行動力からすると、目の前に残存する癩部落をいつまでも放置していたのは不可解である。実際に本妙寺の癩部落が解消されたのはリデルの死後八年たった一九四〇年、無癩県運動の総仕上げとしてであった。

第二は回春病院の処遇水準がすぐれていたことが、自明の前提のようになっている。しかし、国公立療養所も地上の楽園のように宣伝されていたことを思うと、安易に回春病院を評価するのは危険である。リデルは国公立療養所のような、警察出身者による管理・抑圧的な手法には批判的であったようであるが、回春病院では自由で開放的であったのだろうか。

第三は回春病院で患者の騒動が発生しているが、これについてはほとんど言及されたことがない。事件自体はリデルの死後の出来事で、リデルに直接の責任はない。しかし、回春病院はリデルの姪に継承され、基本的にリデルの方針が踏襲されていると考えられること、キリスト教強制への反対をはじめ患者が要求している内容は、リデルのときからのものであることからすれば、リデルへの患者からの拒否的反応であったといってさしつかえないはずである。

第四は、リデルほど救癩の世界で活躍した人物が救癩の軸であった隔離政策と無縁でありえたのだろうか。リデルの思想は、光田健輔に代表される隔離思想をゆるがすような根本的な相違をもっていたのだろうか。これは、リデルの評価のうえでは無視できない点と思われるが十分に検討されてきていない。

本稿ではこれらの疑問に対応しつつ、キリスト教系救癩の性格について検討していきたい。

二、ハンセン病患者への視点

リデルとハンセン病との出合いは、本妙寺で患者を目撃したことによる。本妙寺には加藤清正が癩に罹患したところ信心によってなおったという伝説があることから（むろん癩への罹患自体が史実ではないが）、患者が集まり癩部落が形成されていた。リデル自身の回想によれば、一八八〇年四月三日に本妙寺に出かけたところ、祭日だったこともあって多数の患者を見ることになった。リデルは深く同情を寄せ、その後たびたび訪問し、何人かの患者とも懇意になるなかで救済に乗り出したということである(6)。その日に、愛読書に「初めて癩患者を見る」と記していることが、リデルの衝撃の深さを物語る証拠として語り継がれている。リデルはさらに回春病院を設立して、本格的に救癩に乗り出していく。

なお、一部の伝記では、花見の宴を目的として本妙寺に出かけ、生まれてはじめて癩病人を目撃し、リデルの運命がこの日を境に大きく変わったと書いている(7)。花見目的と明記しないまでも、伝記の大半は患者目撃の偶然さを強調している。なるほど、行楽気分から衝撃へと一気に突き落とされる状況は物語としては劇的であるし、執筆者には桜の美しさとハンセン病の「醜」のコントラストの狙いもこめられている。

それが事実でないことは、リデル自身が明確に語っている(8)。リデルはあるとき、他人の会話から本妙寺に癩患者が多数いることを知った。それで一度本妙寺に行って見てみたいと希望していたが、多忙のためかなわなかった。四月三日が神武天皇祭で休日だったためようやく機会を得て、本妙寺に出向いたというのである。本妙寺に患者がいることを知っての行動だったのである。

内務省社会局『社会事業功労者事跡』では、やや異なる説明をしている(9)。来日後熊本で伝道するなかで大学教授がハンセン病のため家族や親戚から見離され苦しんでいるのを知り、さらに教授以外にも多数の患者の存在と、それが寺院に集まっていることを知って驚いた。そのうえで本妙寺を訪問したのであり、内務省の説明でも、予備知識をもったうえでの意図的な行動である。『社会事業功労者事跡』の出版年は一九二九年であり、リデルの生存中であるから、まるで虚偽の記述がなされたとは考えにくい。いずれにせよ、本妙寺訪問と桜の時期が重なったのは偶然であるにしても、患者の目撃は偶然ではなく目的そのものである。まして、その日に突然人生観が百八十度変わったというような、ドラマチックなものではない。花見に出かけて患者を目撃して人生が一変したなどというのは、リデルの死後に捏造された神話にすぎない。

熊本の救癩施設としては回春病院のほか、一八九八年にはカトリック系の待労院も設置され、やや離れた場所だが九州七県連合立の九州療養所が一九〇九年に創立される（一九四一年に国立に移管され菊池恵楓園と改称）。癩部落解消の条件は法的にも収容先の点からも整っていく。ところが、リデルは病院設立後、特に本妙寺の癩部落解消に努めていない。なお、筆者は一刻も早く癩部落解消をすべきだったと主張しているのではない。むしろ、強制隔離を急がなかったのは、望ましいことだったのかもしれない。ただ、リデルの生き方からすると、どうも一貫性が欠けているようにも思える。

これはリデルが、ハンセン病患者全体に関心を寄せたのではないことから理解できる。リデルは「癩病といふものは世間一般に考へますのには、社会の下層、即ち下層社会に主にある病気のやうに考られて居りますけれども、それは大変な間違でございます。只今御話致しますのは可なり上流階級に属して居ります人々でございます」と、癩問題が上流階級の問題であることへの注意を喚起している(10)。大隈重信にあてた手紙でも「特に閣下にお願いいたしたいのは、単に浮浪者の病者のみならず、各階級の病者の実際状態を調査することです」と書き、当時の浮浪者優先の対策を改めて、上流階級にも手を差し伸べるべきことを訴えている(11)。

「入院患者の方は概して身分のある人が、山師医者などにだまされて其の資産を失ひ、もしこちらへ入院せずば乞食に落ちるといふやうな人でございます。学校教師、官史、伝道者、農民、陸軍士官、或は相当の店を持つて居ました者などがありまして」と、回春病院に入る者は「身分のある人」だと盛んに強調している(12)。「私の病院の入院者は九州療養所の様に浮浪者ではありません。大学専門学校から出た身元の確かな人達であります。私は此患者達を見捨てるには忍びません」とも発言している(13)。癩部落目撃後、リデルが最初に懇意となって救済したのも教員出身者であるが、リデルはなぜこの患者を選び出したのか説明していない。これらリデルの発言からすれば、「身分のある人」を探し出したものと考えられる。

リデル評価の根拠とされる、「軍艦を一艘維持するだけの費用でもつて、五十年の内に一人も日本に癩病人をなくする事が出来やう」との発言も、その前の部分を見ると「身分に依り地位に依つて、それ相応に極く安泰の一生を終られるやうに、其の病人の家元から出金致すやうに政府が世話致しましたら、政府でも費用を要することは誠に少なくて、絶対的に貧乏な病人だけを救へば済まうと思ひます」と述べている(14)。つまり、軍艦一艘の費用でハンセン病が解決できるとの発言は、単に経済的に余裕のある者から費用を徴収して、公費支出を貧困者に限定すれば費用がかからないという方法論を述べているにすぎず、リデルのヒューマニズムの根拠にはならないし、ましてや軍事より国民の健康のために国費を使うべきだという主張ではない。むしろ「身分に依り地位に依つて、それ相応」という、差別的処遇のすすめである。

このように、リデルにあるのは、身分のある者、地位の高い者への関心である。癩部落についても、そこに「身分のある者」がいることが衝撃なのであって、浮浪者がいることは不可解ではなく、それは自分の守備範囲ではなかったのである。このようにとらえると、癩部落を放置したことも十分に理解できる。

特定の患者にのみ関心を寄せるリデルの姿勢は、時代の限界として理解すべきであろうか。リデルは上京のおりにはいつも帝国ホテルに滞在し、神戸ではオリエンタルホテルに宿泊した。服装もいつも華美なものを着用しており、「ルイ王朝時代の淑女の様だ」と評されるほどで(15)、今日残されている写真もそうした姿で写っている。夏には、軽井沢で静養するのを毎年の恒例としていた。

当時の社会事業家には困窮に耐えて生活する者は少なくなく、たとえば同じ女性のキリスト教社会事業家の山室機恵子は、「名家」の出身でありながら、服装も食事もきわめて粗末な生活を続けて事業を支え、早逝した(16)。筆者は社会事業経営者が清貧であることを理想としているのではなく、社会の指導的立場にある者として、社会の一般的な水準以上の生活をして当然と考える。しかし、当時の社会事業全体の状況をみると、清貧をよしとしてしまうのが時代の風潮であって、上流志向をこの時代の反映とみることはできない。帝国ホテルと軽井沢では、あまりにも一般大衆からかけ離れている。

リデルの伝記のなかで、リデルの上流志向を的確に指摘したのは児島美都子であるが、児島はリデルが育ったイギリスの階級社会と欧米社会事業の体質とに原因があると述べるにとどまっている(17)。だが、社会事業は最も虐げられている者の側に立つものであり、とりわけ救癩がそういう性質をもつところから社会事業の他分野と比しても過大なまでに評価されているのだから、特定の人を選別する姿勢は、評価のうえで避けることのできないきわめて主要な点ではないだろうか。戦前の社会事業のなかには、入所者の家族から経費を徴収し、結果的に貧困者の入所が困難であったものがみられるが(18)、それは戦前の財源難のなかでの矛盾であり、人間として貧困者を蔑視していたとは限らない。リデルの場合は、人間として選別する視点が濃厚である。しかも、リデルはもともと宣教師としてキリストの愛を伝えに来日したはずである。リデルが説こうとしていたキリストの福音とは、どういうものだったのか。児島も含めきわめて、不正確なリデル像になっているといわざるをえない。

リデルのこうした姿勢は「リデル嬢が高踏的経営で地元の者に大した依頼心もなく、啓蒙理解等に就ても余り求むることが多くなかった」ということにつながっている(19)。後に回春病院跡に建てられた龍田寮をめぐって、事件に発展していくのも、ここに遠因があるといえよう。

リデルの贅沢な暮らしぶりについて、擁護しているのは光田健輔である。光田によれば、回春病院の運営のために外国人から援助を得るには、裕福な外国人と同様の生活スタイルが必要だったというのである(20)。しかし、他の社会事業家は困窮のなかで、外国も含めて寄付を得ており、リデルを擁護する根拠にならない。光田の熱心な擁護は、光田とリデルが共通する位置に立っていることを示すものである。

三、回春病院の生活水準

国公立療養所の処遇については、戦前盛んに宣伝された「地上の楽園」には程遠く、患者は十分な医療を受けられることなく、過酷な管理のもとにおかれ、劣悪な状況におかれていたことが明らかにされている。回春病院は生活水準の面で、国公立療養所と一線を画する存在であったのだろうか。

国公立療養所で問題とされている一つは、比較的軽症の患者が看護の労働力として使用されたり、さまざまな労働が強制されたりしていたことである。それは回春病院にも見られることであった。回春病院では「軽症者は重症者の世話を万端みることになっていました。月曜ごとには男女で大洗濯があり、軽症者は朝暗いうちから、夜九時の消灯まで、ほとんど自分の時間がないほど忙しいのです。その反面、盲人たちは朝夕の礼拝と食事をするほか暇が多いので、寄れば人の噂に時を過ごし、それがわざわいのもとになるということもありました」というように、重症患者の世話は軽症者が行っていた(21)。「昭和八年の春、回春病院の改革によって、働く者に小さいながら作業賃がつくことになりました」とのことで(22)、「昭和八年」はリデル死後のことであるから、リデル生存中は、どんな働きをしても全くの無給であったのである。国公立療養所ではさまざまな制約があったとはいえ、若干の報酬はあったのだから、この点は国公立療養所よりも低劣であったといえる。

また、回春病院では過酷なまでの宗教的処遇が貫かれた。一九二三年から二六年にかけて回春病院に入院した青木恵哉は「回春病院は、祈りに明け、祈りに暮れる『祈りの道場』であった。聖日の早祷晩祷および毎朝夕の家庭礼拝のほかに、月曜日の日々の糧感謝祈祷会、火曜日の聖霊待望会、水曜日の連祷、木曜日のライ者救霊祈祷会、金曜日の神癒祈祷会、などがあり、さらに女子の神杖会、男子の赤心会、盲者のシロアム会、毎朝の聖書研究会などと、その雰囲気は一種の修道院ともいうべきものであった」と回顧している(23)。

一九一九年から三三年まで入院した玉木愛子は「入院後は朝夕の礼拝、聖書、祈りの坩堝の中で培われます」と述べている(24)。青木も玉木もキリスト者であり、リデルを敬慕する立場から回春病院のよい面として述べているのだから、おおげさな表現ではないだろう。患者はキリスト教に追われる毎日でもあった。

宗教重視は、国公立療養所にもみられたことであり、どの療養所にも教会や寺院が設立されている。回春病院でなくとも、宗教的生活を望む者にはその道は開かれていた。ただ、国公立療養所が園内の治安維持のために宗教を利用する意図が明確なのに対し、もともとキリスト教主義の回春病院はそうした特別な狙いはなかったかもしれない。だが、効果としてはどうであったか。「修道院のような明け暮れから脱がれ出たい、あまりにも静かな環境のなわめを解かれたい、という内心の欲求が、リデルさんの死を転機として表面化し、長い間のセキを切ったようにつぎつぎと退院者が出てくるのでした」ということで(25)、内心同意しない患者は少なくなかった。修道院的生活をリデルも共にしていたのならまだしも、リデルはせいぜい週に二、三度来て事務員に指示するだけで、「院に迎える時はいつも綺麗に掃除していたものだ」というくらい、患者とは離れた生活をしていた(26)。

リデルは新入所者に向かって「私の子供です」と語っていたという。もはや人間として扱われなくなっていた患者にとって、リデルのこの言葉がそれなりに慰めや希望になったのは否定できない。しかし、キリスト教社会事業は「この最も小さい者の一人にしたのは、わたしにしてくれたのである」（マタイによる福音書二五章四十節—新共同訳）という新約聖書の言葉にあるように、神のわざの現れとしての病者や障害者に仕えるものである。リデルの姿勢はキリスト教主義というより、きわめて家父長的性格の強いものである。家父長的支配のもとでの擬似家族主義は、長島愛生園をはじめ国公立療養所の運営手法でもあった。

こうした回春病院の処遇が問われたのが、患者による騒動である。騒動を伝える各新聞記事には若干の相違もあるが、一九三六年八月、患者は「賄の改善」などの要求をしたものの容れられず、院内をデモするなど抵抗し、警察も駆けつける騒ぎとなった。病院側は説得に努め、要求の一部を受け入れることで、短期間で収束した(27)。たまたま長島愛生園で騒動が起きたのと同時期であったため、愛生園からの飛び火であるようにいわれることもある。しかし、長島と熊本では距離も遠く、小規模な回春病院で隠れた動きができたとは思えず、回春病院独自の事情があればこその、必然的な騒動とみるべきであろう。

そして、この騒動は回春病院の生活水準自体への疑問をもたせる。患者の要求は、強制的キリスト教礼拝への反対、支給物品の改善、使役賃の値上げ、事務長の辞任である。このうち、事務長の辞任以外は、いずれも生活そのものを問う内容である(28)。

これらの点は、リデル生存のときより極度に劣悪になったとは考えられず、騒動はリデルを問うものである。また、事務長のコメントによると、同様の騒動が創設当時一度あったとされ、創設時より、患者の不満はみられたのである(29)。

騒動の原因がすべて患者側に正当性があるとは限らないし、騒動の遠因には患者と事務長との感情的トラブルがあったようである。賄いについても、「患者のなかには上流家庭の子弟が多数あり家庭で甘い御馳走を食つて居た」と患者が述べているように(30)、「上流階級」の者を中心に入所していた矛盾の表れでもある。しかし、すばらしい施設での感謝の生活をおくっているというような図式が実際にはあてはまらないことを示している。

四、癩予防法制定へのリデルの役割

過酷な隔離政策のはじまりとなったのは、一九〇七年の法律第十一号「癩予防ニ関スル件」である。この法律は何度か改正され「癩予防法」と呼ばれるようになり（以下、制定当初も含めて「癩予防法」と呼ぶ）、強化されて戦前の患者隔離の根拠となった。戦後「らい予防法」として大幅に改正されたものの、強制隔離収容の基本線に変化はなく、一九九六年の廃止まで改廃をめぐって議論が続いた(31)。

隔離政策は「癩予防法」を根拠としてすすめられたのであるから、隔離政策批判にあたっては、当然この「癩予防法」

を批判的にみることになる。ところが、「癩予防法」制定に尽力したのはリデルなのである。それも一般的な意見表明や陳情にとどまらず、有力者に積極的に会見するなどして強力にすすめた。回春病院への支援要請を受けた渋沢栄一らの計らいで、救癩の講演を行ったことが、法制定のきっかけともいわれている。

潮谷総一郎は「明治四十年、法律第十一号のらい予防法の公布はハンナ・リデル女史の主唱、総理大臣兼内務大臣大隈重信伯の共鳴と後援とによって実現した」とむしろリデルが主体であったとしている[32]。山本俊一は法制定について叙述するにあたり、「リデルの活躍」との項を設け、「わが国のハンセン病対策を推進するうえでこの英国婦人の影響はきわめて大きかった」と述べている[33]。

リデルの働きかけを受ける内務省の側からみても、大久保利武によれば、たびたび内務省を訪問し、「国庫の金を支出して徹底的なる癩予防に関する法律の制定の促進を繰替えされた」という[34]。窪田静太郎もリデルが立役者であり、衛生局長であった自分もその影響のもとで動いたことを回顧している[35]。

また、法案の審議に際して、提案者の山根正次はリデルを持ち出して、法の早期実現を訴えている。山根は、法案の趣旨説明のなかで、リデルの活動について詳細に紹介したうえで、回春病院に内務省からの補助が出ていることや資金募集のための音楽会に皇族の出席があったことを指摘したうえで、「斯ク外国人ハ此不幸ナル病ニ向ッテ、同情ヲ寄セラレ、且ツ危険デアルカラ隔離シナケレバナラヌト云フコトモ、能ク分ッテ居リマスガ、ソレニ拘ハラズ政府ニ於テハ、今日マデソレガ無カッタ、之ニ対スル法律ヲ出サレナイト云フコトハ、甚ダ以テ外国人ニ対シテモ済マズ」と述べており、リデルに学びこたえていくためにも法の制定が急務であることを強く訴えている[36]。このようにリデルは予防法制定の母と呼んでもいいほどの大きな働きをしたのである。

もっとも、リデルが働きかけなくとも、いずれ何らかの法が制定され、隔離政策は着実に実行されたであろう。むしろ、リデルは法制定に民主的体裁を整えるためと外圧に弱い日本の体質とで利用された面もある。リデルは、警察出身者の職員による療養所での患者への過酷な対応や、隔離の場に離島を用いることには批判的であった。したがって、隔離政策とその後の悲劇の責任をリデルに負わすのは正当ではない。しかし、リデルが隔離政策の枠外に位置していたかのような議論は、法制定に向けてのリデルの役割を低く評価しすぎているといわざるをえない。

五、リデルと隔離政策

回春病院が国公立療養所と同一性をもち、隔離政策の根拠となる「癩予防法」の推進者がリデルであるとすれば、隔離政策そのものとリデルとの近親性が問われてくる。従来、リデルと隔離政策とを対比させる見解がみられた。たとえば、小笠原嘉祐は「回春病院の中で実践されていた、一定の自由な生活環境と『分かち合い』の精神の実現が隔離政策とあまりに食い違う、その落差の中で閉鎖が行われた」として、隔離政策と根底から対立していた点を強調し、それが回春病院の閉鎖にまでつながったとしている(37)。もし、リデルと隔離政策が異質であるのなら、リデルの実践は間接的にではあれ、隔離政策の否定的側面を暴き、その遂行を困難にさせる面をもって、ひいては患者の人権を擁護することになったはずである。だが、実際はどうだったのか。

リデルは自らの事業のために、政財界の有力者と関係をもった、すなわち、渋沢栄一、島田三郎、大隈重信、武藤山治らである。ところが、彼らは同時に、隔離政策を支えた人物でもある。渋沢は光田健輔の理解者でもあり、東京養育院に回春病室を設置したほか、癩予防協会の設立に尽力し、高齢にもかかわらず初代会長に就いている。島田は癩予防法の推進者であり、代議士として法制定を議会内で推し進めている。もしも、リデルと隔離政策が逆方向のものであるなら、こういう重なりはありえないはずである。

隔離政策をすすめた内務省はじめ政府は回春病院に奨励金や下賜金を出し、勲六等瑞宝賞などリデルへの表彰を行っている。一九二九年五月二一日には東京でリデル女史慰労午餐会が開かれた。ここには、出席予定の内務次官・潮恵之輔は欠席したものの、社会局長官・長岡隆一郎、衛生局長・山田準次郎、社会部長・大野緑一郎と、救癩関係の部局の長がいずれも出席している(38)。中央社会事業協会副会長の肩書で出席している窪田静太郎も、内務官僚出身である。光田健輔も出席した。

一九二九年は癩予防法が改正されて、隔離政策を一段と強めようとしていた時期である。リデルが隔離政策の推進にとって邪魔な存在であれば、これほどの歓待はありえない。これは、リデルの事業への支援がすなわち隔離政策の推進につながった、少なくとも内務省にとってリデルは自らの政策遂行に都合のよい存在としてとらえられていたということである。

隔離政策を官民あげて遂行するため一九三一年に癩予防協会が設立される。協会では公私の療養所に援助を行ったが、回春病院にも毎年協会からの援助がもたらされた(39)。映写機、レコード、野球道具、印刷機、蓄音器等の患者慰安用物品が贈られているが、これは他の療養所と比べても劣るものではない。また、私立癩療養所従業員奨励金についても、他の施設と同額が支出されている。癩予防協会と価値観や立場を共有していなければ、こうした援助はありえない。

また、光田健輔はじめ隔離を強硬に主張した人たちにとって、もしもリデルが隔離政策と異質であるなら、批判し排斥すべき対象となるはずである。せめて、無視あるいは軽蔑して当然である。ところが、光田はリデルについて「救癩事業に点火したリデル嬢」「何としてもリデル嬢は癩予防事業に偉大なる貢献をせられた」「長時に亘つて一外国女子の身をもつて粉骨砕身わが国の与論を起し、患者を救療せられた」と賞賛しており、皮肉や非難の気持ちは感じられない(40)。

隔離政策を民間の立場からすすめた組織として日本ＭＴＬがあるが、会長として隔離推進路線を支えた小林正金も、リデルへの賛辞を惜しんでいない。小林は「癩病同情の先駆者」としてリデルを評価し(41)、「その偉業を考ふるときに日本人たるもの如何なる感謝を捧ぐべきか」というリデルへの言葉をよせている。小林は「此の貴き献身の存したればこそ現在の癩予防法の公布となり、最近国立療養所の設立となり」とも語り、リデルが隔離体制の構築に貢献したとの理解をしている(42)。飯野十造は民族浄化を主張し、隔離推進の世論づくりをすすめた人物であるが、「真の社会事業、愛の人、癩者の母」として賞賛している(43)。

隔離政策の総本山ともいうべき長島愛生園からは医師がたびたび訪問し、交流があった。神宮良一が回春病院勤務の後に長島愛生園に勤務したように、交流の度合いはきわめて大きい(44)。リデルと交流を持ち、回春病院閉鎖の処理に携わった福田令寿は、熊本ＭＴＬの理事としてＭＴＬの方針を遂行し、本妙寺の癩部落の一掃も、自分たちの活動の成果として自負している(45)。

戦後、リデルの業績を伝える役割を果たしたのは内田守である。内田は熊本短期大学の教授に就任し、地方史や自著等でリデルの業績を伝えた(46)。だが、内田は戦前は長島愛生園に勤務した光田健輔に忠実な医師の一人である。戦後光田への批判が起きた後もなお、光田擁護の論陣をはっていた。しかも、内田は救癩と宗教の関係について、それがしょせんは院内の治安のためのものと冷めた見方をしていたのであり(47)、救癩と宗教の意義を積極的に認めたとはいえない。光田派として隔離主義を主張してきた内田の目からも、リデルは顕彰すべき存在であった。

外国人であり女性であって、数々の公的な栄誉を得たリデルに対しては、儀礼的な面から誉めざるをえなかったかもしれない。しかし、隔離主義の立場の者たちの発言はそうした儀礼をこえて、真面目な意図でリデルへの高い評価を与えている。

光田健輔とリデルとで明確に意見が異なっていた点はあった。それは患者の結婚についてである。「光田氏は医学上の立場から断種を主張し、リデルさんは宗教上の立場から人体を傷ける事はない、厳重に男女を隔離して置けば良いと言ふ意見でした」と、同席した場でも意見をたたかわせていたぐらい、両者は遠い位置にあったように見える(48)。

光田は避妊手術を施したうえでの結婚を認めていた。リデルは結婚を認めないばかりか、男女を別棟にし同席の機会もほとんど与えず、雌と雄の小鳥を同じ籠のなかに入れることさえ嫌悪したと伝えられている。小鳥の様子があまりにかわいそうなので、患者はリデルの留守にこっそり一つの籠に入れたという。「結婚は許されず、男女が恋に落ちて、もしそれが知れ渡ると、彼らは院から出ていかなければならないことになっていた」というほど徹底していた(49)。夫婦の患者が入所すること自体も、他の患者に悪影響があるとして否定している。

しかし、二人のこの相違はそれほど決定的なものではなく、むしろ二人の共通点を示すものである。つまり、光田もリデルも遺伝でないはずのハンセン病患者について、子孫を残すべきでないと考え、患者に精神的・肉体的負担を強いているのである。リデルは「患者が子供を持つと云ふことは人道上罪悪」と語っている[50]。これは光田と全く同じ考えであり、目的やもたらされる結果は同一であり、方法が違うにすぎない。すでに澤野雅樹は「どちらの意見を採用しようとも、種族の枯渇が帰結されることに変わりがないとされてしまうのである。同じ結果を引きだすために、リデルは両性の分離収容をもってのぞみ、光田はワゼクトミー（筆者注―光田が結婚とひきかえに行った避妊手術）をもってのぞむというわけだ」として[51]、リデルと光田の考えは相互補完的であり、光田の方法もリデルのような考えがあってこそ、人道的な装いのもとにすすめることができたとしている。今日、避妊手術を結婚の引き換えとする光田のやり方は人間性を奪う手段であったとして激しく非難されているが、光田のほうが、管理主義の立場からとはいえ、人間の姿を率直に見ていたといえる。

また、リデルの結婚否定の背後には、ハンセン病に遺伝的側面をみるという、リデルの誤った理解がある。カトリックの立場から救癩事業にかかわった岩下壮一は「女史は遺伝を信じられるかのように、だから患者の子供は結婚してはならぬとの御意見らしかった」と述べて、リデルの強硬な主張は、ハンセン病の原因を遺伝とみているためではないかとの印象を語っている[52]。リデル自身も「確に是は遺伝であり、又伝染病でもある」と発言して、遺伝が基本にあるという見方を確信をもって述べている[53][54]。

リデルは癩菌研究所を設立して、ハンセン病研究に貢献したとされている。だが、リデル自身はその研究成果を自らのものとして生かすことができなかったのである。リデルには治療上不可避であった患者の足の切断を「信仰」を理由に反対したり[55]（キリスト教にそのような教理はなく、リデル特有の「信仰」である）、一人よがりな思いつきで研究所の医師に医学的に無意味な研究テーマをおしつけたりと[56]、非科学的で医学軽視の姿勢が強い。

そこに男女の関係を感情的に嫌悪する偏狭な道徳観が加わっている。リデルが回春病院で結婚禁止を実行するだけなら、その方針に納得した者のみが入所すればよいことだとしても、リデルは「国家が癩病者の両性を隔離しさへすれば、国民には、癩病者は連れ合ひとならぬこと、病人同志結婚すべからざること、及び癩病者は親となるべからざること等の事柄が、もつと深く了解せらる、に至るであらう」と、国家が推進すべきことも説いている[57]。男女が会ったり、夫婦の姿を見たりすることさえ否定するリデルの論旨からすれば、異性の姿を当然目撃する一般社会との交流は不可能であり、国公立療養所以上の厳密な隔離へとすすまざるをえない。

□六、おわりに

従来の研究のなかではリデルはむしろ隔離政策に対して対立する存在としてとらえられていた。患者として隔離政策の性格を追求してきた島田等は、リデルの主張を国が聞かなかったことが悲劇につながったとし[58]、さらに〈光田イズム〉と「外国関係者」を「対照的」だとしたうえで、その「外国関係者」にリデルを含めている[59]。藤野豊はハンセン病史研究の力作『日本ファシズムと医療』において、リデルの精神主義的姿勢を公立療養所と対比させ、キリスト教救癩の問題はリデル以後の日本ＭＴＬの隔離運動に表れているとしている[60]。

しかし、以上見たようにリデルは隔離政策と同一線上にある存在であり、民間の立場から隔離政策をすすめたのである。少なくとも隔離主義者にとって邪魔ではなく、利していた。隔離政策は国の強硬な姿勢だけで実現できるものではなかった。民間からの「良心」や「愛」による下支えがあってより容易に遂行できたのであり、それがリデルであった。リデルは外国人という立場とキリスト教という天皇制国家のなかで異端的存在であった宗教に属していることとで、国家と一見遠い場所にいた。それだけに、その自由な主張と行動は、冷酷な国家の論理を慈愛へとろ過して浸透させる効果をもった。

リデルを隔離政策と別の場所におくことには全く根拠がないといわざるをえない。リデルは、学会から嫌悪されながらも隔離政策を斥ける立場を貫いた小笠原登のようなケースとは全く違い、常に救癩界の主流・王道にいたのである。リデルの否定的側面を把握することなくして、隔離政策は光田の個人的誤謬から発生した不幸なのではなく、国家の論理が巧妙かつ強力に貫徹された全貌を理解することはできない。その点への理解によって、ハンセン病にとどまらず残存している隔離思想を克服していくことができるのではないだろうか。

注

(1)大谷藤郎『現代のスティグマ』勁草書房、一九九三年、三七頁～六九頁。「『その罪万死に値す』ハンセン病からエイズ―〝隔離〟とたたかった人々の記録」『ねっとわーく京都』第四六号、一九九三年一月、六二頁～六六頁。

(2)全国ハンセン氏病患者協議会編『全患協運動史』一光社、一九七七年。

(3)上原信雄編『沖縄救癩史』財団法人沖縄らい予防協会、一九六四年、六六頁～七一頁。

(4)五味百合子「『明治社会事業』と女性」『共栄社会福祉研究』第一号、一九八五年五月、一七頁～一八頁。窪田暁子「慈善事業施設の創立を担った女性たち」『人文学報』東京都立大学人文学部、第二〇二号、一九八八年三月、一〇〇頁～一〇三頁。

(5)『リデル・ライト両女史記念祭報告書』リデル・ライト両女史顕彰会、一九九三年。

(6)ミス・リデル「回春病院設立の動機に就て」『救済研究』第七巻第八号、一九一九年八月、一三頁～一九頁。

(7)たとえば、森幹郎『足跡は消えても―人物日本ライ小史―』日本生命救生会、一九六三年、一六〇頁では「観桜の宴」とし、内田守『熊本県社会事業史稿』熊本社会福祉研究所、一九九五年、一八頁でも「観桜の宴」としている。太田俊夫「ハンナ・リデルとエダ・ライト」日本聖公会歴史編集委員会編『あかしびとたち』日本聖公会出版事業部、一九七四年、二九八頁では「熊本の桜の名所本妙寺に咲き乱れる桜花の美しさを求めて出かけた」と記している。

(8)リデル、前掲稿、一三頁～一八頁。

(9)「ハンナ・リデル女史」『社会事業功労者事蹟』内務省社会局、一九二九年、五八四頁～五八七頁。

(10)リデル、前掲稿、一三頁。

(11)潮谷総一郎「らい予防法制定にまつわる大隈重信伯とハンナ・リデル女史の協力」『基督教社会福祉学研究』第二三号、一九九〇年三月、六四頁。
(12)ハンナ・リデル「癩者の救護」『癩者の慈母ハンナ・リデル』日本MTL、一九三二年、八〇頁。
(13)『光田健輔と日本らい予防事業』藤楓協会、一九五八年、二九二頁。
(14)リデル「癩者の救護」、八三頁。
(15)隅青鳥「歌日誌」『癩者の慈母ハンナ・リデル』、六七頁。
(16)山室武甫『山室軍平にふさわしき妻機恵子』玉川大学出版部、一九六五年。
(17)児島美都子「ハンナ・リデル」五味百合子編著『社会事業に生きた女性たち』ドメス出版、一九七三年、五五頁〜六五頁。
(18)たとえば、滝乃川学園では一九二〇年頃、園費として月三十円徴収していたが、これは当時の一カ月の個人消費支出の二倍以上である（『戦前・戦中期における障害者福祉対策』財団法人社会福祉研究所、一九九〇年、九〇頁）。
(19)内田、前掲稿、一九九頁。
(20)『光田健輔と日本のらい予防事業』、二九一頁。
(21)玉木愛子『この命ある限り』保健同人社、一九五六年、九五頁。同書は、玉木愛子『わがいのちわがうた―絶望から感謝』新地書房、一九八六年にもほぼ同文の形で収録されている。
(22)玉木、前掲書、一三九頁。
(23)青木恵哉『選ばれた島』新教出版社、一九七二年、四八頁〜四九頁。
(24)玉木、前掲書、一一一頁。
(25)玉木、前掲書、一四二頁〜一四三頁。
(26)隅青鳥「歌日誌」、六六頁〜六七頁。
(27)『東京朝日新聞』一九三六年八月二五日。
(28)『中外日報』一九三六年八月二九日。
(29)『山陽新聞』一九三六年八月二五日。
(30)『九州日日新聞』夕刊、一九三六年八月二五日。
(31)『ハンセン病と真宗・隔離から解放へ』東本願寺、一九九〇年。島比呂志『「らい予防法」と患者の人権』社会評論社、一九九三年。伊奈教勝『ハンセン病・隔絶四十年』明石書店、一九九四年。
(32)潮谷、前掲稿、六五頁。
(33)山本俊一『日本らい史』東京大学出版会、一九九三年、五一頁〜五四頁。
(34)大久保利武「ハンナ・リデル女史と我邦癩予防事業」『社会事業』第一五巻第一二号、一九三二年三月、四四頁。
(35)窪田静太郎「癩予防制度創設の当時を回顧す」『社会事業』第一七巻第五号、一九三三年八月、三頁。
(36)『第二三回帝国議会衆議院癩予防法案委員会会議録』第一回、一九〇六年三月二五日、三頁。
(37)小笠原嘉祐「リデル・ライト両女史記念祭を終えて」『菊池野』第四六三号、一九九三年七月、一二頁。
(38)『渋沢栄一伝記資料』第三一巻、渋沢栄一伝記資料刊行会、一九六〇年、一九二頁〜一九三頁。
(39)『事業成績報告書』各年度、癩予防協会。
(40)『光田健輔と日本のらい予防事業』二九〇頁、二九一頁、四四六頁。
(41)小林正金「癩病同情の先駆者」『社会事業』第一〇巻第七号、一九二六年十月、五七頁。
(42)小林正金「噫ハンナ・リデル嬢」『癩者の慈母ハンナ・リデル』、六頁。
(43)飯野十造「癩者の母　愛の人ミス・リデル」『癩者の慈母ハンナ・リデル』、三三頁。
(44)玉木、前掲書、一四一頁。
(45)熊本日日新聞社編『百年史の証言・福田令寿氏と語る』日本YMCA同盟出版部、一九七一年、三六九頁。
(46)『熊本県史』熊本県、近代編第二、一九六二年、七一一頁〜七一三頁。内田守編『ユーカリの実るを待ちて』リデル・ライト記念老人ホーム、一九七六年。
(47)内田守人（内田のペンネーム）「癩院の宗教問題管見」『社会事業研究』第二九巻第二号、一九四一年二月、六五頁〜七〇頁。
(48)「小畑久五郎談話筆記」『渋沢栄一伝記資料』第三一巻、一九三頁。
(49)青木、前掲稿、四九頁。
(50)ミス・リデル「癩病者の保護に就て」『救済研究』第八巻第二号、一九二〇年二月、四八頁。
(51)澤野雅樹『癩者の生』青弓社、一九九四年、九二頁。
(52)モニック・原山編著『キリストに倣いて・岩下壮一神父永遠の面影』学苑社、一九九一年、一七五頁。

(53) リデル「回春病院設立の動機に就て」、二九頁。
(54) 日本聖公会社会事業連盟編『現代社会福祉の源流』聖公会出版、一九八八年、八〇頁（この部分の執筆は寺本喜一）には、「リデルはらい（ハンセン病）は遺伝病でなく伝染病であることを知っており」とあるが、事実を正確に記していない。
(55) 玉木、前掲書、一二九頁。
(56)『百年史の証言』、三六三頁。
(57) リデル「癩病者の保護に就て」、四九頁。
(58) 島田等「らいと天皇制」『愛生』第四五巻第五号、一九九一年五・六月、九頁〜一〇頁。
(59) 島田等『病棄て』ゆみる出版、一九八五年、六三頁。
(60) 藤野豊、『日本ファシズムと医療』岩波書店、一九九三年、七頁〜五四頁。

三、山室軍平の救癩活動

□一、はじめに

一九九六年三月に「らい予防法の廃止に関する法律」が成立し、長年の懸案であったらい予防法廃止が実現した。らい予防法廃止の方針が伝えられて以来、ハンセン病患者を長期間にわたって隔離したことへの批判が強まり、隔離政策にこだわり続けた厚生省の姿勢と、らい学会をはじめとする医師に批判が集中した。だが、戦前確立した隔離政策は社会事業とも深く関係していた。隔離の先駆となった救癩事業はもともと慈善事業としてはじまったし、隔離の主張は『社会事業』『社会事業研究』等の社会事業雑誌でも展開されていた。国公立療養所を含めて救癩全体がしばしば社会事業の一分野とみなされ、救癩に携わった者は現在でも、活動内容の実証を抜きにして、愛の人として尊敬の対象とされている(1)。隔離政策は必ずしも強権によってすすめられたのではなく、社会事業による支えにより、慈愛の形をとって実施することができた。したがって、社会事業—社会福祉においても、らい予防法により隔離が行われ、人権が侵害された責任を負うべきである。

その際、救癩家といわれる人たちの関与も問題であるが、周辺で支えた社会事業家たちのかかわりも検討する必要がある。救癩家が孤軍奮闘したというより、社会事業界のさまざまなつながりのなかで、救癩がなされ、隔離がすすめられたからである。

そこで、本稿では山室軍平を取り上げて、救癩との関連を検討していく。周知のように救世軍は戦前の社会事業の牽引役として多数の事業を開拓し、社会事業の柱となっており、山室はその指導者であった。それゆえ社会事業界全体をみるうえで避けて通れない大きさをもつ。けれども、山室と救癩との関係はかつて森幹郎が救癩家列伝である『足跡は消えても』のなかで、「救世軍の人々」の題で、救世軍の救癩への関心、未感染児童保育所の設立の経緯、そこに携わった人たちについて詳細に取り上げたことがあるが(2)、その後救世軍や山室軍平研究のなかでも、ハンセン病史研究でも本格的に取り上げられなかった。

しかし、以下でみるように山室は結果的には救癩家に列することはなかったが、救癩に関心を持ち、構想していた。救癩と社会事業をつなぐ位置におり、社会事業の側がハンセン病をどう理解し、かかわろうとしたかを示している。山室の救癩への姿勢を問うことで、戦前の社会事業関係者のハンセン病への感覚や態度をつかむことができるであろう。

なお、聖書のなかの「癩」はハンセン病とは異なる疾病であることが今日では明らかであるため、「癩」のまま使っている。

二、救癩をめぐる動き

(一) 二葉寮

救世軍は幅広く社会事業を展開し、医療の面でも結核療養所を設置するなど事業を広げ、一九三〇年頃には救癩事業も構想するようになった。幅広い社会事業を展開した救世軍にとって、着手できていない数少ない分野として関心があったのは当然であろうし、海外にはすでに救世軍による救癩施設もみられた。救世軍の兵士(一般のキリスト教会での信徒)に患者がいたことが関心を高め、また救癩のために多額の寄付をする者もいた。森の『足跡は消えても』によれば、山室軍平はハンナ・リデルや大塚正心らの救癩家と親交があり、渋沢栄一とも救癩について語りあっていたという。山室の訪米の折には救世軍司令官のエバンゼリン・ブースより支援の内諾も得ていた(3)。
おかのゆきおの『林文雄の生涯』では山室が、キリスト者としてハンセン病の療養所である全生病院に勤務していた林文雄に誘いの手をよせて、林を院長にして救癩事業に着手する構想があったとされている(4)。山室民子も、林がそのように語っていたことを述べている(5)。しかし、山室から林への手紙によれば、むしろ林の方から志願したように思われる(6)。この手紙で山室は次のように述べている。

方針としては救世軍の結核療養所と同じく払へる人は精々払はし払へない人を施療とします。そのわけは御承知の如くあまり富裕でない家庭で家名を重んずるため不完全な部屋を仕切つて癩患者を入れてゐるものがいくらもあるらしいと思ひます。それらが救世軍の手で親切に面倒を見て貰へることがわかりましたら過分の入院料は払へない迄もある程度の支払ひをなして入院を願ふ者はいくらもあるだらうと思ひます。それで行く行くは有料患者の支払ひと国庫若くは癩予防協会あたりの補助等を以てその病院を支へ、しかもなるだけ多く施療の患者を世話するやうになりたいつもりです。

小規模で開始した後、拡大する構想を明らかにし、場所についても、林が朝鮮、沖縄を提示しているのに対し、朝鮮については救世軍の組織上、朝鮮には朝鮮本営があり、日本本営と別組織であること、沖縄は救世軍の組織に乏しいことから困難であり、東京近辺で、東京府以外の場所が望ましいとしている。これが、救世軍が組織として検討を深めていた内容なのか、山室個人のレベルでの構想なのかは不明である。だが、神と人とに誠実であった山室が思いつきだけで根拠のない内容を記述したとは考えられず、救癩事業はそれなりに具体的な構想としてすすめられていたといえる。

ところが、救癩事業として実現したのは、群馬県にある癩療養所・栗生楽泉園内に設立された癩未感染児童保育施設・二葉寮という形であった。二葉寮は一九三三年四月に栗生楽泉園内に仮保育所が設置されてスタートし、加藤滋夫妻が担当した。加藤夫妻はかつて、ハンセン病のために自殺直前まで追い詰められたものの信仰により立ち直った青年に接したことから、救癩に関心を寄せるようになったという(7)。九月に施設が完成し、保育所に保育部、教育部、医務部がおかれて、保育部を救世軍が委託された(8)。

二葉寮は純粋な救世軍の施設ではなく、癩予防協会からの委託事業であった。したがって、収入も「官庁補助金」が圧倒的である。たとえば、一九三八年十月から三九年九月までの収支計算書によると、収入が五千六百三十三円四十六銭であるのに対し、官庁補助金が五千四百三十六円四十銭になっている(9)。癩予防協会は一九三〇年代の隔離政策の推進を官民あげてすすめていくための組織である。癩予防協会は各療養所に同種の施設を整備しており、二葉寮もその一つにすぎない。山室は当初「差当り未就学の児童から始め、後には就学児童をも収容し、多分小規模の小学校をさへも営むこと、なるであらうと思ひます」と発展し規模が大きくなることを想定していた(10)。

当初十人ほどの入所児童も、五十人ほどになる。救世軍の機関紙である『ときのこゑ』には折に触れて二葉寮の様子が報じられたり、写真が掲載されているが(11)、他の施設に比べて扱いは小さい。救世軍の内部資料では、何度か様子が報告されている(12)。一九三八年には施設が焼失し、新築されるけれども、『ときのこゑ』では四行ほど小さく掲載されているだけで、他の施設が新築されたときの大きな扱いとは隔たっている(13)。

一九四〇年には委託が廃止になり、救世軍は手を引くけれども、保育所自体は厳しい時代を乗り越えて、戦後まで継続されることになる。この間の事情については、二葉寮に長くかかわった西堀やまによる手書きの資料に詳細に記載されている(14)。

二葉寮は形はともかく、救世軍として救癩に関与できたという点で画期的な面をもっていたが、救世軍の他の社会事業と比較したとき、規模や社会的な注目度において、小さなものにとどまった。だが、救世軍と救癩をつなぐ施設としての機能を持ち続けたのはまちがいない。二葉寮の実践そのものは、きわめて良心的に誠実になされており、何ら責めるべき点は見出せないが、救世軍が救癩と接点をもっていることが、救世軍や山室が隔離政策の流れに意識的に寄っていく効果をもつことになる。

（二）救癩への意欲と挫折

一九三〇年代に救世軍が救癩への関心を高めたのは、『ときのこゑ』にハンセン病に関する記事が、大きな扱いではないものの、この時期に目立つようになっていることからも明らかである。救世軍の内部資料のなかでも、救癩にかかわる記事が年に一～二編程度掲載されるようになっている。そこでは海外での救世軍による救癩の実例から、日本の療養所の問題まで、幅広く取り上げられ、日本でも救世軍が救癩に取り組むよう切実に訴える内容のものもみられる。

これらは山室軍平はじめ救世軍内部で救癩への意欲が相当に高まっていたことを示している。前述の西堀やまの記録によれば、山室は救世軍内部では関心を喚起し、外部に対しては援助を求めた。士官学校生徒（士官とは一般の教会の牧師にほぼ該当する）による祈祷会も開催され、国民新聞社の講堂でのデモンストレーションも行われた。

これほどまでに高揚した救世軍の救癩事業の構想が、保育所という小さな、それも患者への直接の援助ではない形でしか実現しなかったのは、第一に一九三〇年代は癩予防法が強化され、隔離政策を強力におしすすめる体制が整い、長島愛生園をはじめとして国立の療養所が設立されてきたことがある。もはや民間での新たな救癩施設は必要とされておらず、むしろ隔離をすすめるうえで、管理よりも精神的慰安を重んじる宗教系施設は政府にとって望むものではなかった。西堀ももっぱらここに中止の原因を求めている。

第二に世界的な不況のなかで救世軍の財政も次第に逼迫してくる状況で、新たな多大な支出は困難であった。第三に山室はすでに六十歳をこえ、当時の男性としては高齢であり、指導力に陰りがみえており、山室のリーダーシップで困難を克服できる時代はすぎていた。救世軍自体も組織が成熟して、初期の廃娼運動でみせたような、ときに過激な行動も厭わない純粋さは薄くなり、冷静な見通しのもとで事業をすすめる体制になっていた。第四に救世軍内部で救世軍を日本の国家主義に適合する組織へ改変するよう求める声が強まり、一種の内紛状態になって、新規の事業どころではなくなっていた。客観的状況も、救世軍の内部事情も、救癩事業を創設できる状態ではなかった。

直接の救癩事業が実現しなくとも、国公立療養所を宗教的に支える活動も救癩の一つの手段であった。とりわけキリスト教は療養所への伝道に熱心であり、多数の信者を獲得している。救世軍の場合どうであったか。

同志社大学人文科学研究所による『山室軍平の研究』での詳細な年譜から山室と療養所とのかかわりを拾っていくと(15)、山室は一九二二年十二月三日に熊本の回春病院を訪問し、患者に説教した。一九二七年九月十二日に賀川豊彦の案内で明石市郊外の癩病院を訪れ、院内を参観したり、治療の様子を見学した。一九三三年八月十八日に草津を訪れ、翌十九日に栗生楽泉園内の救世軍二葉寮を訪問したほか、栗生楽泉園内を見学し、園内患者のための講演をした。バルナバホームのコンウォール・リーとも会見している。一九三四年四月二一日には石井十次の記念式のために岡山に行った折に、長島愛生園を訪問し、八百人の患者に講演を行ったほか、光田健輔より説明を受けたり、園内を見学した。

このほか、『ときのこゑ』に掲載がないため、年譜からもれているが、多磨全生園の記録によれば、一九二七年十一月三十日に全生病院（多磨全生園の一九四一年以前の名称）を訪問している(16)。林文雄への手紙によれば、長島愛生園を完成前に訪問したこともあるという(17)。ほかにも、療養所に立ち寄ったことがあったかもしれない。

山室はキリスト教会はもちろん、学校、工場等あらゆる場所で、また全国各地、さらには朝鮮、「満洲」等の植民地にまで足を伸ばして講演を精力的に続けた。その山室にしてみれば、この程度のかかわりは意外なほど少ないといわざるをえない。したがって、宗教的慰安によって隔離政策に関与したというような批判は山室にはあてはまらない。だが、救癩事業を構想していた山室が、意図的に療養所を避けたとも考えにくい。これは多忙な山室にとって、人里離れた交通不便の地にある癩療養所の訪問は困難であったため、機会に恵まれなかったからと考えるのが自然であろう。回数こそ少ないが、訪問には一定の大きな意味があった。

救世軍自体も、療養所に対して援助している。長島愛生園の場合、救世軍本営や岡山小隊より『ときのこゑ』などの出版物が毎月贈呈されている(18)。一方、長島愛生園の機関誌の編集後記に「救世軍の改革と日本化は当然である。加藤一夫氏の説く日本的基教にまで日本化しなければ日本の文化に受入れられない」との記述がある(19)。救世軍への憲兵隊の捜査を受けての記述であろうが、療養所の内部にも救世軍への関心があったことをうかがわせる。一九三四年に大阪の外島保養院が室戸台風で破壊された際には、患者の一部が青森の北部保養院に送られたのに際し、青森小隊が慰問している(20)。救世軍は室戸台風にあたって救助活動をしており、その延長としての性格もあるが、救癩への意識の高まりの反映でもある。

このように、山室も救世軍もハンセン病に関心を寄せ、救癩活動への道を模索し続けたのである。だが、ハンセン病としばしば比較される結核と比べたとき、救世軍は結核への対策がより早く、より大きかったことは確かである。ハンセン病も結核も慢性伝染病として戦前恐れられたが、ハンセン病が差別と排除の対象になったのに対し、結核も差別や排除があった反面、むしろときに文学のロマンチックな題材にさえ用いられ(21)、対照的であったとされる。それゆえにこそ救癩が社会事業のなかでも特異な位置をもち、救癩に身を投じたということで美化されもしてきた。救世軍がハンセン病ではなく、結核により深い関心を寄せる結果になったのはなぜなのか。

救世軍の結核への事業についてはすでに室田保夫による詳細な研究があるのでそちらに譲るが(22)、松田三弥という人物を得られたことと、救世軍が当初から熱心であったスラムでの救済活動や廃娼運動のなかで直面したのは結核であった。結核こそ貧困問題と密着し、早急に解決を図るべき課題であった。

救世軍は廃娼運動にしろ、災害への救助にしろ、目前の課題に全力を注ぐ性格をもっている。もしハンセン病も全力を注ぐべき目前の課題と認識すれば、対応したであろう。それをしなかったのは、光田健輔はじめ隔離論者が、隔離が緊急で切迫した課題であるかのように説くなかで、その議論に踊らされなかったことを意味している。しかし、論調自体を否定したのではないことは、救世軍の内部資料のなかで、ハンセン病の感染力を過度に強調した記事が救世軍の有力幹部によって書かれていることからも明らかである。スラムとかかわる救世軍にとって感覚的にはハンセン病が隔離を急ぐべきものでないことをとらえてはいても、隔離そのものを疑うほどではなく、隔離政策を実践から問う姿勢をもつことはなかった。

三、山室軍平の思想における「癩」

(一)『民衆の聖書』での「癩」

救世軍が結果的に救癩事業に多くの足跡を残さなかったとはいえ、ハンセン病は実践上からも、信仰のうえからも主要な課題であった。救世軍がハンセン病や救癩をどうとらえていたか、ここでは山室軍平のハンセン病への姿勢から考察したい。山室の立場は救世軍の立場と同一では必ずしもなく、山室は救世軍の外国人幹部と対立して救世軍からの離脱を考えたことさえある。だが、山室の大きさからいって、山室の立場は救世軍にきわめて大きな影響を与えているうえ、山室の主要な著作の大半は救世軍から出版され、現在なお救世軍の人々は山室の著作を通して救世軍の信仰を学んでいる。それゆえ、山室の姿勢がそのまま救世軍全体に貫かれたといっても過言ではなかろう。

山室としてはキリスト教伝道者である以上、癩と直面せざるをえなかったはずである。なぜなら、聖書では旧約、新約通して、「癩病人」が登場し、キーワードとなっているからである。今日の聖書学や医学では聖書で「癩」と訳されてきた病気は、その症状から見てハンセン病と同一でないことが明らかにされている(23)。本格的な聖書の翻訳としては最も新しく、プロテスタントとカトリックの協力による新共同訳聖書では「癩」を「重い皮膚病」と翻訳している。

したがって、聖書本来の趣旨からすれば、ハンセン病に特別の意味を与えて議論する必要はないのだが、歴史的には常に聖書の癩は現実のハンセン病患者と関連づけて考えられ、現在の日本のキリスト教会でもなお、聖書の癩をハンセン病と結びつけたうえ、癩を罪の象徴とする差別的な説教がなされ、その解消が求められている(24)。まして当時としては聖書の癩は当然ハンセン病そのものと理解されていた。山室もまた、癩を信仰とのかかわりで考察せざるをえなかった。しかも、信仰と社会事業とを分離せずに一つのものとしてとらえるのが救世軍社会事業の特質であり、山室の立場でもあったのだから、聖書の癩をどうとらえたかは、そのまま社会事業としての救癩への姿勢につながってくる。

山室には『民衆の聖書』と題して聖書全体を注解しようとしたライフワークの書をはじめ、聖書に関する多数の著作がある。特に『民衆の聖書』は「民衆」の語からもわかるように、聖職者向けの専門書としてではなく、誰でも読める書物として構想されている。聖書の記述にそって逐次解釈する形で書かれており、癩に関係する記事についても叙述している。そこでまず、『民衆の聖書』において山室が聖書の癩をどう受け止めたか見ていく。

旧約聖書のレビ記十三章・十四章は、癩について非常に詳細に記述したうえ、癩をけがれたものとして記していることで知られている箇所である。症状をこと細かに説明しているため、その症状からハンセン病でないことは明瞭なのだが、かつては当然のこととしてハンセン病と同一視されていた。山室はレビ記のこの箇所を説明するにあたり、「癩病」の見出しをつけ、「皆その人の犯した罪のために、癩病にかかったというのである。こうして癩病は早くから罪の象徴として認められたのである。癩病はまたことに人の内部に存在する罪の性質を表わすもののように、考えられた場合が多くある」「病のうちの病は癩病であるように、わざわいのうちのわざわいは罪であるというのが、聖書の教えるところであるように見える」と述べ、癩を罪の象徴としてとらえる見解を示している。さらに「癩病人は、他人と接触せぬよう、隔離される必要がある」とまでいっている。聖書の解釈をこえて、隔離の必要性にまで論及しているのである(25)。

もちろん山室はハンセン病患者への差別の正当化へ結びつけるような乱暴な解釈はしない。むしろ患者のなかで信仰をもった者の例を出して、重い病の者を神が見捨てることのない点を強調している。だが、癩を罪なる存在として決めつければこそ、神の恩恵がありがたいものとして明示されるのである。

民数記では、ミリアムという人物が罪の結果癩病になったとされる記述がある。山室は癩を強調はしないものの、罪の結果として癩となったことをごく当然の仕打ちとして淡々と記している(26)。

列王記でのナアマン将軍の癩がいやされた記事は、教会学校での児童向けの説教でもたびたび用いられるほど、注目度の高い箇所であるが、山室は「らい病将軍ナアマン」の題をつけて詳述し、ここでも「スリアの将軍ナアマンが、預言者エリシャによって癩病をいやされた物語りは、罪びとが救いを受けることについてのよいたとえと考えられている」と罪との関連で述べている。ナアマンが七度身を洗うことでいやされたことについて、他人の著作の引用ではあるが、七度洗うなかで、罪が一つ一つ取り除かれて、その結果癩のいやしになったのだという。さらに、ゲハジという人物が、このできごとを悪用して金品を詐取したのち、癩になったことについて、「先刻までナアマンを悩ましたらい病を、今度はゲハジがその身に受けて苦しむことになった」と具体的な罪の直接の報いとして癩を説明している(27)。

旧約聖書では信仰篤いヨブがさまざまな災難を受ける話が書かれたヨブ記においてヨブがかかった病気が、聖書では癩と明記されていないのに、しばしば癩として説明される。患者のなかにも、癩と理解している人がいるほどである(28)。山室はヨブの病気については「らい病のような病気」と書いてはいるが、癩と決めつけてはおらず、ここでは聖書に忠実に理解している(29)。

新約聖書の場合、マタイ伝でのイエスが一人の癩病人をきよめたという記事について、まずユダヤ人の間で患者が差別されていたことを述べ、「それほど不潔として遠ざけられたらい病人に、イエスが手を触れ、言葉をかけて、これをいやしたもうたのは、驚くべきご慈愛と言わねばならない」とする。ユダヤ人が癩病人を排斥したことの問題は全く問わないで、それを当然の前提としたうえで、イエスの愛を強調している。「人の罪悪はらい病のごとく汚れておる」とここでも、癩と罪とを直接結びつける教えを説いている(30)。

同じ記事がマルコ伝にもあるが、そこでは美貌と高い身分にあった女性が癩病のために相手にされなくなったとき、ひとりの貧しい書記が彼女の世話をしたという話を紹介して、「イエスが世から見離された癩病人を顧み、これにとうとき手を触れていやしておやりなされた慈愛は、また何となく前の物語を思いいださしむるものがある」と結び、やはり見離す世を問うのでなく、慈愛を説く(31)。

ルカ伝での同様の箇所についても、「ユダヤびとはらい病を神の怒りのしるし、すなわち天刑病であると考えた。それをイエスがみずから手を触れてこれをいやしたもうたのは、まったくその大いなるご愛心によるものである。しかしながらまた考えてみれば、罪びとの心は、いつの世にもらい病のように腐爛している」と罪を癩にたとえている(32)。

ルカ伝には、十人の癩病人がきよめられ、一人だけイエスに感謝した記事があるが、これについては特に癩とは深く関係させずに、感謝の念の大切さを説くだけである(33)。

新約聖書ではほかに、十二人の弟子を派遣するにあたって命じたことのなかに「癩病人のきよめ」が含まれていたり、洗礼者ヨハネによって癩病人がきよめられたり、イエスが復活後に「癩病人シモン」の家に滞在したりした記事があるが、山室は特に癩にこだわった解釈はしていない。

(二) 救癩への理解

ハンセン病への社会的関心と救世軍自体での関心が高まるなかで、山室軍平はハンセン病そのものを直接のテーマとして発言する機会ももつようになる。

『ときのこゑ』の一面でダミアン神父を取り上げることによって、間接的に救癩への取り組みを奨励しているが、ダミアンを語る前提として「此の世の人は罪悪といふ癩病に罹り」と記している(34)。

隔離政策についても「癩病が既に遺伝ではなくて、伝染病であると解つて見れば、其の患者を隔離して、該病の根絶に尽すは、最も然るべきことである」と述べて、隔離政策への支持をごく当然のこととする見解を示している(35)。さらに「患者を隔離する設備は甚しく不足を告げ」「日本に於ては、これから癩病患者の為に、愈々根本的の処置を講じたいと、当局も有志も共に苦心して居る」と隔離の一段の強化に期待を表明している。この文章が発表されたのは一九三〇年であるから、国立の長島愛生園が設立されるなど、隔離政策が本格化するなかで、それへの賛意を明確にした発言である。

もとより山室に正確な医学知識を求めるのは酷である。当時すでに国際的には隔離が否定されていることを山室が知らないのは当然であり、日本での常識的理解にとどまるのはやむをえないことではある。光田健輔らのように、隔離の必要のないことが十分理解できる立場にいながら、あたかも急性伝染病と同じ危険があるかのように宣伝した者たちと同列には論じられない。だから、ストレートに山室へのマイナスの評価に結びつけることはできないが、患者の側に立って政策の意図やもたらす結果を考慮する姿勢はみられず、政策への信頼だけが前面に出ていることは明らかである。

救癩政策をすすめるなかで、皇太后が歌ったとされる「つれづれの友となりてもなぐさめよゆくことかたきわれにかはりて」との短歌が盛んに利用されたが、山室もまた、二葉寮の事業開始を語るためにこの歌を引用している(36)。皇室への素朴な親愛の情と感謝の念を抱き続けた山室にとって、この歌の趣旨に従うことも、疑う余地のないことであった。やはり当時たびたび利用された、光明皇后が癩者の膿を吸うとその癩者が仏となって輝いたという伝説についても、さすがに伝説と断りつつも、救癩の一例として用いている。天皇の慈恵の形としてすすめられた救癩を山室もまた同じ形ですすめようとした。

ハンセン病患者として救世軍に入信した太田楽山について、山室は何度か紹介しているが、死去に際してあらためて『ときのこゑ』の一面で取り上げ、「彼は癩病人の姿をとった聖徒である。基督の心を心とする癩病人が、如何に安心であり、幸福であり、又有用であり得べきかを、身を以て証して居る人物である」と評している(37)。ハンセン病であるがために特別の位置を与え、「聖徒」とするのは、癩を罪の象徴とする裏返しにすぎない。癩が罪深いものであればあるほど、そこからの救いが輝きを増す構造になっている。

以上のように山室は一貫して癩と罪とを直結させた。山室は比較的初期の著書でも「癩病人さへ、一言の下に癒し給ふた如く、手のつけやうがないかと思はる、私共の穢れた心」と述べているように(38)、救癩が関心を集めているので癩についても触れ、癩を罪の象徴として扱ってしまったというのではなく、早くからの基本的な姿勢であったといわざるをえない。そこに隔離政策への安易な支持を加えて、大衆に説き続けた。

山室はすぐれた説教者であり、伝道者ではあったけれども、聖書学や神学の先端を歩んでいたわけではなく、単に当時の一般的な聖書解釈を誰にもわかるように平易に説いたにすぎない。したがって、そこに明瞭な誤りがあるとしても、山室の責任というより、当時のキリスト教全体の状況の反映であろう。たとえば、戦後それもハンセン病の治療法が確立し、また患者によるらい予防法反対闘争が闘われた以後に発行された一般信者向けの本に『癩病人の潔め』という本がある(39)。

そこでは絵まで使って癩の「こわさ」を示し、「癩病は多くの病気の中で、最も忌み嫌われるものです。癩病にかかれば死ぬまで治ることがなく、他のどんな病気よりも生命の中に死が働いていることをよく示しております。すなわち、癩病になれば、体は生きているけれども、その犯された部分は死んでいるのです」「癩病は罪の絵であるばかりでなく、レビ記第十三章十四章もまた我らがそれを見る目をもっているならば、最も勝れた罪の絵の一つであることがわかります」などと、癩と罪との関連を繰り返している。

山室は正面から癩に格闘したのではなく、当時の風潮をそのまま受け入れて、自己の聖書理解として語り続けた。当時の風潮をなぞっているだけなので、聞く側も疑問に感じることはなかったであろう。山室が真理に忠実な伝道者であり実践者であることを誰もが知っていたため、なおさら、広く受容された。山室のハンセン病観自体は、ごく素朴な聖書理解に基づくものにすぎなかったにせよ、それが具体的な隔離政策の支持と結びつくことで、救癩思想全体が、政治的性格を帯びざるをえなかった。山室の主張がほとんど救世軍全体の立場と類似するなかでは、救世軍社会事業のあり方自体が救癩とのかかわりのなかで、隔離政策遂行を利する性質をもったことは否めない。

□ 四、おわりに

山室軍平は、常に現場に密着して行動するなかから思考した実践者としての態度をもち続け、社会事業の前進に大きく貢献した。反面、天皇制国家のあり方を疑うことなく奉仕の道を探ったことで、時代のなかでしか思考できない限界も強く有していた。その結果、戦争協力の道を歩み、それにもかかわらず山室の死後救世軍は弾圧を受けて厳しい状況に追い込まれる。

救癩でもまたその両面が現れてしまった。救世軍は現場に徹した実践を展開することで、隔離に加担することは少なかったし、仮に救癩施設に着手していれば隔離政策とは異なる実践を形成した可能性さえもっていた。だが、救世軍にはその実践的態度を政策と対比する発想自体がそもそも欠落していた。現実にすすむ政策を患者の立場で厳しく吟味する姿勢はなかった。廃娼運動では政策の欺瞞を暴き、娼婦の立場に立ったけれども、公娼制度で見せつけられた、国家の安定のためには一部の者を犠牲にする国家の論理が、他の分野にも貫かれていることを考慮できなかった。

こうした態度は山室のみではなく、戦前の社会事業全体に共通する。社会事業家たちは自分が直面している課題については先駆的思想を抱いて奮闘していくのであるが、政策の虚構をとらえる視点には欠け、ファシズムの進行での社会事業の変質に気づくことなく、優生思想に賛成し、戦時体制を支えていくことで積極的に変質を推し進めていく。戦後になって、らい予防法廃止を訴え続けたハンセン病患者の声に社会福祉が十分こたえられなかったのは、この体質が今日にも引き継がれていることを示しているのではないか。

注

(1) たとえば小川正子について過大な評価がなされてきたことを、ハンセン病患者であった島比呂志が『らい予防法の改正を』岩波書店、一九九一年のなかで「小川正子の虚像」と題して指摘している。荒井英子も小川の患者の立場への無理解さを論じ、従来の小川像の歪みを明らかにしている（「近代日本『救癩』史における女性キリスト者」富坂キリスト教センター編『近代日本のキリスト教と女性たち』新教出版社、一九九五年）。

(2) 森幹郎『足跡は消えても―人物日本ライ小史―』日本生命済生会、一九六三年、一五三頁〜一五九頁。

(3)『山室軍平選集・書翰集』「山室軍平選集」刊行会、一九五五年、二八〇頁〜二八一頁。

(4) おかのゆきお『林文雄の生涯―救癩使徒行伝』新教出版社、一九七四年、一二二頁。

(5) 森、前掲書、一五四頁。

(6)『山室軍平選集・書翰集』二八〇頁〜二八四頁。

(7)『ときのこゑ』第八八九号、一九三三年四月十五日、五頁。
(8)『第四十年を迎へて』救世軍出版及供給部、一九三五年、五六頁。
(9)『献身の生涯』救世軍出版及供給部、一九四〇年、八六頁。
(10)『山室軍平選集・書翰集』七九頁。
(11)『ときのこゑ』第九二八号、一九三四年十二月一日、四頁。第九三二号、一九三五年一月十五日、七頁。
(12)山室軍平記念救世軍資料館のご好意で閲覧させていただいたが、資料の性格上、詳細に紹介できない。
(13)『ときのこゑ』第一〇二五号、一九三八年十二月十五日、五頁。
(14)「救世軍二葉寮栗生保育所三三年の概要録」山室軍平記念救世軍資料館蔵。一九六七年三月の保育所閉鎖を受けて書かれたもの。
(15)同志社大学人文科学研究所編『山室軍平の研究』同朋舎、一九九一年。
(16)『創立50周年記念誌』国立多磨全生園、一九五九年一三六頁。
(17)『山室軍平選集・書翰集』二八〇頁。
(18)『愛生』(長島愛生園の機関誌)巻末に毎号のように掲載されている「寄贈物品」欄。
(19)『愛生』第一〇巻第九号、一九四〇年九月、四十頁。
(20)『ときのこゑ』第九二七号、一九三四年十一月十五日、七頁。
(21)福田眞人『結核の文化史』名古屋大学出版会、一九九五年。
(22)室田保夫『キリスト教社会福祉思想史の研究「一国の良心」に生きた人々』不二出版、一九九四年、一六二頁~一七二頁。
(23)スタンレーG・ブラウン著　石館守三訳『聖書の中の「らい」』キリスト新聞社、一九八一年。犀川一夫『聖書のらい』新教出版社、一九九四年。
(24)『クリスチャン新聞』(プロテスタントのうち、福音派と呼ばれる保守的な傾向をもつキリスト教を対象とした週刊紙)一九九二年十月四日号では一面トップで次のように報じている。キリスト教の出版物や説教者によって、ハンセン病が罪の象徴であり、不治で伝染しやすいかのように語られ、ハンセン病についての無理解を広げていた。これに対して、療養所内の教会から改めるよう要望があり、キリスト教団体の日本福音同盟が加盟団体に理解と協力を求める文書を発送した。
しかし、誤りを正す動きがみられることは評価できるが、キリスト教会でのハンセン病への根深い無理解を思うと、一片の文書で改善されたかどうか疑問である。
(25) 山室軍平『民衆の聖書・レビ記』教文館、一九七〇年、九二頁～一〇八頁。
(26) 山室軍平『民衆の聖書・民数紀略』教文館、一九七〇年、九九頁～一〇〇頁。
(27) 山室軍平『民衆の聖書・列王記上　列王記下』教文館、一九七一年、二四六頁～二五四頁。
(28) キリスト教徒として患者自治会運動に取り組んできた松木信は「いま、なぜらい予防法か」「らい」園の医療と人権を考える会編『「らい予防法」を問う』明石書店、一九九五年において、「仏教では、らいはもっとも重い罪を犯した者、御仏に罪を犯した者が仏罰としてらいにかかるとされている。聖書ではヨブ記が有名である」と述べている。また、患者のキリスト教体験をまとめた本に『現代のヨブたち』と題した本がある（聖燈社、一九七二年）。
(29) 山室軍平『民衆の聖書・ヨブ記』教文館、一九七一年、二六頁。
(30) 山室軍平『民衆の聖書・マタイ伝』教文館、一九七一年、八〇頁～八一頁。
(31) 山室軍平『民衆の聖書・マルコ伝』教文館、一九七〇年、二八頁～二九頁。
(32) 山室軍平『民衆の聖書・ルカ伝』教文館、一九七〇年、七三頁～七四頁。
(33) 前掲書。二〇九頁～二一〇頁。
(34) 山室軍平「聖者ダミエンと基督」『ときのこゑ』第八五六号、一九三一年十二月一日、一頁。
(35) 山室軍平「聖者ダミエンを餞す」小室篤次『聖者ダミエン』教文館、一九三〇年、一一頁。
(36) 山室軍平「癩予防事業」『ときのこゑ』第八八九号、一九三三年四月十五日、六頁。
(37) 山室軍平「病める聖徒」『ときのこゑ』第九一四号、一九三四年五月一日、一頁。
(38) 山室軍平『使徒的宗教』救世軍日本本営、一九一六年、二一頁。
(39) Ｇ・Ｃ・ウイルス著　大竹進訳『癩病人の潔め』伝道出版社、一九五六年。

四、森幹郎による隔離政策批判

□一、はじめに

らい予防法廃止の方針が明らかにされた一九九五年前後から、ハンセン病患者への隔離政策についての議論が高まった。しかし、その議論は隔離政策の推進者である光田健輔を厳しく批判するなかで、「悪の光田」対「強制隔離で被害を受けた患者」という枠組みに流れてきた感がある。これまで、救癩に携わったというだけで、その人物について実践内容を吟味しないまま礼賛する傾向があったことや、ハンセン病をめぐるさまざまな議論にもかかわらず、なお根強い偏見があることを思えば(1)、この枠組みにも一定の意味があるし、筆者自身もこの枠組みに近い形でこれまで論じてきた。しかし、これだけでハンセン病の問題がすべて解けるわけではない。

患者団体は必ずしも一貫してらい予防法廃止を強く主張したとはいいきれない面があるし(2)、らい予防法廃止にあたっては、厚生官僚、つまり隔離政策を推進してきた側であるはずの大谷藤郎の努力が大きかったといわれている。ハンセン病をめぐって、さまざまな立場で、さまざまな考えによって、多くの人がかかわってきた。そのかかわりを視野に入れることで、ハンセン病史の全体を、より的確に見通すことができ、隔離の本質に迫ることができよう。

それにもっともふさわしい手段として、ハンセン病療養所の職員でありながら、隔離政策とは異なる主張を展開した森幹郎を取り上げたい。

森は今日では、厚生省老人福祉専門官として、老人福祉政策の基礎を築いた人物、あるいは長野大学、奈良女子大学、花園大学で社会福祉の研究教育に尽力した人物として、よく知られている。しかし、森の社会人としての出発が岡山県のハンセン病療養所邑久光明園であったことが熟知されているとはいえないし、まして、そこで展開した議論の先駆性は、昨今のハンセン病をめぐる議論では看過されてきた。

森は邑久光明園職員時代、機関誌の『楓』に毎号のように執筆する、ハンセン病問題の論客であった。単にハンセン病について発言する職員なら、他にもいたかもしれないが、森が特異だったのは、その論稿の多くが、隔離政策を批判し、ときには患者さえ批判するものであったため、たびたび問題を引き起こしたことである。邑久光明園入園者自治会によってまとめられた園の歴史でも「短い期間に園の内外に問題を投げかけ、物議をかもす評論を数多く執筆した人物は森幹郎をおいて外に見当たらない」と記しているほどである(3)。森の論稿はときに光田健輔の逆鱗にふれて機関誌の外部への発送が止められ、あるいは森が激怒する光田に呼び出されたことさえあった(4)。

そうした森の一連の発言は、一部が近年本にまとめられて発刊されたものの(5)、さしたる反響はないようであるし、本に収録されていない論稿にも注目すべきものがみられる。本稿は、ハンセン病問題の論客としての森を考察することで、新たな視点でハンセン病についてとらえていきたい。

二、森とハンセン病療養所

森は少年時代よりハンセン病に関心をもち、大学卒業後、自ら療養所への就職を希望し、長島愛生園ほか、いくつかの療養所の門をたたいた末、一九五三年四月から一九五八年七月まで、邑久光明園に勤務することになる。森は無教会派のキリスト教徒であり、その点では療養所に飛び込んでいった数多くのキリスト者たちの系譜をひくといえるかもしれない。しかし、療養所に勤務したキリスト者たちは、隔離政策を全く疑うことがなく、光田健輔を尊敬し、戦後になって光田への批判が起きても、なお光田への礼賛をやめようとはしなかった(6)。光田と自己を同一化させ、自己陶酔に浸っていたキリスト者たちは、療養所の姿を客観的に分析することができなかった。

森はそういうキリスト者たちとは違って、冷静な視点で療養所の姿を見つめ、隔離政策に疑問をいだき、療養所の現状を批判すべく、さまざまな議論を展開することになる。森は邑久光明園慰安会発行の『楓』を中心にして、多数の論稿を発表する。『楓』は園の機関誌的存在ではあるが、基本的に患者が編集していたので、療養所の方針と異なる意見を掲載することが可能であった。『楓』以外の雑誌にも執筆の機会をもった。

内容は、出張の報告、教育問題、盲人の患者の問題、そのほか療養所の生活に関するあらゆる分野に及ぶものであるが、あえて大きく分類すると、①患者の傾向の統計調査(7)、②療養所のあり方への提言、③隔離政策への批判、④歴史研究(8)になるだろう。そのどれもが執筆者が職員とは思えない批評であるけれども、特に議論になったのは、療養所への批判や隔離政策への批判である。

三、療養所批判

森は療養所で当然とされる、あるいは礼賛される療養所のあり方に疑問を呈していく。園名や園歌の分析もその一つである。園の名称という、誰も気にとめないものを分析し、「生」「楽」「恵」「光」「愛」「明」「楓」の文字が好まれ、なかでも「生」の字が好んで用いられており、そこに精神主義が濃くみられることを指摘した(9)。

また、各療養所の園歌を詳細に分析し、園歌にみられる家族主義を掘り起こした。「家族的ではあっても家族ではなかった。友情と言い、睦み合うとは言っても、そこでは互いに言葉巧みに化かし合っていたのかもしれない。患者集団の家族的であることが、少ない予算の中では一番経済効果が上ったのである」と述べ、家族主義は決して美風なのではなく、一つの管理の形にすぎないことを示した[10]。家族主義なるものの正体は、戦後の患者運動のなかで、かなりの程度揺らいではいたものの、思想の面から本質を突いたのである。

また療養所の文芸について、「もう少し、事実を事実として観、之を書き、しかもなお、これを将来の生活への反省の資とする、という批判の精神が、もっと多く誌上に表れてもいいのではないか」と述べて、社会性の欠落を嘆いている[11]。

宗教活動でも、キリスト教徒の医師らが、自ら療養所内の教会で宗教についての話をしていたのと異なり、自らはかかわらなかった[12]。もちろん患者一人ひとりの素朴な信仰心は尊重されるべきであるが、療養所当局とのつながりのなかでは、それもまた管理の手段となることを、自身が宗教者であるだけに、恐れたのであろう。

ついにたどりついた一つの結論は職員のあり方である[13]。職員が地縁血縁でつながり、専門性が欠落している実態を指摘し、家族主義の「美風」により、管理されているにすぎないと分析した。そして、数少ない信念型の職員は、長続きしないか、現実に妥協していくか、孤高のまま続けるしかないとした。療養所の管理体制の現実を、職員の立場から明らかにしたものであった。

皇室とのかかわり、家族主義、著名作家さえ輩出した文芸活動、療養所にあえて就職した職員の存在などは、いずれも療養所のあり方に疑問がもたれている現在でさえ、療養所のすばらしい点として語られ続けている。それらの点は社会福祉施設にもさまざまな形で受け継がれているといってよい。

しかし、そのなかにこそ療養所の問題が潜んでいた。患者は実生活のなかから療養所の欺瞞に気づいて患者運動を展開していくのではあるが、療養所の生活しか知らないなかで、療養所の本質をつかんで分析するのは困難であった。森は職員でありながら、それを提起したのである。

四、濫救惰眠論

森の発言のなかで、最も物議をかもしたのは、いわゆる濫救惰眠論（「惰眠」ではなく「惰民」という表現もときおり用いられているが、区別なく使用されており、ここでは「惰眠」で統一しておく）であろう。患者による運動組織である全国ハンセン氏病患者協議会（全患協：現在は全国ハンセン病入所者協議会＝全療協）による『全患協運動史』でも「光明園職員の森幹郎が『かつて入所する必要があっても、現在はなくなった者はライ療養所に入所している必要がない』と『全患協ニュース』に『濫救惰民』論を書き、大きな反発を招いた」と、歴史のなかの主要なできごととして記録している(14)。

森の濫救惰眠論は、医療社会事業従事者講習会のレポートとして、まとめられるとともに、『楓』に掲載されたことで議論を呼んでいく(15)。森は一般に強制隔離の根拠とされているらい予防法第六条の「都道府県知事は、らいを伝染させるおそれがある患者について、らい予防上必要があると認めるときは、当該患者又は保護者に対し、国が設置するらい療養所に入所し、又は入所させるように勧奨することができる」との規定を、逆に伝染の恐れがなければ隔離される必要がないと、隔離否定に読みとった。

そのうえで、①すでに相当数の患者は伝染の恐れはないし、予防上隔離する必要もない。②患者の多くは療養所の生活に安住している。これは、隔離政策を遂行するためにとられた政策でもある③後遺症をもつ患者が多いことは事実であり、退所させればよいというのではなく、療養所をコロニーに再編成し、アフターケアを行う必要はある。それがなされていないため、退所した者が再入所しており、その点では漏給となっている、という主張を展開した。

この主張に対し、患者から厳しい批判を受けることになるが、森は主張を変えず、『全患協ニュース』(16)や『楓』(17)で改めて主張し、さらに『社会事業』(18)にも発表することで、ハンセン病療養所の世界にとどまらず、社会福祉界をはじめとする社会全体に発言した。『社会事業』に掲載された論文は「これを以って定稿とします」とされたが、若干の儀礼的な前書きを加え、文体を修正して一九八〇年に本に再録されている(19)。

森の議論はらい予防法を逆手にとって、隔離政策に風穴をあけるものであった。しかし、論旨全体が一見すると患者の批判に主眼があるようにも見えるうえ、「惰眠」とか「濫救」という用語は患者には受け入れがたいものであったので、患者は森に対して厳しく批判をしていく。

森田竹次は森への反論として、①ハンセン病は療養生活が長期化するので、元にもどるのが困難②隔離生活のなかで生活に必要な条件を喪失している③療養生活自体が患者をくくりつける仕組みになっている④社会復帰可能かどうかの医学的判定が困難⑤療養所は社会復帰に対応するようになっていない⑥社会的偏見がある、の六点をあげて批判した(20)。吉成稔は、森の主張に一定の賛意を示しつつ、惰眠濫救というなら、公務員にこそあてはまる者がいるし、政府や施設側の責任こそ大きいことなどを指摘した(21)。

これら患者の批判はその限りでは、正当な主張である。というより、論旨のほとんどは森の主張とほぼ重なっているのである。森田があげている六つの点は、森の主張とさほど異なるものではない。ただ、「濫救惰眠」として患者へ批判も含めて語られたことに我慢できないのであった。社会や権力から不当な扱いを受けているなか、患者自身の努力を、たとえ良心的な立場からとわかってはいても、抑圧の最前線である療養所の職員から求められるのは、感情的にも受け入れられなかったのであろう。

しかし、大切なのは、患者の怠惰の原因がどこにあるのかではなく、実際に社会復帰へと踏み出すことであり、その方策を検討することであった。また、森はやみくもに退所を強要しているわけではなく、後遺症をもつ者への対策も説いている。それにもかかわらず議論が「濫救惰眠」の是非に傾きすぎてしまった。

森の主張を振り返ってみると、「惰眠」とか「濫救」という語は、患者から感情的反発を受けることが予想できるものであり、もっと柔らかい表現をすべきであったといえる。また、療養所の再編を説いてはいても、早期に現実化するわけではないとすると、患者への一方的な負担だけが実現する可能性を患者が危惧したのも、無理のないところがある、しかも、当時は、一九五四年社会保障予算の大幅削減案にみられるように、社会保障の後退の傾向が顕著な時期でもあった。文章も患者への訴えや対話というより、上からの説教に感じられる面もないではない。

そのような限界を有しつつも、森はすでに当時から、隔離を乗り越える可能性の存在を、具体的手段とともに提供していた。

□五、優生保護法批判

森の議論で、衝撃的であったのは、優生保護法批判である(22)。一九四〇年の国民優生法を引き継いだ優生保護法は、断種の対象をより幅広くし、遺伝でないはずのハンセン病についてまで対象に含めた。これは、本来違法であるにもかかわらず、公然と行われていたワゼクトミーを合法化するだけでなく、ハンセン病患者の人間存在を否定するものであった。感染しているわけでもない患者の子弟の通学を地元住民が拒絶した、熊本での龍田寮事件にみられるような、差別を家族にまで拡大させる思考のもとにあった。けれども、たび重なる廃止要求にもかかわらず、らい予防法廃止まで継続された。

森はこの優生保護法について、「ライ予防のために、患者や患者の家族にまで優生手術や人口妊娠中絶を行う、というのは誤りである」という立場で、さまざまな角度から厳しい批判を行った。

光田が優生手術に腐心したのは「民族浄化」への熱意があったことを指摘し、ハンセン病は遺伝病ではないので、そもそも法の目的に合致しないとする。抵抗力の弱い素質や素因が遺伝するとの説に対しては、同様のことは他のさまざまな疾患でも同様であり、分娩が発病や病状悪化を促進するとの説も、やはり他の疾患にもいえることであって、ハンセン病のみ対象とする不当を説いている。優生手術を行っても性欲に影響しないとする光田の主張についても、異なる説を紹介する。統計を用いて、実際に行われている手術が半強制的であることも立証している。患者の発生予防は、感染源となる患者との接触を防げば十分であるとした。分娩しても養育が困難との議論についても、児童福祉の問題を医学の問題にすりかえているとして退けた。

結論として「ライ患者に子供など生んでもらわなくてもいい、例え発病しないでもライ患者の子供など御免だ、というような考え方が支配的なのではあるまいか？　このようなライ患者観が、人間は生まれながらにして平等であるという真理に反するものであり、人間蔑視の考え方であることは言うまでもない。之らの考え方も所詮はライ不浄、ライ不潔という考え方に連るものである」と結論づけた。優生保護法の差別的本質を見据えた結論でもあった。

しかし、こうした議論は当時受け入れられることはなく、雑誌そのものの発送が止められた。しかし森は、パンフレットを作成してまで、持論を普及しようとした(23)。ハンセン病患者への優生手術を患者以外の者の大半が、何ら疑わないなかで、法の抜本的改正に踏み込んでの提言は、正当すぎるがゆえに、埋もれてしまった。

六、おわりに

森の一連の議論からいえるのは、第一に、隔離政策に協力した者たちを擁護するときによくいわれる「五十年前は、現在とは人権への認識やハンセン病への理解が乏しかったから、やむをえなかった」といった主張は正当性を欠くことである。そういう擁護をする前に森の議論を読むべきであろう。すでに療養所のなかに、隔離政策への批判はあったのである。もし多少でも、森の意見に耳を傾けていれば、その後の流れは違ってきたであろう。だが、療養所側は、森の意見を隠したり、本人を叱ったりする対応しかしなかった。森は結局、大卒だからさまざまな業務を経験させるとの口実のもとに患者と直接接する業務からはずされ、ついに短期間で療養所を去っていくことになる。

第二は、患者も森の主張への理解が不足し、そのことが患者にとってもマイナスであったことである。濫救惰眠論の真意を理解して受け止められなかったことで、その後の患者運動のなかで、らい予防法廃止への意欲が後退し、実際に廃止できそうになったとき、かえって患者のなかから廃止への慎重論が出てくるようになってしまった。森の提起を受け止めきれない発想が残っていたことが一因であろう。

森の提起と患者の反応は、今日の障害者の自立にも通じるものがある。障害者にとって、障害者を差別・排除する現在の社会の告発・糾弾だけでなく、自立を目指し、ノーマライゼーションを定着させようとする場合、障害者自身も努力しなければならないし、自己責任が問われてくる。実際に、自立生活へと踏み出した障害者が増えてはいるが、ためらいを感じている障害者も多いのではないだろうか。森の議論は障害者問題を考えるうえでも示唆が多い。

第三は、療養所の精神主義や家族主義への批判は、現在の社会福祉への批判にも通じていることである。今日でも、家族主義を標榜する施設があるし、職員が地縁血縁で占められて、専門性の向上が妨げられているケースも少なくない。

第四は、森の議論が可能になったのは、患者運動の素地があったということである。いくら森といえども、戦前に同様の議論を試みても発言することさえ無理であっただろう。患者運動の高揚のなかで、不十分ながら利用者の立場が語られるようになったことが、森の存在を後押ししたのであり、森一人が傑出していたのではない。

このように、森の提起は、隔離政策をゆさぶっただけでなく、現在の社会福祉を考えるうえでも傾聴すべき点を多く含んでいる。

注

(1) ハンセン病をめぐるなお根強い差別的状況の指摘として、藤野豊「ハンセン病をめぐる社会の意識は変わったか」『部落解放』第四三六号、一九九八年四月。

(2) 小説や評論にてハンセン病について論じてきた元患者の島比呂志は、らい予防法廃止に消極的な全患協の動向を厳しく批判し（島比呂志

『「らい予防法」と患者の人権』社会評論社、一九九三年、一三頁〜三七頁)、患者運動に取り組んできた松木信は、全患協がらい予防法廃止に積極的でないことへのいらだちを表明している(松木信『生まれたのは何のために』教文館、一九九三年、三四八頁〜三六一頁)。大谷藤郎『らい予防法廃止の歴史』勁草書房、一九九六年では、らい予防法をめぐる患者団体の動向を割合客観的に叙述している。

(3)『風と海のなか―邑久光明園入園者八十年の歩み』邑久光明園入園者自治会、一九八九年、二六四頁。

(4)森幹郎『差別としてのライ』法政出版、一九九三年、五頁〜六頁。

(5)前掲書。

(6)荒井英子は、『ハンセン病とキリスト教』岩波書店、一九九六年において、キリスト教による隔離政策への加担を論じている。

(7)代表的なものとしては、森幹郎「ライ患者集団の社会心理学的研究」『レプラ』第二四巻第二号、一九五五年三月。

(8)著作としてまとめられたのが、『足跡は消えても』である。これは一九六三年に日本生命済生会より発行された後、同じ紙型を用いてキリスト新聞社より発行された。一九九六年に編集し直して『足跡は消えても　ハンセン病史上のキリスト者たち』として、ヨルダン社より刊行されている。

(9)森幹郎「園名考」『楓』第一一巻第二号、一九五七年二月。

(10)森幹郎「ライ療養所の園歌」『楓』第九巻第一〇号、一九五五年十月。

(11)森幹郎「M氏賞は望月さんに」『楓』第一三巻第一号、一九五九年一月、七頁。一九八八年にも改めて「いわゆる社会派とでもいうべきジャンルのものはほとんどなく、また、育たなかった。仮に、そのような芽が出かかっても、早い時期に摘まれてしまったのであろう」と述べている(森幹郎「いわゆる『濫救惰眠』について」『創立八十周年記念誌』国立療養所邑久光明園、一九八八年、一四一頁)。

(12)森幹郎より聞き取り。森は後に、宗教系社会福祉施設であっても宗教活動を行うべきではないと説き、宗教系施設関係者からの反発を受けるが(森幹郎『政策老年学』垣内出版、一九八一年、二〇二頁〜二四五頁)、これは厚生官僚としての狭量な発想なのではなく、現場での素地によるのである。

(13)森幹郎「つれづれの友」『楓』第一一巻第三号、一九五七年三月。

(14)全国ハンセン氏病患者協議会『全患協運動史』一光社、一九七七年、六五頁。

(15)森幹郎「新しき時代の新しきライ療養所」『楓』第一〇巻第九号、一九五六年九月。

(16)森幹郎「濫救惰民―もう少し真剣に考えてほしい―」『全患協ニュース』第八一号、一九五七年三月、三頁。

(17) 森幹郎「濫救惰民」『楓』第一一巻第四号、一九五七年五月。ただし、これは（16）の論稿に若干の加筆をしたものである。
(18) 森幹郎「新しいライ療養所のあり方」『社会事業』第四〇巻第六号、一九五七年六月。
(19) 森幹郎「らい療養所論」内田守・岡本民夫編『医療福祉の研究』ミネルヴァ書房、一九八〇年。
(20) 森田竹次「『惰民』には誰がした―社会復帰をはばむもの―」『愛生』第一一巻第一号、一九五七年一月。「異議あり!―再び『濫救・惰民』の森幹郎氏に答える―」『全患協ニュース』第八三号、一九五七年四月。
(21) 吉成稔「濫救と惰民から逃れるために」『全患協ニュース』第九〇号、一九五七年七月。
(22) 森幹郎「優生保護法に対する疑問」『楓』第一〇巻第一二号、一九五六年十二月。
(23) 一九五六年八月一日付の全一四頁からなる冊子。『全患協ニュース』第七五号、一九五六年十一月、二頁で紹介されている。

第六章　戦時下のキリスト教社会事業

一、救世軍社会事業の展開と抑圧

一、はじめに

戦後の社会福祉をつくりあげる過程で、国民の要求によって一定の政策的前進がかちとられてきた反面、日本を軍事大国化させようとする動きが絶えることがなかった。

社会福祉と戦争とが両立できないのは当然のことではあるけれども、その理屈を叫ぶだけでは有効な反撃とはなりにくい。先の戦争のなかで社会福祉（社会事業）がどのような立場に立たされ、どういう歩みを強いられたかを実証的に明らかにすることにより、社会福祉の発展と人権擁護を、戦争がいかに妨害するかを示す必要がある。

戦時下の社会事業の研究は他の時期に比べて遅れている。史料が焼失するなどして研究が困難なこと、正確な統計が欠けていること、戦争が進行するにつれ社会事業実践の存在自体が希薄になっていること、生存し指導的立場にある先人の誤りを指摘する研究になりやすいことなどの理由があげられるが、最近は徐々に戦時下社会事業の姿が明るみになりつつある。今日の社会福祉のあり方を探るうえで戦時厚生事業とも呼ばれていた、戦時下の社会事業の実践の歩みをさらに明確にしていかなければならない。

本稿ではその課題にこたえるため、戦時下の民間社会事業の状況を示すことを試み、具体的には救世軍を取り上げている。

救世軍は一八九五年に日本で設立されて以来、わが国の民間社会事業をリードし多様な実践をつくりあげてきた。施設の数が多く幅広いだけでなく、その大半がわが国一、二の早さで設立された先駆的なものであり、設立後も高いレベルを保っていた。これらは一朝一夕にできたのではなく、半世紀近くにもわたって、ときには反対者に激しい暴行を受けながらようやくつくりあげたのである。

今日もなお、有力な社会福祉団体ではあるけれども、戦前に比べ質量とも劣っていることは否定できない。救世軍が戦前の社会事業の力をそのまま維持しつつ社会福祉の成立をむかえたならば、より豊かな民間社会福祉を創造したに違いないと思うと、救世軍社会事業が戦時下に後退させられたことの損失の甚大さを痛感する。

したがって、救世軍がどのような経緯で後退させられていったのかは、戦争と社会福祉が共存しえないという当然のことを立証するばかりでなく、戦後の社会福祉の基盤がどのようなものであったかを示すことにもなるであろう。

ただし、救世軍を一方的な被害者として描くことは問題を解明することにならない。小倉襄二は「もっとも非人間的な惨苦に、権力によってつきおとされた対象者を扱い、その事態に直面しながら、なにを第一義的に求むべきかというキリスト者の原点を放棄して、時代の主潮にながされ、迎合のコトバで語り、時代と社会のなかで、守るべきものを守りきれず、ほとんど、なんらの主体的な『抵抗』を形成しえなかった」と戦時下のキリスト教社会事業を批判している(1)。救世軍もキリスト教社会事業の一翼を担っていた組織として大きな責任をもっている。一方的な断罪はできないとしても、歴史的にかかえてきた限界や当時の事情を考慮しながら、事実に即して問題を抽出していくことが求められる。

一九三七年頃から敗戦までの救世軍の歩みを以上のような観点からたどっていく。

二、戦争と救世軍

救世軍はもともとわが国の一連の戦争に批判的ではなく、むしろ積極的に協力する姿勢を示していた。早くも日露戦争のときに協力のための方策をとった。傷病軍人に小冊子や聖書を贈呈したり、克己週間の献金を軍人の遺家族のために用いている(2)。

これは救世軍やそこにつらなる人たちが戦争容認の立場にあったというより、救世軍が日本で創設されたときにはすでにわが国のキリスト教会は天皇制国家に忠誠を誓うことにより生きていくという道を選んでいた。救世軍もその路線に沿うしかなかったのである。

国家に従属する体質は、ブース来日にあたって政府をあげて歓迎されたことによって定着し、下賜金や奨励金などをたびたび受け、それが救世軍社会事業の発展の一つの基礎となったところからますます強化された。

それゆえ、日本が中国への侵略を開始したときも、報国茶屋なるものをつくって協力した。報国茶屋とは中国の戦場に出向いて、兵士のために新聞、雑誌をそなえたり、茶や菓子の接待をしたり、理髪などをしたりするものである。「皇軍兵士は生命を献げて戦つてゐる。救世軍としても何等か尽す所なくてはならぬ」という考えで着手されたのであり、救世軍のもつ国際的な視野を捨てて、時局に乗り遅れないようにするための事業であった(3)。

報告茶屋は軍の移動にあわせて中国各地に設けられた。報告茶屋の様子は『ときのこゑ』に毎号のように詳細に報告されている。特にそれを利用した兵士からの礼状を多く掲載している。報国茶屋重視の姿勢と軍隊に貢献していることを強調しようとする姿勢がみえる。診療所を設置して中国人の診療も行っているが、民衆宣撫であることを隠していない(4)。

これを「戦時中、世界の救世軍は、彼我の別なく同種のコーヒーショップを戦場に設けていたのである」と戦争のもとでも救世軍の愛の精神が発揮されたものであるととらえる考え方もある(5)。他国にはそういう博愛的なものがあったのかもしれないが、日本に関しては救世軍の基本姿勢自体が軍国主義と変わらぬものとなっていたので、肯定的に解釈することはできない。

台湾では精華国語講習所を設けて台湾の人たちに日本語を教えた(6)。精華国語保育園では、台湾の子どもに幼いうちから日本語を植えつけ、皇民教育を施そうと試みた(7)。弱者救済とは無縁のものであり、植民地政策への協力でしかない。担当者自身が、「台北における救世軍の皇化運動は各方面より注目の的」と報告している有様である(8)。

国内では家庭奉仕団員による勤労奉仕が行われた。陸軍医学校で医療活動をしている兵士のために室内の整理、洗濯、縫物、慰安演奏などをした。本営では軍人家族の慰問をし、『平民の福音』を贈呈している(9)。

社会植民館では出征軍人遺家族託児所を設けて、軍人関係の児童の保育を行った(10)。救世軍病院など医療機関では軍人遺家族のための診療を実施しその数は外来、入院あわせて年間延べ一万人近くに及んでいる(11)。そのほか、各施設、小隊においてもそれぞれ戦争協力の活動を強化しており、救世軍が戦争協力に取り組んでいた。植村益蔵司令官は「軍人遺家族の方々へ」という文で、救世軍が遺家族のために努力していることを強調している(12)。

山室軍平の発言や『ときのこゑ』の内容も戦争を積極的に支持するものとなっている。山室は『廓清』に常時執筆しており、それは廃娼を訴えるものと一般的なキリスト教の話とがある。一九三七年頃からは「愛国心と基督教」「忠孝と基督教」といったものが載りはじめ、やがては「戦場に血を流して、国家の為に犠牲となつてつくられた幾万人の壮丁の上を思へば、何と御礼をいふべきか」と述べたり(13)、モーセやヨシュアの話をもち出したうえ、「日本国民を支持し、政府を支持し、国民の真の利益を思ひ、さては東洋に新秩序の建設を見んがために、皆一心同体となって尽瘁すべきことを教ふるものである」と強調したりしている(14)。そこでは救世軍がもっていた最も踏み躙られている者の立場に立つという発想が消え失せている。

『ときのこゑ』には「挙国一致長期建設・国民精神総動員・救霊救済報国」というスローガンが毎号一面に掲げられ、「福音の宣伝其の儘国民精神総動員」といった記事が載ったりしている。「軍人遺家族慰問号」と題して発行されたこともある。救世軍の活動に参加することがそのまま国家に尽くすことになると絶えず訴えられた。

紀元二六〇〇年にあたってはキリスト教全体が奉祝に奔走していたこともあるが、救世軍も奉祝信徒大会に参加し(15)、植村益蔵が大会の顧問の一人となり、大会では救世軍のバンドが「活躍」した。この大会は次に述べる弾圧後のことなので救世軍の立場は微妙ではあった。だが、準備は前年からなされており、弾圧とは関係なく救世軍は奉祝の立場にあったのである。これより早く、独自に奉祝救世軍音楽祭も開かれている(16)。山室も「皇紀二千六百年、上御一人をはじめ奉り、下は茅屋の民草にまで、御祝福を祈つてやまない」と奉祝の意思を表明している(17)。「救世軍がウルトラ・ナショナリズムに完全に屈服した(18)」と評価されるのもやむをえない。

三、救世軍への抑圧的状況

このような救世軍の態度にもかかわらず、救世軍は戦時体制がすすむごとに抑圧的状況に立たされることになる。不幸にもそれは外からより内側からまず起こってくる。

一九三六年頃から救世軍の一部士官が、救世軍の自主権の確立や内部の改革を求めて運動を起こし、その過程で救世軍の財政に疑惑がもたれるようにもなった(19)。彼らの主張は救世軍はイギリスに隷属しており、自立すべきであること、日本的キリスト教の立場に立つべきことなどであった。「内部告発」もあって、もともと救世軍とイギリスとの関係に不快感をもっていた国家主義的な団体などから救世軍への攻撃もなされるようになった。『救世軍の仮面を剥ぐ』なる扇情的な冊子も発行されている。矛盾をかかえながらすぐれた社会事業実践の実績によりここまで順調に歩んできた救世軍がついにぶつかった壁であった。

「改革」を呼ぶ士官の主張には正当性はほとんどない。確かに軍隊制度のため民主性を欠き、下部の考えが上につたわりにくい体質は否定できない。だが、それは国内に限ってのことである。山室軍平はじめ指導者は当初から日本救世軍の自主自立のため努力していた。救世軍の教理は聖書に基づく福音信仰であり、社会事業の実践を伴っているそれは、わが国のキリスト教はもとより他の宗教と比べてみてもすぐれたものといえる。イギリスに隷属しているというような事実も全く認められない。はじめから救世軍は十分すぎるほど日本的であり、国家に従順であった。士官や元士官のなかには「日本国体と合致せぬ恐るへきユダヤ人の支配下に在り、救世軍の佐官以上が殆ど全部英国の奴隷的売国奴となつて居る」「万国本営から日本々営に種々諜報資料の調査を命ぜられてゐる」等悪質きわまりないデマを流す者さえいた[20]。士官らの主張はまさに救世軍を天皇制国家に売り渡そうとするものであった。

しかし、批判されるべきは「改革士官」のみではない。そのような、キリスト教からも救世軍からもはずれた者を生んだ救世軍の体質も問われなければならない。ある幹部は「報道機関によって外部に拡げられ、内部には尻切れトンボの感があった。知っている事は社会的信用が重視されて、その弁明のために賢い処置がとらされたけれども、意見の相違は整理されず信仰的指導は与えられないままに終わった」と振り返っている[21]。「改革士官」らの主張は救世軍の従来からの路線とたいして違いなく、天皇制国家に対して曖昧な態度しかとれなかった救世軍の矛盾がついに噴出したともとれるのである。

ともあれ、救世軍は彼らの動きにふりまわされ、いったん司令官を退いた山室が復帰するなどの対応を強いられる。これが後述の弾圧の伏線ともなる。救世軍への中傷に対しては山室の『救世軍の立場を弁明す[22]』にみられるようにきっぱり反論している。そこでは「疑惑」に具体的にこたえ、説得力あるものになっている。穏やかな調子ではあるが、理不尽な攻撃への怒りや憤りを感じることができる。しかし、イギリスに隷属しているとのデマが絶えることはなかった。

一九四〇年になって外からの抑圧が本格化した。まず、山室の死とほぼ同じ時期に国会で山室の名著『平民の福音』を不敬の書として非難する質問がなされ、『平民の福音』は絶版になってしまう。『平民の福音』は一八九九年に初版が出ている。すでに半世紀近くも広く読まれてきたのである。戦前の感覚に照らしてさえ、不敬とはとうていいえない内容であった。救世軍に疑惑が生じているのをみて、便乗して攻撃しあわせてファシズムの流れを強固にしようとしたのであろう。「紀元二千六百年を奉祝し文書伝道の強化を目指して増刷」という広告を『ときのこゑ』に大きく出した一カ月後には、絶版の通知を同紙に掲載せねばならないという結果になってしまった(23)。

山室の死去も厳しい時代をむかえるのを前にして、救世軍にとっては大きな痛手であった。山室があまりに偉大でありすぎたため、山室亡きあとの救世軍の体制が準備されていたとはいいがたい。むろん、救世軍としても山室後の備えはしていたのだが、内紛のため、不十分なままであった。山室にとってはその後の救世軍の混乱を体験せず、いわば傷つかずにすんだけれども、核を失った救世軍の進路が定まらないことになった。

続いて七月末から、植村益蔵、瀬川八十雄ら救世軍の幹部をスパイ容疑で憲兵隊が連行して取り調べ、本営事務所を捜索した。さらに士官多数を取り調べた。この事実は新聞にも一面で大々的に報道され、世間に広く、救世軍がイギリスなど外国と通じているというかねてからの「疑惑」があたかも事実であるかの印象を与えた。もとよりスパイの事実などあるはずもなく、すぐに釈放され、何の立件もなされなかった。この時代ですら何の罪も着せることができなかったのである。弾圧だけが目的だったというほかない。

弾圧の当事者自身が「これを行き過ぎだったとすましていられない気もする。私の長年の憲兵指揮のうち、もっとも思い出の悪い、たった一つの汚点である」と、無責任で不十分ないい方ながら、とにかく救世軍弾圧が不当であったことを認めている(24)。

もっとも、大本教を解体させたような意味での弾圧とは異なり、救世軍を壊滅させようとしたのではなかろう。皇室からたびたび下賜金を受けている救世軍を反国家団体として処理することはできなかったし、救世軍社会事業は戦争遂行にあたって大いに活用できるものであった。救世軍を国家に完全に従属させるための手続きであり、同時にキリスト教に対して脅しをかけようとしたのであろう。

この不当な事件に対し、キリスト教側では反発するどころか、かえって怖れおののき、国家への従属の立場を強めていく。「救世軍が依然としてロンドン万国本営に従属し、財政、人事一般の指揮を仰いだとするならば、それが諜諜呼ばわりさる、は当然」と救世軍を非難したあげく、「救世軍の問題も結局信仰の問題」などと全く筋違いの批判を浴びせるというあきれた論説がキリスト教内部にあらわれている(25)。

事件前後においても、救世軍への風当たりは非常に強かった。救世軍解散期成同盟会だの救世軍解散促進同盟だのといったものが出現するほどであった(26)。救世軍が努力を重ねてつくりあげた社会事業すら、「救世軍の実情は貧しき国民の救済にあらずして、却つて救世軍人等の生活機関化し居れり」と中傷された(27)。権力からの圧迫とそれに踊らされた世論からの圧力の前に救世軍は屈するほかなかった。文部大臣に上申書を提出し、救世団に名称を変更すること、欧米人を用いないこと、指導者であった植村益蔵、瀬川八十雄の退職を誓った。社会事業については「救世軍に於て経営する社会事業を継承し国策に従ひて国民に奉仕す」と記している。同趣旨のことを新聞にも発表し、社会事業について「日本国家に奉仕する意味で奉公の誠を致すこと」とより明確に社会事業を国家の下におく方針を示している(28)。

弱者の友としてスタートした救世軍社会事業は、ここで少なくとも表向きは弱者ではなく強者の最たるものである国家を向いたものになる。これらの点はむろん実行され、『ときのこゑ』は『日本教世新聞』と改称され、士官学校は救世学院となる。階級の名称も従来の軍隊式の呼び方は廃止された。団長には渡辺林太郎が就任する。

救世団は「救世団実践要綱」を定めた(29)。「我等は救と聖潔と奉仕とを以て救世団の三大主義とす」「我等は救霊と奉仕とを救世団の働きに於ける両翼とす」「我等は専ら民衆に親しみ貧しき者の友たることを以て救世団の特色とす」「社会事業部は其の事業を遂行すると共に飽くまでも救霊を其の生命とす」といった部分は救世軍の創設以来の思想をそのまま記している。しかし、それは「我等は一層国体の本義を正しく弁へ皇民の自覚に透徹せんことを期す」ということがすべての前提になっているのである。「八紘一宇の精神を救世団運動に具現せんことを期す」とさえ書いている。いくら貧しい者の友といってみても優先されるのは国体であり皇運であった。

そこまで時局に迎合したにもかかわらず、救世団はさらに存在そのものが危機にさらされる。わが国のプロテスタント教会は多数の教派によって形成されていた。しかし、新たに成立した宗教団体法は小さい宗教団体に不利益をもたらすものであったため、合同の機運が高まり、一九四一年に日本基督教団（以下、明らかに日本基督教団を指す場合、「教団」と略記することがある）が結成される。日本基督教団結成について、プロテスタント合同への長年の努力が実ったものだとする見解や、教団の結成は外圧によるとしても教派が解消されたこと自体は好ましいとする見解がある(30)。

しかし、冷静に経緯をみるならば、教会合同の本来あるべき姿とはほど遠いし、思想信条の自由のないときになされたことに積極的意味のないことも明白であろう。事実、教団は、最高責任者である統理自身が伊勢神宮に参拝したり、朝鮮の教会に神社参拝を強要したり、ホーリネス派への弾圧の際にそれを受け入れたりするなど、真理からかけ離れた恐ろしいまでの罪を重ねている。戦後ただちに教団からの離脱が相次いだことをみても、教会の総意による合同でないのは明らかである。

「教会合同による負担をもっとも大きく受けたのは救世団」という評価があるように(31)、救世団にとって教団への参加は何の利点もないものであった。救世軍の特長は独立してこそ発揮されるものである。洗礼などの儀式を行っていないため、教団に加わった場合、教職者の基本的資格さえ失う心配もあった。長年つくってきた社会事業の行方も憂慮された。それゆえ、渡辺団長は教団への参加には反対であった。だが、反対論は外圧のためくつがえされ、救世団は教団への参加を強いられる。金田隆一は「何らかの形で憲兵隊までも合同問題に関与していたかもしれない」ときわめて強い圧力のなかでの教団への参加であったことを指摘している(32)。

それでも当初は部制がとられ、もとの教派の形がある程度存続し、救世軍は第十一部になり、一応一つのまとまりとして残った(33)。『日本救世新聞』はさらに『朝のひかり』と改題されて発行された。救世学院は東光学院となる。救世団出版供給部は善隣出版供給部と改称された。部制は合同に批判的な勢力が強かった日本基督教会などとの妥協の産物である。教派の伝統を保持する性格のものではなかった。しかし教派的色彩を残したために文部省からの圧力は続き、長くは続かず、廃止されてしまう。救世軍はこれによって名実ともに実体を失ってしまう。

旧救世軍の幹部は教団にあっても役員になって活動している。山室民子が賀川豊彦や生江孝之の属する厚生局の主事を務めて社会事業にかかわっているのをはじめ、指田静、秋元巳太郎、渡辺林太郎らが役員になっている(34)。しかし、厚生局は戦時生活指導委員、健民委員、母性並びに児童保護委員などをおき、社会事業の部局というより、教団内で最も戦争協力の働きをしたところという側面のあることも記しておかなければならない(35)。

そのほか、救世軍の主要人物では、山室軍平長男の山室武甫が売春問題について発言を続けているほか、「大東亜伝道の歌」なるものをつくって「興亜の理念に根ざして新たに満洲教会結成されたり」といった調子の詩を伝道雑誌に発表しているのが目につく(36)。瀬川八十雄は中国の天津に行き、日本基督教団天津明石街教会付属事業としての、日本人のための保育園、職業婦人宿舎、中国人のための診療所、教育事業に従事した(37)。

しかし、戦前は有力な教派だったとはいえ、日本基督教会や組合教会に比べると弱く、神学的な力の乏しい救世軍が教団内で大きな影響力をもてるはずもなかった。救世軍はたび重なる抑圧の結果、宗教団体としては消滅した。救霊と社会事業を一体ととらえる救世軍の立場からすれば、社会事業は継続されているとはいえ、本来の姿からはほど遠いものであった。

四、救世軍社会事業の動き

救世軍社会事業は主要な民間社会事業として、社会事業全体の流れと深く関連しながら展開した。したがって、社会事業が人的資源の育成へと変質し、戦時厚生事業と呼ばれるものになっていった流れのなかで理解しなければならない。しかしまた、たびたび触れている弾圧—改組をはじめとした救世軍独自の事情も救世軍社会事業を大きく左右している。

その両面を踏まえたとき、戦時下の救世軍社会事業は三つの時期に区分できる。まず、救世団に改組されるまでの時期である。救世軍は前述の内紛に悩まされながらも、社会事業は従来と同様に行われ、なおも戦争協力の事業が増え、成長し続けているかのようであった。次は救世団の時期である。宗教面で大きく動揺し、戦時色も強まっている。しかし、社会事業自体は顕在であり、部分的には拡張の動きがある。最後は日本基督教団の時期である。救世軍はついに解消し社会事業のみ残っている。戦時下の国民生活を反映して事業内容も変化し、やがては疎開を強いられたり、空襲で建物を失ったりしていく。

救世団改組以前の時期であるが、社会事業活動は社会事業形成のときに成長した諸事業を引き続き行っていた。前述の戦争協力の事業を除けば特に目新しいことをしているわけではないが、従来の実践を着実に積み重ねている。

隣人愛運動ということが叫ばれ、山室軍平は「各小隊を愛隣館小隊たらしめよ」と述べている(38)。「隣人愛運動一ヶ月の計画」「隣人愛運動一年の経験」といった体験文も発表されている(39)。具体的には病院慰問、人事相談、幼児保育、軍事援護などの活動を個々の小隊で取り組んでいくことが奨励された。「現在の時局は国家総力戦と称せられ、軍人遺家族及び一般労働力提供者の背後を守り、作業能率の増進を図り、幼児の発育を保護し、健全なる第二国民の保育に努めてふ責務」に基づいて、季節託児所も提起されている(40)。「人的資源物的資源の不足を告ぐる現下の実情に即して、私達は一番容易に着手し得る立場にあり、又尽さねばならぬと確信」と、児童の問題ではなく戦争遂行が重視されている。隣人愛が強調されてはいても、それは純粋さを保てなくなっており、その点で救世軍社会事業はすでに十分危機にさらされていたといえる。

財政面も下賜金が社会事業部をはじめ各施設におりているほか、企業や著名人からの寄付も多く集まっている。廃娼運動も徐々に戦争の影がしのびよりつつも、前進しているかのようであった。施設のなかには老朽化したり手狭になったりしていて、改築や増築に着手しているところがある。焼失した二葉寮の再建、療養園の新病棟完成もなされている。

社会事業法が制定されて民間社会事業が新たな立場に立つが、救世軍にとってはさほど大きな変化はない。司法保護法が成立したため、釈放者保護事業の労作館はその位置づけが変化したが、事業自体はそのまま続いているし、山室民子が「司法保護事業が制度化せられ、私共も辞令を受け委員として奉仕すること丶なりました。司法保護事業も其の重要性を大いに認められた訳で今後本事業は愈々の有用性を発揮し、其の目的に於いても方法に於いても一層積極的になり、実績を挙げることが出来るであらうと大いに期待してをります」と述べているように好意的に受けとられている(41)。厚生省の設立も所管の官庁がかわったという以上の影響はみられない。

しかし、人事相談の内容が少しずつ変化したりするなど戦時色が反映しつつはあった。人事相談は、就職相談や家庭問題が減少するなど全体として相談自体が低調になった。しかし、結婚相談は以前同様になされていた。救世軍はその変化をむしろ好ましいことと考えていた(42)。更生館が労働者の減少に伴い幼児保育園や母子保護に転換することになったのも戦争の影響である(43)。

救世団の時期になると事情はかなり変わってくる。最大の指導者の山室はすでに亡く、弾圧のため世間の目も厳しくなった。それでもしばらくはそれまでに着手した施設拡張などが完成し、部分的には前進したかにみえる面もある。西新井診療所が西新井病院へと拡張したり、台湾の国語保育所もさらに設立されている。各施設は名称を従来の施設名のはじめに救世団の語を付し、たとえば希望館は救世団希望館というように変更され、「救世団」の事業であることが強調された。社会鍋のような季節的な活動も継続された。下賜金もこれまで同様おりているし、救世団関係者への表彰も行われており(44)、状況は以前と変化がないようにもみえ、「これからだ救世団の歴史は」などという見出しが『日本救世新聞』に掲げられているのも(45)強がりとばかりはいえず、当時の救世団関係者は、新時代のなかで一層発展していく決意をもっていたのであろう。

しかし、財政的には厳しさを増し、昭和十五年十月～十七年三月までの予算を執行する過程で社会事業資金だけでも四十九万円もの欠損を出している。予定されていた社会事業関係の募金ができなかったためとされている。「社会事業には募金が許されてあれど、文部省の宗教法にはその法文はない。それ故これは若し救世団の特殊事情として許可されるものとすれば別なれど、或は万一不許可のときは如何（中略）之が容易ならぬ事柄であり、正に非常な覚悟を要する」という危機感も内部では表明されている(46)。もともと社会事業活動には財源難がついてまわっていたところに反国家団体であるかのデマが出たり、国民生活が圧迫されたりして、状況は楽観を許さなかった。

日本基督教団成立後は、厳密な意味では救世軍社会事業も消滅したとみるべきかもしれない。救霊と社会事業を一体とする特質を発揮する余地はなくなったし、救世軍の実践をよく表している諸活動もなくなってしまった。教団では実践要目を定めていたが、そこに「信徒をして隣人愛の実践に励み銃後の活動に挺身せしむること」とあるのが、社会事業に関するものである(47)。ここでは隣人愛の実践とキリスト教の基本的な教えが銃後活動と直接結びつけられることにより、戦時厚生事業の論理と全く同様のものに陥っている。教団は第一回教団総会において宣言のなかで「皇軍慰問、軍人援護事業に一層精励すること」と述べている(48)。いずれも救世軍を念頭においたのではないにしても、そうした活動の基盤を広くもつ旧救世軍の教団内での実践が、戦時下の制約を受けるばかりか、キリスト教社会事業であることまでが逆に理念を抑圧する制約となってかぶさっていたことを示している。

しかも、教団成立後も救世軍の伝統を守ろうとした旧救世軍の教会は戦争がすすむにつれ、教会の存在自体困難になってきた。「緊迫した戦局下、軍事徴用、応召、疎開、生活の窮乏化などにより、東京における第十一部の教会員達の交流は次第に疎となり、また人材不足のため教団の認可が下りても主管者を立られず閉鎖を余儀なくされた教会も続出した(49)」「戦争の様相はますます深刻になり、東京都民の生活も日夜防空訓練に明け暮れするようになり、教会はいよいよ困難に陥り、積極的な運動や特別集会の如きものはほとんど不可能になっていたが、日曜日の朝夕の礼拝は欠かさず行われていた。会衆は大内友治兵士（軍旗軍曹）の外、二、三の顔が見られるに過ぎない状態であった(50)」「遠藤少佐が帰日、小隊を引き継がれたが、栄養失調のため召天された。昭和十六年には、日本基督教団に合同していたので、誰の任命もなく佐々木喜助少佐が市岡小隊長を兼ねて、堺、西成、天満等の戦友宅で家庭集会をされた(51)」と各小隊の歴史は戦時下の厳しさを綴っている。

ある教職者は「私は工場に動員された。最初は川崎の或る工場に一ヵ月余、他派の牧師十名位と共に。それから一時は工場勤務から解放されたが、間もなく、三菱製鋼所晴海工場に長期動員となった。これは戦争の終結まで続き、結果的に一年余に及んだ。しかし、日曜日は休日であったから、聖日は教会（小隊）で、これを守ることができた。つまり、週日は工場で働き、聖日は教会でということであった。戦争中としては極めて有難いことであった。だが、特高の監視の目を感じることはしばしばであった」と述べて、教会活動を継続するのがやっとであったことを回顧している[52]。この牧師の給与は教会から支出する余裕はなく、工場からの手当てでかろうじて生活を支えていた。

施設そのものは基督教愛隣会の名で存続し、救世軍の理念も維持されてはいた。愛隣会は一九四三年に財団法人として設立され、理事長に秋元巳太郎、理事に渡辺林太郎、岩佐倫らがついている[53]。愛隣会はあくまで教団の外郭団体であり、救世軍社会事業の直系ではあってもそれがそのまま名を変えて残ったのではない。救世軍の本営は大日本産業報国会に使われることになって、救世団の本部は旧士官学校に移っていた。そこも陸軍医学校に用いられることになり、さらに移転しなければならなくなった。その後も事務所の移転は続き、活動の拠点すら確保できないほどであった。救世軍の遺産が直接に戦争に用いられることでもあった。

個々の施設は戦争の影響を直接受けて、変質を強いられた。労働者寄宿事業は本来対象としていた低賃金労働者や失業者が減少したため、自助館は製鋼所の労務員錬成寄宿所と化した。屋外居住者冬季収容保護事業の箱船屋は救済としての側面は消えうせ、浮浪者を「産業戦士」にすることが求められた[54]。民衆館は宿舎にしていた労働者が戦場に派遣されて減少したため、講堂を開放して、町内会の国防婦人会員による軍帽の制作に参加した。館長は講習を受けて指導員となって、ミシン縫製の指導をした。ミシン十数台が並んで軍需工場化していたという。戦争協力のための金属回収も行っている[55]。他の施設もそれぞれ戦時産業の厚生施設と位置づけられた。少年保護事業は非行少年が生産力増強に役立つことに価値が見出された。機恵子寮は子供の家とも呼ばれるようになり、四十人ほどの児童の養育にあたっていた[56]。

病院は三筋町病院と改称し、一般病院のような名になった。必要性が増していたため、他に比較すれば順調であった。一九四三年の延べ人員は九万二千人に、療養園では六万人に及んでいる。しかし、医師が従軍のために用いられ医師の確保さえ困難になっていく。「岩佐園長を中心として、職員と患者、特にコロニストが一体となって園の営みがなされておりました。戦時下に特設防護団が編成され、団長の岩佐園長に代って訓練の指導をしたりして療養園をみんなで守ったことなど特に忘れられない思い出です」と述べられているように、患者までが努力を重ねてかろうじて守っているのが実情であった(57)。

救世軍の社会事業は前述の報国茶屋などを除くと戦争とはおよそ無縁の事業ばかりであったようでありながら、大半は戦争と直結したものとなった。戦争に協力しているからといって運営が楽だったわけではない。防空壕を掘ることに力を注ぐなど戦争へのさまざまな対策が必要だったのは一般の国民生活と変わりはない。

戦争と直結した事業は戦争の行き詰まりとともに衰退するほかなかった。東京が空襲にあうようになると、旧救世軍の教会は京橋教会を除いてすべて焼失した。愛隣会の施設は大半が東京にあったため、空襲のため焼失していった。民衆館は病院に隣接していたため移転したところ一週間目に空襲にあい、もとの建物は被害を免れるという悲劇的な結果になっている。ただし、助かった建物が被災者の仮の住居として用いられることにもなった。愛隣会自体も会議一つ開くのも命がけという状況におかれた。ファシズムによって抑圧された救世軍社会事業がついに戦争そのものによって壊滅的打撃を受けた。救世軍は関東大震災のときにも多くの施設と人材を失った。だが、規模といい、深刻さといい、震災とはとうてい比べものにもならない。

救世軍が戦争協力をしていたことを思うとこれは自らにも責任があるという面がないわけではない。少なくとも真理から離れて日本的キリスト教なるものに迎合していった点は戦後のキリスト者には想像できない事情があったにせよ、厳しく反省しなければならない。民間社会事業が容易に戦時体制のもとに従っていった問題が問われるとき、民間社会事業を終始リードしてきた救世軍は当然大きな責任を負うことになる。

救世軍の関係のなかにも反戦的な言動をして当局に警戒されていた者もいたようであるし(58)、弱者への奉仕が戦争という強者の論理への抵抗であったのかもしれない。しかし、個々の良心は軍国主義の恐るべき力の前では無にひとしい結果にしかならなかった。

五、おわりに

救世軍社会事業は以上のようにいくつかの段階を経て、完全に解体してしまう。敗戦後、ただちに社会事業活動が再開され、宗教組織としての救世軍も教団から離脱して再スタートをする(59)。しかし、宗教組織としてみるとすでに解体している小隊もあり、日本基督教団への残留を希望する小隊や信徒も少なくなかった。京都小隊のように教団への残留を望む人と救世軍への復帰を望む人とに分裂するところもあった。戦前に比べると比較にならぬほど低いレベルから出発であった。信徒数でみても今でも戦前の教勢を回復していない。戦前は一万六千人に及んでいたのに、現在でも一万人には達していない。地方にまで行き渡っていた小隊は都市部に固まった状態である。社会福祉も施設の数などをみると戦前の水準には達していない。キリスト教は全体としてはわずかとはいえ成長してきたことを思うと、救世軍の伸び悩みは目立つ。

救世軍社会事業の歴史は戦争によって明確に分断されており、救世軍は確かに精神としては戦前のよき伝統を着実に引き継いで、民間社会福祉の模範となっているのであるが、実態としては、戦争の後遺症をひきずっているのが現実である。

わが国の民間社会事業は早くから戦争協力の立場に立ち、それゆえ加害者の側にあったことを忘れてはならない。しかし、加害者の側にいることで被害者になることを免れることはできず、戦争の非人間的側面を直接受ける結果になった。戦争がいかに福祉を疎外するかを痛感するとともに、救世軍がいささかでも目先の時流に乗るだけでなく、自らの理念を実践とともに検証する力があったならば、この悲劇の展開が内在的にはもう少し違っていたのではないかと思われる。

注

（1）小倉襄二「キリスト教社会事業の論理」同志社大学人文科学研究所編『戦時下抵抗の研究Ⅱ』みすず書房、一九六九年、一一二頁。

(2) 山室軍平『救世軍略史』救世軍出版及供給部、一九二六年、二四頁。
(3)『支那事変と救世軍』救世軍出版及供給部、一九三九年。
(4)『ときのこゑ』第一〇三一号、一九三九年三月十五日、四頁。
(5) 山室徳子『遁れの家にて』ドメス出版、一九八五年、一八三頁。
(6) 当時、救世軍は台湾において、台湾大隊のもとに、台北小隊、台中小隊、台南小隊、高雄小隊、基隆小隊を組織していた。
(7)『ときのこゑ』第一〇二六号、一九三九年一月一日、七頁。
(8)『ときのこゑ』第一〇三八号、一九三九年七月一日、八頁。
(9)『支那事変と救世軍』、三〇頁～三六頁。
(10)『ときのこゑ』第九九六号、一九三七年十月十一日、五頁。
(11)『献身の生涯』救世軍出版及供給部、一九四〇年、五五頁。
(12)『ときのこゑ』第一〇二五号、一九三八年十二月十五日、五頁。
(13) 山室軍平「犠牲」『廓清』第二九巻第八号、一九三九年八月、二四頁。
(14) 山室軍平「総力を挙げて」『廓清』第三〇巻第一号、一九四〇年一月、二七頁。
(15) 一九四〇年十月に青山学院校庭にて二万人以上のキリスト教関係者が参加して開かれた。キリスト教の戦争協力の動きを決定的なものにした。
(16)『ときのこゑ』第一〇五四号、一九四〇年三月一日、五頁。
(17)『婦人之友』第三四巻第一号、一九四〇年一月、四四頁。
(18) 竹村民郎『廃娼運動』中央公論社、一九八二年、二〇四頁～二〇五頁。
(19) 同志社大学人文科学研究所・キリスト教社会問題研究会編『特高資料による戦時下のキリスト教運動二』新教出版社、一九七二年、三八頁。
(20) 前掲書、一八二頁～一八三頁。
(21) 一柳猪太郎「改革運動の頃」『救世軍渋谷小隊五十年史』救世軍渋谷小隊、一九七七年。
(22) 救世軍出版及供給部刊、一九三七年。
(23)『ときのこゑ』第一五一五号、一九四〇年三月十五日、同第一五一七号、一九四〇年四月十五日。
(24) 大谷敬二郎「あと味の悪かった救世軍弾圧」『憲兵秘録』原書房、一九六八年、一〇八頁～一一二頁。

(25) 小田信二「救世軍の問題」『開拓者』第三五巻第一〇号、一九四〇年十月、二四頁。
(26)『特高資料による戦時下のキリスト教運動1』、二九一頁。
(27) 前掲書、三三八頁。
(28) 前掲書、二八九頁〜二九〇頁。
(29)『日本救世新聞』第一〇七〇号、一九四〇年十一月一日、四頁。
(30) 都田恒太郎『日本キリスト教合同史稿』教文館、一九六七年では、あたかも明治初期からの合同への努力がついに実ったかのように描いているが、こうした見解にはとうてい同意できない。同書は、キリスト教の戦争協力への反省が全くなく、戦後のキリスト教の悪しき一面を示している。
(31) 笠原芳光「日本基督教団成立の問題」『戦時下抵抗の研究I』、一八一頁。
(32) 金田隆一『戦時下キリスト教の抵抗と挫折』新教出版社、一九八五年、一九九頁。
(33) 多数の教派を十一に分けて部とした。救世団のようにもとの教派がそのまま一つの部になったケースと、無理に性格の異なるいくつもの教派を一つにまとめた場合とがある。
(34)『日本基督教団年鑑』昭和十八年版、日本基督教団出版局。
(35) 日本基督教団史編纂委員会『日本基督教団史』日本基督教団出版部、一九六七年、一六二頁〜一六三頁。
(36)『基督教家庭新聞』第三六巻第一一号、一九四三年十一月〜第三七巻第三号、一九四四年三月。
(37) 瀬川八十雄『足おと―救世軍人の歩み』自家製、一九八四年、二六七頁。
(38)『救世軍士官雑誌』第二九巻第三号、一九三九年三月。
(39)『救世軍士官雑誌』第二八巻〜第二九巻関係記事。
(40)『救世軍士官雑誌』第三〇巻第四・五号、一九四〇年四・五月。
(41) 山室民子「司法保護委員の任命を受けて」『婦人運動』第一八巻第一号、一九四〇年一月、四頁。
(42)『ときのこゑ』第一〇二七号、一九三九年一月十五日では、「日本の明るい一面」と評している。
(43)『ときのこゑ』第一〇四九号、一九三九年十二月十五日、六頁。
(44) 救世主軍病院の発展に尽くした岩佐倫や世光寮の主任らが表彰されている。

(45)『日本救世新聞』第一〇七四号、一九四一年一月一日、五頁。
(46)一柳猪太郎「財政問題其他」『建設者として』救世団出版供給部、一九四一年、三頁～四頁。
(47)『日本基督教団史』一四〇頁。
(48)前掲書、一四三頁。
(49)『恩寵と戦いの歴史　神田小隊九十年の歩み』救世軍神田小隊、一九八八年、五九頁。
(50)『救世軍京橋小隊開戦八十年史』救世軍京橋小隊、一九八五年一八頁。
(51)『神共に在りて　救世軍天満小隊七十年記念誌』救世軍天満小隊、一九八五年、一四頁。
(52)『救世軍京橋小隊開戦八十年史』八二頁。
(53)秋元巳太郎『日本における救世軍七十年史』第三巻、救世軍出版供給部、一九七〇年、四四頁。
(54)「財団法人日本基督教愛隣会の現況」『厚生事業』第二七巻第九号、一九四三年十月。
(55)『福祉の半世紀　民衆館五十年のあゆみ』神奈川県愛隣会、一九七五年、二五頁～二七頁。
(56)加藤屯「近頃の『子供の家』」『基督教家庭新聞』第三七巻第三号、一九四四年三月。
(57)『救世軍ブース記念病院六十年史』救世軍ブース記念病院、一九七七年。
(58)『特高資料による戦時下のキリスト教運動二』、『同三』。
(59)救世軍の戦後の歩みについては、吉田信一編著『神の国をめざして』救世軍出版供給部、一九八七年に述べられている。

二、岩橋武夫と盲人運動

□ 一、問われない戦争責任

戦後五十年が経過し、一九九五年にはさまざまな行事、出版、企画等が盛んに行われたが、戦争責任については今なお問われないままになっている。国会での戦後五十年のいわゆる「不戦決議」をめぐる議論は、かえって、「戦争はアジア解放のためだった」などという、歴史研究のうえではすでに明解に否定された発想に固執する者の多い現実を示すことになってしまった。

それは一部の者の歴史への無知とアジアへの傲慢さをさらけ出すだけにとどまらない。上田耕一郎参議院議員が参議院予算委員会において、侵略戦争が二千万人に及ぶ命を奪ったという事実を指摘したところ、その発言は議事録から一方的に削除されていともたやすく抹殺された(1)。それをマスコミも批判はおろかほとんど報道すらしないところに侵略によって多数の人々が殺された史実すら否定されかねない状況がある(2)。

戦争責任回避は障害者問題の分野でも共通している。障害者と戦争とのかかわりは特集を組んだ研究誌もあるし(3)、清水寛らによる精力的な研究もなされてきた(4)。障害者が戦時体制のなかで、一般の人々以上に悲惨な生活に追い込まれ、ときに戦争協力を強いられたことは一定明らかにされている。

しかし、障害者について考えるとき、障害者の権利を守るべき立場にあった、社会事業家と呼ばれる人たちの存在が大きい。その人たちの責任は、全く触れられなかったわけではないが、明らかにされているとはいえない。関連分野である教育や医療では、不十分ながらも戦争責任を明らかにする努力が重ねられてきた。教育が軍事一色となり、教師が子どもたちを戦争に駆り立てた事実への反省は、戦後終始語られてきたし、医療が国民一人ひとりの健康を守るのではなく、国家の利益を優先させて、軍事力維持の手段となり、ついには人体実験や生体解剖までなされたことが議論されてきた。それに比べると、障害者問題の分野での追及は立ち遅れてきたといわざるをえない。戦争責任抜きでは障害者問題と戦争との関連を明らかにしたことにはならないであろう。

もっとも、障害者へかかわった者の責任を問うには、彼らの実践や思想を十分に吟味したうえでなければ公平を欠く結果になる危険がある。たとえば戦時下には、「異常児とて陛下の赤子」という言われ方がなされた。この表現自体は田中昌人が的確に指摘したように、障害者を天皇制支配の一部に組み込む不当な表現であり、障害者の人権とは逆方向にある(5)。しかし、障害者が文字通り命を奪われる状況のもとで、やむなく命を守るために使われた面もある。戦争を賞賛する発言も、会議などの冒頭で形式的になされたにすぎない場合も少なくない。ただ、それが、戦時下の行為の正当化の口実にされることも避けなければならない。

障害者とかかわる人たちが戦時下にあって、施設の維持や食料の確保などさまざまな点で苦労したのは確かである。しかし、苦労があったからといって、責任が解消されるものではない。苦労は苦労として評価しつつも、責任は明らかにされる必要はある。

さまざまな戦争責任が不問に付されているなか、戦争から何の利益も得ていない者の責任を問うのは不公平ではある。このことが戦争責任の明確化をためらわせてきたのだろうが、ここで強調しているのは個人の倫理や人格を問うことではなく、あくまで歴史的な責任を明らかにすることである。その積み重ねが逆に、責任を逃れ切ったかに見える天皇制国家の責任を示すことであって、誤りを繰り返さないための不可避の作業でもある。

二、岩橋武夫と戦争責任

ここでは、以上の課題に応えるため、岩橋武夫（一八九八―一九五五）を取り上げる。岩橋は、大阪に日本ライトハウスを設立し、戦前・戦後を通して盲人の福祉と社会参加に大きな足跡を残した。自身も盲人ではあるが、盲人個人としてではなく、社会事業家および盲人指導者として活動した。

岩橋を取り上げるのは第一に、岩橋が当時指導的立場にあり、大きな足跡を残したからである。一社会事業家をこえて、盲人の動向を大きく左右した。それゆえ責任もまた岩橋個人の思想の問題にとどまらず、当時の社会事業界や盲人をはじめとした障害者全体につながっている。

第二に、岩橋には戦争に否定的になりうる可能性があったことである。岩橋は大阪という「中央」からやや離れた場にいた。大阪は在野精神のもとで先駆的役割を果たす社会事業を生み出してきた。そこからは川上貫一のような戦時下に抵抗を貫いた人物も現れている(6)。

またキリスト教徒で、しかもクエーカー派という絶対非戦主義に立つ信仰をもっており、戦争を冷静に見つめる道に立つこともできた。日本のキリスト教は好戦的なアメリカキリスト教が移入されたうえ、それを天皇制国家に迎合させたため、軍国主義に適合的な宗教になっていた(7)。したがって、当然のこととして戦争に全面的に協力していくことになるし、キリスト教社会事業家たちも、戦争協力に邁進した。しかし、クエーカーだけは戦争に否定的になれたはずなのである。現に、同様に絶対非戦を掲げるキリスト教系団体である灯台社は、戦争拒否を貫いて弾圧されていく。

しかも、岩橋の多様な活動の出発点はイギリス留学であり、英文学への造詣も深く、ヘレン・ケラーとの交友など国際的な視野を深く有していた。ライトハウスも国際的な活動である。国際的立場を貫けば、身勝手な国粋主義の欺瞞を見破るのは容易であっただろう。

第三に、後述のようにさまざまな戦争協力をしているにもかかわらず、逆の評価さえなされていることである。『人物でつづる障害者教育史』での岩橋武夫の項では「岩橋は、日米間の平和を実現するための方策の一つに『国民外交』『文化的平和工作』をあげ、その一手段にヘレン・ケラーの来日を位置づけた。しかしながら、戦時下のライトハウスは、『愛盲会館』（一九四二（昭和十七）年）、『失明軍人会館』（一九四三（昭和十八）年）と改称させられ、失明軍人のための職業訓練の場になった」と述べている[8]。これでは、岩橋自身は平和を希求し続けたのに、時代におしつぶされていったとしか読み取れない。しかし、失明軍人優先の施策は岩橋が日中戦争開戦のときに自ら強く主張したことなのである。

あるいは、戦時下の活動を紹介しつつも、戦争への認識を欠いている場合である。やや古い文献だが、『日本ライトハウス四十年史』では「日支事変に端を発した極地戦争は、いよいよ変転きわまりない国際情勢下に、好むと好まざるとにかかわらず大戦争へと導かれたのである。ＡＢＣＤ包囲陣、独ソの開戦、パールハーバーの奇襲、第二次世界大戦へと戦火は地球のすみずみにまで広がっていった」と記しているが[9]、これではまるで自然現象として戦争が広がっていったかのようである。

「好むと好まざるとにかかわらず」ではなく、大いに好んで積極的に戦火を広げたのが日本軍国主義であった。同書はライトハウスの戦時下の活動を割合客観的に記していて有益ではあるが、戦争へはこういう認識であるから、ここから反省は生じてこない。

『道ひとすじ　昭和を生きた盲人たち』では「愛盲の使徒」と題して岩橋を紹介しているが、戦時下については「時代が戦時色を強めるに伴い、愛盲キャンペーンにも工夫をこらし、紀元二千六百年を奉祝する全日本盲人大会を開催して決議をしたり、大東亜三百万盲人の興亜愛盲を説いたり、失明軍人の増加にからめて盲人問題をアピールしたりした」とある[10]。客観的に事実を叙述するというより、戦争協力を肯定したニュアンスであり、そのうえで岩橋による失明軍人問題への発言を一ページにわたって引用している。

すべてがこのように岩橋の擁護に走っているのではなくて、戦時下の岩橋やライトハウスの問題の指摘は何度かなされている(11)。しかしなお、岩橋の言動を鮮明にして、問う試みは十分ではなかった。戦時下の岩橋の姿を示すことは、障害者の権利のために闘ったはずの人が逆の行動をした事実を正面から見据えて、戦争責任を考える一助になるだろう。

三、『社会事業研究』での発言

岩橋は戦時下にあってもさまざまな言論活動を展開した。その基本的主張を、大阪で発行されていた『社会事業研究』掲載の一連の論文からみていきたい。『社会事業研究』は日本の代表的社会事業誌であり、ここでの発言は岩橋の主張であるとともに、彼の位置からいって、社会事業界全体への影響も大きい。

日中戦争勃発後、岩橋はただちに「非常時即常時の信行」なる文章を発表して戦争への支持を表明した。そこではまず、「戦争は悲劇の父であると共に又革新の母である」と一般論としても戦争を高く評価する。そのうえで、日中戦争について「此処にこそ戦争は革新の母として、今眼前に与へられてゐる止むに止まれざる日支事変といふ具体的戦争を契機として、国の内外に平和の大道を建設することができるわけである」と全面的に支持し、「銃後の守りを始めとして、戦争中並に戦後の社会政策を実現すべき貴重なる社会奉仕、若くば福祉招来の事業に従事する者にとつてそれは最も重且大なる問題」として、戦争遂行への社会事業家の任務の重大さを説く(12)。

この論文の掲載は十一月号であるから、日中戦争勃発後ただちに執筆したものと考えられる。つまり、戦争開始に対して、驚愕や疑問を感じることもなく、素直なまでに戦争を受け止め、自分たちが何をなすべきかという提起までしているのである。

岩橋が元来の侵略主義者であるなら、それもまた自然であろうが、前述のように岩橋は絶対非戦主義に立つクエーカー派のキリスト者であった。その岩橋が戦争それ自体を肯定する議論を展開するのはどうしたことなのだろうか。岩橋も戦争を手放しで賞賛しているわけではない。「人道的見地よりすれば、戦争は如何なる手段を尽しても、これを人類社会から排除しなければならぬといふ立場が肯定される程、それは非文化的行為のあらゆるものを含んだ悲劇である」と、戦争の悲惨さへの一定の理解を示している。だが、岩橋はそれを平和論へと結びつけることはしない。逆に「宗教、倫理、道徳その他に教化運動が持つ平和の叫びは、非常時に対する平和にして、平時に於る平和でないことである。何となれば、それは平和に対してたゞ信念と情操との上にのみ偏頗な力点を置いてきた結果、平和愛好者を創り出すことに成功しても、平和招来者を産み出すことに極めて稚拙であつたと非難されても致し方ない」「近視眼的に戦争を回避せんがために為される平和論を、私は『戦争に応用された平和論、又は観念的、抽象的平和論』と名付けて、これを排撃するものである」と平和論への嫌悪感さえ表明していく。

岩橋にとっての「平和」とは抽象的な観念の平和ではなく、具体的利益を伴うものであり、またそこに自らが参加するべきものであった。日本の植民地主義は、これを推進することがむしろ「平和」であった。

たとえば、日中戦争の年に岩橋らの尽力で来日し各地を講演したヘレン・ケラーまでもち出して、ヘレン・ケラーが「満鮮にをける日本の立場を極めて同情的によく観察し、よく理解して帰つた」と日本の植民地支配を正当化し、あるいは「真に挙国一致の実をあぐるにあらざれば、外列強の侮りを防ぐに由なく、各種の相剋を融合一致せしむるの手段を失ふであらう。即ちこの精神の徹底が如実に発揮さるゝ時にのみ、列強は我の理解者となり、而して我はやがて世界世論の動向を公正に指導する日が来る」と日本のアジア侵略をすすめることで、日本が認知されることを待望する。ヘレン・ケラーが日本の侵略を「よく理解」したのが事実なら、我々はヘレン・ケラーへの評価を下げるべきであるが、岩橋の言動だけで即断はできない。ただ、岩橋はヘレン・ケラーに朝鮮や「満洲」で講演させており、ヘレン・ケラーを利用して植民地支配に貢献しようとしたのは確かであろう。

したがって、岩橋は植民地侵略を前提とする議論を戦争の継続のなかでますます鮮明に述べていく。一九四一年には植民地への盲対策を論じて、「今次事変を契機として始められたる東亜共栄圏確保の圏内に於ける新しい一翼」「東亜共栄圏に対し愛盲事業の持ち得る使命と役割が如何にふかいか」「私は愛盲の礎石を満洲国地下百尺の業として精進する有名無名の戦士が一人でも多くの輩出して各部門に渉り、恒久的な闇を光に代へる聖戦に参加されんことを待望して止まない。こゝに新興満州国が列強に伍してその国家的文化基準の鼎の軽重を自らに試みる最も良い試金石がある」と満洲支配に盲人がどれだけ貢献できるかという点に関心を注いでいる(13)。一九四二年にも「今や大東亜共栄圏確保といふやうな不動の国策樹立に翼賛させなければなりません」と盲人や老人を戦争によりいっそう協力させるべきことを唱え、「日本を盟主とする東亜の共栄圏は、質素にして清いそして貧しさに耐え得る心を与へるものでなければなりません。かうした心と生活におのづから太つて来るものが加ることによつて愈々共栄圏が栄えて参ります」と植民地支配の将来像を描く(14)。

さらに「吾々は今次の大東亜戦争を考へるとき清い日本の態度が勝利の原因であることを知らなければならない」「皇軍が今日の如き赫々たる戦果をあげ得たのは勇猛果敢なる奮闘の賜でありますが、その根本には日本の清い進み方があったことを今更乍ら痛感せずには居れません」と「皇軍」を賛美してやまない。この時点で岩橋は、日本軍が陰謀を重ねて中国侵略をすすめてきたことや、従軍慰安婦、南京大虐殺はじめ、「皇軍」がアジア全域で行った数々の暴虐や非人間的行為について具体的には知らなかっただろう。侵略開始当初は、アジアの民衆のなかにも日本軍を解放軍と錯覚した人がいるのも事実である。しかし、ここでは軍と自らとを同一視して、一つの目的に向かって清くすすむ姿を描いて幻想に陥っている。侵略自体を正義ととらえている以上、その内実は検証するまでもなく、「清い」行為であった。

岩橋はこうした植民地支配の前提のもとで盲人のあり方を求める具体例として、失明軍人と点字図書館を取り上げている。傷痍軍人に特別な意味を与えて、戦争によってつくり出された障害者を、戦意の高揚にどこまでも利用しようともくろんだのが日本軍国主義の手法であったが、同様の思考に陥って失明軍人対策に重点をおくべきことを説いたのが岩橋である(15)。岩橋は長文の論文によって失明軍人対策の充実を主張しているが、そこでは「戦果は、空、陸、海に着々としてあがり、忠勇武烈なる皇軍の向ふところ朝に一銀を抜き、夕に一邑を奪ふの概あり、か丶る第一線の戦勝と共に第二線を守るべき銃後の備へも漸く戦時態勢の総動員的面目を発揮し、精神、物質、経済、産業、学術その他の部門において日々に緊張の度を加へ、光栄なる祖国の危急に応ぜんとし、而もこの稀有の事変を通して東亜の新しき平和の一頁を以て書き改めんとする悲壮な態度を見る時、我等をして意を強ようせしむるものがる」というように、日本の侵略が着実にすすんでいることへの喜びを表明したうえで、銃後の備えの大切さを説く。「対盲人各種の社会施設は、失明軍人といふ特殊問題を対象とすることに依つて飛躍的な進歩と発展を示した」と、戦争を「革新の母」とする持論は、盲人の社会的地位の向上において実証されているとする。そして、失明軍人との結婚の感激が長続きしないことや失明軍人の社会的地位が高くないことを憂い、盲人教育や職業教育、職業の確保などの対策を提示していく。

岩橋の議論は盲人対策を失明軍人に集中させるというより、急務であり誰も反対しないと思われる失明軍人対策の強化によって、一般盲人の地位向上も目指しているものである。失明軍人対策それ自体も、現に失明して帰還した軍人の生活問題がある以上必要ではある。しかし、岩橋の主張は盲人全体のための戦略的発言でもなければ、現に直面している失明軍人の切実な問題をヒューマニズムの観点から解決しようとしたものでもない。盲人の存在を国家との関連で意義づけることしかできず、国家あっての盲人と位置づけることで、あらゆる盲人対策が戦時体制のなかでは、盲人の戦争参加の手法でしかなかった。

岩橋の説くもう一つの対策である点字図書館も位置づけは同じである。点字図書館は岩橋が早い時期から開拓した事業であり、岩橋が盲人の社会参加を願って点字図書館の実践に取り組んだのは明らかである。しかし、岩橋は自ら苦労して開拓した点字図書館さえ戦争の手段に変えようとする。岩橋は日本の点字図書館について「欧米の恩恵的天降り的性格に対して、これを自力的創造的」と自賛する。根拠なく欧米を蔑視して対比させ賞賛するとき、岩橋の国際的視野を疑わせる(16)。点字にまで国家主義をもちこむものであり、国家主義と一体化できるからこそ、点字図書館の意義があるとみなされている。

点字図書館を国家主義と結びつけたのは岩橋だけではない。東京で日本盲人図書館を設立していた本間一夫も岩橋と同様に、日本的図書館を強調している。すなわち、「今こそ一億国民は其の総力を結集し、我国の大理想に向つて邁進すべき時であり、そこに一人として無為徒食する者があつてはならない」という立場から点字図書館を論じ、「今次聖戦の尊き犠牲たる、多数の失明勇士及び十万の一般盲人は、幾多の厚生施設を要求しつつあります」と「聖戦」と図書館を関連づけている(17)。岩橋も本間も、点字図書館の普及への熱意は感じられるが、それを発展させる口実として戦争をもち出すのではなく、逆の論理になり、せっかくの先駆的点字図書館の事業の意義を自ら消失させている。

このように岩橋は戦争への明確な支持のもとで『社会事業研究』で論陣を張り続けた。盲人を戦時体制のなかでどう積極的に位置づけるかという点にのみ関心があり、たとえば技術論に終始するなどして戦時体制と距離をおく姿勢は全くない。逆に戦時体制こそ盲人の地位向上の好機とされ、戦争への無条件の支持、貢献こそが盲人の責務であり権利であるとされたのである。

四、日本ライトハウスと戦争

戦前における岩橋の最大の功績は、日本ライトハウスの設立である。ライトハウスは点字出版や点字図書貸し出しなど岩橋の従来の活動を基盤として一九三五年十月に設立された。盲人の社会参加を支えていく画期的な機関であった。ライトハウスの名は国際的なものであり、日本のライトハウスは世界の十三番目として公認されている。すなわち、ライトハウスは元来、国際性豊かな平和志向の活動であり、軍国主義とは一線を画するものであった。前述の『社会事業研究』での発言は外部へ向けての発言であるだけに、本心を語りにくかったという事情が考えられなくもない。だが、ライトハウスは自らの拠点であるゆえ、裁量の余地は大きかったはずである。しかし、ライトハウスは戦争遂行の一機関としての様相を呈していく。それを指導したのは岩橋であった。

ライトハウスでは毎年『年報』を発行していたが、そこでは毎年岩橋が巻頭言を述べて、ライトハウスをどう位置づけるか、時代のなかで何を目指すのかが記されている。そこで岩橋が説き続けたのは、ライトハウスの性格を戦争遂行の一機関として明確にしていくことであった。

日中戦争勃発を受けて「今や国家を挙げて未曾有の国難に遭遇し、支那事変を契機として我民族千年の大計を樹立すべき超非常時の秋であることを思へば、我等も亦これに順応して非常時盲界の突破を志し、光明の明日を将来すべく果敢なる努力を致さねばならぬ」とライトハウスを「非常時」に対応する機関であるとした(18)。

日中戦争の翌年にも「祖国が日支事変といふ未曾有の試練を突破し、光栄の歴史を東亜の天地に築かうとして、黎明を待望しつゝあるやうに、我等もこの危機と苦難とを突破して、盲界の黎明を作り出さねばならないのです。そのために我等は、盲界総動員の角笛を心の耳にしつかりと聴かうとしてゐます。さうして、たとへ目は見えなくとも祖国の急に応じて、身分相応に銃後の備へを全ふするのみならず、盲界の維新を創り出すため、惜しみなき協力と心からなる精進を怠るまいと誓ふものであります」と、戦時体制への協力こそが「盲界の黎明」であるとする。ここからは、戦争への率先した協力しか導き出されてはこない(19)。

太平洋戦争前夜には「我が日本が支那事変の整理と東亜共栄圏の確保を目指して雄々しく立上りつゝある姿は、誠に崇高の感を抱かしめます。わけてABCD包囲陣突破とか、独ソ開戦に基くシベリヤの風雲急を告げるとか言つた非常時的緊張は、国内即戦場の感を深からしめ、こゝに臨戦体制の全貌を明らかとせずには置きません」と情勢分析してみせている(20)。対米戦については何とか阻止しようという願いは支配層のなかにもあったほどであるし、キリスト教関係者にも日米戦回避の努力をした者もいた。ところが、岩橋は戦争を止めようとする観点はなく、ひたすら鼓舞するだけである。

ライトハウスは太平洋戦争突入を受け、一九四二年に愛盲会館と改称する。ライトハウスの名称の国際性からすれば、軍国主義化した時点ですぐに返上すべきであって、改称はむしろ遅すぎたといえるかもしれない。岩橋の指導はますます国家主義的になり、「大君のために愛国の情熱となつてほとばしり出でずには置かない国家有事の秋ではないか。失明軍人の多くが新しく我等の陣営に来らんとして居る。之を迎ふべき日本盲界に果たして相応しい用意があるであらうか」「今次の大戦を背景として大東亜三百万になんなんとする虐げられし闇の同胞を光に解放することは何にも勝つて、八紘為宇の御聖旨にかなひ東亜黎明の道を行くもの」「大東亜共栄圏の各地に於ける顧みられざる多くの盲人社会にまでそれが及ぼされて行かねばならないからである。此の紐帯に依つて結合される大東亜盲人界こそは我等の旗標たる愛盲報国の行手であると共に万難を排してその文化を耕作すべき祈と汗の道場」というように、「大東亜」を繰り返して、アジア侵略と盲界とを結びつける議論を展開する(21)。

一九四三年には恩賜財団軍人援護会に設備の一切を寄付し、失明軍人会館と名称を変更しつつ、軍事的性格を強めていく。この体制変更が岩橋にとって不本意なものであったのか、岩橋の積極的意向によるものかは不明である。ただ、失明軍人対策の強化は岩橋の従来からの主張であること、岩橋が引き続き館長であったことからして、受容的であったのは確かであろう。

このようにライトハウスは岩橋によって軍事的理念を与えられ、ついには文字通り軍事施設と化していくのであるが、実践の中身までもが、軍事的側面を強めていく。すでに述べたように岩橋は失明軍人対策の強化を念願していたが、実際にライトハウスを失明軍人対策の場としていく。ライトハウスの事業の柱として「失明傷痍軍人に対する援護」が掲げられ、「日本赤十字病院陸軍病院その他に於ける失明傷痍軍人に対する点字教授並に職業補導」や「軍事保護院との連絡指導下に於ける失明傷痍軍人の新職業開拓並に福祉増進に関する諸事業」が行われた。

さらに「陸軍デーや海軍デーの催しを始め、或ひは飛行機試乗等を通して、見えぬ人々が国策の線に沿ひ、非常時局の雰囲気をまざまざと触感し得る機会が与へられた」というように、より軍事色の濃い活動が組み入れられた(22)。ちなみに、海軍デーの催しとは、大阪地方海軍人事部の後援のもとで行われ、参加した盲人が海軍の軍人より実戦談を聞き、艦船の模型を触るというものである。飛行機試乗は盲人が飛行機に実際に乗って、空を飛ぶ催しである。いずれも幸いにも戦闘に参加せずにすんでいる盲人に、擬似戦闘体験をさせようとするものである。

そのほか、宿泊錬成講習会の実施、「戦盲勇士向け」の『点字宮本武蔵』の出版、産業戦士治療奉仕など軍事関係の事業に重点がおかれていく。

もっとも、ライトハウスのすべてが軍事一色になったわけではない。点字図書貸し出し、各種講習会、人事相談など従来からの事業の比率もけっして低くなってはいない。これは岩橋が戦時下にあっても盲人の社会参加に努めたということなのだろうか。しかし、すでにみてきたように、ライトハウスの軍事施設化こそ岩橋の路線である。そうではなく、盲人にとって日常生活の援護こそが求められていたのであって、岩橋の鼓舞するような「愛盲報国」の軍事活動などは必要とされてはいなかったのである。岩橋の勇ましい発言にもかかわらずライトハウスで地道な実践が続けられている事実は、岩橋の路線が盲人の利益とは無縁のところにあることを示している。

こうした一般的な事業は戦争の進行とともに縮小や休止に追い込まれ、一段と軍事色を強める。早川電気工業の分工場が会館内に設立されて、プレス作業により航空無線機の部品の制作も行われたが、それも敗戦とともに閉鎖された(23)。社会事業は戦時下に変質したとはいえ、社会事業である限り弱い立場の者を救済する性格をもつ。どんなに戦争に迎合しようと、強者の論理でのみ動く戦争とは両立できない。「戦争は革新の母」などという岩橋の思想は、事実によって否定されたのである。

こうしたライトハウスの動きとともに、注視しておくべきなのは、一九四〇年に行われた紀元二千六百年奉祝全日本盲人大会での岩橋の働きである(24)。紀元二千六百年とは、戦争の長期化のなかで国民の精神的高揚をもくろんだ国家的行事であり、国内のあらゆる分野で祝賀の行事が開催された。社会事業界では紀元二千六百年記念全国社会事業大会を開き、社会事業を「銃後」の一翼を担う場として決定づけていく。盲人に対しても、同様の大会が開かれたのである。この大会の会長は岩橋であった。岩橋は会長として大会の趣旨について「時ハ非常時、国家ハ新体制翼賛ノ巨歩ヲアユミ初メテ居ル折柄ナノダ。我ガ盲界ニモソウシタ新体制ガ物ト人ト組織ノ三位一体ノ上ニ確立サレテ愛盲報国ノ道ヲ実践シナケレバナラナイ時ダ」と語っている。

この大会は一日目は大阪中央公会堂で、二日目には橿原建国会館で行われ、橿原では神社参拝がなされるとともに、盲人文化宣揚大会が組まれている。盲人文化宣揚大会でも岩橋は、「紀元二千六百年紀元節ニ賜ハリタル詔書奉読」をするとともに、開会の辞として「我等ハ新時代ノ子トシテ、亜細亜ノ光トシテ日本国ヲ明ルクスルノミナラズ、朝鮮、満洲、支那ニ於ケル我等ト同ジ闇ノ同胞ノ為メ、一大奉仕ヲナサネバナラナイ時ガ来タノダ。我等ハ失明軍人ト相共ニ手ヲ携ヘテ、此ノ大キナ使命達成ノ為メ再起奉公ヲ誓ヒ、タトヘ眼見ヘズトモ聖戦下日本ノ国民トシテ大政翼賛ノ道ニ邁進シヤウデハナイカ」と参加者をあおっている。「紀元二千六百年奉祝」と銘打っている以上、大会の性格はすでに明らかだが、岩橋はさらに戦争への邁進を説く大会へと大会を最大限戦争協力の場にしようと努めている。

大会では「宣言」と「決議」がなされている。その「決議」は盲児童の義務教育実施、鍼灸・マッサージ法の制定、国立点字図書出版所の設立、盲人の交通安全対策の確立、盲人保護法制定、ラジオの点字テキストの発行と、盲人の地位向上や社会参加を目指す要求が並び、戦前の盲人運動の到達点を示す内容となっている。軍事的色彩の濃いのは、「軍用機『愛盲報国号』献納ノ実現ヲ期ス」というものだけである。その意味では、大会の表題ほど軍国主義的ではなく、大会を突破口にして、盲人の要求実現を図る意図や計算も感じられないではない。

だからといって、この大会の「紀元二千六百年」は看板だけで、実態としては盲人の地位向上を目指す企画であったというわけではない。確かに国のお墨付きの大会で盲人の切実な要望が一気に噴き出した面はある。しかし、それは「決議」に限ってのことで、大会全体の雰囲気は軍国主義体制にどう盲人が協力できるかという点に関心が集まり、その方向に指揮したのが岩橋であった。「決議」のなかで、最も力を入れたのは軍用機献納であり、「軍用機『愛盲報国号』募金運動ヲ開始シ、明年三月末日迄ヲ第一期トシテ大会出席ノ各地方団体ハ勿論不参加団体ヲモ強要シテ之ニ参加セシメ以テ全日本盲人運動タラシメルコト」とあるように、きわめて切迫した課題として強力に取り組み、短期間で実現させていくことになる。軍用機献納それ自体が盲人運動とされたのである。他の諸要求も盲人の権利の獲得ではなく、盲人が軍国主義体制に協力できる体制を整えてもらうためのものである。つまり、盲人も他の国民と同じく、自らの生きる権利を放棄して、戦争協力に尽くしたいということであって、人権のための動きとは逆方向にすぎない。岩橋は、主観的には盲人を結集してその力を誇示しようとしたのであろうが、結局は盲人を戦時体制にぶらさがることでしか生きることのできない存在にしてしまった。

ライトハウスと盲人運動は、このようにして岩橋の指揮のもとで軍国主義的生活を強めたのである。そこでは盲人からの日常生活に関する切実な要望を巧みに用いて、すべてを「愛盲報国」といったことばにすりかえて、軍国主義にとりこんでいる。盲人のエネルギーが戦時体制に吸い取られる仕組みが岩橋によって築かれたといえよう。

五、戦争協力の原因

岩橋は、偏狭な軍国主義者、国家主義者ではない。岩橋は戦時下にあっても、終始盲人の立場の改善を求めており、戦時体制を利用しようとした善意が認められないわけではない。しかし、戦争は強者の論理でしか動かないものであり、盲人の社会的立場の強化は幻想でしかなかった。なぜ、岩橋は幻想にとりこまれ、戦争協力の道を走り続けたのか。

岩橋は失明の失意から信仰により、立ち上がった。そのことにより、社会活動につながるのであるから、信仰それ自体をマイナスにとることはできないが、愛を主体とする純真な信仰は神秘的な面を加え、純化されている。岩橋が依拠したクエーカー派は絶対非戦のみを主張したわけではなく、内なる光による人間改造作用を強調した(25)。岩橋が自ら語る信仰への道程でも、どこまでも個人的で内面的な形で推移しているのである。

その結果、社会を科学的に認識し、分析する努力は放棄されている。マルクス主義についても嫌悪し、「魂の握手による世界の改造、愛による世界の樹立」を訴えた(26)。「愛」はむろんよいものではあるが、岩橋は観念的にふりまわして、社会的アプローチと対比させてしまい、盲人ら社会的に不利な立場の人々の社会的位置を曖昧にさせている。

しかし、信仰が必然的に社会分析の視点を誤らせるとは限らない。岩橋の属するクエーカー派と同じく非戦の立場に立つキリスト教として、当時灯台社があった。灯台社のメンバーは天皇の神格化を拒否し、投獄や拷問にも屈せず自らの立場を貫き通した。灯台社は聖書を通して社会を冷静に分析し、社会のあり方を自らの信仰と対比させて「サタン」を見て、信仰として明確に拒絶し、弾圧にも耐え抜いていった。信仰のゆえに戦時体制の欺瞞を見抜けたのである(27)。

岩橋の場合は、信仰に入り込むことで社会との距離を意図的におき、社会への批判的視点も失われた。社会は所与のものとしか考えられておらず、そこへ盲人が無条件で参加することにのみ関心が寄せられている。

したがって、日本が軍国主義への道に走ってもそれは批判や克服の対象ではありえず、軍国主義に適合する形で社会参加の道を探るしかなかった。しかも岩橋には盲人の指導者としての立場が与えられていた。盲人が戦時体制のなかで生きていくことができるかどうかは、岩橋の指導にかかっていた。岩橋にとっては、社会のあり方を内容を問わずに是認して、接近することしか選択肢がなかったことも事実である。

こうした事情のもとで、岩橋への単純な倫理的批判をするのは公平ではない。しかし、関宏之による「人々は、岩橋の右傾化、軍事協力をなじったが、クエーカー教徒として、自らの魂を売るようなことはしていない」という評価は、あまりにも戦時下の岩橋の言動を都合よく解釈したものといわざるをえない(28)。「戦争は革新の母」と主張し、宗教的平和論を拒否し、大東亜共栄圏の確立を訴え、自ら運営する場を軍事的な根拠としようとしたことが、なぜ絶対非戦と両立できるのか。

岩橋と類似のケースとして川田貞次郎がある。川田もまた、クエーカー系のキリスト者といわれながら、また戦時下でもユニークな立場を展開しつつ、軍国主義的な議論をしていたことが、清水寛によって指摘されている(29)。岩橋と川田の類似は偶然ではあろうが、「キリスト教」「障害者」という記号は戦争否定につながらなかった。

「戦争と障害者のしあわせとは絶対に両立しえない」と河野勝行は繰り返し主張し、この姿勢が河野の研究の基盤ともなっている(30)。これは単なるスローガンではなく、障害者のいのちと権利がかかった真実である。それは第二次大戦後、ベトナム戦争で改めて立証されることになってしまった(31)。今日なお、深刻な実践的課題として続いている。

かつて「戦争は革新の母」として戦争が障害者の幸せになると確信して行動した者がいるとき、その事実を直視しないわけにはいかない。直視して、責任を明確にし、今日的な課題のなかで克服することで、障害者の権利獲得のためには平和が不可欠であるという当然のことが確立されるのではないか。

注

(1)『赤旗』一九九五年三月二三日、二八日付。

(2)上田耕一郎「国会が『二千万人の死者』発言を議事録から削除」『赤旗評論特集版』一九九五年六月五日号。

(3)「特集・戦争と障害者問題」『障害者問題研究』第三六号、一九八四年一月。「特集・天皇制と障害者の人権」『障害者問題研究』第六三号、一九九〇年十一月。なかでも第三六号掲載の岸博實「視覚障害者と戦争」は本稿の問題意識と一部共通している。

(4)清水寛「天皇の軍隊と障害者」『障害者問題研究』第六三号の注には清水の一連の研究成果が紹介されている。

(5)田中昌人『人間発達の科学』青木書店、一二〇頁～一二二頁、一九八〇年。

(6)川上貫一については、永岡正己「大林宗嗣と川上貫一」『日本福祉大学研究紀要』第五八号、一九八四年一月。

(7)日本へのキリスト教の導入と、それが天皇制国家に迎合していく過程は、土肥昭夫『日本プロテスタント・キリスト教史』新教出版社、一九八〇年参照。

(8)精神薄弱問題史研究会『人物でつづる障害者教育史　日本編』日本文化科学社、一五二頁～一五三頁、一九八八年。

(9)『社会福祉法人日本ライトハウス四十年史』日本ライトハウス、三三頁、一九六二年。

(10)道ひとすじ――昭和を生きた盲人たち編集委員会編『道ひとすじ――昭和を生きた盲人たち――』愛盲報恩会、一九九三年。

(11)岸寛實、前掲(3)や河野勝行「いのち輝かせて――スケッチ・日本盲人の歩み――」『障害者問題の窓から』文理閣、一九九一年では岩橋の戦争肯定、戦争協力の事実を指摘している。藤田真一『盲と目あき社会』朝日新聞社、一九八二年では、「戦争と盲人観の変革　いまこそ総括を」との見出しで、岩橋の戦争肯定の姿勢を紹介したうえで、戦時下の盲人の戦争協力の事実を指摘し、間接的に岩橋と戦争との結びつきを明らかにしている。

(12)岩橋武夫「非常時即常時の信行」『社会事業研究』第二五巻第一一号、一九三八年十一月、一頁～七頁。

(13)岩橋武夫「満州国に於ける盲人問題の解決(満州国赤十字社におくるの書)」『社会事業研究』第二九巻第六号、一九四一年六月、一〇頁～

二二頁。
(14)岩橋武夫「厚生事業に於ける三つの問題」『社会事業研究』第三十巻第九号、一九四一年九月、二〇頁~二三頁。
(15)「失明軍人とその社会問題(上)」『社会事業研究』第二六巻第八号、一九三八年八月、七頁~一五頁、「失明軍人とその社会対策(中)」『社会事業研究』第二六巻第九号、一九三八年九月、四三頁~五〇頁、「同(下)」『社会事業研究』第二六巻第一〇号、一九三八年十月、二五頁~三四頁。(上)は「社会問題」、(中)と(下)は「社会対策」となっている。岩橋は『ライトハウス年報』でも同趣旨の論稿を掲載しているが、そこでは「失明軍人とその社会問題」になっている(『ライトハウス年報昭和十二年度』第三号、五頁~一五頁、大阪盲人協会)。
(16)岩橋武夫「点字図書館の日本的性格」『社会事業研究』第三〇巻第四号、一九四二年四月、二六頁~二七頁。
(17)本間一夫「日本盲人図書館」『厚生事業』第二六巻第九号、一九四二年九月、二二頁~二六頁。
(18)『ライトハウス年報』第二号、昭和十一年度、一頁、大阪盲人協会。
(19)『ライトハウス年報』第三号、昭和十二年度、三頁、大阪盲人協会。
(20)『ライトハウス年報』第六号、昭和十五年度、一頁、大阪盲人協会。
(21)『愛盲会館報』第八号、昭和十七年度、二頁~三頁、大阪盲人協会。
(22)『ライトハウス年報』第三号、昭和十二年度、三頁~四頁、大阪盲人協会。
(23)『世界盲人百科事典』日本ライトハウス、七一四頁、一九七二年。
(24)『紀元二千六百年奉祝全日本盲人大会報告』ライトハウス、一九四〇年。
(25)『キリスト教大事典』教文館、三三六頁、一九六三年。
(26)岩橋武夫『光は闇より』日曜世界社、八六頁、一九三一年。
(27)稲垣真美『兵役を拒否した日本人』岩波新書、一九七二年。灯台社についての官憲側の史料として『戦時下のキリスト教運動──特高資料による』I~III、新教出版社、一九七二~七三年。
(28)関　宏之『岩橋武夫──義務ゆえの道行──』日本盲人福祉研究会、五七頁、一九八三年。
(29)清水　寛『発達保障思想の形成』青木書店、六五頁~六六頁、一九八一年。
(30)河野、前掲書(11)、二六頁。
(31)高野哲夫・藤本文明『戦争と障害者──ベトナムからの証言──』青木書店、一九八一年。

三、竹内愛二のケースワーク論

一、はじめに

竹内愛二は戦前から戦後の社会福祉の発展の時期にかけて、ケースワークをはじめとするソーシャルワークの紹介と理論的発展に尽力した。戦前は神戸女子神学校、同志社大学、戦後は関西学院大学等において研究・教育にあたり、社会福祉の開拓期にあって、多くの社会福祉従事者を養成し、日本社会福祉学会や日本基督教社会福祉学会の設立の中心になるなど社会福祉研究の基盤づくりにも貢献した。社会福祉が学問として未成熟な時代にあって、社会福祉実践の理論を構築した功績には計り知れないものがある。

今日、社会福祉援助技術の名称で、どこの福祉関係の学校でも実践のあり方を学んでいるが、その基礎を築いたのは竹内である。社会福祉援助技術のテキストの大半はケースワークやグループワークの歴史についてごく簡単に触れているが、竹内の功績を適切に評価したものはあまりみられない。竹内の名さえしっかりと知らぬものが社会福祉士や介護福祉士の資格を取得して社会福祉の専門家と称している現実は嘆かわしいといわざるをえない。

その竹内は日中戦争からアジア太平洋戦争へと続く戦時下においても研究と発言を続け、戦時下の厚生事業の論客の一人とされてきた。筆者は竹内の業績の大きさを十分認識しているけれども、それゆえに戦時下の問題を看過することは、竹内の業績を適切に評価することにはならない。

これまで、竹内の生涯や業績の全体像が紹介されたことはあるが、それらは勤務校の退職や死去を記念したものであることから、戦時下の問題についてあまり触れていなかった(1)。

それでも、竹内の戦時下の姿が議論されなかったわけではない。岡本民夫の『ケースワーク研究』は戦前のケースワーク論の展開を詳述した、歴史研究の面でも水準の高い文献であるが、戦時下のケースワーク論について「高度国防国家をめざす全体主義的政策のなかで、社会事業政策も社会事業技術であるケースワークも、すべて戦争遂行目的のための人的資源の確保や保護育成あるいは国民体力向上のために組み込まれ隷属化してしまった」と評価している(2)。竹内を名指ししているわけではないが、当時の竹内の位置からいって、事実上竹内の戦時下に果たした役割が戦争遂行目的と結びついたことへの批判的評価である。ただし、竹内の個々の論文について、具体的に分析を加えているが、それが戦時体制とどうつながるかは、同書の目的と異なることもあって、明瞭ではない。

また、吉田久一は一連の通史のなかで竹内を追ってきているが、割合詳しく触れているのは『昭和社会事業史』と『社会事業理論の歴史』である。前者では、時局への協力の姿勢を指摘する一方で、人格概念を最後まで捨て切れなかったとみている(3)。後者では竹内を「厚生事業における個別生活指導論」の代表として位置づけたうえ、個々の論文を検討している。竹内のケースワーク論が全体として戦時下にどういう役割を果たしたか、評価の明記を避けているようにも見えるが、全体としては、厚生事業論者でありながら、科学的社会事業論を保持して、厚生事業とは異なる自由な思想をもっていたことを認めている(4)。

こうした先行研究によって竹内の戦時下の言動には一定の評価が下されてきてはいるものの、今日の社会福祉の動向ともからめて分析する余地はなお残っていると考えられる。竹内が大きい存在であるだけに、戦時下においてもその役割は大きく、今日のソーシャルワーク論にまで影響を及ぼしていると考えられ、これからの社会福祉の方向を検討するうえでも、戦時下の竹内を避けて通ることはできない。それは第一に社会福祉において先の戦争とのかかわりについての総括がなお、あまりにも乏しく、そのことがアジアとの関係をはじめとする社会福祉の国際化を考えるうえでも、社会福祉を人権を軸にして考察するうえでも、妨げとなっているからである(5)。第二に社会福祉について理念も含めて根底からの「構造改革」が進められてきた。「構造改革」のなかで援助技術の自立したあり方も問われることになるであろう。こうした課題にとって、戦時下の竹内をぐることが欠かせない作業となる。

　そこで、岡本や吉田の先行研究を踏まえつつ、竹内の戦時下の研究をたどるとともに、竹内のケースワーク論のもつ問題について検討していく。

□二、竹内の戦争への態度

　竹内は一九三七年以降の一連の戦争をどうとらえていたのだろうか。竹内自身は戦時下の自らの言動について、吉田久一からの聞き取りにこう答えている。「私共は心底ではキリスト教的社会主義者であり、したがって、反戦論者あるいは平和主義者であったから、同志が集まるとそのような話をし、そしてこのような〝かくれみの〟によって、終戦を待つという態度をとったわけです」「正直言って、戦争中を何とか切り抜けようと思って、私なりにいろいろ考えたんです。つまり太平洋戦争の勃発に伴ない、階級問題とか貧困問題を社会批判として強調することは何か非国民という考えが急激に広まりつつあったので、一方で自分のライフ・ワークであるケースワークを固持すると同時に、友愛という慈善の思想や運動によって、終戦を待とうという考えを持っていたわけです(6)」。つまり、竹内は内心は反戦思想を一貫してもち続け、また日本の敗北も見通していたけれども、それを表に出せないので、社会事業という「かくれみの」によって巧妙に隠して、戦時下を耐え忍んだというのである。これが事実なら、竹内は国民全体が戦争に熱中するなかで、時代を見据えて冷静に行動した稀有な人物ということになる。

　だが、あたかも戦争に抵抗したかのようなイメージがふりまかれ、また自分もそうした「証言」をしていながら、実証的にたどってみると、戦争協力の明瞭な証拠が次々と出てきた人物が何人もいる。賀川豊彦(7)、松本治一郎(8)、住井すゑ(9)などがその例である。こうした実例をいくつもみせつけられている以上、自分自身による回顧に安易に依拠して結論を出すわけにはいかず、戦時下の実際の発言を検討しなければならない。

実際には竹内は、戦時下に好戦的な言動を繰り返している。「現下の我国の至上命令は、いふまでもなく世界の二大『持てる国』たる米国及英国の勢力を東亜より一掃するために、此大東亜戦争に勝利を占むるといふことである(10)」「大東亜戦争は同時に建設戦である。我国の共栄圏建設政策は新中華民国の建設に、ビルマ及フイリピンへの独立約束及びその準備工作の進展に、或は印度独立の援助に着々と実施され、ヒツトラー独総統の対ソ政策及び欧州再建政策に非常に力強い示唆となつてゐる(11)」といった発言をしている。一九三七年にたまたまインドを旅行したことから、大東亜共栄圏建設と結びつけてインドを語ってもいる(12)。

一般の者なら、この程度の発言は当時の風潮をそのままなぞったというだけのことにすぎないのかもしれない。しかし、竹内はアメリカに長期間留学し、学問の基盤をアメリカにおいていた。英語で思考ができるといわれるくらいの親米派であった。しかも、キリスト者であり、学問的にも私生活の面でも英米とのつながりのなかで自己を形成してきている。そんな竹内であるから、これらの発言は自己否定をしてでも、戦争に協力するという強力な意思表示とみなさざるをえないし、異様で強固に響いてくる。

したがって、「かくれみの」にしてはあまりに強硬な戦争推進論といわなければならない。また、吉田久一の「そして先生も厚生事業におどっていた時期があるんですよ。これは僕もこの目で見ているんですよ」という証言ともあわせてみると(13)、戦争に心底から反対して、それを隠していたというだけでは説明しきれない。戦争反対を貫いたかのような主張は、後になっての弁解ととらえるしかない。

もっとも、竹内が一般国民以上に、非常に厳しい状況におかれていたことも事実である。竹内の属していた同志社は一九三〇年代に軍部とのトラブルを起こし、一九三七年には治安維持法違反で教授二人が逮捕され、学校の存続さえ危ぶまれるような危機に直面し、建学の理念を放棄して「皇国民の錬成」を教育目的に掲げることによってかろうじて持ちこたえ、ついには戦闘機「同志社号」を寄贈して当局への迎合を図るに至った(14)。

また竹内の深く信仰するプロテスタント・キリスト教は、一九四〇年の救世軍への憲兵隊の捜査をはじめとする権力からのさまざまな圧迫のなかで、諸教派を統合した日本基督教団成立へと動き、日本基督教団は戦争協力の道を明確にしていく(15)。プロテスタントのなかでは、ホーリネス派などに弾圧が加えられるが、日本基督教団は弾圧を加えられた者たちを援助するどころか、切り捨てる態度に出た。日本基督教団が戦時下の態度をホーリネス派に謝罪し、反省を表明するのは戦後五十年近くたってからであった。そうした状況のなか、竹内がいささかでも戦時体制に疑問を呈するような発言をすることは不可能であった。

こうした竹内をとりまく想像をこえた状況を認識しなければ不公平ではある。だから、竹内への倫理的な断罪は簡単にはできない。しかし、それは竹内の責任を免除することを意味しない。竹内が社会事業の理論的指導者であった以上、社会事業界のなかで最も責任を負うべき一人であることは否定できない。

□三、戦時下の竹内の研究

しかし、それだけなら、当時の社会事業界の指導的立場の者の大半は同様の道を歩んだのであり、ことさらに竹内だけ取り出して指摘する必要はないかもしれない。竹内にとっての問題は、ケースワークを戦時体制に適応しようとしたことであり、しかもそれがケースワークを戦時体制に向けて変質させようという意識なしに行われたことである。つまり、竹内は必ずしもケースワーク論を戦時体制用にねじまげることはせずに、むしろ純粋なまま発展させようとして成功した。だから、竹内の意識のなかには単に戦時下もケースワークの研究を続けたにすぎず、すでに紹介した晩年の発言も決して虚偽の証言を意図的に行ったわけではないのであろう。そこにこそ竹内ケースワーク論の問題が潜んでおり、今日の社会福祉援助技術の問題に通じるものが含まれている。そこで、竹内の社会事業―厚生事業及びケースワークに関する発言をたどっていく。

(二) 竹内の厚生事業論

竹内も他の社会事業の論客同様、厚生事業論らしき記述を行っている。竹内が厚生事業について比較的詳しく論じているのは「教育的個別厚生事業序説(16)」と「厚生事業に於ける個別生活指導法(17)」であるが、両論文の厚生事業論の部分の大半は同一の論旨であり、文章もかなりの程度重なっている。後に出た「厚生事業に於ける個別生活指導法」でみてみると「国防国家の生産拡充のための人的資源の補給といふことを、その最大にして最重要なる使命とするものであつて、此点から厚生事業の大いなる関心が労務者の生活刷新及向上即ち産業福利へと注がれるやうになるのは当然のことといはねばならない」「国家は最早や階級国家ではなく、天皇を仰ぎ奉りて万民が一大国家をなす処の全体国家である。従つて厚生事業に於ては、その客体を無産階級といふ―如何にそれが数的に大なる階級であらうとも―一階級のみに限定するものではなく、高度国防国家体制確立といふ最高目的のために、国民全体が各々の職域奉公をなすことに依つて、大政を翼賛し奉るものであるといふ立場から、国民全体をその客体とするものである。而して高度国防国家体制の、現下即ち大東亜戦争決戦下に於ける最重要要請は生産拡充といふことであるから、自然国民の労働力の確保増大といふことが必要となり、人的資源の維持培養といふことが厚生事業の最重要目標となる」として、厚生事業の柱を人的資源の維持培養におくとともに、生産力向上を最終的な目的とする。これは牧賢一や谷川貞夫らが盛んに強調した点でもある。またそのように位置づけながら、竹内自身は牧や谷川のように生産力向上について直接論じることはなかった。

社会事業が貧困者らの救済を主とする消極的事業であるのに対し厚生事業が国民全体を対象とする積極的事業とする把握は、当時の常識的理解でもあった。たとえば山口正は一九三九年には「これまでの社会事業は通常個人や家族等の個体の救済や保護、ないし空漠たる一種の市民層の改善を期してゐたのであるが、この考へ方においては全体としての共同体の生活に重点をおき、それに関連する限りにおいて個体の福祉を考へる」と社会事業と厚生事業の説明をしている(18)。竹中勝男は「厚生事業に於ける個別生活指導法」と同じ号の論文で、社会事業の対象が非生産的特定人口集団であるのに対し、「厚生とは一国興隆発展の人的要素に於ける心身の健康であり、その基底たるべき物心両面に互る福祉の全面的増進を目標とする積極的理念であつた」としている(19)。

つまり竹内は、当時の常識的厚生事業論を繰り返しているだけである。竹内が厚生事業論の「発展」に関心が乏しかったというわけではなく、一九四一年の第一回社会事業研究発表会で「厚生事業に於けるケース・ウオークの位置(20)」、一九四二年の第二回で「厚生事業の内容領域(21)」を報告しているように、厚生事業の定着とそこへのケースワークの位置づけを試みていた。しかし、竹内を山口正、竹中勝男、谷川貞夫同様の厚生事業論の論者とするのは正当ではなく、竹内は厚生事業を受容したという程度のレベルにとどまった。

むしろ竹内は時流に乗り切れない面さえあり、それは断種法についての議論に表れている。加藤博史は竹内の議論を取り上げて、結論として断種法を肯定していることを指摘して批判的に分析している(22)。だが、断種法推進の社会事業家たちが、即時実施を声高に論じているのに比べると、竹内の場合は、海外の状況をたどったり賛否両論を紹介するなど冷静な分析をもとにして議論を展開しており、論旨としては異色である。「かりそめにも戦時の興奮に駆られ、騎虎の勢に乗じて、不用意の裡に法律の制定をなしたり、又実施に走る可きではないと思ふ」と安易な実施に釘をさしてさえいる。結論としては全面的に肯定してしまっているのだが、そこには迷いや悩みが感じられ、時流に乗ることにためらう様子がうかがえる(23)。

だから、一九四三年にも「優生学者は結婚を全く子孫の繁殖の角度から眺める。しかもそれは生物学的遺伝に唯一の基礎をおいたもので、人間の社会生活などには一顧だに与へやうとしないものである。彼等は簡単に良い相手方を選べといふが、その良いといふことが現実に於て如何なるものを意味するかといふ事を考へもせず、唯だ生物学的概念に依つて、人間の存在を規定しやうとして、他の多くの事柄を考慮に入れやうとしない。即ち優生結婚の結果、結婚生活の問題は起らないものとされてゐるから、現実に問題が起つても、何等の対策がないわけである。斯様な点から優生政策も民族の根本的改善といふやうな野心的な主張をなしてはゐるが、少なくとも現実の離婚問題について、施す術を有せず従つて此方面からの人口政策実施の方策とはなり得ないものである」と述べている。優生思想自体を否定したわけではないし、あくまで優生政策と人口政策との関連の範囲での話にすぎないが、優生政策に多くを期待する発想に対して批判的見解を示している(24)。

一九四〇年には一部の根強い反対にもかかわらず国民優生法が制定され、さらに「結婚十訓」なるものが国民の規範とされ、そこでは「心身共に健康な人を選べ」「悪い遺伝の無い人を選べ」と決めつけたうえ、「産めよ育てよ国の為」とあおりたてているように、優生思想と人口対策とは直結していた(25)。厚生省が優生結婚相談所を設けるなど、「優生結婚」の奨励はあまりに当然のことであり、また優生結婚の推進が「優良」な人口の増大へとつながることも常識となっていた。このことからすれば、竹内の主張はかなり厳しい批判とみなければならない。

竹内は社会事業論それ自体の理論家ではないから、厚生事業論を展開させようとする問題意識をそもそも持ちようがなかったという面もないではないが、厚生事業論への執着は少なくとも出来上がった論文からすれば、強いものにはならなかった。

(二) 主著『ケース・ウォークの理論と実際』

竹内の複雑な立場は、戦前の代表的著作である一九三八年刊行の『ケース・ウォークの理論と実際』にすでに表れている(26)。同書は竹内の生涯を通しての代表的著書の一つであるばかりでなく、戦前の日本のケースワーク論の到達点を示す古典的名著である。翻訳の寄せ集めという面はあるが、当時としてはケースワーク論の水準を飛躍的に高める画期的な著作であった。一九三八年は戦前の自由主義的な社会事業の産物として、前年に制定された母子保護法に続いて社会事業法が制定される反面、厚生省や軍人援護会が設立され、社会事業の戦時体制への迎合も鮮明になりつつある微妙な時期である。同書は前者の流れのなかで生まれた著作であると同時に、日中戦争の開始も念頭において著述されている。

戦時体制の影響を端的に示すのは「軍事扶助に於けるケース・ウォーク[27]」「傷痍軍人に対するケース・ウォーク」の章の存在である。特に軍事扶助について「非常時来れば非常の手段を採る、戦時到れば戦時特別方策を講ずる。之はあたり前の事である」と断言している。この項には末尾に（一九三七・十）と執筆の年月が記載してあり、一九三七年十月に脱稿したと考えられる。つまり、日中戦争勃発を受けて、もしくはそれを背景として意識しつつ執筆したものと考えられる。このことは竹内が日中戦争に際して、何の迷いもなく受け止めて、ケースワークの適用を考えていたことを示している。戦争に反対なのに「かくれみの」として論じたにしては、あまりにもすばやい対応といわざるをえない。だが、内容自体はリッチモンドの所説に依りつつも、精神的な援助も取り入れて、新しいケースワークすなわち「精神的人格者として処遇する積極的ケース・ウォーク」の構築を目指したものである。

傷痍軍人についても「戦争に身を以て加はり、武勲を輝かせた軍人には、唯それ丈の理由で一生国民の感謝と国家の手厚き保護とが賦与されるべきである」とはしているものの、内容的には第一次世界大戦でのヨーロッパでの対策を説明したり、作業治療について説明を加えたりしたうえで、やはり「精神的ケース・ウォーク」の重要性を力説している。

同書は竹内がケースワークの戦時体制への適応の可能性を、早い時点で示したという点で、竹内の戦争への姿勢を明らかにしている。同時に、竹内が時流とは別に学問的探求をして、翻訳・移入されたケースワーク論に飽き足らず、軍事扶助も含めて各分野において新しいケースワーク論をつくりだそうとする意欲もあり、それに成功しているのである。

(三) 一連の論文について

竹内は戦時下にあっても、少なくない論文を執筆して研究を深め、社会事業界を啓蒙している。一九四〇年の「方面事業の技術的再編成」は、家族がケースワークの最も重要な領域であると説くとともに、ケースワークを方面委員の活動にあてはめようとして、方面委員に技術的熟練、ケースワークの規格標準の遵守、科学的認識を求めたものである[28]。方面委員が個別救済を行ってもそれはケースワークではなく、方面委員がケースワークの専門技術を身につけるべきことを力説し、方面委員の技術向上のための提言を行った。

発表された一九四〇年頃は方面委員の任務が戦時体制のもとで地域の生活問題への対応から銃後を支える一翼へと変質をとげてしまう時期であるが(29)、そうした方面委員の機能の変化については、ほとんど問題意識に入っていない。わずかに「東亜新秩序」といった用語が使われていたり、事例として軍事援護のケースがもち出されているところに時代を感じる程度である。方面委員にしろケースワークにしろ、社会状況と無関係に観念的に論じられている。

一九四一年の「社会事業技術と従事者の養成」も社会事業から厚生事業へと変化している動きについての説明はいくらかあるし、「人的資源の維持培養」といった言葉は並んでいるが、あとはアメリカに比べて社会事業の専門家養成の体制のあまりに乏しい現状を憂い、社会事業を「隣人愛に依る奉仕」にとどめることなく高い技術性を付与しようとして、専門技術をもつ社会事業従事者の養成についての方策を考察しただけである。社会事業は経験重視から科学的な技術へと転換しなければならないと強く主張し、手段として奨学金、講習会、実習を羅列するなど、主張自体には正当な部分が多い。戦時下の状況からすれば、厚生事業のなかでの従事者養成の必要性を訴えているにもかかわらず、全体の内容はむしろ「時代錯誤」としかいいようのない内容となっている(30)。

戦時色がますます強くなる一九四三年になって発表した論文でも傾向は同様である。「厚生技術としての青少年工の生活指導」では、問題意識としては、労働力不足のなかで青少年工の「不良化」がそれに悪影響を与えかねないという、戦時体制の危機を背景としている。「全体社会—日本人としては此皇国—のために職域奉公の誠を致すことが即ち彼の人格形成を意味する」といった記述も目につき、表面的には戦時色が強くなっている。けれども、対応としては個別生活指導の必要性を説き、個別生活指導として社会治療や環境の調整を行うこと、個別生活指導に携わる者の養成が必要であることを述べている(31)。青少年工をとりまく環境へのさまざまな批判的分析はなされているものの、結論は個別生活指導の必要性に尽きており、しかも最後は「専門的厚生技術家」の養成という、時代状況からすれば、かなり的はずれの議論にたどりついている。

「人口政策と家族生活指導」でも、人口政策というテーマ自体は戦争遂行と密着したものであるが、内容は家族への生活指導の大切さを論じているものである(32)。離婚について、さまざまな統計や欧米の状況をもとにして、多くの分量をとって分析し、科学的な家族政策指導を説いている。「人口政策」と題してはいるが、人口政策とは名ばかりで、家族への援助のあり方が論じられているのであり、日本的な家制度ではなく、近代的な家族が強く志向されている。

四、戦後の竹内批判とその限界

以上のような竹内の戦時下の論稿に共通するのは、戦時下風の表現をときにちりばめてはいるけれども、戦時体制を支えるなかで用いられた隣保相扶などの概念とケースワークとを結合させることには成功していない。というより戦時体制にふさわしい特別な理論をつくりあげようとしている姿勢は感じられない。内容は単に技術的に戦時体制にあてはめたというだけにとどまらず、従来からのケースワーク論を、近代的な人間関係を構築するなかでさらに発展させようとしている。翻訳の寄せ集めの性格をもっていた『ケース・ウォークの理論と実際』をこえて、社会事業の近代化に寄与できるケースワーク論を現実に直面する問題を通しながら緻密につくりあげる過程がみてとれる。

筆者はここで、戦時下における竹内を擁護しようとする意図は全くない。むしろそこにこそ竹内の問題を感じるのである。竹内は戦後も引き続き、ケースワーク論の代表的論者としてケースワークを説き続ける。戦後さっそく著書も出てくる。戦後になって、牧賢一、谷川貞夫、磯村英一、竹中勝男ら厚生事業の論者たちは、厚生事業などなかったかのように、民主主義社会に適合する社会福祉論へと露骨に立場を変えていくが、竹内にはその必要はなかった。だから、多少冗談混じりながら、戦後の著作より戦前の著作のほうがむしろよかったという話さえ出てくる(33)。竹内は戦争を受容し、そこにケースワークを使おうとしたのに、使いこなせず、ケースワーク論の内側にこもっていったのである。

戦後、竹内のこうした超歴史性を批判したのは孝橋正一である。孝橋は社会福祉（孝橋はかたくなに「社会事業」の語を用いるが）を「資本主義制度の構造的必然の所産である社会的問題にむけれらた合目的・補充的な公・私の社会的方策施設の総称」として社会科学的にとらえる立場から、いわゆる技術論的体系を徹底的に批判し、その矛先の一人が竹内であった(34)。

孝橋は竹内について「出発点から社会事業そのものと社会事業家の機能とが混同されて同一視され、後者に視点を集めて展開せられるソーシャル・ワーカーの機能とその総体の体系化以外に社会事業は存在しないということになる」「社会的諸現象が網羅的・現象的に並べられるとともに分類・整理されているだけであって、このような社会的諸現象の奥に共通的に貫徹している本質的な要因が何であるかについてはまったく解明されないままのこされている」と弱点を指摘し、『社会福祉事業』についてはまったく前記以上の知識しか持っておられない事実に驚くほかない」とまで酷評している。

孝橋による批判には筆者も基本的に同感できる点が多い。ただ、その批判は竹内理論それ自体の変遷と結びつけることで弱点を証明できたはずである。戦時下の竹内の有様は批判する格好の論拠であった。しかし孝橋は、技術論的立場が依拠するアメリカ社会事業が、もっぱら占領期に占領政策として上から移入された点を批判し、竹内の戦時下の言動までは問うていない。なにしろ、戦後教条的なマルクス主義に立脚した社会事業を論じた孝橋も、戦時下には高度国防国家を論じていたのである(35)。

戦後、社会福祉論の論者として孝橋と双璧をなした岡村重夫も、戦時下に『戦争社会学研究』なる書物を刊行している(36)。同書は「戦争を究極的な理念型においてゞはなく、現実の事実としてとらへること、そしてそこから如何なる戦争の手段・方法が、われわれに可能となるかを、実在科学的に究明するところに、われわれの戦争社会学的研究の課題と目標が存する」という問題意識のもと、岡村自ら「実践的要請の上に立つ」と銘打って、物資の乏しい時期に発刊された。このことも戦後の社会福祉研究のなかで話題になることはほとんどなかった(37)。

竹内に対しては、ケースワーク研究者による内在的批判もみられたが、基本的にはアメリカのソーシャルワークに依拠する立場であるから、歴史的批判ははじめから期待できなかった[38]。

戦後の竹内は戦前から築いたケースワーク論を深めるよりも、「実践福祉社会学」を唱え[39]、さらには新実存主義なるものに傾倒していく[40]。ケースワーク論の主流はむしろ仲村優一らがとってかわり、竹内の比重が相対的に小さくなったことも結果的に竹内が批判から免れることになった面もあるが[41]、それが最大の要因ではなかろう。

五、おわりに

ケースワークが社会と結びつくことなしに実践できないことは、ケースワークの基本であり、ケースワークは社会状況と無関係に存在できないはずである。だが、竹内のケースワーク論では無関係に存在することが可能であった。だから、戦時体制ともさしてかかわりをもたずに、ケースワーク論を構築できた。たまたま戦争に手を染めることは最小限ですんだかもしれないが、戦後のケースワーク論にとっては、マイナスの方向に働いていく。

それを示すのは、一九八〇年代以降の社会福祉の変化とケースワークあるいはソーシャルワークとの関係である。一九八〇年代以降、社会福祉が転機をむかえるのは、ある面では障害者による権利主張のなかで、保護や管理を中心とした福祉の崩壊が迫られた積極面もあるものの、政策の意図としては財政事情等のために、戦後蓄積してきた社会福祉の到達を崩すものであった。しかし、ソーシャルワークは抵抗の力を示すことはなかった。一九九〇年代のさらなる変質にも同様であるばかりか、ケアマネージメントなどと範囲を広げてますます活発になったように見える。社会福祉が生存権保障から、商品になり、あるいは福祉と医療の連携という美名のもとで医療に飲み込まれつつあることに、危機意識をもっているようには感じられない。社会福祉を志す者は皆、社会福祉援助技術なるものを学んでいるが、歴史的把握を欠いた社会福祉理解のもとで学んでいるにすぎず、総論として、あるいは観念として利用者主体やワーカーと利用者との平等の関係は唱えられても、現場でその総論に血を通わせる強い意志は形成されないでいる。歴史把握を欠く社会福祉理解のなかで、竹内というケースワークの導入に労苦した研究者の存在もまた無視されているが、それは竹内自身がつくりあげたものでもあった。

注

(1) 大道安次郎「竹内愛二先生の功績」『関西学院大学社会学部紀要』第一二号、一九六五年十二月、三頁~四頁。武田健「竹内愛二先生をしのんで」『社会福祉学』第二一―一号、一九八〇年四月、八一頁~九三頁。松島正儀・小田兼三・嶋田啓一郎・大田義弘「本会名誉会長故竹内愛二会長を偲ぶ」『基督教社会福祉学研究』第一三号、一九八一年三月、八三頁~九四頁。

(2) 岡本民夫『ケースワーク研究』ミネルヴァ書房、一九七三年、九三頁~一〇一頁。

(3) 吉田久一『昭和社会事業史』ミネルヴァ書房、一九七一年、一三六頁。

(4) 吉田久一『社会事業理論の歴史』一粒社、一九七四年、二八五頁~二八九頁。

(5) 秋山智久は社会福祉の領域においてわが国がアジアに対して働きかけなければならない理由の一つとして「第二次世界大戦の爪痕がいまだに住民の生活に深く残っている(代表的なものとして、慰安婦問題など)」をあげている(秋山智久「日本におけるアジア社会福祉研究」『社会福祉における国際協力のあり方に関する研究・基礎研究編』日本社会福祉学会、一九九四年、七頁)。

(6)「ケースワーク五〇年　竹内愛二、岡村重夫氏に聞く」吉田久一・一番ヶ瀬康子編『昭和社会事業史への証言』ドメス出版、一九八二年、二二二頁~二三五頁。

(7) 河島幸夫は『賀川豊彦の生涯と思想』中川書店、一九八八年と『賀川豊彦と太平洋戦争』中川書店、一九九一年にて、平和・非戦主義者であったはずの賀川が戦争肯定の姿勢に転じた姿を論じている。佐治孝典は『土着と挫折―近代日本キリスト教史の一断面―』新教出版社、一九九一年にて「賀川豊彦における戦争と平和」と題して、賀川の平和思想は情緒的なものにすぎず、現実の戦争の進展のなかで戦争容認から戦争協力へと動いていく様子を論じている。

(8) 金静美『水平運動史研究』現代企画室、一九九四年。
(9)『RONZA』一九九五年八月号では戦後五十年の企画として「表現者の戦争責任」を特集し、櫻本富雄「住井すゑにみる『反戦』の虚構」をはじめ、住井の戦時下の言動を問う論稿を掲載している。金静美『故郷の世界史―解放のインターナショナリズムへ―』現代企画室、一九九六年では、櫻本の提起を受けて、さらに厳しく住井を断罪している。
(10) 竹内愛二「厚生事業に於ける個別生活指導法」『厚生学年報』第一輯、一九四二年一月、一六一頁。
(11) 竹内愛二「人口政策と家族生活指導（続）」『厚生事業研究』第三一巻第一〇号、一九四三年十月、二八頁。
(12) 竹内愛二「印度の社会問題と厚生事業」『厚生問題』第二六巻第一二号、一九四二年十二月。竹内は一九三九年にすでに、全日本保育連盟発行の『育児報告展集抄』一一八頁～一一九頁に「印度の社会事業に就て」と題するレポートを執筆している。こちらは、インド人を軽蔑する表現が散見されるが、全体としては客観的な報告となっている。
(13) 吉田久一他、座談会「日本社会福祉学会の歴史」『社会福祉学』第二二―一号、一九八一年五月、一四二頁。
(14) 浅野健一「戦時中の同志社」、白井厚編『大学とアジア太平洋戦争』日本経済評論社、一九九六年、九八頁～一二三頁。
(15) 笠原芳光「日本基督教団成立の問題」同志社大学人文科学研究所編『戦時下抵抗の研究Ⅰ』みすず書房、一九六八年、一四〇頁～一八七頁。
金田隆一『戦時下キリスト教の抵抗と挫折』新教出版社、一九八五年、一八二頁～一二一頁。
(16) 竹内愛二「教育的個別厚生事業序説」『社会事業研究』第二九巻第一二号、一九四一年十二月、七頁～一一頁。
(17) 竹内「厚生事業に於ける個別生活指導法」。
(18) 山口正「長期戦と社会事業」『社会事業研究』第二七巻第一号、一九三九年一月、一頁～八頁。
(19) 竹中勝男「社会事業に於ける厚生の原理」『厚生学年報』第一輯、六頁。
(20)『第一回社会事業研究発表会要綱』財団法人中央社会事業協会、一九四一年。
(21)『第二回社会事業研究発表会要綱』財団法人中央社会事業協会社会事業研究所、一九四二年。
(22) 加藤博史『福祉的人間観の社会誌』晃洋書房、一九九六年。
(23) 竹内愛二「断種法の研究」『社会事業研究』第二六巻第六号、一九三八年六月、一二三頁～一三三頁。
(24) 竹内「人口政策と家族生活指導（続）」二五頁～二六頁。
(25) 穂積重遠『結婚訓』中央公論社、一九四一年。

(26)竹内愛二『ケース・ウォークの理論と実際』厳松堂書店、一九三八年。
(27)この部分は「軍事扶助と新しきケース・ウオーク」の題で『社会事業研究』第二五巻第一一号、一九三七年十一月、八頁〜一五頁にすでに発表されている。
(28)竹内愛二「方面委員事業の技術的再編成」『社会事業』第二四巻第八号、一九四〇年八月、一頁〜一七頁。
(29)たとえば、一九三九年五月に仙台市で開催された第十回全国方面委員大会では「軍事援護事業に就て」「傷兵保護の精神」と題する講演がなされ、研究協議の柱も軍事援護であり、軍事援護をはじめとした銃後援護の徹底を説く大会長声明、軍事援護の遂行と国民精神の強化を強調する宣言など、軍事一色となっている（『第十回全国方面委員大会報告書』全日本方面委員連盟）。
(30)竹内愛二「社会事業技術と従事者の養成」『社会事業』第二五巻第九号、一九四一年九月、二〇頁〜二九頁。
(31)竹内愛二「厚生技術としての青少年工の生活指導」『厚生事業研究』第三一巻第六号、一九四三年六月、二頁〜九頁。
(32)竹内愛二「人口政策と家族生活指導」『厚生事業研究』第三一巻第九号、一九四三年九月、二一頁〜二六頁。竹内「人口政策と家族生活指導（続）」一三頁〜一九頁。
(33)(13)の座談会での岡村重夫の発言。
(34)孝橋正一『続社会事業の基本問題』ミネルヴァ書房、一九七三年、五一頁〜六七頁。
(35)孝橋正一「高度国防国家と労働人口の質的強化」『社会事業』第二九巻第二号、一九四一年二月、四〇頁〜四六頁。孝橋は一九四二年に特高に逮捕されているが、それは根拠のない「容疑」でしかない（孝橋正一「私の研究をふりかえって（十）」『社会福祉研究』第三三号、一九八三年四月、六〇頁）。
(36)岡村重夫『戦争社会学研究』柏葉書院、一九四三年。
(37)三宅敬誠は『近代的社会福祉と宗教』東方出版、一九九四年において、『戦争社会学研究』を引用しつつ、いわゆる岡村理論がドイツ社会学を出発点とし、国家社会主義の影響が拭い去られていないと指摘している。三宅の分析が正当かどうか筆者は即断できないが、岡村理論と『戦争社会学研究』の枠組みとの関係が議論されないまま、岡村理論が戦後日本の社会福祉理論の柱として多大な影響を持ち続けてきたことは、社会福祉研究の大きな欠落であったといえよう。
(38)小松源助「ケースワーク論の展開―その心理主義への偏向の克服を中心として―」日本社会事業大学編『戦後日本の社会事業』勁草書房、一九六七年、七五頁〜九五頁。

(39) 竹内愛二『実践福祉社会学』弘文堂、一九六六年。
(40) 竹内の晩年には「実存主義」さらには「新実存主義」なる語を用いたものが増えていく。
(41) 小野哲郎『ケースワークの基本問題』川島書店、一九八六年、一二三頁～一三二頁では、技術論的立場のケースワークについて、竹内愛二によって導入され、仲村優一を到達点とみなしている。そして、仲村に的をしぼって批判的分析を加え、竹内についてはほとんど触れていない。

四、松島正儀の厚生事業論とその展開

一、はじめに

日本の近代社会事業史のなかでも、特記すべきなのが一九三七年から四五年にかけての戦時下の社会事業である。しかし、戦争と社会事業との関係を明らかにする必要性が繰り返し問われつつも、具体的な研究が十分にすすんできたとはいえない。それは、大枠として社会事業が戦時体制に迎合し、戦争協力をしたことが明らかであるため、戦時下の問題を扱うこと自体、戦時下の社会事業家への告発が含まれてしまい、特定個人の批判につながることと無関係ではなかろう。

確かに批判的視点を欠落させて議論することは不可能であるけれども、研究の目的は個々人の働きを否定的に評価することにあるのではない。一口に戦時体制といっても、状況は激しく変化しているのであり、動いていくそのときどきの状況のなかで社会事業家の言動もなされている。社会事業家が、それぞれの状況のもとで、ぎりぎりの判断を重ねた積み重ねが、結果的に残ってしまったのである。

そうした戦時下においての社会事業家の態度を示す例として、ここでは松島正儀を取り上げたい。松島は、東京育成園の園長を戦前から戦後にかけて務め、特に戦後は全国養護施設協議会の会長として、児童の人権保障のために尽力し、松島の周辺からは多くの社会福祉の実践者や研究者を生み出した(1)。キリスト者であり、その温かい人柄もあって尊敬を集め、児童福祉への情熱は、終生衰えることはなかった。石井十次・北川波津ら慈善事業の時代と、現代の社会福祉をつなぐ役割を果たし、現世代の者は松島を通して慈善事業の時代における実践者の姿をつかもうとしてきたといっても過言ではない。

松島は、戦前は新進の社会事業家として盛んに発言する一方、東京育成園の園長として現場を支える立場であった。現場人として戦争とどうかかわったか興味をひかれるところである。しかも、東京育成園は疎開を強いられるなど、非常に厳しい状況におかれていくのである。

また、これは松島とは直接関係ないことではあるが、東京育成園では東京孤児院の時代、桂木頼千代という職員が反戦論を展開していたことが、丹野喜久子による発掘によって明らかになっている(2)。反戦の系譜を引く施設であることからすると、実際に戦争がふりかかったとき、どう対処したのかも、関心をもたざるをえない点である。

松島は長寿をまっとうし、一九九七年、九十三歳まで存命していた。本来なら、松島の存命中に、このような研究を企画して本人からの聞き取りを交えて、研究を進めるべきであったが、存命中には筆者の問題意識が及ばず、不可能となってしまった。筆者にとつて、日本基督教社会福祉学会の場で、礼拝での奨励や懇親会でのお話を聞いたり、遠方からその姿を拝見したのが松島との接触のすべてである。したがって、個人的な思い入れや先入観がない反面、史料としては松島による当時の発言と、松島が晩年しばしば行った自身の体験の回顧を中心にして考察せざるをえない。

二、社会事業法制定と戦時体制

松島は十八歳のときに、哲学か宗教学による学究生活を願望していながら、東京育成園の創設者である北川波津の懇願のなかで、東京育成園の後継者となることを決意する(3)。明治大学に進学して経済学・社会学・心理学を中心に学ぶ。宗教とか狭義の社会事業ではなく、社会と人間についての学びを深めたことは、社会事業を分析する観点のうえからも、松島の視野を広げることになる。

そして一九二八年に大学を卒業し、東京育成園の主事に就く。一方、協調会による社会政策学院で社会事業についても学び、小泉信三・矢吹慶輝・生江孝之らから指導を受け、ことに生江から大きな影響を受ける。北川の死後、園長として園を本格的に運営していくことになる。

こうした経歴や体験のもとで、松島は社会への幅広い知見と最新の社会事業の知識をもちつつ、一方ではキリスト者としての信仰をもって社会事業に取り組むという(4)、社会事業にとってのあらゆる要素を保持する傑出した人物へと育っていった。

社会事業界に入った松島は、さっそく社会事業界の論客としても活躍する。一九三〇年頃から『社会事業』『社会福利』等に多数の論文を発表していく。ことに東京府社会事業協会発行の『社会福利』には頻繁に寄稿し、東京におけるオピニオンリーダーとしての役割を果たしていた。中川幽芳は『社会事業』がアカデミックなのに対して、『社会福利』は現実的具体的論壇だと回顧しているが(5)、松島が『社会福利』に主として登場するのは、当時は『社会事業』に常時寄稿するには若手でありすぎたことや人脈が『社会福利』のほうにより強くあったこともあろうが、現場に依拠する松島の立場を示す面もある。

そのテーマは、児童問題はもちろん、私設社会事業や救護法の問題など多岐にわたっているが、松島にとって旧態依然とする体質を根強く残す社会事業界は改革されるべきものであって、その改革を提起し続けたといってよい。また松島は自ら方面委員にもなって、地域の社会問題にも直接かかわっていた。

その頃、新進気鋭の社会事業関係者が集まって三火会と称する組織が結成され、社会事業にかかわる批判的議論をはじめていた。松島も三火会に加わって、運営の主要な役割を果たしていく(6)。

三火会には松島の分類によれば、牧賢一・磯村英一らの唯物弁証法の立場、福山政一らの人道主義の立場、浅野研一・谷川貞夫・松本征二らの社会改良主義の立場があり、松島は自身を社会改良主義の立場に含めている(7)。キリスト者の松島はマルクス主義を当然排しつつも、社会事業を愛他的行為にとどめることなく、社会事業の実践の中から社会変革のあり方を探ろうとしていた。後述のように、この三火会は日本社会事業研究会へと発展し、戦時厚生事業論を構築する場になる。

こういう流れのなかで、一九三七年七月より日中全面戦争がはじまり、国家総動員体制がつくられ、戦時体制が強まっていくことになる。松島はまず、日中戦争をどう受け止めたのであろうか。

松島による日中戦争開始直後の論文として「社会事業施設自営方針の吟味」がある[8]。ここでは早くも「東亜に於ける非常時局の重圧は、我が国政治経済の動きに深刻なる影響を与へてゐる。軍事扶助をはじめとし国民社会事業の必要が、近時各方面に於て熾烈を極むるのも時局と経済との関係に於ける一つの重大なる結果として観ることができる」「時局の真最中に処して我等の願ひは容易にこれを受けいれらるべくもなく、庶民福利は常に犠牲を甘受すべき状態に置かれている」と記述しており、日中戦争を所与の条件として受け入れ、それに適合する社会事業のあり方を求めている。

しかし、このことだけで松島が戦争にすぐに迎合したと決めつけるのは早計であろう。そもそも当時の状況のなかで、日本軍の謀略を見抜いて、戦争への態度を保留したり、まして批判するなどということは、現場に生きる者にとって、可能性はなかったといってよいし、さりとて大きな出来事だけに無視して議論をすすめることも難しいことであった。

社会事業界全体も、日中戦争を社会事業の地位拡大の好機とみて、戦争に役立つ社会事業をつくりだそうとしていた。たとえば全日本私設社会事業連盟の機関紙『私設社会事業』の巻頭言では、さっそく八月号で事変への協力をうたい[9]、九月号では「国家総動員と社会事業の使命[10]」十月号では「事変に直面して私設社会事業の猛奮に期待する[11]」と、毎号戦争協力をあおる主張をしている。

松島の論文は、状況を前提とはしているけれども、時局への迎合が目的ではなく、私設社会事業の効率的運営のために、社会事業界で、共同購入・生産・販売をするという技術的な提案をしているにすぎない。著名な東京育成園といえども、経営は常に不安定であり、絶えず経営努力が求められてきた。全日本私設社会事業連盟の中心的な者たちが、行政から物をもらい受けてくるような古い発想で対処しようとしたのに対し、松島は社会事業の側のシステムの改革や自助努力によって事態の改善を図ろうとした。その具体的な方策を示したのである。

開戦の少し前にも「社会事業施設の改善とその精神」という論文を書いている。内容はかなり違うが、やはり私設社会事業の改善のための具体的な提起をしており(12)、松島は戦争とは関係なく、私設社会事業の運営の改革を目指したのであって、戦争の旗をふったわけではない。

松島が戦時体制と社会事業とを関連させようとしたのは、社会事業法との関係であった。社会事業法はかつて吉田久一が「戦時中という不幸な星のもとにおかれ」と表現しているように(13)、制定が戦時体制のはじまりとほぼ一致してしまったために、当初のねらいとは異なり、時局と結びつけられることとなる。社会事業法を最も熱望する立場の『私設社会事業』の巻頭言「待望の社会事業法案を送るの辞」は、内容は社会事業法への支持の表明にすぎないものの、見出しの上に日の丸を置いたうえ、上下に「国民精神総動員」「社会事業報国」と記載して自ら戦時色を付しているのはその象徴である(14)。

社会事業法と時局が結びついてしまったことは、本来社会事業法について冷静な分析を続けてきた松島の議論を混乱させることになる。社会事業法を現場の立場から考察するにあたり、現場からの発想だけではなく戦時体制をも考慮せざるをえなくなった。社会事業法自体が、それ以前の関係者の運動を背景とする先進性を持ちつつ、現実には不幸な扱われ方をしてしまうのと同様な状況に、松島自身までがおかれていく。

松島は、社会事業法にかかわって、現場の立場からの論客として、積極的に発言している。法制定を受けてさっそく『社会事業』に「社会事業法と私設社会事業」が掲載された(15)。これは民間を代表して書いてくれと依頼されたというだけあって、法の問題点を豊かな現場感覚を通して、具体的に列挙している(16)。ここでも、「切実なる時局感の中に、社会事業界も亦空前の変革期に遭遇した」「一般社会行政は戦時社会行政の名の下に驚くべき躍進を遂げ」というように、時局にいくらか触れてはいる。だが、それが論点ではなく、社会事業法を私設社会事業の立場から客観的に分析することが中心である。社会事業法の制定を歓迎しつつも、内容には問題があるとして、指導監督・統制連絡・奨励助成の三点から分析を加え、社会事業法のもとで官の独善的な影響力が強まることを警戒した。しかし、私設社会事業側の問題も公平に明らかにし、私設社会事業関係者の奮起を促した。

遠藤興一は、終始社会事業法に批判的であった松島がこの論文では法に肯定的であることを取り上げて、「松島の主張は必ずしも一貫してはいない」と指摘している(17)。この変化は松島の揺れというより、社会事業法が時局と直結したために、法自体を否定することはできなくなったためではないだろうか。

そして、約一年後の「社会事業法実施一ヶ年の批判」では論調に戦時体制が直接反映していくことになる(18)。「今や情勢も、事態も、時代も、総てが同一の方向に動きを持たなければならなくなつた。国策の一翼としての社会事業がこの動きに無関心たり得る筈はない。一般社会行政は戦時社会行政の名の下に驚くべき躍進を遂げ、社会事業を通しても正に其の指標は一つ、新東亜建設への国内的一主力たることを確認すべき情勢である」といった表現が出てくるのは、この時期の論文としてはやむをえないところかもしれない。

そういう形式的な部分にとどまらずに、戦時体制と社会事業法とを直結させていく。「社会事業法は長期戦に対処、時局の線上に乗らねばならぬと観られる点であり、広く国民の厚生に資する観念に改訂せられねばならぬ」「本法は事変対策、国策的観点に於ては統制、指導共甚だ不備な点がある」と、社会事業法の不備をもっぱら戦時体制を支えるうえでの不十分さの点から批判している。

もちろん、それだけで終わっているわけではない。適用範囲の拡大、助成制度の拡充、適切な指導監督、社会事業委員会の問題など、運用がはじまるなかで明らかとなってきた法の不備への具体的指摘が的確になされている。

しかし、全体としては、私設社会事業の発展の視点が後退し、時局への社会事業の貢献のほうが前面に出ており、戦争の長期化が避けられない状況のなかで、社会事業をそこに適合させることに関心が移行している。

この時点では、戦争を所与の条件というより、社会事業改革の原動力へと、より積極的に理解する態度になっていったと考えられる。

□二、社会事業の「革新」

松島は、社会事業法制定と同じ時期から、流行してくる「革新」に期待を寄せることで、社会事業の新しいあり方を追及しはじめる。その立場は一九三八年の「昭和十三年社会事業に望む三つの問題」に明瞭に表れている(19)。そこでは一つ目の問題として「社会事業統制革新時代来る」とし、「我々は国際関係の緊迫より、他の一般的国家経営の問題とともに、社会事業にも統制時代なるものが当然来ることを予想して居つた。また、慣行せる社会事業の全面的な行詰りを現実の問題として取り上げた場合、寧ろ統制に於ける局面打開を希望すらして居つた」「政治に革新の断行せらる、の時、社会事業が独り懐旧の労を取る必要はない、社会事業統制の結実は客観的情勢とともに、社会事業に対する意識的革新である」「革新国家の成備を補くる一翼の事業として、革新意識による社会事業の遂行を併せて、円滑なる社会事業統制を具現あらしめねばならぬ」と述べて、社会事業においても「革新」の時代となっており、統制をを軸とした社会事業の形を強く求めていく。

児童保護についても、「児童保護国策時代来る」と称し、「児童国有」という表現も用いるなど、児童を国家に役立つ存在として、児童保護の拡充を求めている。ただし、この時点では、基本的主張としては児童保護の充実を要求しているのであって、児童保護を人的資源育成の観点でとらえ直す発想には至っていない。しかし、「平時、戦時を通じて我が国家の成整上重要なる問題は、児童問題と、医療問題であらうと考へる」といった表現のなかには、そこへつながる視線が現れている。

さらに松島は、一九三九年に「児童局設置急速具現の必要性」を説くのであるが(20)、「独逸、伊太利に於て其の観念的飛躍は顕著なるものがあつたことを知ることが出来る　戦時並に戦後の国家的原動力は、児童保護の原則を承認することに於てのみ可能なる所以が明らかにせられ、斯る国家意識の洗練に因つてのみ児童保護の根本方策は樹立せられたのであつた」「防共の盟友独、伊の足跡は近代革新日本が採りつつある統制主義の精神とともに、児童保護の処理につき学ぶべき偉大なるものがある」と統制への支持ばかりでなく、ドイツ・イタリアのファシズムへの共感さえ示す。当時、ドイツに対するブームに近い社会全体の雰囲気があり、ことに社会事業関係者は社会政策の「成功」をはじめとするドイツの体制への関心を深めていた。松島もまたドイツやイタリアについての情報を過信して、無批判な支持に傾いてしまった。

また、「長期戦は戦場に於て人力を消耗し、銃後にも亦過大の人力を消耗する結果となり、続く次代国民の出生率は必然的に低下すべき条件を具へてゐる。此処に於て革新日本が児童の保健を放任し得らるべき筈はなく」「戦時体制下に国力の継続、人的資源の整備は根本的な問題である所以に付、積極的な主張を捧げ、これが方策として児童保護に対する新らしき観念を組立てねばならぬ」と、人的資源育成の視点を明確に打ち出すようになった。松島は日々児童とともに生活するなか、児童への対策の不備に憤る連続であっただろうから、児童保護重視の流れに乗って、従来あまりに不足していた児童保護対策の拡充を目指そうとしたのであろう。児童を人的資源ととらえる考え方の危険性について気づいたとしても、それを肯定しておくほうが得策と判断された。

三、社会事業新体制への支持

戦時体制のもと、社会事業論の世界では、かつてマルクス主義を唱えた人々は転向し、保護を要する人を対象とする消極的な社会事業から、国民すべてを対象として国力の増強を目指す積極的な社会事業へと、新たな時代をむかえたとされ、呼称も厚生事業とされる。その理論を牽引したのが、日本社会事業研究会である。三火会は日本社会事業研究会へと改組され、一九四〇年に「日本社会事業ノ再編成」をまとめ、社会事業を「皇道主義ヲ基調トスル犠牲均分ノ観念ヲ以テ行ハルベキ施設デアリ、東亜共栄圏確立ノ国策ニ協力スル人的資源確保育成ノ事業タルベキモノ」ととらえた。その研究責任者として十四人の名が記載されているが、松島もその一人である[21]。

「日本社会事業ノ再編成」は内容をさらに整備して『日本社会事業新体制要綱』へと結実するが、こちらにも日本社会事業研究会の幹事として松島の名が見える[22]。

また厚生事業への画期の一つである紀元二千六百年記念全国社会事業大会では、厚生大臣からの「紀元二千六百年ニ方リ戦時下社会情勢ノ動向ニ対処シ我国社会事業ヲ之ニ即応セシムルノ要アリト認ム仍テ之カ方途ニ関シ其ノ会ノ意見ヲ諮フ」という諮問に対して、指導理念・事業目標・運営方策・「急施スヘキ具体的事業」を柱とする答申をまとめる。この答申も厚生事業論の方向を示す文書の一つである。まとめるに際して、三十人からなる委員会をつくっているが、委員には山口正や谷川貞夫とともに、松島も含まれている[23]。

こうした流れの主導であったのは、牧賢一や磯村英一らであったにしろ、松島も支持する側にいたことは明らかであろう。したがって、この時期の松島は、この流れを普及すべく厚生事業論を展開することになる。この時期の論文として「社会事業再編成に処する私設社会事業―新指導精神と人的要素に関して」があり、題名からわかるように、社会事業の再編成を促進しようとする議論である[24]。

まず、「人的資源拡充の一補強工作として人的資源再生産の問題に関連を与へ、旧来の社会事業感を全くその根本より覆へし、消極は転じて積極へ」「吾々は消費者としての社会事業対象を否定し、国家の経済統制に順応する生産力として、その対象をおくり得る光栄を有することとなつた」「旧社会事業の観念が厚生事業に進み、古い社会事業が発展的解消を遂げて厚生事業に克服せられることを認識し、希望を有するものである」と、社会事業から厚生事業への変化を繰り返し歓迎した。これは当時の常識的論調であって、ことさらに松島特有の主張はみられない。しかし、児童保護の第一線にいるだけに、人的資源育成や生産力増強の議論は理論にとどまらずに、現実に目の前にいる子どもを「資源」の位置におく意味があった。

池田敬正は、新体制による厚生事業論を解説するなかで「個人の人格的独立を認めない天皇制イデオロギーを基調とし、海外侵略をすすめつつある国策にすべての国民を従属させようとする全体主義にもとづかせるだけでなく、ひろく国民大衆の生活を目的とする国家政策と理解しようとするものであった」と分析したうえ、「人権意識はみられず、国家政策に人的資源と見るかどうかであった」とみている(25)。筆者も池田の分析に基本的に同意するけれども、だからといって松島が人権意識を消失し、社会事業を国家に従属させることをもくろんで、しかも自らが育てている子どもたちを国家に差し出すことを熱望したとは、筆者にはどうしても考えられない。日々実践する者が、実践のゆえに時流に踊ってしまったとしても、そこまで理念を見失うことはないのではないか。

実際、この論文では、内容のすべてが再編成への迎合と支持ではない。むしろ、再編成のなかで私設社会事業の存在自体が否定されかねない議論があるなか、私設社会事業の存立基盤を確立しようとした。新体制の論理では、ある種の「国家責任」が確立することになり、国家の位置づけが高まってくる。社会事業への統制は単なる経営上の指導のレベルをこえて強まり、私設社会事業は実質的に存立の基盤を失っていくし、それを肯定するに等しい議論も生じていた。

松島は新体制を支持する立場として、新体制と私設社会事業との整合性をとる必要があった。私設社会事業についても、国策に協力することに存在意義を求めようとしてはいる。しかし国策を前提としつつも、私設社会事業自体の改革と発展にも期待した。

その議論は、松島のこれまでの主張と変わるものではなく、私設社会事業の近代化と科学化を目指すものであった。従事員の待遇改善をはじめとした資質の確保や、安定的な経営のための軽費有料制度の提案など、注目できる主張もみられる。松島は私設社会事業を軸とした発想を堅持しつつ、さらなる向上を求めたし、そこには私設社会事業の形でなければ児童の生活を守れないという、児童の生活を守る意識にもつながってくる。

□四、戦局の悪化と施設の維持

『日本社会事業新体制要綱』の発表後、日本はアジア太平洋戦争に突入して戦局はピークをむかえるが、程なくして悪化の一途をたどって、その影は東京育成園も直撃する。さっそく一九四一年、アジア太平洋戦争開戦前に松島は召集されているが、牧賢一をはじめ周辺の協力で育成園の運営を切り抜け、松島もやがて戻ってくる(26)。しかし、経営面では経営を支えていた賛助員が地方に移ったりして減少し、経済的な支えが乏しくなる。反面、入所児童は戦争に伴って増えていくので、経費はかさんでくる。しかも、召集された者の子どもについては、「国児」として待遇を優先するよう軍から圧力を受ける。

食料など生活の基本的な物資も乏しくなる。松島は後に「特に食糧難は、深刻度を加えていった。そこで、私はまず近くの東京都立園芸学校の先生の応援を得て、人よりさつま芋が倍できるような方法を考えたいと捨て身になって勉強した。そして園内でも栽培し、自給の道を模索した。またお金をもらって買うだけではなく、直接生産者に結び付くために、小田原近くまでよく通い、半額の値段で野菜を分けてもらった。毎日が勝負の時だった。この時代に生活が苦しいことはだれもが同じであったが、食を求める多くの子どもたちが待っていることは、大変なプレッシャーであった」と述べている(27)。

ついに東京育成園の子どもたちも学童集団疎開に参加しなければならなくなり、一九四三年に新潟県長岡市に疎開する。松島は小学校の保護者会長もしていたために、小学校関係の疎開にも協力して激務を強いられることになる(28)。幼児や体の弱い者らは遠方への疎開ができず、福生にも分園を設けることになる(29)。松島は新潟・福生・東京と走り回り、「途中で銃撃を受けて、私自身わが命終わりかと思ったことが何回もありましたよ(30)」という状況になる。

その疎開も、「まず布団がない。ひとりあたりにかけ布団が一枚しかない。みかねた私の妻などは、つってあったカーテンを全部はずして、それを使って子どもたちの布団を作ったものでした」という有様であった(31)。

また疎開後は、空になった東京育成園を軍需工場として徴用する話がもち上がってきた。軍に献納すれば、松島を軍で佐官として待遇する話もあった。しかし、いずれ子どもたちが戻ってくることを考えれば、こうした話に乗ることはできなかった。しかし、軍の圧力をすべて拒否することも困難であり、何とか妥協案によってかろうじて所有権だけ残すことができた。結果、疎開している時期には軍需工場の工員寮などに使用されるが、敗戦後は再び施設として用いられることになる。当時の状況からすれば、現場でのぎりぎりの抵抗であったともいえる。この召集自体は、関係者の奔走もあって、短期間であげく、一九四四年には松島自身が二度目の召集をされてしまう。この召集自体は、関係者の奔走もあって、短期間で終了するが[32]、困難は深刻さを増すばかりであった。

このようななかで、松島も「新体制」などと悠長な議論はできなくなる。一九四三年に発表された「決戦下収容保護施設への検討」は、疎開に追われる頃に執筆されたと思われるが、それだけに、以前の論文とはかなり様相の異なる内容となっている[33]。

施設の存続自体が、非常に厳しくなり、そのなかでも維持していかなければならない、悲壮な状況が告白されている。第一は施設が産業用に買収されようとする問題である。第二は従事員の確保であり、松島自身が召集を体験するほどにまで深刻であった。第三は配給が十分得られないなどの物資の不足である。どれ一つとっても、きわめて緊急で切実な課題であり、機能しない厚生行政にもいらだちを表明している。

「日本内地の収容施設の人々と大東亜各地域の施設家とは　何等の連絡も協力も実践せられて居らないが、可能なる短期間に之が組織機関の実現を図り、広域厚生事業指導の実践体設立に資するものたらしめねばならない」といった、戦争遂行を前提とした記述が残ってはいるものの、全体としては施設の危機にどう対処するかが前面に出ている。

ここで指摘されている一連の危機は一般論として描かれてはいるが、かなりの程度、東京育成園でも起きていたことである。執筆時点で、十分に厳しさは底に達する状況であったであろうが、実際にはさらに格段に厳しさを増して、それは戦後しばらくまで続いていく。

吉田久一は、この論文を取り上げて「児童・老人・障害者等々施設収容者が邪魔者視される中で、この発言は思想的重みを持っている」と評しているが(34)、思想というより、自身にふりかかった極限に向かいつつある現実が、実態を反映しない空虚な厚生事業論から、現実に根ざした施設運営論へと松島を変えていったのであろう。

□ 六、おわりに

松島は軍国主義に賛同したわけではなくて、社会事業法や新体制の動きのなかで、私設社会事業の発展を目指す立場から、近代的な社会事業を確立する夢を追い続け、厚生事業論に巻き込まれていく。松島がたどり着いたかに見えた理論は、国外で戦闘が行われて国力が消耗されているなかでの幻影にすぎなかった。戦争が進むにつれて、客観的情勢としても、またおそらくは松島の内面においても、現実が幻影を消していくのである。

松島は自らが召集されるなかで、日本軍の中国での行為を批判的に見たようであるし、戦後は「私は戦犯だ」と語っていたという。終戦時には「むごたらしい戦争の終末感は、まだ私から消え失せてはいない。しかし確かに終戦は体験したのである。新しい憲法、平和と文化を築く、この希望を子ども達に託す固い決意のようなものを感じた」と回顧し(35)、「戦争は子ども達の運命を変える。絶対平和主義に徹しなければ、子らの成長を保障できない」と述べている(36)。

これらは戦時下の戦争協力をごまかすための言い訳ではなく、戦時下から戦後にかけてを生き抜いた者の本音であろうと筆者は考えている。それは晩年になっても、敗戦を契機とした平和主義にこだわる姿勢をみせているからである。一九八六年になされた鼎談のなかで、「私がとくに子どもの立場で注目すべきものは、憲法第十一条、基本的人権の尊重という規定、それは第二十五条とも関連してくる。しかし、もっと私が注目するのは第九条です。戦争放棄です。平和国家日本の未来をどうするかについて、当時の日本人の良心は総じて子どもの未来に託すという思いが強かったのではないか。厚生大臣より中央社会事業委員会に諮問されたときに、提示された児童保護法案を児童福祉法案に変えたのは、憲法の第九条、十一条、二十五条の関連が児童の福祉を追求する視点に実ったと思うのです。子どもの人権を基本においたスタート。これができていて恒久平和をめざす、そして文化を築いていくという明日への考え方がこの憲法上の関連を中心に成立してくる」と述べているのは、憲法九条が児童福祉法制定に対して実際にどこまで影響したのかという事実関係は別として、その頃、中曽根内閣による戦後政治の総決算が叫ばれ、憲法九条が空洞化しつつあるなかであったことからすると、九条をないがしろにする空気に抗する態度が読み取れる(37)。

また松島は大阪水上隣保館の中村遥を回顧するにあたり、わざわざ「ベトナム戦争と遥先生」なる小見出しをつけて、中村がベトナム戦争にあたって、ベトナムの孤児の受け入れや現地に孤児のために職業訓練所をつくるよう主張したことや、中村の東南アジアへの姿勢を紹介している。これは、自らの体験とも重ねて、中村の反戦的な態度への共鳴があるのではないだろうか(38)。

こうしたことからみて、松島は戦争の体験の中から、戦争と社会福祉との矛盾に気づき、それを実践の基礎としていたものと考えられる。子どもたちとともに極限を体験した松島は、磯村英一・牧賢一といった高踏的な場にいた者とは戦争の受け止め方はかなり異なっていたといえる。

その意味で松島は戦争責任について自己の内側では、後半生を通じて清算を強いられていた。観念的な改革論が厳しい現実とのなかで敗北したことが、戦後の松島による、児童の実態を踏まえてソーシャルアクションも交えて果敢に社会に対峙する態度を生んだのであろう。

注

(1) 養護施設のリーダーとしての松島の活躍については、全社協養護施設協議会編『養護施設の40年―原点と方向をさぐる』全国社会福祉協議会、一九八六年や、『養護施設の半世紀と新たな飛翔』全養協、一九九六年などからつかむことができる。

(2) 丹野喜久子「養護施設従事者の歴史」『社会事業史研究』第六号、一九七八年九月、五〇頁～五一頁。「社会事業史料の発掘について」『福祉研究』第四〇号、一九七九年三月、一一九頁～一二三頁。「東京孤児院の歴史」『社会事業史研究』第一九号、一九九一年十月、一八頁～二一頁。

(3) 松島についての簡単な伝記として、「松島正儀先生」東京都生活文化局コミュニティ文化部文化事業課編集・発行『名誉都民小伝』一九九六年、五頁～三五頁がある。松島自身による回顧として、「私のなかの歴史　借金の形にされる子どもたちをどう守ったか」『月刊福祉』第六一巻第四号、一九七八年四月など。なお、東京育成園長の長谷川重夫より聞き取りを行っているが、本稿では長谷川からの話については、いちいち注記していない。

(4) 松島は、北川との関係で当初はハリストス正教会であったが、戦後、日本基督教団に転会している。しかし、戦前から内面では、すでにプロテスタントの信仰をもっていたようである。

(5) 中川幽芳『福祉の世界に五十年』印美書房、一九八四年、二五頁。

(6) 鐵谷長太郎「三火会とその人々」『社会福利』第二一巻第一一号、一九三七年十一月、五五頁。

(7) 松島正儀「三火会と牧兄の活躍」重田信一・吉田久一編著『社会福祉の歩みと牧賢一』全国社会福祉協議会、一九七七年、一三二頁～一三三頁。三火会に加わっていた植山つるは、「唯物弁証法的社会事業の多様性を説く牧賢一、磯村英一グループと、これらから観念論的社会事業論者とみられていた人道主義的、社会連帯思想の姿勢を打出している福山政一グループの二系列であった」と区分している（植山つる『大いなる随縁』全国社会福祉協議会、一九八六年、五七頁）。松島は、当然後者に属する。

(8) 松島正儀「社会事業施設自営方針の吟味」『社会福利』第二一巻第一〇号、一九三七年十月、六一頁～七二頁。

(9) 「巻頭言」『私設社会事業』第五四号、一九三七年八月、一頁。

(10) 「国家総動員と社会事業の使命」『私設社会事業』第五五号、一九三七年九月、一頁。

(11) 「事変に直面して私設社会事業の猛奮に期待する」『私設社会事業』第五六号、一九三七年十月、一頁。

(12) 松島正儀「社会事業施設の改善とその精神」『社会事業』第二〇巻第一二号、一九三七年三月、三九頁～四八頁。

(13) 吉田久一『新版日本社会事業の歴史』勁草書房、一九八一年、二二〇頁。

(14) 「待望の社会事業法案に送るの辞」『私設社会事業』第五八号、一九三七年第一一号、一頁。

(15)松島正儀「社会事業法と私設社会事業」『社会事業』第二二巻第四号、一九三八年七月、一九頁〜三九頁。
(16)「民間社会事業の中で—松島正儀氏に聞く」吉田久一・一番ヶ瀬康子編『昭和社会事業史への証言』ドメス出版、一九八二年、二二頁。
(17)遠藤興一「民間社会事業の組織化をたどる」『月刊福祉』第七二巻第一四号、一九八九年十二月、一二六頁〜一二七頁。
(18)松島正儀「社会事業法実施一ヶ年の批判—私設社会事業を通して」『社会事業』第二三巻第四号、一九三九年九月、二七頁〜四〇頁。
(19)松島正儀「昭和十三年社会事業に望む三つの問題」『社会福利』第二二巻第一号、一九三八年一月、三四頁〜四〇頁。
(20)松島正儀「児童局設置急速具現の必要性—戦時戦後児童問題の処理を中心として」『社会福利』第二三巻第一号、一九三九年一月、七八頁〜八六頁。
(21)『日本社会事業ノ再編成』日本社会事業研究会、一九四〇年、一一頁。
(22)『日本社会事業新体制要綱』常盤書房、一九四〇年、九五頁。
(23)『紀元二千六百年記念全国社会事業大会報告書』同事務局、一九四一年、七四頁。
(24)松島正儀「社会事業再編成に処する私設社会事業—新指導精神と人的要素に関して」『社会事業』第二四巻第六号、一九四〇年六月、二一一頁〜二二三頁。
(25)池田敬正「『日本社会事業新体制要綱—厚生事業大綱』解説」『戦前期社会事業基本文献集五一』日本図書センター、一九九七年、一頁〜一三頁。
(26)重田信一は、「昭和十六年のある日、松島正儀（当時東京育成園長）のもとに召集令状が届いた。当時、彼は戦争孤児ら百名近くの児童を収容していた。彼が出征後の施設経営の困難さをおもうと後ろ髪を引かれる想いに日夜悩んだ。それを察知した牧賢一は横田忠郎（三井報恩会主事）を誘って、ひろく知人多数にはたらきかけ、三日間で「救援会」を結成し、後顧の憂いのないよう配慮した」と記している（『社会福祉の歩みと牧賢一』五二頁）。
(27)松島正儀「子どもたちと共に生かされて」日本基督教社会福祉学会三十周年記念出版編集委員会編『キリスト教社会福祉の証言』日本基督教社会福祉学会、一九九二年、八六頁。
(28)「松島先生に聴く」『福祉展望』第二〇号、一九九五年十一月、一一頁。
(29)分園の疎開時の貴重な史料として「昭和十九年東京育成園戦時疎開分園多西学園の記録」『社会事業史研究』創刊号、一九七三年十月、六五頁〜一九五頁。そこでは松島による解説が付せられ、戦時下の施設経営の困難な様子も語られている。

(30)『昭和社会事業史への証言』三二頁。
(31)松島正儀「この子どもたちのために」『月刊福祉』第七二巻第一四号、一九八九年十二月、一七六頁。
(32)松島「私のなかの歴史　借金の形にされる子どもたちをどう守ったか」七二頁によれば、松島の召集が新聞報道されて既知の陸軍参謀が事実関係を調査し、また厚生省では嘱託の早崎八州を軍参謀部に派遣して折衝したという。
(33)松島正儀「決戦下収容保護施設への検討」『社会福利』第二七巻第一一号、一九四三年十二月、四頁〜一四頁。
(34)吉田久一『日本社会福祉思想史』川島書店、一九八九年、五三二頁。
(35)松島正儀「思い出と期待」『日本社会事業大学四十年史』日本社会事業大学、一九八六年、三一三頁。
(36)松島「私のなかの歴史　借金の形にされる子どもたちをどう守ったか」七一頁。
(37)鼎談・松島正儀他「養護実践の原点を探る」全社協養護施設協議会編『養護施設の40年―原点と方向をさぐる』全国社会福祉協議会、一九八六年、一九頁〜二〇頁。
(38)松島正儀「厚みあり幅あり　得難い人物遥先生を偲ぶ」『遥―水上より山上への歩み』中村遥記念集刊行委員会、一九七八年、二一八頁〜二一九頁。

おわりに

私は日本福祉大学の三年次に「近現代日本社会福祉発達史」をテーマとする永岡正己先生のゼミに所属して以来、キリスト教社会事業史を研究課題として取り組み続けている。日本福祉大学は、社会福祉史の研究や教育について重視していた大学ではあったが、歴史研究というのは多くの学生にとって関心の高い領域ではなかった。にもかかわらず、あえてそれを研究しようと考えたのは、石井十次とか山室軍平とかの話を断片的にではあるが耳にするなかで、そこに社会福祉実践のヒントがあると考えたからであるし、また二年次に社会科学の古典を読むことを目的としたゼミが開講されていて、『プロテスタンティズムの倫理と資本主義の精神』を講読するゼミを選び、キリスト教と社会との歴史的な関係について関心が深まっていたことも影響したかもしれない（ちなみにゼミの担当は、現在は柳田国男や原敬研究で著名であるが、当時はまだ若手であった川田稔先生であった）。あるいは、私の関心が、ソーシャルワークというより、スラム、貧困、被差別部落、障害者、売春等、近代社会において影の部分となっている問題により強くあり、それには歴史からアプローチすることが近道と考えられたこともある。

卒業論文では戦間期の救世軍社会事業を中心にして研究した。大学院では吉田久一先生が集中講義で「社会福祉発達史」を担当してくださる幸運に恵まれたほか、高島進、宮田和明、小川政亮、山口幸男先生等、歴史に造詣の深い先生の教えを受けることができた。引き続き永岡先生に指導をお願いした修士論文では、感化救済事業とキリスト教社会事業について論じた。その後も継続してキリスト教社会事業を中心に研究をすすめてきた。

本書はこうした研究のなかで、学会誌や紀要に少しずつ書いてきた論文をまとめたものであり、初出は以下の通りである。

・「日本基督教会と社会事業」『基督教社会福祉学研究』（日本基督教社会福祉学会）第二三号、一九九一年三月。

・「賀川豊彦の社会事業実践の評価をめぐって」『福祉研究』（日本福祉大学社会福祉学会）第六一号、一九九〇年三月。
・「賀川豊彦の廃娼思想」『賀川豊彦学会論叢』（賀川豊彦学会）第五号、一九九〇年三月。
・「戦前における松島正儀の社会事業論」『純心現代福祉研究』（長崎純心大学現代福祉研究所）第六号、二〇〇一年七月。
・「日本救世軍創設期の財源問題」『基督教社会福祉学研究』第二〇号、一九八八年三月。
・「一九三〇年代における救世軍小隊の地域実践」『日本の地域福祉』（日本地域福祉学会）第三号、一九九〇年三月。
・「救世軍の廃娼運動の評価をめぐって」『純心現代福祉研究』第七号、二〇〇二年七月。
・「キリスト教と障害者」『アファーマティブやまぐち』（同刊行委員会）第四号、一九九九年七月。
・「キリスト教社会事業家と優生思想」『基督教社会福祉学研究』第三〇号、一九九八年六月。
・「日本の植民地支配への社会事業への姿勢」『総合社会福祉研究』（総合社会福祉研究所）第五号、一九九二年十一月。
・「社会事業家と融和運動―生江孝之の融和運動論―」『部落問題研究』（部落問題研究所）第一三四輯、一九九五年十月。
・「生江孝之の女性観」『宇部短期大学学術報告』第三四号、一九九七年。
・「賀川豊彦と救癩」『賀川豊彦学会論叢』第七号、一九九二年一月。
・「ハンナ・リデルと救癩政策」『宇部短期大学学術報告』第三二号、一九九五年。
・「山室軍平と救癩」『社会福祉学』（日本社会福祉学会）第三七―二号、一九九六年十一月。
・「ハンセン病患者隔離への先駆的批判者森幹郎に関する考察」『宇部短期大学学術報告』第三六号、一九九九年九月。
・「戦時下の救世軍社会事業」『総合社会福祉研究』創刊号、一九八九年十二月。
・「障害者問題における戦争責任―戦時下の岩橋武夫を通して―」『障害者問題研究』（全国障害者問題研究会）第二三巻第四号、一九九六年。
・「戦時下における竹内愛二」『宇部短期大学学術報告』第三五号、一九九八年九月。
・「戦時下における松島正儀」『社会事業史研究』（社会事業史学会）第二七号、一九九九年十月。

発表期間としては十五年にわたっているので、最近のものもあるが、かなり時間の経過したものもある。時間が経過したものについては、内容が一部古くなっている場合もあるが、明らかな誤りの訂正や全体の若干の調整をはじめ、いくらか修正を加えた場合を除いて、大きな変更は加えられていない。

こうして、自らの拙い研究をまとめてみようという気持ちになったのは、昨今の社会福祉の動向に危機感を持っていることが大きい。賀川豊彦の実践の継承を目指している服部栄氏による「明治期の先覚者たちが血のにじむような実践を重ね、営々として形成してきた民間社会福祉のエートスが経営の名のもとに、形骸化されつつあることもまた見逃せない現実である」（『賀川豊彦研究』第四四号）との発言に私も同感する。社会福祉研究においても歴史が重視されているとはいいがたい。社会福祉士の国家試験の「社会福祉原論」において、何年も続けて歴史の出題がなく、そのくせ援助技術論まがいの問題が何問も出題されているということもあった。歴史の欠落した「原論」が、「国家」の名で全国の受験者に示されたわけである。

社会福祉研究に関連分野の研究者が参入すること自体はいいとしても、その人たちはどれほど歴史の蓄積を踏まえて議論を行っているのであろうか。激増した社会福祉専門教育の学校では、どれほどの教員が歴史と実践を結びつけた授業をしているのだろうか。なにしろ、社会福祉士・介護福祉士の養成校の数のほうが、社会福祉史の研究者よりはるかに多いのである。ＮＰＯが時代の寵児のように扱われているが、おびただしいＮＰＯ関連の文献で、日本における民間非営利活動の先駆であるキリスト教系の諸活動に触れたものは滅多に見られない。このままでは、キリスト教福祉の歩みは、一部の著名な人物や施設については、試験対策の暗記の対象に成り下がり、それ以外の努力の積み重ねは闇に埋もれてしまって、社会福祉実践は、利益をあげるためのニーズ探しとサービスの押し売りに堕しかねない。こうしたなか、キリスト教福祉実践の歴史を示すことで、いくらかでも社会福祉の歴史的性格を訴えていきたいと考えた。

私は一九九四年三月まで大阪にて特別養護老人ホームおよび無認可の障害者作業所という現場にいたので、それまでに発表されている論文は現場での研究成果である。それゆえ、実践的な関心が高いなかでの研究であった反面、史料収集等で困難を感じながら執筆した側面もある。大阪では小倉襄二先生を中心とした関西社会事業思想史研究会に参加する機会が与えられ、また土井洋一先生と池田敬正先生をはじめとした『日本社会福祉綜合年表』の作成にもかかわることができ、そうした過程で数多くの方々から指導を得ることができた。私にとって大阪での日々は、現場を経験したというだけでなく、研究の面でもプラスになることが無数にあった。

一九九四年四月に大阪を離れて山口県の宇部短期大学に赴任することとなった。宇部短期大学は地方短大としては、かなり研究が大切にされていたといっていいだろう。もちろん、地方短大としての雑用の多さとか、ことに少子化の影響による受験生減少への対策とかで時間がとられることが多かった。名古屋や大阪に住んでいたときと違って、文献や史料の閲覧は容易でない面もあって、都市と地方との格差を痛感することはたびたびあった。しかし、自由に研究を発展させることは可能であり、むしろその可能性をどれだけ生かせたか反省させられる。

二〇〇〇年四月に、長崎純心大学に移り、「社会福祉発達史」を担当することとなり、また歴史研究を主たる目標としたゼミを開くこともできるようになった。研究と教育とを直接に結びつけた取り組みが可能になったのである。

長崎純心大学はカトリック系の大学であることから、カトリックについての関心を広げることができた。これまで私の研究の対象がプロテスタントに偏っていたことは否めない。故意にカトリックを無視したわけではなく、ハンセン病救済におけるカトリックの役割など、興味深いと感じる課題はいくつもあったのだが、どうしてもなじみのあるプロテスタント系の研究から着手することとなった。そのことが、民間での実践の多様な動きを十分に把握しきれなかった弱さを生んでしまったように思う。長崎純心大学は、一番ヶ瀬康子先生をはじめ実践と研究を結び付けていく姿勢が強く、そこから学ぶことが多い。いずれにせよ、キリスト教社会事業史の全体像を示し、実践とのつながりを明らかにする必要性に迫られているところである。

とりあえず一つの区切りがついたとはいえ、こうして振り返ってみると、不備な点が多く、この間の怠慢を感じざるをえない。二十一世紀の社会福祉の発展にいささかでも寄与していくために、キリスト教社会事業の歴史的意義をさらに明らかにしていきたい。なお、かつてない出版不況のなか、こうした地味な本の出版を引き受けていただいた大学教育出版ならびに佐藤守氏に厚くお礼を申しあげる。

■著者紹介

杉山　博昭（すぎやま　ひろあき）

1962年生。日本福祉大学大学院修士課程卒。
特別養護老人ホーム・障害者作業所勤務、宇部短期大学講師を経て、2000年より長崎純心大学助教授。

主著
『山口県社会福祉史研究』（葦書房）、『日本社会福祉綜合年表』（法律文化社、共著）

キリスト教福祉実践の史的展開

2003年9月1日　初版第1刷発行

■著　者——杉山博昭
■発行者——佐藤　守
■発行所——株式会社大学教育出版
〒700-0953　岡山市西市855-4
電話（086）244-1268㈹　FAX（086）246-0294
■印刷所——互恵印刷㈱
■製本所——㈲笠松製本所
■装　丁——ティーボーンデザイン事務所

ISBN4－88730－534－6